고령친화복지공학

Age-Friendly Welfare Engineering

# 고령친화복지공학

김정자, 권대규, 정지용

전북대학교출판문화원

# 머 리 말

초저출생 현상과 급속한 고령화를 경험하고 있는 우리나라는 고령사회를 넘어 초고령사회로 진입하고 있습니다. 이러한 급속한 인구 고령화는 만성질환 유병률을 증가시켜 고령자 개인의 신체적·정신적 건강뿐만 아니라 보건의료, 정치, 경제 등 사회 전반에 걸쳐 많은 변화와 위기를 초래하고 있습니다.

디지털 기술 기반의 혁신과 성장은 우리사회 전반을 디지털 전환으로 빠르게 이끌고 있습니다. 고령화 현상과 고령인구 급증에 따른 문제 해결 방안으로 정부에서는 건강하고 능동적인 고령사회 구축을 목표로 4차 산업혁명 핵심기술과 보건의료서비스의 융합을 활성화하기 위한 정책을 추진하고 있습니다.

고령친화기술이 그 목적에 맞게 사용되기 위해서는 고령자의 신체적·정신적·사회적 특성을 이해하고 공학적 지식을 기반으로 고령층이 직면한 문제들을 해결할 수 있는 고령친화적 제품 및 서비스를 제시할 수 있어야 합니다. 하지만, 현재까지 국내에서는 이와 같은 종합적인 관점에서 노인복지에 관한 기술적 솔루션을 제시하는 연구는 이루어지지 않고 있습니다. 이에 우리는 고령자의 요구와 선호도를 고려한 고령친화적 복지서비스를 최첨단 공학기술 측면에서 심도 있게 다룰 수 있는 전문서적의 필요성을 느끼게 되었고 다년간 이와 관련된 프로젝트를 수행한 경험을 바탕으로 본 저서를 기획하게 되었습니다.

본 '고령친화복지공학' 저서는 기본적으로 다음의 관점을 가지고 기술하였습니다.

첫째, 고령화에 대한 사회적인 관점의 분석과 노인에 대한 이해

둘째, 인구 고령화에 따른 사회적·경제적 파급효과와 이에 대비한 고령친화기술 소개

셋째, 노화와 노인문제에 접근하는 고령자 수요 기반 고령친화제품 및 서비스 개발

넷째, 고령자 맞춤형 의료서비스 실현을 위한 헬스케어 분야 유망기술 사례 연구

마지막으로 본 저서가 건강하고 활기찬 고령화를 위한 과학기술의 잠재력을 살리는 연구와 교육의 기회에 널리 활용될 수 있기를 기대하며, 본 저서의 집필에 참여한 권대규 교수님, 정지용 박사의 노고에 심심한 감사의 말씀을 드립니다. 앞으로 본 저서가 더욱 발전적이고 알찬 내용으로 거듭날 수 있도록 독자 여러분들의 많은 격려와 조언을 부탁드립니다.

2024년 2월

대표저자 김정자

CHAPTER 1

# 현대 사회와 고령화

Modern Society & Aging



---

고령화는 전 세계적으로 나타나고 있는 현상으로 그 진행속도가 점차 가속화 되고 있다. 이 장에서는 국내·외 고령화 현황, 고령화의 주요 원인 및 파급효과를 살펴보고자 한다.

이 장을 통해 현대 사회의 주요 이슈가 되고 있는 고령화 문제를 다각적으로 이해하고 우리 사회에 미치는 영향을 사회적·경제적·문화적 측면에서 생각해 본다.

# 1.1 고령화 현황

고령화는 현대사회에서 중요한 사회적 이슈로 부각되고 있다. 이 절에서는 고령화의 정의 및 관련 용어를 학습하고 국내·외 고령화 현황에 대해서 구체적으로 살펴본다.

**단원 학습목표**

- 고령화가 무엇인지 정의한다.
- 고령화와 관련된 용어를 명확히 숙지한다.
- 고령화 지표를 통해 국내·외 고령화 현황을 파악한다.

## 1.1.1 고령화

고령화(Aging)의 사전적 정의는 '평균수명의 증가에 따라 총인구 중에 차지하는 고령자(노인)의 인구비율이 점차로 많아지는 사회현상'이다. 즉, 전체 인구에서 차지하는 고령자 비율이 높아지는 현상으로 현대 사회의 보건의료기술 발달 및 생활수준 향상으로 전체 국민의 평균수명이 늘어나면서 노인인구의 비중이 상대적으로 크게 증가하고 있다.

### 고령화 분류

국제연합(United Nations, UN)의 기준에 따르면 전체 인구에서 65세 이상이 차지하는 고령자 인구 비율이 7% 이상이면 고령화사회(Aging society), 14% 이상이면 고령사회(Aged society), 20% 이상이면 초고령사회(Super aged society)로 분류된다.

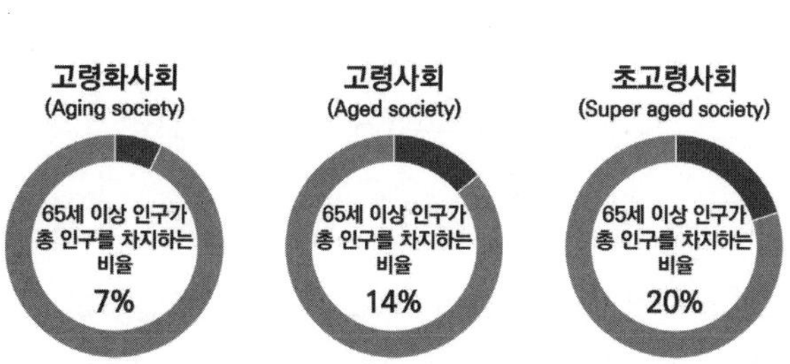


(출처: World Bank Group(2019), World Bank Support to Aging Countries)

[그림 1-1] 고령자 인구 비율에 따른 구분

## 1.1.2 국내 고령화 현황

우리나라는 2001년에 고령화사회(고령인구 비율 7.2%)에 진입한 이후로 2018년에 고령사회(고령인구 비율 14.4%)에 들어섰으며, 2021년을 기준으로 고령인구 비율이 전체 인구의 16.5%인 고령사회에 속하고 있다. 현재 고령화 속도가 점차 가속화되면서 2025년에는 고령인구 비율이 20.6%에 이르는 초고령사회로 진입할 것으로 전망되고 있다. 국내 고령화 추이와 특성에 대해서 살펴보자.

### 국내 고령인구 및 생산연령인구

2022년 기준 국내 65세 이상 고령인구 비중은 우리나라 전체 인구의 17.5%로 나타났다. 고령인구의 계속적 증가로 국내 고령인구 구성비는 2040년 34.4%, 2070년에는 46.4%에 이르러 2022년 대비 28.9%가 증가할 것으로 전망되고 있다. 반면, 2022년 기준 국내 생산연령인구[1] 비중은 우리나라 전체 인구의 71.0%로 나타났다. 저출산 현상이 악화되면서 국내 생산연령인구 구성비는 2040년 56.8%, 2070년에는 46.1% 수준까지 낮아지면서 2022년 대비 24.9%가 감소할 것으로 전망되고 있다.

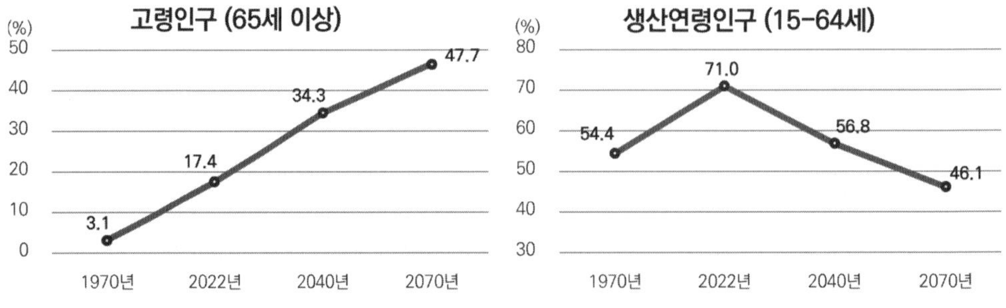


(출처: 통계청(2022), 세계와 한국의 인구현황 및 전망)

**[그림 1-2] 국내 고령인구 및 생산연령인구**

### 국내 연령별 고령인구

국내 연령별 고령인구 비중을 살펴보면 2022년 65~74세 인구는 58.2%, 75~84세 인구는 31.6%, 85세 이상 인구는 10.2%였으나, 75~84세 인구와 85세 이상 인구가 지속적으

1) 경제활동이 가능한 만 15세 이상 65세 이하의 인구 계층

로 증가하면서 2070년 65~74세 인구는 34.8%, 75~84세 인구는 35.3%, 85세 이상 인구는 29.9%로 예상되고 있다.

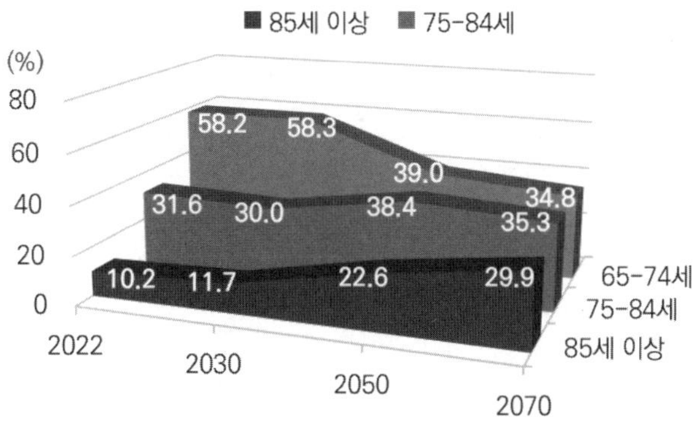


(출처: 통계청(2023), 장래인구추계: 2022~2072년)

**[그림 1-3] 국내 연령별 고령인구**

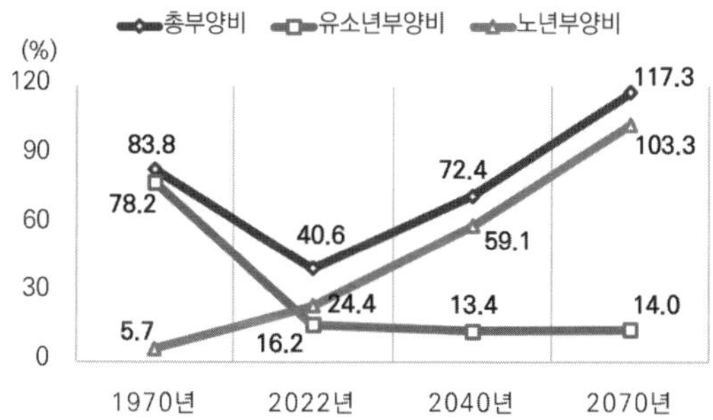


(출처: 통계청(2023), 장래인구추계: 2022~2072년)

**[그림 1-4] 국내 부양비**

국내 총부양비[2]는 2022년 생산연령인구 1백 명당 40.6명에서 2070년에는 117.3명으로 2022년 대비 약 2.9배, 국내 노년부양비[3]는 2022년 생산연령인구 1백 명당 24.4명에서 2070년 103.3명으로 2022년 대비 약 4.2배 수준으로 증가할 것으로 전망되고 있다. 반면, 국내 유소년부양비는 2022년 생산연령인구 1백 명당 16.2명에서 2070년에는 14.0명으로 2022년 대비 약 1.2배 수준으로 감소할 것으로 전망되고 있다.

---

2) 총부양비 = 유소년부양비+노년부양비, 유소년부양비 = (유소년인구/생산연령인구)x100 , 노년부양비 = (고령인구/생산연령인구)x100

3) 생산연령인구 100명이 부양하는 고령인구

### 국내 중위연령

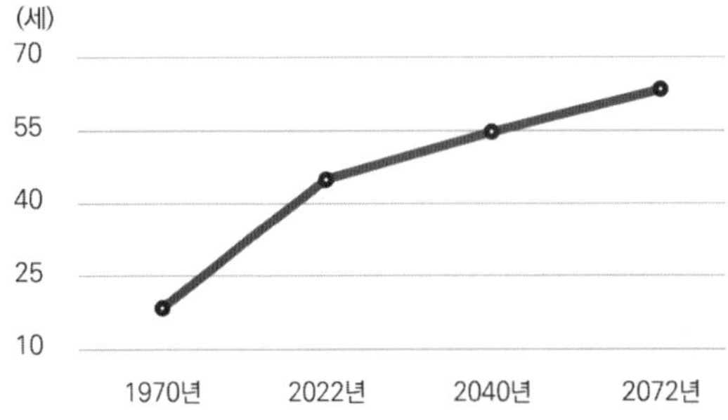


(출처: 통계청(2023), 장래인구추계: 2022~2072년)

**[그림 1-5] 국내 중위연령**

국내 중위연령[4]은 2022년 44.9세에서 2031년 50세를 넘어서고, 2072년에는 63.4세까지 높아지며, 2022년에는 총인구의 50%가 44세 이상이나 2072년에는 총인구의 50%가 63세 이상일 것으로 전망되고 있다.

### 기대수명 및 합계출산율

우리나라의 기대수명은 1970년 62.3세로 세계 국가 중 116위 수준이었으나 2022년에는 1970년 대비 20.4세 증가한 82.7세가 되면서 상위 10위 수준으로 높아졌다. 2072년에는 평균 기대수명이 91.1세가 되면서 다른 경제협력개발기구(Organization for Economic Cooperation and Development, OECD) 국가 가운데 가장 높게 나타날 것으로 전망되고 있다.

합계출산율은 1970년 4.53명으로 세계 국가 중 89위 수준이었으나 2022년에는 1970년 대비 3.75명이 감소한 0.78명으로 나타났다. 2072년에는 합계출산율이 1.08명 수준으로 회복되지만 OECD 회원국 가운데 가장 낮을 것으로 예상되고 있다.

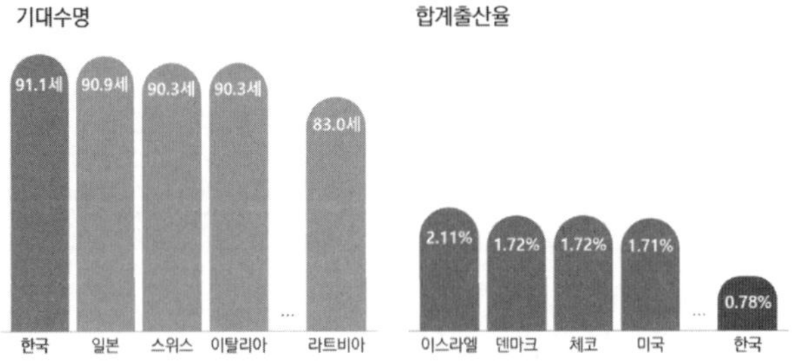


(출처: 통계청(2023), 장래인구추계: 2022~2072년)

**[그림 1-6] 기대수명 및 합계출산율**

---

4) 총인구를 연령 순서로 나열할 때, 중앙에 있게 되는 사람의 연령

## 1.1.3 국외 고령화 현황

고령화는 전 세계적인 현상으로 연령 분포의 중심이 고연령대로 이동하게 되면서 광범위한 사회·경제적 파급효과를 초래할 것으로 예상되고 있다. 전 세계적인 고령화 추이와 대륙별 및 국가별 특성이 어떻게 나타나고 있는지 살펴보자.

### 세계 고령인구 및 생산연령인구

세계의 고령인구 구성비는 2022년 9.8%에서 2070년 20.1%로 2022년 대비 10.3% 증가하는 반면 생산연령인구는 2022년 64.9%에서 2070년 61.4%로 2022년 대비 3.5% 감소할 것으로 전망되고 있다.

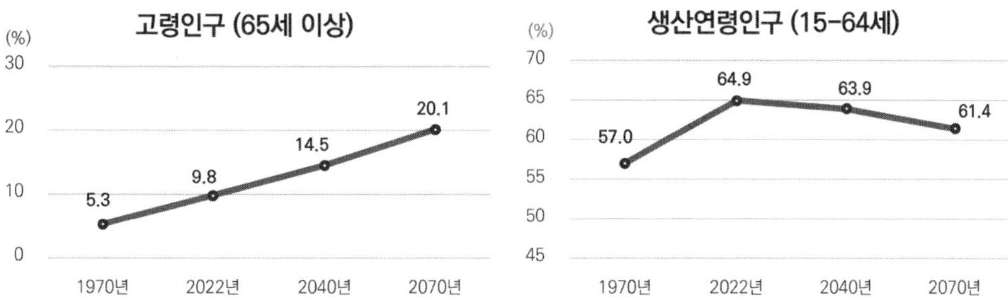


(출처: 통계청(2022), 세계와 한국의 인구현황 및 전망)

[그림 1-7] 세계 고령인구 및 생산연령인구

### 세계 대륙별 고령인구

대륙별 고령인구 구성비 변화를 보면 2070년 라틴 아메리카는 26.3%, 아시아는 24.4%, 유럽은 30.8%, 북아메리카는 27.7%, 오세아니아는 22.6%, 아프리카는 8.3%로 2022년 대비 모두 증가할 것으로 전망되고 있다. 또한, 아프리카를 제외한 모든 대륙에서 고령인구가 20%를 넘길 것으로 예상하고 있다.

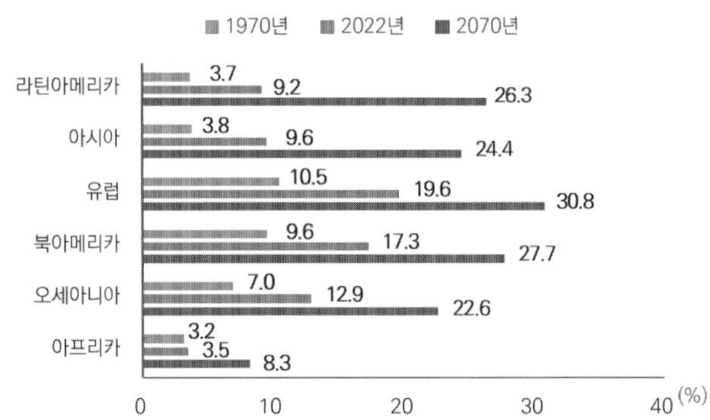


(출처: 통계청(2022), 세계와 한국의 인구현황 및 전망)

**[그림 1-8] 세계 대륙별 고령인구 구성비 변화**

### 주요 국가별 고령인구

주요 국가별 고령인구 구성비 변화를 보면 2070년 중국은 36.9%, 인도는 23.2%, 미국은 27.5%, 러시아는 26.0%, 독일은 32.2%, 일본은 38.7%로 2022년 대비 모두 증가할 것으로 전망되고 있다. 국가별 고령인구 구성비는 일본에서 가장 높고 일본, 중국, 독일에서 고령인구 구성비가 30%를 넘을 것으로 예상하고 있다.

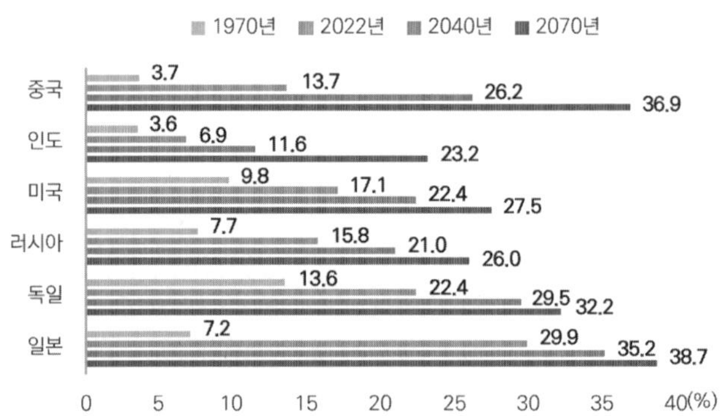


(출처: 통계청(2022), 세계와 한국의 인구현황 및 전망)

**[그림 1-9] 세계 주요 국가별 고령인구 구성비 변화**

### 세계 총부양비 및 노년부양비

세계 총부양비는 2022년 생산연령인구 1백 명당 54.0명에서 2070년 62.9명으로 2022년 대비 1.2배 수준, 노년부양비는 2022년 15.1명에서 2070년 32.7명으로 2022년 대비 2.2배 수준으로 증가할 것으로 전망되고 있다.

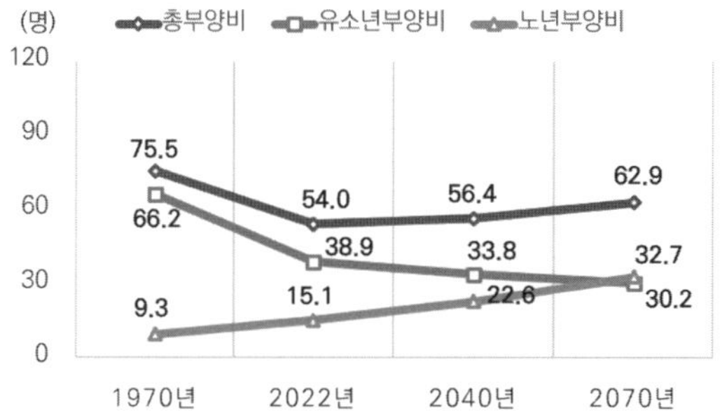


(출처: 통계청(2022), 세계와 한국의 인구현황 및 전망)

**[그림 1-10] 세계 총부양비 및 노년부양비**

### 주요 국가별 노년부양비 변화

주요 국가별 노년부양비 변화에서 각 연도별로 노년부양비가 가장 높은 국가로는 1970년에는 모나코가 34.5명, 2022년에는 모나코가 70.4명, 2040년에는 신트마르턴이 69.0명, 2070년에는 한국이 100.6명으로 나타났다. 2070년에는 생산연령인구(15~64세) 1명이 노인 1명 이상을 부양할 것으로 전망되고 있다.

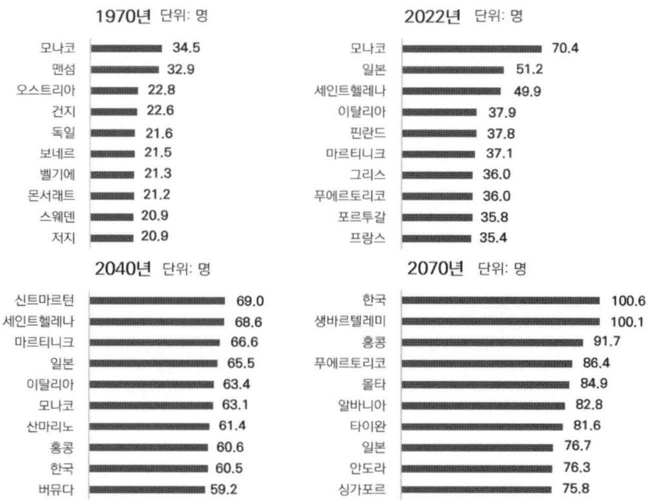


(출처: 통계청(2022), 세계와 한국의 인구현황 및 전망)

**[그림 1-11] 세계 주요 국가별 노년부양비**

### 세계 중위연령

세계 중위연령은 2022년 30.2세에서 2070년 38.8세로 2022년 대비 8.5세로 대륙별 중위연령은 모두 증가할 것으로 전망되고 있다. 2070년 기준 중위연령은 유럽(48.9세), 북아메리카(45.6세), 라틴아메리카(45.3세), 아시아(43.8세), 오세아니아(41.2세), 아프리카(28.5세)로 유럽에서 가장 높게 나타나며, 아프리카를 제외한 모든 대륙의 중위연령이 40세를 넘어설 것으로 전망되고 있다.

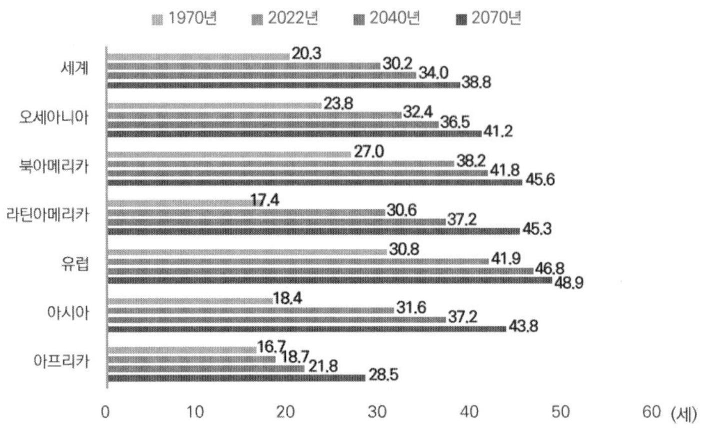


(출처: 통계청(2022), 세계와 한국의 인구현황 및 전망)

[그림 1-12] 세계 중위연령

### 세계 기대수명

세계 기대수명은 2000년 66.5세에서 2020년 72.0세로 2000년 대비 5.5세로 대륙별 기대수명은 모두 증가할 것으로 전망되고 있다. 2070년 평균 기대수명은 장수 국가로 분류되는 노르웨이가 90.2세, 핀란드가 89.4세, 일본이 89.3세, 캐나다가 89.3세로 가장 길고 아일랜드가 82.0세로 가장 짧을 것으로 예상되고 있다.

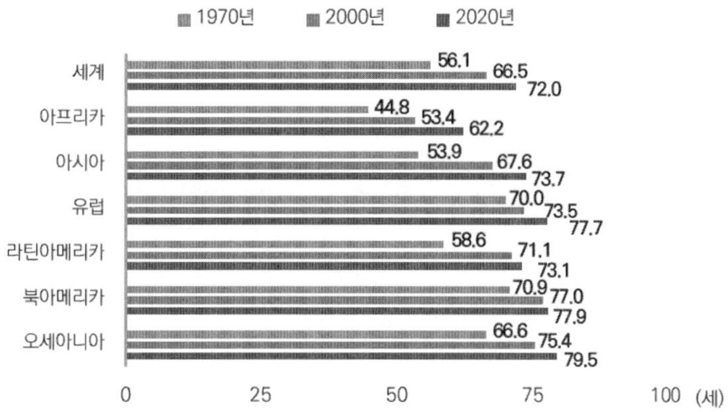


(출처: 통계청(2022), 세계와 한국의 인구현황 및 전망)

[그림 1-13] 세계 기대수명

### 세계 합계출산율

세계 합계출산율은 2021년 2.32명으로 1970년 4.83명에 비해 2.51명이 감소하면서 아시아에서는 3.65명, 라틴아메리카에서는 3.32명, 아프리카에서는 2.40명이 감소하는 것으로 나타났다. 2021년 합계출산율이 가장 높은 대륙인 아프리카에서는 4.31명, 가장 낮은 대륙인 유럽에서는 1.48명으로 나타났다.

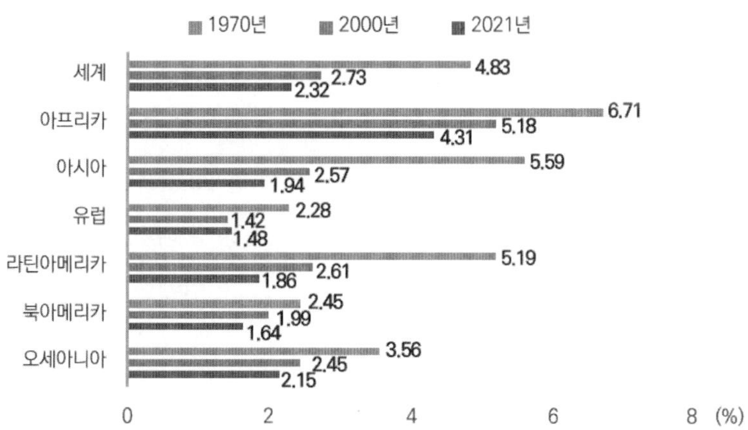


(출처: 통계청(2022), 세계와 한국의 인구현황 및 전망)

[그림 1-14] 세계 합계출산율

## 1.2 고령화 원인

우리나라가 당면한 급속한 인구고령화 문제를 이해하기 위해서는 그 원인을 정확히 파악하고 접근하는 것이 매우 중요하다. 이 절에서는 고령화를 급격하게 진행시키는 주요 원인에 대해서 학습한다.

**단원 학습목표**

- 고령화가 급격하게 진행되는 원인을 파악한다.
- 고령화 원인에 대한 사회적·경제적·문화적 배경을 알아본다.

### 1.1.2 저출산

저출산은 여성 한 명이 가임기간 동안 낳을 것으로 예상되는 평균 출생아 수인 합계출산율이 평균(2.1명) 보다 더 낮은 수준으로 감소하는 현상이다. 국내 출생아 수 및 합계출산율, 모(母)의 평균 출산연령, 연령별 출생아 수에 관한 통계자료를 통해 우리나라의 저출산이 장기간 지속되고 있는 심각한 문제라는 것을 알 수 있다.

**출생아 수 및 합계출산율**

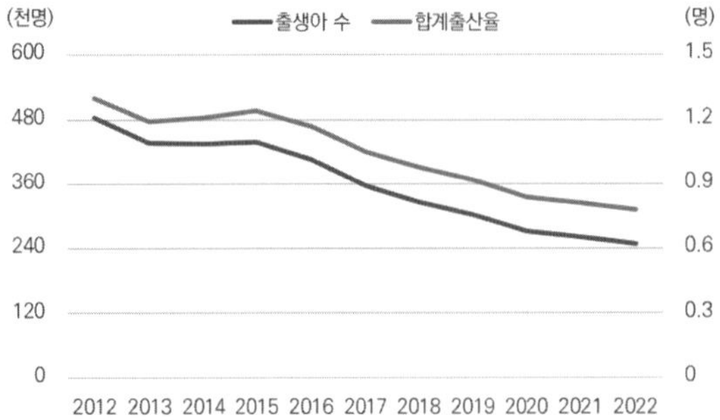


(출처: 통계청(2023), 2022년 인구동향조사 출생·사망 통계)

**[그림 1-15] 출생아 수 및 합계출산율 추세**

국내 출생아 수와 합계출산율은 최근 10년 간 감소 추세로 출생아 수는 2021년 261천명으로 2012년 485천 명 대비 53.8% 수준으로 떨어지고, 합계출산율은 2021년 0.81명으로 2012년 1.30명의 62% 수준으로 나타났다.

### 모(母)의 평균 출산연령 및 연령별 출생아 수

모(母)의 연령별 출산율[5]은 30대 초반이 73.5명으로 가장 높고, 30대 후반이 44.0명, 20대 후반이 24.0명으로 나타났다. 주 출산연령층인 25~29세와 30~34세의 합계출산율을 살펴보면, 2018년부터 25~29세의 출산율이 35~39세의 출산율보다 낮아지면서 주 출산연령층이 30~39세로 바뀌고 있다는 것을 알 수 있다. 또한, 모의 평균 출산연령도 2012년 31.6세에서 2021년 33.4세로 1.7세 정도 증가하면서 고령(35세 이상) 산모 비중은 2020년 33.8% 대비 2021년 35.0%로 1.2% 증가하였다. 혼인연령의 상승 등으로 인한 출산연령의 증가는 전체 가임기간을 감소시켜 합계출산율에도 영향을 미치게 된다.

[표 1-1] 모(母)의 평균 출산연령 및 연령별 출생아 수

(단위: 세, 천 명, %)

| | | 2012년 | 2013년 | 2014년 | 2015년 | 2016년 | 2017년 | 2018년 | 2019년 | 2020년 | 2021년 |
|---|---|---|---|---|---|---|---|---|---|---|---|
| 평균 출산연령 | | 31.6 | 31.8 | 32.0 | 32.2 | 32.4 | 32.6 | 32.8 | 33.0 | 33.1 | 33.4 |
| 출생아 수 | 19세 이하 | 2.9 | 2.8 | 2.5 | 2.2 | 1.9 | 1.5 | 1.3 | 1.1 | 0.9 | 0.5 |
| | 20-24세 | 24.6 | 22.1 | 21.2 | 20.5 | 19.1 | 15.8 | 13.3 | 11.3 | 9.6 | 7.5 |
| | 25-29세 | 127.2 | 102.8 | 96.2 | 94.6 | 85.0 | 74.0 | 65.0 | 57.8 | 50.6 | 45.8 |
| | 30-34세 | 239.2 | 220.3 | 221.2 | 216.3 | 193.0 | 161.0 | 143.1 | 131.3 | 118.9 | 115.3 |
| | 35-39세 | 79.0 | 77.2 | 82.2 | 92.1 | 94.3 | 92.6 | 91.1 | 87.3 | 78.3 | 76.2 |
| | 40-44세 | 11.1 | 10.7 | 11.5 | 12.1 | 12.3 | 12.2 | 12.4 | 13.2 | 13.5 | 14.7 |
| | 45세 이상 | 0.4 | 0.3 | 0.3 | 0.3 | 0.4 | 0.4 | 0.4 | 0.4 | 0.3 | 0.4 |
| 고령(35세 이상) 산모 비중 | | 18.7 | 20.2 | 21.6 | 23.9 | 26.4 | 29.4 | 31.8 | 33.4 | 33.8 | 35.0 |

(출처: 통계청(2023), 2022년 인구동향조사 출생·사망 통계)

### OECD 주요국 합계출산율

2021년 우리나라의 합계출산율은 0.81명으로 OECD 국가의 평균인 1.58명의 절반에도 미치지 못하고 있으며 OECD 국가 중 10년째 꼴찌라는 불명예스러운 기록을 세우고 있다. OECD 회원국 중 합계출산율이 1.0명 아래인 나라는 우리나라가 유일하다.

---

5) 해당 연령 여자 인구 1천 명당 출생아 수

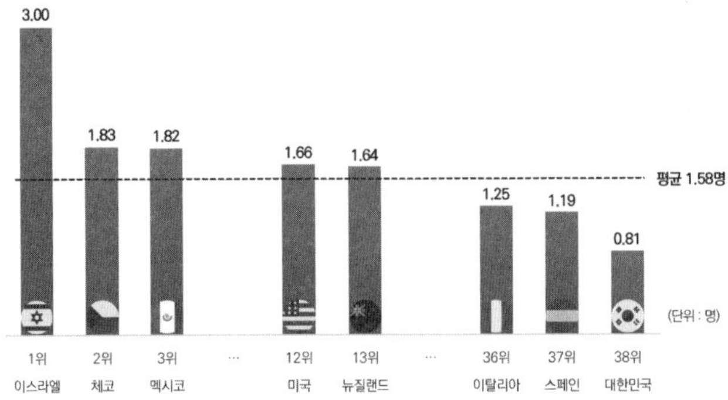


(출처: OECD(2022), OECD Family Database)

[그림 1-16] OECD 주요국 합계출산율

이와 같은 저출산 문제에 대한 심각성을 충분히 인지하고 있는 상황에도 현실적인 부담과 미래에 대한 막막함이 출산에 부정적인 영향을 미치면서 저출산 현상을 일으키는 주요 원인이 되고 있다.

### 미혼남녀가 보는 저출산 원인

미혼남녀의 입장에서 보는 저출산의 원인은 다음과 같다. 2021년 미혼남녀 1,000명(남자 500명, 여자 500명)을 대상으로 설문조사를 실시한 결과 육아로 인한 경제적 부담(32.4%), 사회와 미래에 대한 막막함(19.8%), 실효성 없는 국가 출산 정책(16.3%), 일과 가정 양립의 어려움(14.8%), 결혼 지연과 기피(5.8%), 개인과 가치관(5.6%)이 저출산의 주요 원인으로 분석되었다. 저출산 문제에 대한 심각성을 충분히 인지하고 있는 상황에도 현실적인 부담과 미래에 대한 막막함이 출산에 부정적인 영향을 미치고 있다는 것을 알 수 있다.

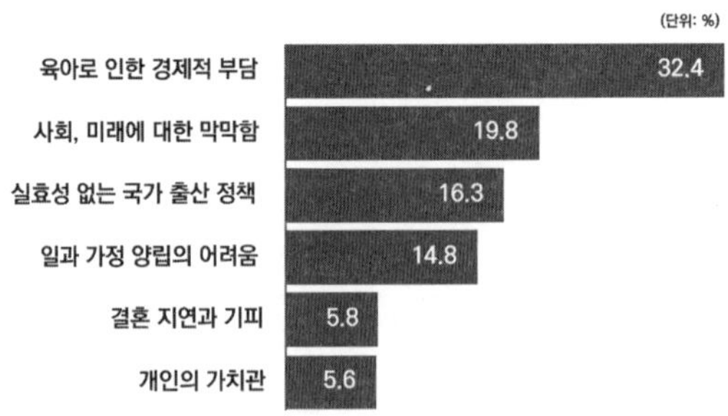


(출처: 듀오(2022), 2022 출산 인식 보고서)

[그림 1-17] 미혼남녀가 보는 저출산 원인

우리나라는 2006년부터 5년 단위로 '저출산·고령사회 기본계획'을 수립하고 출산율을 올리기 위한 정책적인 노력을 기울여 왔다. 하지만, 기존 정책과의 차별성이 크지 않고 적극적인 홍보가 되지 않아 정부에서 추진하는 정책을 아는 경우가 없으며 임산부에 대한 인식 개선도 여전히 부족하다는 문제점이 제기되고 있다.

### 저출산 분야 정책

지난 15년간 추진했던 제1~3차 저출산·고령사회 기본계획을 통해 저출산 영역에 약 47조 원에 이르는 막대한 예산을 투입했지만 2021년 합계출산율이 1명 미만의 최저치를 기록하였다. 이러한 한계를 극복하고자 2021년부터 제4차 저출산·고령사회 기본계획을 추진하면서 임신·출산 지원 정책을 세부적으로 확대하고 있다.

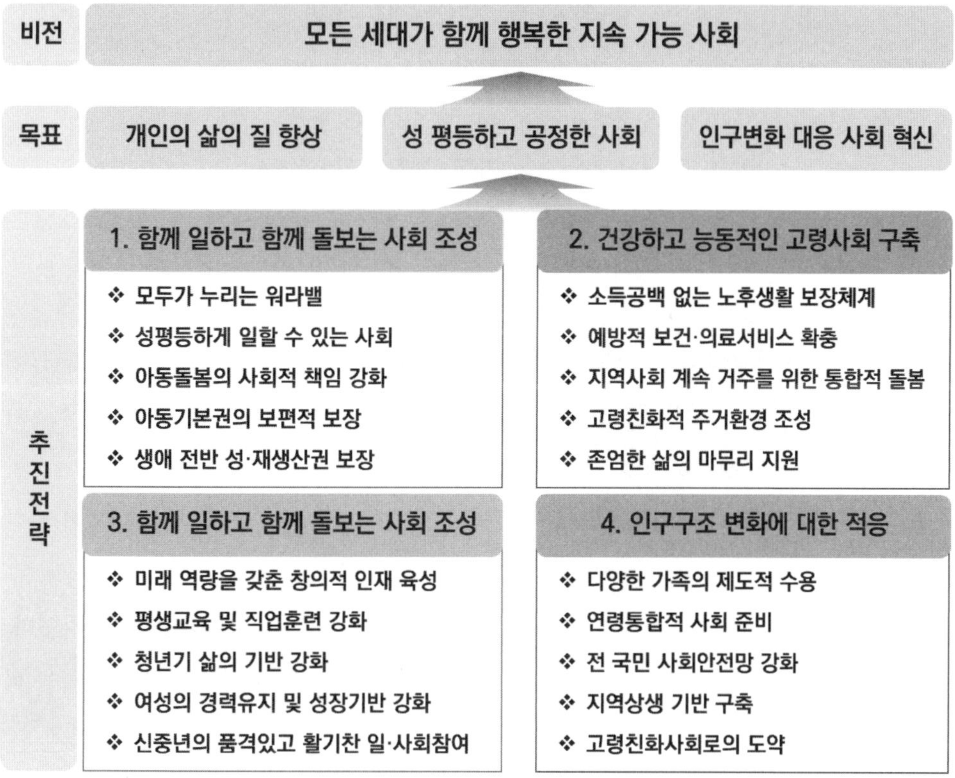


(출처: 대한민국 정부(2020), 제4차 저출산·고령사회 기본계획(2021~2025))

[그림 1-18] 제4차 저출산·고령사회 기본계획 정책체계도

### 자녀 계획

2020년 15~49세 기혼여성 중 추가자녀 계획이 있는 여성 규모와 비율은 12.5%인 75만 6천 명으로, 2010년 15.8%인 121만 5천 명에 비해 3.3% 감소하였다. 2020년 추가계획자녀 수는 0.16명으로 2010 0.22명 대비 0.06명 감소하였으며, 기대자녀 수도 1.68명으로 2010년 1.96명 대비 0.28명 감소하였다.

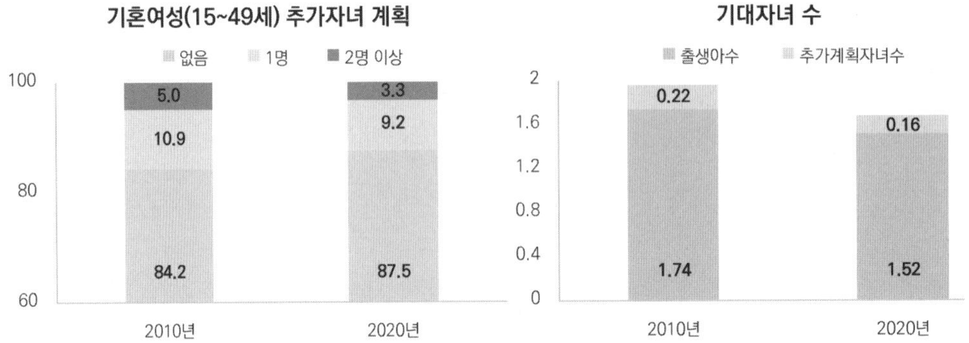


(출처: 통계청(2023), 저출산과 우리 사회의 변화)

**[그림 1-19] 기혼여성 추가자녀 계획 및 기대자녀 수**

### 가사 분담 견해 및 실태

남성의 장시간 근로와 여성 중심의 양육을 당연하게 여기는 문화에서는 남녀 간의 공평한 가사분담이 이루어지기 어렵고 여성들이 대부분의 양육과 가사를 전담하게 된다. 이러한 가정 내에서의 성평등 문화 개선은 저출산 해소에 매우 중요하다.

남녀의 가사 공평 분담 견해에 대한 조사 결과를 보면 가사를 공평하게 분담해야 한다고 생각하는 비율은 2022년 64.7%로 2012년 45.3% 대비 19.4% 상승하였다. 아내가 주도해야 한다고 생각하는 비중은 2022년 33.3%로 2012년 52.0% 대비 18.7% 감소하였다. 연령대별로 살펴보면, 연령대가 낮을수록 가사를 공평하게 분담해야 한다고 생각하는 비율이 높게 나타났다.

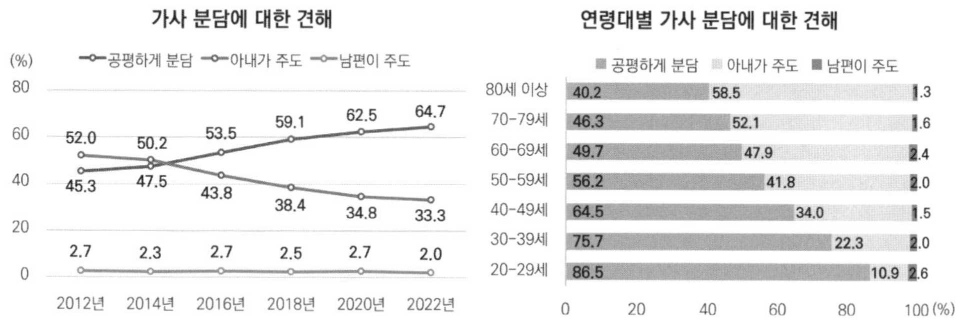


(출처: 통계청(2023), 저출산과 우리 사회의 변화)

**[그림 1-20] 가사 분담에 대한 견해 및 연령대별 가사 분담에 대한 견해**

남녀의 가사 공평 분담 실태에 대한 조사 결과를 보면 실제로 가사를 공평하게 분담하고 있다고 응답한 비율은 2022년 남편 21.3%, 아내 20.5%으로 2012년 남편 16.1%, 아내 15.5% 대비 증가하였으나, 가사를 공평하게 분담해야 한다는 견해 64.7%와 비교했을 때 큰 차이가 있다는 것을 확인할 수 있다.

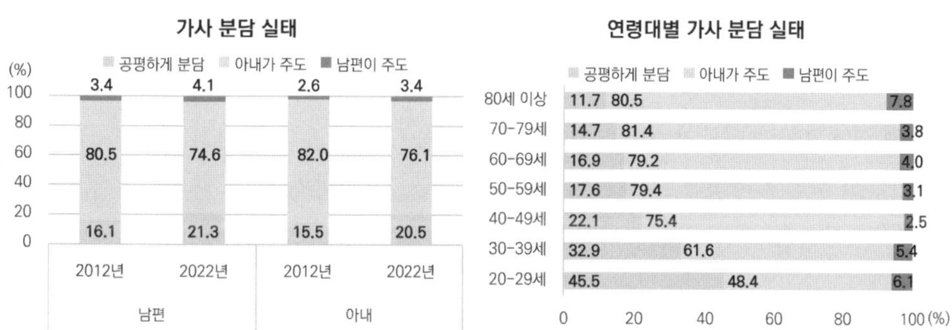


(출처: 통계청(2023), 저출산과 우리 사회의 변화)

**[그림 1-21] 가사 분담 실태 및 연령대별 가사 분담 실태**

## 가사노동시간

2019년 혼인상태별 평균 가사노동시간 조사 결과를 보면 미혼인 경우 남자는 35분, 여자는 1시간 4분이었으며, 기혼인 경우 남자는 1시간 4분, 여자는 3시간 45분으로 기혼인 여자는 미혼에 비해 가사노동시간이 2시간 40분이 증가하는 것으로 나타났다.

맞벌이 부부의 가사노동시간은 남편 54분, 아내 3시간 7분이며, 외벌이 부부의 경우 남편만 취업한 외벌이 가구의 가사노동시간은 남편 53분, 아내 5시간 41분이며, 아내만 취업한 경우는 남편 1시간 59분, 아내 2시간 36분으로 모든 경우에서 아내가 남편보다 가사노동시간이 많은 것으로 나타났다.

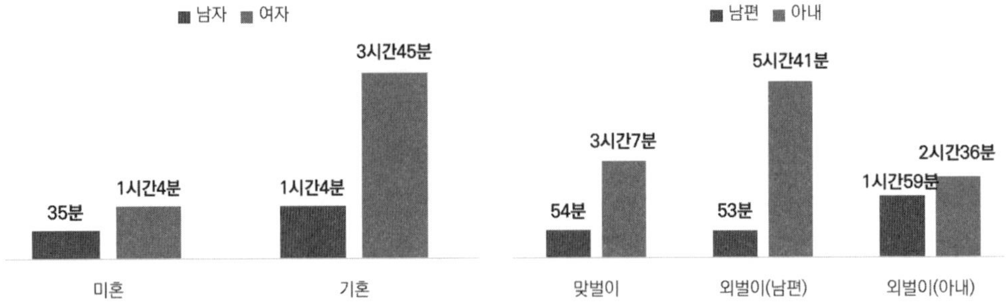


(출처: 통계청(2023), 저출산과 우리 사회의 변화)

**[그림 1-22] 혼인상태별 평균 가사노동시간 및 맞벌이·외벌이 가구별 평균 가사노동시간**

## 1.2.2 기대수명 증가

기대수명 증가는 고령화의 진행을 가속화시키는 주요한 원인 중 하나이다. 의료기술의 발달과 경제성장과 더불어 우리나라의 기대수명은 OECD 국가 중 가장 빠르게 증가하였다. 인구의 연령구조 변화, 보건환경 개선, 양질의 의료서비스 접근, 생활수준의 향상 등으로 인한 사망률 감소는 기대수명을 증가시키는 주요 원인이 되고 있다.

### OECD 회원국의 성별 기대수명

2022년 통계청에서 발표한 자료에 따르면, 우리나라 남자의 기대수명은 80.6년으로 OECD 국가 평균인 77.7년보다 2.9년, 여자의 기대수명은 86.6년으로 OECD 국가 평균인 83.1년보다 3.5년 높았으며, 남녀 간 기대수명 차이는 6.0년으로 OECD 국가 평균인 5.4년보다 0.6년 더 높게 나타났다. 남자의 기대수명은 81.9년으로 나타난 스위스, 여자의 기대수명은 87.7년으로 나타난 일본이 가장 높았다.

[표 1-2] OECD 회원국의 성별 기대수명

(단위: 년)

| 국가 | 남자 | 여자 | 국가 | 남자 | 여자 | 국가 | 남자 | 여자 |
|---|---|---|---|---|---|---|---|---|
| OECD 평균 | 77.7 | 83.1 | 아이슬란드 | 81.8 | 84.5 | 그리스 | 77.5 | 83.0 |
| 대한민국 | 80.6 | 86.6 | 아일랜드 | 80.8 | 84.4 | 영국 | 78.4 | 82.4 |
| 일본 | 81.6 | 87.7 | 벨기에 | 79.5 | 84.4 | 에스토니아 | 72.4 | 81.3 |
| 스페인 | 80.3 | 86.2 | 포르투갈 | 78.0 | 84.3 | 튀르키예 | 75.9 | 81.3 |
| 스위스 | 81.9 | 85.9 | 뉴질랜드 | 80.5 | 84.1 | 체코 | 74.3 | 80.6 |
| 프랑스 | 79.3 | 85.5 | 캐나다 | 79.5 | 84.0 | 콜롬비아 | 73.7 | 80.0 |
| 호주 | 81.2 | 85.3 | 슬로베니아 | 77.9 | 84.0 | 미국 | 74.2 | 79.9 |
| 이탈리아 | 80.6 | 85.1 | 오스트리아 | 78.8 | 83.8 | 폴란드 | 71.7 | 79.7 |
| 스웨덴 | 81.4 | 85.0 | 칠레 | 78.3 | 83.8 | 리투아니아 | 69.9 | 79.0 |
| 룩셈부르고 | 80.7 | 84.9 | 독일 | 78..7 | 83.5 | 슬로바키아 | 71.3 | 78.3 |
| 핀란드 | 79.3 | 84.7 | 덴마크 | 79.6 | 83.3 | 라트비아 | 68.6 | 78.2 |
| 노르웨이 | 81.7 | 84.7 | 코스타리카 | 78.2 | 83.3 | 멕시코 | 72.4 | 78.1 |
| 이스라엘 | 80.5 | 84.6 | 네덜란드 | 79.9 | 83.1 | 헝가리 | 71.1 | 78.0 |

(출처: 통계청(2022), 2021년 생명표)

### 영아사망률 및 영아사망자 수

보건의료 분야에서의 진단 및 치료 기술이 비약적으로 발전하면서 영아사망자 수 또한 지속적으로 감소하는 추세를 보이고 있다. 2021년 영아사망자 수는 전년 대비 48명이 감소한 626명, 영아사망률은 전년 대비 0.1명 감소한 2.4명으로 나타났다.

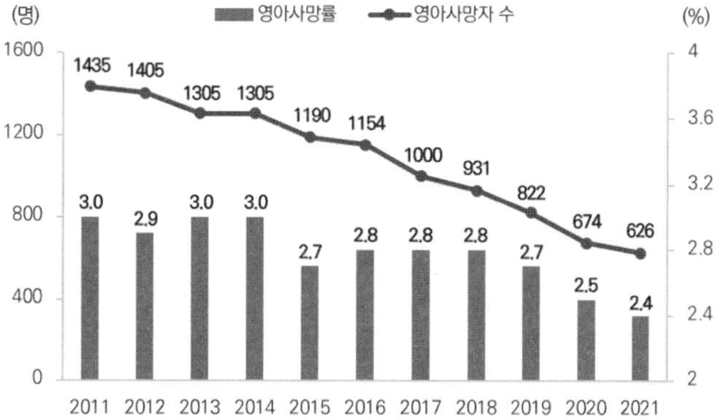


(출처: 통계청(2022), 2021년 생명표)

[그림 1-23] 영아사망률 및 영아사망자 수

### 특정 연령까지의 생존 확률

출생아가 특정 연령까지 생존할 확률을 살펴보면, 2021년 출생아가 40세까지 생존할 확률은 남자 98.2%, 여자 98.8%, 65세까지 생존할 확률은 남자 88.8%, 여자 94.9%, 80세까지 생존할 확률은 남자 63.1%, 여자 81.7%, 100세까지 생존할 확률은 남자 1.4%, 여자 5.5%로 대부분의 연령층에서 남자에 비해 여자의 생존확률이 더 높게 나타났다.

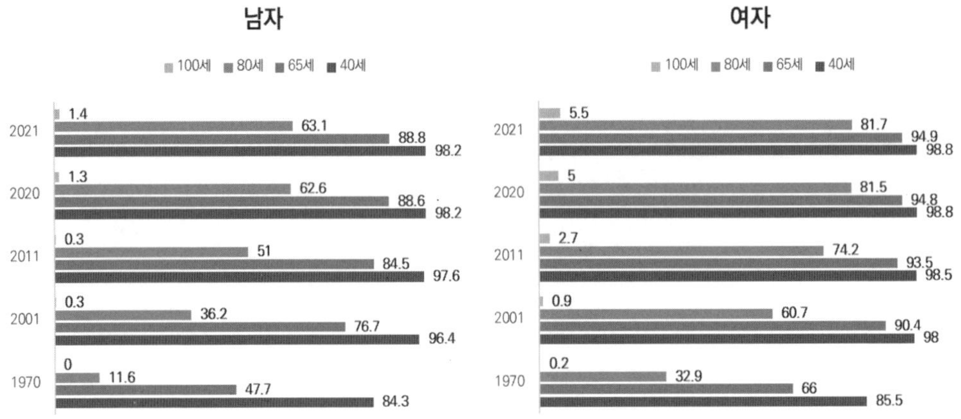


(출처: 통계청(2022), 2021년 생명표)

[그림 1-24] 출생아가 특정 연령까지 생존할 확률

### 성별 기대수명 및 남녀 기대수명 차이

2021년 통계청에서는 현재의 연령별 사망 수준이 유지될 경우 특정 연령의 사람이 향후 몇 세까지 살 수 있는지를 추정한 통계 결과를 발표하였다. 2021년 출생아의 기대수명은 83.6년으로 성별 기대수명에서 남자는 80.6년, 여자는 86.6년으로 남녀 기대수명 간 6.0년의 격차가 있었으며, 10년 전 대비 0.7년 감소한 것으로 나타났다.

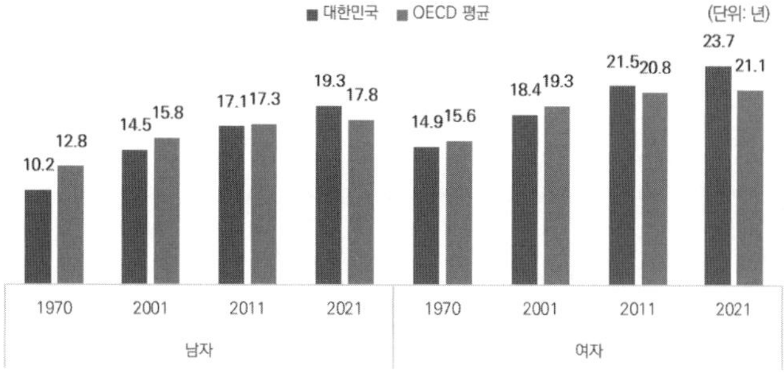


(출처: 통계청(2022), 2021년 생명표)

**[그림 1-25] 성별 기대수명 및 남녀 기대수명 차이**

## 기대수명 변화 추이(65세)

우리나라 65세 생존자의 기대수명은 2001년 남자는 14.5년, 여자는 18.4년으로 OECD 국가 평균인 남자 15.8년, 여자 19.3년에 비해 남자는 1.2년, 여자는 0.9년 낮게 나타났지만, 우리나라의 고령층 기대수명이 빠른 속도로 개선되면서 남자는 2014년, 여자는 2007년부터 OECD 국가 평균보다 높게 나타났다. 이로 인해, 2021년 우리나라 65세 생존자의 기대수명은 남자 19.3년, 여자 23.7년으로 OECD 국가 평균인 남자 17.8년, 여자 21.1년에 비해 남자는 1.5년, 여자는 2.6년 높게 나타났다.

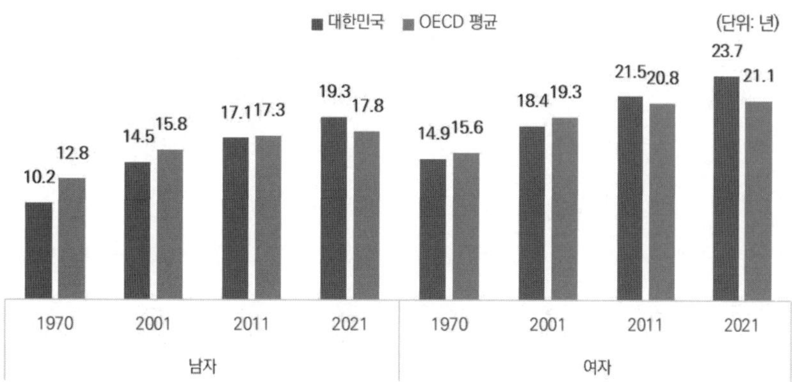


(출처: 통계청(2022), 2021년 생명표)

**[그림 1-26] 대한민국과 OECD 국가 평균 65세 기대수명 변화 추이**

### 기대수명 변화 추이(80세)

우리나라 80세 생존자의 기대수명은 2001년 남자는 6.4년, 여자는 7.8년으로 OECD 국가 평균인 남자 7.2년, 여자 8.7년에 비해 남자는 0.7년, 여자는 0.9년 낮게 나타났지만, 우리나라의 고령층 기대수명이 빠른 속도로 개선되면서 남자는 2020년, 여자는 2013년부터 OECD 국가 평균보다 높게 나타났다. 이로 인해, 2021년 우리나라 80세 생존자의 기대수명은 남자 8.5년, 여자 11.0년으로 OECD 국가 평균인 남자 8.2년, 여자 9.8년에 비해 남자는 0.3년, 여자는 1.2년 높게 나타났다.

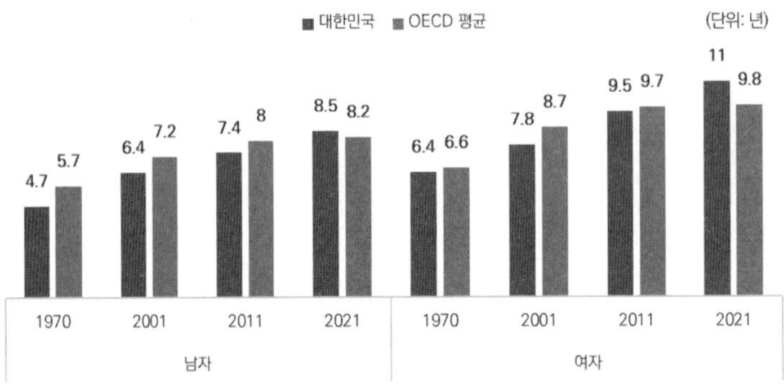


(출처: 통계청(2022), 2021년 생명표)

**[그림 1-27] 대한민국과 OECD 국가 평균 80세 기대수명 변화 추이**

## 1.2.3 베이비붐 세대의 은퇴

베이비붐이란 특정 시기에 출산율이 폭발적으로 증가하는 양상을 뜻하는 용어로, '출생아 수'와 '출산율'을 고려하여 결정된다. 우리나라의 베이비붐 세대는 3.0명 이상의 높은 출산율이 일정 기간 연속적으로 유지된 6.25 전쟁 직후에 태어난 세대를 의미한다. 베이비붐 세대는 크게 1차 베이비붐 세대(1955~1963년생), 2차 베이비붐 세대(1965~1974년생)로 구분할 수 있다.

### 베이비붐 세대의 고령층 진입

1700만 명에 해당하는 베이비붐 세대(1955~1974년생)의 고령화는 우리나라 인구구조 변동에 많은 영향을 미치게 된다. 생산가능인구에서 큰 비중을 차지했던 베이비붐 세대의 은퇴는 노동력 감소뿐만 아니라 부양 부담 증가를 가져온다.

지난 2020년도부터 1955년생이 노인 대열에 합류하기 시작했고 2029년이 되면 생산가능인구에서 베이비붐 세대가 완전히 빠져나가면서 2030년대에는 연평균 44만명씩 생산가능인구가 줄어들게 된다. 베이비붐 세대가 모두 고령층에 진입하는 2040년대에는 전체 인구의 34.4%에 이르면서 정부 재정 부담이 극대화될 것으로 전망하고 있다.

2020년에 노인 세대로 진입한 58만 명의 1955년생을 시작으로 2028년까지 한 해 67만~90만 명의 베이비붐 세대가 고령층으로 진입하게 된다. 2020년 기준 65세 이상 전체 노인인구는 약 902만 명으로 전체 인구 수의 17.5%, 베이비붐 세대 인구는 약 690만 명으로 전체 인구 수의 13.4%를 차지하는 것으로 나타나 베이비붐 세대의 인구 규모가 매우 크다는 것을 알 수 있다.

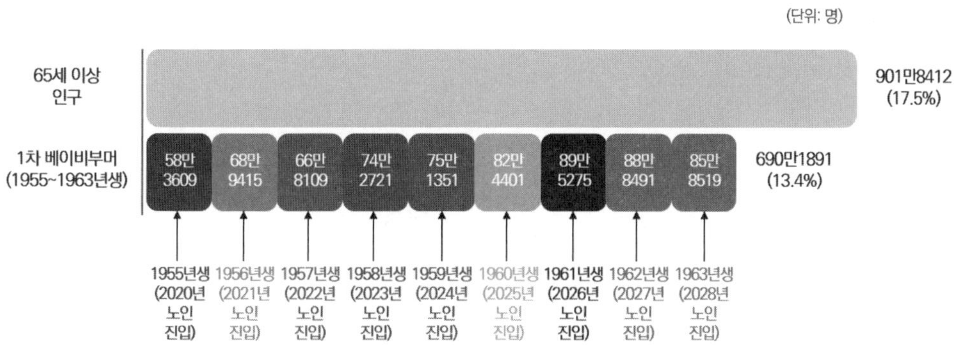


(출처: 행정안전부(2021), 주민등록 인구통계)

**[그림 1-28] 65세 이상 인구 및 1차 베이비붐 세대 규모 수**

### 1.2.4 지역별 인구이동

지역별 인구이동은 고령자의 은퇴, 신체적 건강 악화, 배우자 상실 등 생애주기상 노년기에 개인이 주로 경험하는 변화뿐만 아니라 경제, 사회, 의료, 문화, 복지, 환경 등 지역 차원의 결정요인에 대한 반응에 따라 나타난다. 우리나라의 노인인구 비율의 변화는 인구 순유입 횟수와 반비례 관계를 갖는 것으로 나타나는데, 이는 전체 인구의 순 이동이 지역별 노인인구 비율의 변화에도 상당한 영향을 미친다는 것을 의미한다.

인구구조의 고령화 문제는 현재 모든 시·도 단위 지역에서 당면하고 있는 문제로 지역별로 임금수준, 취업 기회, 교육 환경, 주거 여건 등이 다르게 제공되기 때문에 고령화 수준, 속도, 원인에 많은 영향을 미칠 수 있다. 즉, 지역별 인구이동은 해당되는 지역의 고령화 현상에도 변화를 가져오는 중요한 요인이라고 할 수 있다.

### 전체 노인인구 증가

2022년 국토교통부에서는 주민등록인구 데이터를 활용하여 2000년~2021년도까지 전국 229개 시군구를 대상으로 노인인구 변화율 및 총인구 변화율을 분석하였다. 그 결과, 농산어촌 지역이나 인구감소 지역뿐만 아니라 서울과 광역시와 같은 대도시권에서도 노인인구 증가가 나타나고 있음을 확인하였다. 중소도시 및 군지역은 총인구 감소 속도는 빠르고 노인인구 증가 속도가 느렸지만, 대도시권 지역은 총인구의 증가와 함께 노인인구 증가 속도가 약 3배 이상 빠른 것으로 나타났다.

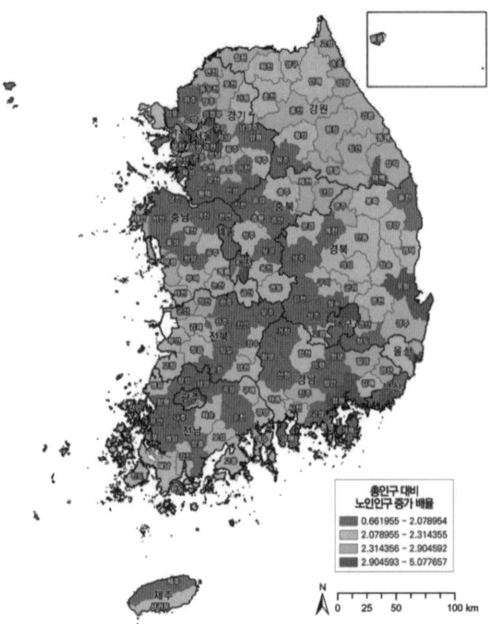


(출처: 국토연구원(2022), 시군구별 노인인구 및 총인구 변화와 시사점)

**[그림 1-29] 총인구 대비 노인인구 증가 배율 지도(2000~2021년 노인인구 및 총인구 기준)**

## 지역 간 인구규모 불평등

비수도권의 20~30대 청년층의 유출 심화가 수도권-비수도권 간의 인구 격차 및 지역 불평등 이슈를 발생시키면서 수도권으로의 인구집중도는 2020년 50.1%에 이르렀다. 지역 간 인구규모 불평등과 비수도권의 인구감소에 대한 위기의식으로 인해 2021년 정부에서는 '국가균형발전특별법' 시행령을 개정하여 지방자치단체 89곳을 인구감소지역으로 지정하고 해당 지역을 지원할 법적 근거를 마련하였다.

인구감소지역의 인구구조 변화는 청년(만 20~34세) 비중은 2010년 17.0%에서 2020년 13.3%로 감소한 반면, 노인(만 65세 이상) 비중은 2010년 21.3%에서 2020년 28.5%로 증가하는 것으로 나타났다.

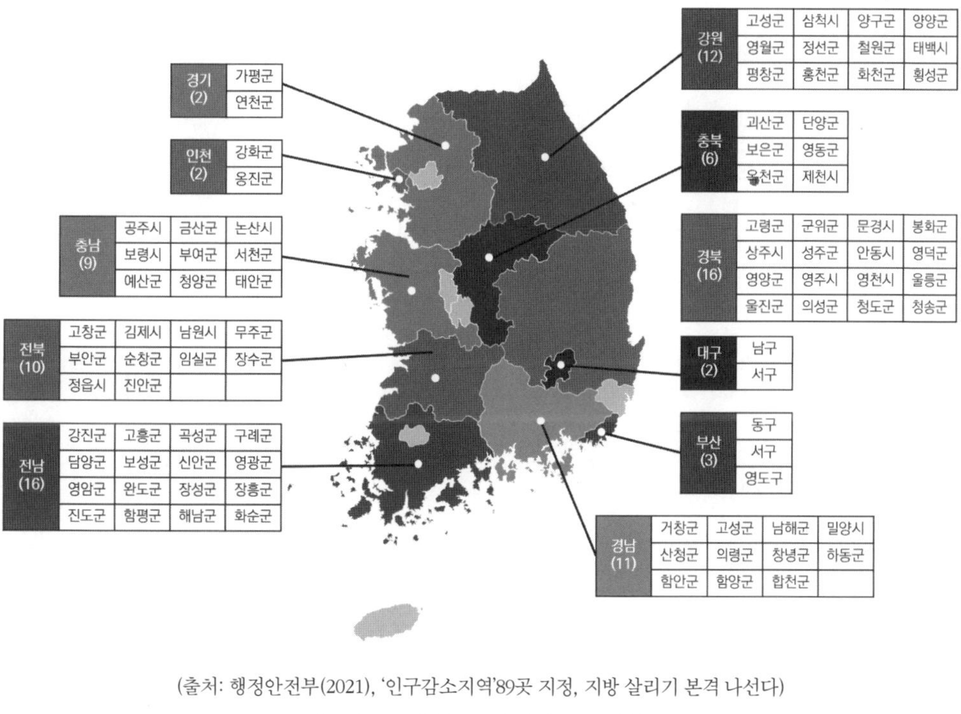


(출처: 행정안전부(2021), '인구감소지역'89곳 지정, 지방 살리기 본격 나선다)

[그림 1-30] 인구감소지역 지정 현황

# 1.3 고령화가 사회에 미치는 영향

고령화는 우리 사회 전반에 걸쳐 다양한 파급효과를 가져오고 있다. 이 절에서는 고령화가 우리 사회에 미칠 수 있는 영향이 무엇인지에 대해 학습한다.

**단원 학습목표**

- 고령화의 사회적·경제적·문화적 파급효과를 전망하고 문제점 및 해결방안을 제시한다.
- 고령사회에서 예상되는 다양한 사회변화 현상들을 파악한다.

## 1.3.1 의료비 증가

급격한 고령화는 노인인구와 함께 노인진료비를 증가시킨다. 고령자의 경우 당뇨나 고혈압과 같은 만성질환으로 인해 입원 빈도나 기간이 증가하고 사망 직전 의료비가 매우 크게 들기 때문에 진료비의 규모가 매우 커지게 된다.

### 노인진료비

국민건강보험과 건강보험심사평가원이 발간한 '2021년 건강보험통계연보'에 따르면 2021년 노인진료비는 2017년 28조 3,247억 원에 비해 1.5배 증가한 41조 3,829억 원으로 전체 진료비의 43.4%를 차지하는 수치를 기록하였다. 노인 인구가 전체 인구의 16.2%를 차지한다는 것을 감안하였을 때 상당히 높은 비중을 차지하고 있다는 것을 알 수 있다.

또한, 전체 1인당 연평균 진료비는 2017년 139만 원에서 2021년 185만 원으로 46만 원 증가하였지만 노인 1인당 연평균 진료비는 2017년 425만 원에서 2021년 508만 원으로 83만 원 증가하면서 1.8배 정도 차이를 보였다.

[표 1-3] 연도별 65세 이상 인구 진료비

| 구분 | 2017년 | 2018년 | 2019년 | 2020년 | 2021년 |
|---|---|---|---|---|---|
| 전체인구(천 명) | 51,362 | 51,607 | 51,709 | 51,780 | 51,822 |

| 65세 이상 인구(천 명)<br>(구성비, %) | 7,066<br>(13.7) | 7,372<br>(14.3) | 7,685<br>(14.9) | 8,125<br>(15.7) | 8,537<br>(16.5) |
|---|---|---|---|---|---|
| 65세 이상 진료비(억 원)<br>(전년대비 증감률, %) | 283,247<br>(12.1) | 318,235<br>(12.4) | 357,925<br>(12.5) | 376,135<br>(5.1) | 413,829<br>(10.0) |
| 노인 1인당 연평균 진료비(천 원) | 4,255 | 4,568 | 4,910 | 4,870 | 5,085 |
| 전체 1인당 연평균 진료비(천 원) | 1,391 | 1,528 | 1,681 | 1,688 | 1,857 |

(출처: 국민건강보험공단, 건강보험심사평가원(2022), 2021 건강보험통계연보)

### 요양급여비용

요양급여비용은 2021년 93조 4,984억 원으로 2020년 대비 7.67%, 입원 요양급여비용은 2021년 34조 6,873억 원으로 2020년 대비 5.58%, 외래 요양급여비용은 2021년 39조 9,561억 원으로 2020년 대비 10.45%, 약국 요양급여비용은 2021년 18조 8,550억 원으로 2020년 대비 5.90% 증가하였다.

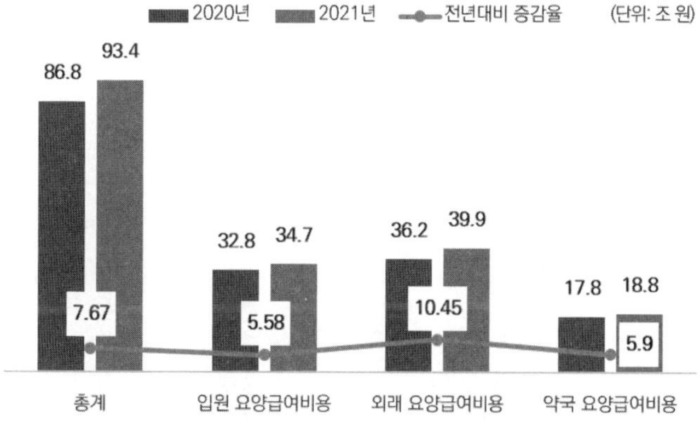


(출처: 국민건강보험공단, 건강보험심사평가원(2022), 2021 건강보험통계연보)

**[그림 1-31] 요양급여비용 및 전년대비 증감율**

## 1.3.2 돌봄 인력 공백 심화

노화로 인해 나타나는 고령자의 신체기능 상실 및 일상생활에서의 어려움은 노인장기요양보험 및 사회적 돌봄 서비스 관련 비용을 증가시키는 원인이 된다. 간호·간병 및 장기요양 업계에 종사하는 인력을 지속적으로 확보하기 위해서는 타 분야와 비교해서 경쟁력이 있는 보수체계로 개선되어야 하지만 공공재정 측면에서 여전히 많은 한계점이 존재한다.

### 노인장기요양시설 현황

우리나라는 노인요양시설 수요에 대응하고 장기적으로 돌봄이 필요한 고령자에게 돌봄 서비스를 제공하기 위해 노인장기요양보험제도를 2008년에 도입하였다. 노인장기요양보험제도는 '노인장기요양보험법'에 따라 고령이나 노인성 질환으로 인해 일상생활을 혼자서 수행하기 어려운 고령자들에게 신체활동이나 가사활동지원 등을 제공함으로써 건강증진 및 생활안정을 도모하고 가족들의 부담을 덜어주려는 목적으로 시행하고 있는 사회보험제도이다.

현재까지 노인요양서비스 공급기관인 장기요양기관(재가요양기관, 시설요양기관)의 수는 지속적으로 증가하고 있다. 2021년 기준 재가 장기요양기관의 수는 2만 208개소로 전년 대비 3.0% 증가하였고, 시설 장기요양기관은 5,859개소로 전년 대비 1.7% 증가하였다.

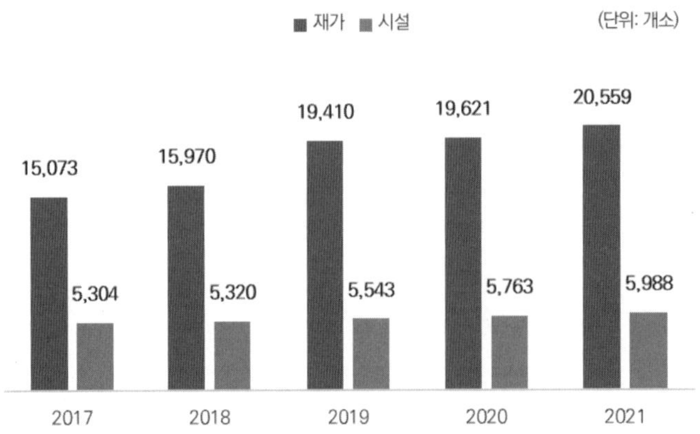


(출처: 국민건강보험공단(2022), 2021년 노인장기요양보험 통계연보)

[그림 1-32] 연도별 장기요양기관 수

### 노인장기요양인력 부족 현상 심화

장기요양기관에서 직접적 서비스를 제공하는 핵심인력으로는 사회복지사, 간호사, 간호조무사, 물리(작업)치료사, 요양보호사가 있다. 2021년 기준 사회복지사는 3만 3,736명으로 전년 대비 11.5%, 간호사는 3,645명으로 전년 대비 4.0%, 간호조무사는 1만 4,196명으로 전년 대비 7.4%, 물리(작업)치료사는 2,723명으로 전년 대비 6.5%, 요양보호사는 50만 7,473명으로 전년 대비 12.5%로 증가하였다.

하지만, 장기요양인정자 1,000명당 장기요양인력 수를 표준화하여 장기요양서비스 수요에 따른 인력 공급 현황을 파악한 결과, 2021년 기준 장기요양인정자 수는 2017년 대비 62.91% 증가하면서 사회복지사 수가 11.71% 증가한 반면 간호사 수는 19.92%, 간호조무사 수는 11.47%, 물리(작업)치료사 수는 17.34%, 요양보호사 수는 8.55%는 감소하였다는 것을 확인할 수 있었다. 이와 같이 직접적 서비스를 제공하는 핵심인력이 감소하면서 노인장기요양인력 공급이 원활하게 이루어지지 않고 있다는 것을 알 수 있다.

**[표 1-4] 연도별 노인장기요양인력 현황**

(단위: 명, %)

| 구분 | 2017년 | 2018년 | 2019년 | 2020년 | 2021년 | 전년대비 증감율 |
|---|---|---|---|---|---|---|
| 사회복지사 | 18,535 | 22,305 | 26,395 | 30,268 | 33,736 | 11.5 |
| 간호사 | 2,791 | 2,999 | 3,312 | 3,504 | 3,645 | 4.0 |
| 간호조무사 | 9,845 | 10,726 | 12,054 | 13,221 | 14,196 | 7.4 |
| 물리(작업)치료사 | 2,024 | 2,122 | 2,350 | 2,558 | 2,723 | 6.5 |
| 요양보호사 | 340,624 | 379,822 | 444,525 | 450,970 | 507,473 | 12.5 |

(출처: 국민건강보험공단(2022), 2021년 노인장기요양보험 통계연보)

고령자의 일상생활지도 및 재활서비스 지원을 위해서는 노인장기요양보험에서 물리치료사의 역할이 매우 중요하다. 하지만, 노인장기요양보험 내 물리치료사와 작업치료사는 대체인력으로 구성되어 있고, 열악한 근로조건(장시간 노동, 강도 높은 업무, 저임금)과 장기요양기관에서의 명확하지 않은 역할 명시가 인력 유입 저조와 공급부족 현상을 심화시키고 있다.

2011년 이후 요양보호사 자격증을 취득하고 현장에서 서비스를 제공한 적이 있는 4만 명을 대상으로 10년 동안 추적조사를 진행한 결과, 고령인구 증가 추세를 고려해 요양보호사 자격증을 취득하고는 있지만 실제 요양서비스가 이루어지는 열악한 여건을 마주하면서 요양보호사 자격증만 취득한 뒤 활동을 하지 않는 비율이 80%를 차지하거나 고숙련 요양보호사라고 할 수 있는 5년 차 이상에 도달하기 전에 현장을 떠나는 상황이 발생하고 있다는 것을 확인할 수 있었다.

현재 간호사가 장기요양시설을 기피하면서 노인장기요양시설에 간호사가 한 명도 없는 지자체(경기, 강원, 충북, 전북, 경북, 경남)가 나타나고 있다. 24시간 케어가 이루어지는 환경에서 발생하는 많은 업무량과 다양한 역할을 감당해야 하는 부담감으로 인해 스트레스를 받지만 정작 보상을 적게 받게 되는 것이 장기요양시설 근무를 기피하는 주요 원인이 되고 있다.

**[표 1-5] 장기요양인정자 1,000명당 노인장기요양인력 수**

(단위: 명)

| 구분 | 2017년 | 2018년 | 2019년 | 2020년 | 2021년 | 2017년 대비 증감율 |
|---|---|---|---|---|---|---|
| 장기요양인정자 수 | 585,287 | 670,810 | 772,206 | 857,984 | 953,511 | 62.91 |
| 장기요양인정자 1,000명당 사회복지사 수 | 31.67 | 33.25 | 34.18 | 35.28 | 35.38 | 11.71 |
| 장기요양인정자 1,000명당 간호사 수 | 4.77 | 4.47 | 4.29 | 4.08 | 3.82 | -19.92 |
| 장기요양인정자 1,000명당 간호조무사 수 | 16.82 | 15.99 | 15.60 | 15.41 | 14.89 | -11.47 |
| 장기요양인정자 1,000명당 물리(작업)치료사 수 | 3.46 | 3.16 | 3.04 | 2.98 | 2.86 | -17.34 |
| 장기요양인정자 1,000명당 요양보호사 수 | 581.98 | 566.21 | 575.66 | 525.62 | 532.22 | -8.55 |

(출처: 국민건강보험공단(2022), 2021년 노인장기요양보험 통계연보)

### 1.3.3 세대 간 디지털 격차 발생

디지털 격차(Digital divide)란 "컴퓨터와 인터넷에 접근할 수 있는 사람과 없는 사람 간의 격차"로 정의할 수 있다. 고령자는 노화 과정에 의해 인지적·신체적 기능이 저하되면서 스마트 기기에 대한 접근성이 낮아지고 다양한 디지털 서비스를 이용하는 데 있어 제한이 발생한다. 이로 인해 경험하는 자신감 저하, 불안감 및 스트레스 증가는 디지털 격차를 가중시키는 원인이 되고 있다.

### 디지털 리터러시

[그림 1-33] 디지털 리터러시

디지털 리터러시(Digital literacy)란 디지털을 이해하고 다룰 줄 아는 디지털 활용 능력뿐 아니라, 디지털 플랫폼을 통해 얻게 되는 정보에 대한 이해, 판단, 평가, 활용 등의 활동을 포괄하는 개념이다. 즉, 디지털 리터러시는 정보를 전달하고 상호 간에 소통하면서 사회적 관계를 형성하는 데 있어 필요한 핵심적인 역량이라고 할 수 있다.

디지털 기술의 혁명으로 인한 디지털 환경이 구축되면서 대부분의 생산·소비·거래·관리 방식의 변화가 가속화되고 있다. 이로 인해 디지털 기기와 문화에 익숙하지 않은 고령층에게도 디지털 리터러시에 대한 능력이 필수적으로 요구되고 있다.

### 고령층의 디지털정보화 수준

'2022 디지털정보격차 실태조사'에서는 모바일 기반 유무선 융합 디지털 환경에서 발생하는 정보격차의 수준 및 특성을 종합적으로 측정하였다. 디지털정보화 수준을 평가한 결과, 고령층의 디지털정보화 수준이 69.9%로 4대 정보취약 계층(장애인, 고령층, 저소득층, 농어민) 중에서도 가장 낮게 나타났다. 디지털 기술의 활용이 생존조건이 된 현실에서 다양한 문제들을 마주하면서 직면하는 불편함과 불이익이 삶의 위기로 다가올 수 있다.

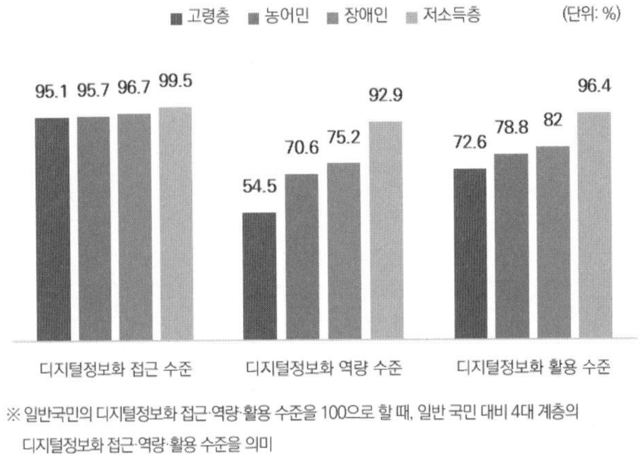


(출처: 과학기술정보통신부, 한국지능정보사회진흥원(2022), 2022 디지털정보격차 실태조사)

**[그림 1-34] 계층별 디지털정보화 수준**

### 고령층의 디지털정보화 활용 수준

우리나라 고령층의 인터넷 이용률은 83.7%로 일반국민 대비 9.3%, 검색 및 이메일, 콘텐츠 서비스 이용률은 79.0%로 일반국민 대비 12.4%, 사회적 관계 서비스 이용률은 83.0%로 일반국민 대비 8.8%, 생활 서비스 이용률은 76.7%로 일반국민 대비 12.6%, 정보생산 또는 공유 활동률은 39.5%로 일반국민 대비 19.7%, 온라인 네트워크 활동률은 60.6%로 일반국민 대비 11.8%, 온라인 사회참여 활동률은 29.1%로 일반국민 대비 9.8%, 온라인 경제 활동률은 41.4%로 일반국민 대비 21.4% 낮게 나타났다.

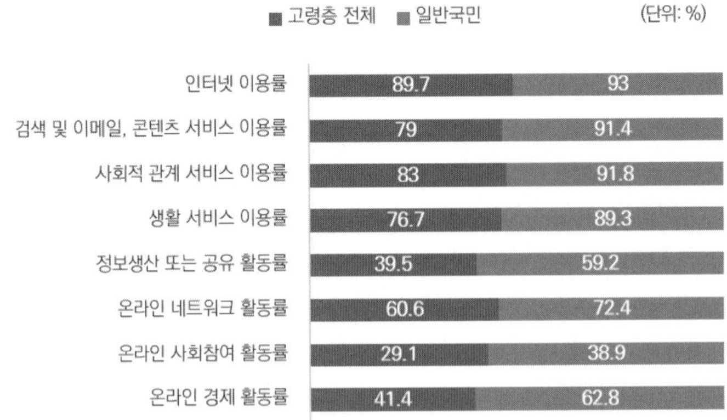


(출처: 과학기술정보통신부, 한국지능정보사회진흥원(2022), 2022 디지털정보격차 실태조사)

**[그림 1-35] 고령층 디지털정보화 활용 수준**

### 세대 간 디지털 격차 발생원인

디지털 격차는 고령자가 새로운 것에 반응하고 학습하는 능력이 상대적으로 떨어지기 때문에 나타난다. 고령자의 디지털정보화 접근 수준은 매년 꾸준히 증가하고 있는 반면 디지털정보화 역량 및 활용 수준은 여전히 낮게 나타나면서 세대 간 디지털 격차가 발생하고 있다.

세대 간 경험의 차이로 인해 나타나는 이러한 현상은 코로나19로 인해 일상이 비대면으로 전환되고 디지털기기 사용이 가속화되면서 더욱 명백해졌다. 디지털 네이티브(Digital native) 혹은 디지털 노마드(Digital nomad)로 일컬어지는 청년세대는 가상공간에서 정보를 수집, 생산, 유통하면서 자신의 생각과 경험을 자유롭게 소통하는 것을 어려워하지 않는다. 하지만, 고령자들은 빠르게 진화하는 정보화 기술의 속도를 따라가지 못하고 있다. 특히, 청년세대 온택트(On-tact) 시대를 맞이하여 온라인을 이용한 정부 보조지원금 신청, 웹과 모바일 기반의 백신접종 예약, 방역패스 의무화에 따른 QR 코드인증 등의 사용으로 디지털 격차가 확대되면서 고령자의 디지털 소외는 더욱 증가하고 있다.

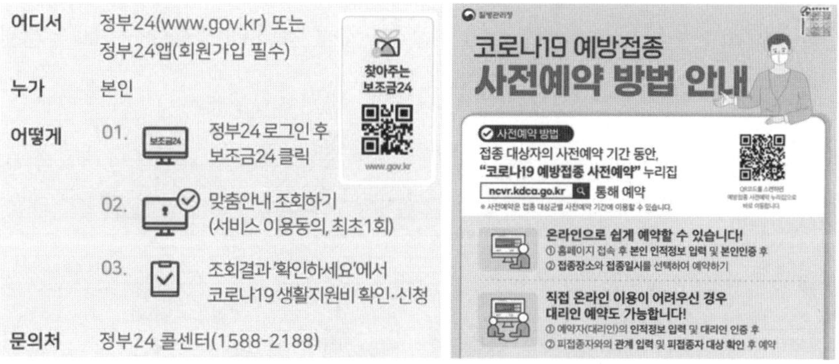


(출처: 행정안전부(2022), 코로나19 생활지원비 온라인신청 안내문, 질병관리청(2021), 코로나19 예방접종 사전예약 방법 안내)

**[그림 1-36] 온택트 시대의 정부지원금 신청 및 백신접종 예약**

### 세대 간 디지털 격차가 고령자에게 미치는 영향

고령자는 자신의 학습능력에 비해 어려운 과제라고 판단이 될 경우 디지털 격차를 경험했을 때 자괴감, 당황스러움, 분노까지 느낄 수 있다. 디지털 기기를 조작하고 활용하는데 필요한 학습 효능감이 낮은 고령자는 정보화 기기를 소극적으로 활용할 수밖에 없어 계속적으로 취약계층에 머무르게 된다. 디지털 격차를 단순한 디지털 이용능력 차이로 보는 것이 아니라 고령자의 정신건강에 심각한 영향을 줄 수 있는 문제로 인식하는 것은 매우 중요하다.

### 1.3.4 기업 근로자의 평균연령 증가

인구 고령화의 급속한 진행속도는 근로자의 평균연령을 증가시키고 기업규모에 따른 연령대별 일자리 수에도 영향을 미친다. 기업 근로자의 고령화가 진행될수록 생산성이 저하되고 고임금화 현상으로 인해 기업운영의 부담이 증가한다. 또한, 신규 인력 채용여력이 감소하기 때문에 젊고 유능한 전문 인력을 충원하는데 한계가 발생할 수 있다.

#### 대기업 연령대별 일자리 수

대기업의 연령대별 일자리 수를 살펴보면, 19세 이하는 2021년 2만 3천개로 전년 대비 4.2% 감소한 반면, 20대는 2021년 71만 9천개로 전년 대비 1.7%, 30대는 2021년 122만5천개로 전년 대비 2.7%, 40대는 2021년 116만 3천개로 전년 대비 6.9%, 50대는 2021년 87만 3천개로 전년 대비 11.8%, 60세 이상은 2021년 24만 1천개로 전년 대비 26.2% 증가하였다. 전년대비 증가율은 60세 이상과 50대에서 높았다.

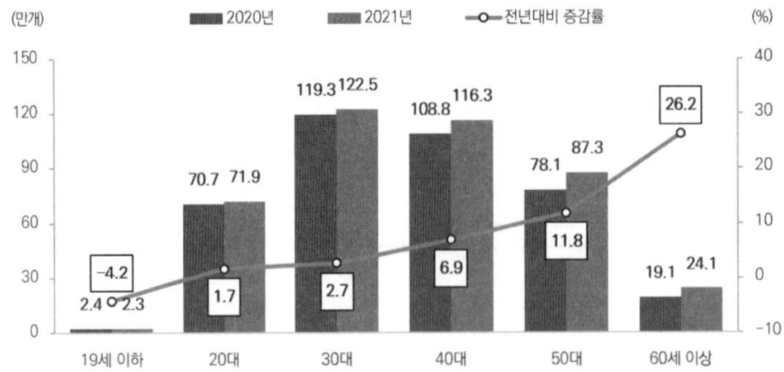


(출처: 통계청(2022), 2021년 일자리행정통계 결과)

[그림 1-37] 대기업 연령대별 일자리 수

## 중소기업 연령대별 일자리 수

중소기업의 연령대별 일자리 수를 살펴보면, 19세 이하는 2021년 10만 5천개로 전년 대비 2.8%, 30대는 2021년 292만 3천개로 전년 대비 1.2% 감소한 반면, 20대는 2021년 202만 9천개로 전년 대비 1.8%, 40대는 2021년 374만 9천개로 전년 대비 0.4%, 50대는 2021년 391만 3천개로 전년 대비 2.4%, 60세 이상은 2021년 315만 9천개로 전년 대비 10.8% 증가하였다. 전년 대비 증가율은 60세 이상에서 가장 높게 나타난 것을 알 수 있다.

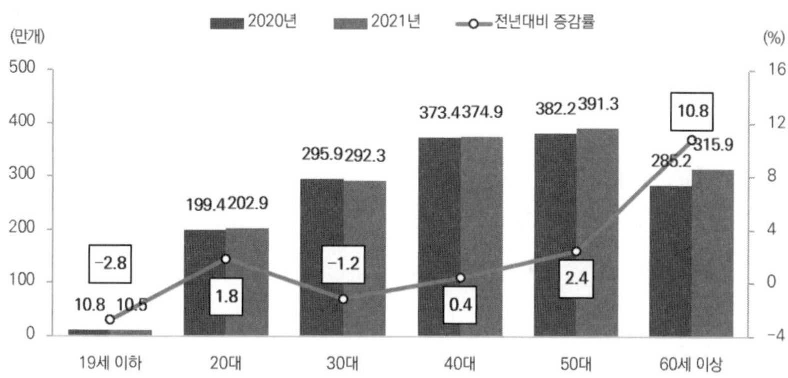


(출처: 통계청(2022), 2021년 일자리행정통계 결과)

[그림 1-38] 중소기업 연령대별 일자리 수

## 산업분류에 따른 연도별 평균연령

산업분류에 따른 연도별 평균연령을 보면 2017년부터 2021년까지 전체 평균연령이 4.3%로 증가하였으며 대부분 업종의 평균연령이 이미 40세를 상회하고 있다는 것을 알 수 있다. 산업분류에 따른 2017년 대비 증감률은 숙박 및 음식점업, 보건업 및 사회복지서비스업, 부동산업, 예술, 스포츠 및 여가관련 서비스업, 건설업, 제조업, 정보통신업에서 전체 증감률보다 더 높았다.

[표 1-6] 산업분류에 따른 연도별 평균연령

(단위: 세, %)

| 산업분류별 | 2017년 | 2018년 | 2019년 | 2020년 | 2021년 | 2017년 대비 증감률 |
|---|---|---|---|---|---|---|
| 전체 | 41.6 | 42.0 | 42.6 | 42.9 | 43.4 | 4.3 |
| 농업,임엄 및 어업 | 44.4 | 44.6 | 45.0 | 45.4 | 44.8 | 0.9 |
| 광업 | 50.6 | 51.0 | 51.4 | 51.6 | 52.3 | 3.4 |
| 제조업 | 41.1 | 41.6 | 42.1 | 42.5 | 43.0 | 4.6 |
| 전기, 가스, 증기 및 공기조절 공급업 | 42.0 | 41.8 | 41.5 | 41.6 | 41.5 | -1.2 |
| 수도, 하수 및 폐기물 처리, 원료 재생업 | 46.6 | 47.1 | 47.3 | 47.4 | 47.8 | 2.6 |
| 건설업 | 43.8 | 44.5 | 45.4 | 45.5 | 46.0 | 5.0 |
| 도매 및 소매업 | 40.1 | 40.5 | 41.1 | 41.2 | 41.7 | 4.0 |
| 운수 및 창고업 | 47.7 | 48.2 | 48.4 | 48.5 | 48.6 | 1.9 |
| 숙박 및 음식점업 | 39.5 | 41.0 | 42.7 | 41.5 | 42.4 | 7.3 |
| 정보통신업 | 36.5 | 37.1 | 37.3 | 38.1 | 38.1 | 4.4 |
| 금융 및 보험업 | 39.6 | 39.8 | 40.2 | 40.1 | 40.9 | 3.3 |
| 부동산업 | 53.1 | 53.5 | 54.7 | 55.7 | 56.4 | 6.2 |
| 전문, 과학 및 기술 서비스업 | 39.0 | 39.2 | 39.7 | 40.3 | 40.6 | 4.1 |
| 사업시설 관리, 사업 지원 및 임대 서비스업 | 41.0 | 40.9 | 41.8 | 42.3 | 42.7 | 4.2 |
| 교육 서비스업 | 42.8 | 43.3 | 43.6 | 43.7 | 44.3 | 3.5 |
| 보건업 및 사회복지서비스업 | 41.5 | 42.0 | 42.7 | 43.6 | 44.4 | 7.0 |
| 예술, 스포츠 및 여가관련 서비스업 | 40.7 | 41.2 | 41.7 | 42.3 | 42.9 | 5.4 |
| 협회 및 단체, 수리 및 기타 개인 서비스업 | 44.6 | 44.8 | 45.1 | 44.0 | 44.6 | - |

(출처: 고용노동부(2022), 고용형태별근로실태조사)

## 참고문헌


건강보험심사평가원, 국민건강보험 (2022). 2021 건강보험통계연보.

경승구, 박세영, 이호용, 신예린 (2021). 요양보호사 근로환경 변화 탐색 연구. 국민건강보험공단.

고용노동부 (2022). 고용형태별근로실태조사. 산업,학력,연령계층,성별 임금 및 근로조건. https://kosis.kr/statHtml/statHtml.do?orgId=118&tblId=DT_118N_PAYN42&conn_path=I2 (2022년 12월6일 검색).

고용노동부 (2019). 고용형태별근로실태조사. 산업,학력,연령계층,성별 임금 및 근로조건. https://kosis.kr/statHtml/statHtml.do?orgId=118&tblId=DT_118N_PAYN32&conn_path=I2 (2022년 12월8일 검색).

국민건강보험공단 (2022). 2021년 노인장기요양보험 통계연보.

과학기술정보통신부, 한국지능정보사회진흥원 (2023). 2022 디지털정보격차 실태조사. pp. 40-45, 107-122.

듀오 (2022). 2022 출산 인식 보고서.

민성희, 박정호 (2012). 고령자 인구이동 실태 및 정책과제. 국토연구원.

박시내 (2011). 베이비붐 세대의 특성과 노동시장 은퇴. 한국의 사회동향 2011. 통계청.

박지성 (2022). 요양보호사들 5명 중 4명은 현장 떠난다. 요양뉴스. http://yoyangnews.co.kr/news/articleView.html?idxno=11224. (2022.08.19.).

시사경제용어사전. 인구 고령화(고령, 초고령화). 기획재정부.

이태열 (2022). 지역별 인구이동이 고령화에 미치는 영향. KIRI 리포트. 보험연구원.

임정미, 김범중 (2021). 노인장기요양보험에서 물리치료사 안정적 확보방안. 인문사회 21, vol. 12, no. 6, pp. 1211-1226.

장안식, 이상일, 강동훈, 김남옥, 정지연, 염지혜, 김민주, 여지민 (2023). 디지털 격차로 인한 노인의 인권상황 실태조사. 국가인권위원회.

정원기 (2022). 16%인 노인 인구, 전체 건강보험 진료비의 43% 차지. 청년의사. http://docdocdoc.co.kr/news/articleView.html?idxno=2029103. (2022.11.10.).

정치학대사전편찬위원회. 21세기 정치학대사전. 한국사전연구사.

질병관리청 (2021). 8~9월 접종계획에 따라 예방접종 실시. 8월9일. 보도자료.

최예슬 (2022). 인구감소지역의 인구변화 실태와 유출인구 특성 분석. 국토연구원.

통계청 (2022). 2021년 일자리행정통계 결과. 12월8일. 보도자료.

통계청 (2022). 2021년 장래인구추계를 반영한 세계와 한국의 인구현황 및 전망. 9월5일. 보도자료.

통계청 (2023). 2022년 인구동향조사 출생·사망 통계.

통계청 (2023). 장래인구추계: 2022~2072년. 12월14일. 보도자료.

통계청 (2023). 저출산과 우리 사회의 변화. 7월11일. 보도자료.

행정안전부 (2021). '인구감소지역' 89곳 지정, 지방 살리기 본격 나선다!. 10월 18일. 보도자료.

행정안전부 (2022). 코로나19 생활지원비 신청은 정부24에서 하세요. 5월12일. 보도자료.

행정안전부 (2022). 주민등록 인구통계. https://jumin.mois.go.kr/. (2022년 12월9일 검색).

OECD (2022). OECD Family Database.

World Bank Group (2019). World Bank Support to Aging Countries.

CHAPTER 2

# 고령친화복지공학의 개요

Overview of Age-friendly Welfare Engineering



---

과학기술 측면에서 기술적 솔루션을 제공할 수 있는 고령친화복지공학의 역할은 고령자가 건강하고 독립적인 삶을 영위하기 위해 반드시 필요한 요소라고 할 수 있다.

이 장에서는 고령친화복지공학의 개념, 역할, 발전방향에 대해 살펴보고자 한다. 이 장을 통해 고령친화, 복지, 공학이 융합된 고령친화복지공학의 개념을 이해하고 고령화 시대에 어떠한 역할을 수행하며 발전해 나갈 수 있을지 생각해 본다.

# 2.1 고령친화복지공학의 개념

고령자의 수요에 맞는 제품 및 복지 서비스를 제공하기 위해서는 고령친화적인 복지와 공학기술에 대한 개념을 이해하는 것이 중요하다. 이 절에서는 고령친화, 노인복지, 공학의 개념이 융합된 고령친화복지공학에 대해서 학습한다.

**단원 학습목표**

- 고령친화복지공학의 개념을 정의한다.
- 고령친화, 노인복지, 공학의 개념을 이해하고 각 개념 간의 유기적인 관계를 이해한다.

## 2.1.1 고령친화복지공학의 정의

과학기술은 보건의료, 주거 및 환경, 학습, 이동성, 의사소통, 여가 등 일상생활의 여러 영역으로 적용이 가능한 각종 기술 및 제품 개발에 있어 필수적인 요소이다. 공학기술을 기반으로 고령자의 삶의 질 향상에 도움을 줄 수 있는 다양한 형태의 고령친화 제품들을 개발하는 위해서는 고령친화, 복지, 공학에 대한 개념을 먼저 이해하는 것이 매우 중요하다. 고령친화, 복지, 공학이 융합된 고령친화복지공학에 대한 정의는 다음과 같다.

### 고령친화

고령친화(Age-friendly)는 편리성 및 안전성을 기반으로 고령자의 선호를 고려하여 고령자가 건강하고 활력 있는 사회생활을 영위하게 한다는 뜻을 담고 있는 용어이다. 즉, 고령자의 요구와 선호도를 수용할 수 있도록 설계되거나 조정된 기능, 제품, 서비스, 환경 등을 의미한다. 노화로 인한 신체적·정신적·인지적 특성을 고려해 조작 및 인지가 쉽고 사용이 편리하도록 만들어지기 때문에 고령자의 접근성, 사용성, 편안함 등을 향상시킬 수 있다.

### 복지

복지(Welfare)는 안락한 환경에서 건강하고 윤택하게 생활하면서 행복을 누릴 수 있는 상태로, 사회적 제도 내에서 개인의 행복을 보장하고 삶의 질을 증진시키는 국가 차원의 모든 제도 및 서비스를 의미한다. 이와 같은 제도적 장치나 실천적 방안은 고령자들이 가지고 있는 다양한 사회적 욕구와 문제를 극복하고 활기찬 노후 생활을 영위할 수 있도록 한다.

### 공학

공학(Engineering)이란 다양한 기술적 문제를 발견하고 이에 대한 기술적 해결책을 제시하는 학문이다. 고령자의 손실 및 퇴화된 신체 및 운동기능을 공학적 방법으로 보완하고 이를 보조할 수 있는 제품이나 서비스 개발에 적극적으로 활용되고 있다. 공학은 우리 사회가 직면한 고령화 문제를 해결하고 고령자의 삶을 풍족하게 하는 데 있어 필수적인 요소 중 하나로 볼 수 있다.

### 고령친화복지공학

[그림 2-1] 고령친화복지공학

고령친화복지공학(Age-friendly welfare engineering)이란 고령친화, 복지, 공학의 모든 개념과 정의를 융합한 개념으로 노화로 인해 신체적·정신적·사회적 저하를 경험하는 고령자가 건강하고 독립적인 삶을 영위할 수 있도록 과학기술 측면에서 기술적 솔루션을 제시하는 학문으로 정의할 수 있다.

## 2.1.2 고령친화의 개념

고령친화는 '노인이 편리하면 모든 사람도 편리하다'라는 의미를 내포하고 있다. 고령친화의 개념은 연령분절적(Age-segregated) 관점과 연령통합적(Age-integrated) 관점으로 구분해 정의할 수 있다.

[표 2-1] 고령친화의 개념 구분

| | 연령분절적 관점 | 연령통합적 관점 |
| --- | --- | --- |
| 정의 | 대상 : 고령자<br>용어 : Elder-friendly | 대상 : 모든 세대<br>용어 : Age-friendly |
| 특징 | 생애과정별로 청소년기에는 교육·훈련, 청년·중년기에는 노동, 노년기에는 여가와 같이 사회적 연령범주를 기반으로 명시하기 때문에 사회적 기능과 역할에 대한 고정관념이 존재한다. | 생애주기 변화를 반영해 노인을 포함한 모든 연령대의 사람들이 교육·훈련, 노동, 여가에 어려움 없이 접근할 수 있어 연령을 기준으로 하는 사회 진입장벽이 존재하지 않는다. |

현재 우리 사회는 인구고령화가 진행되기 이전 노동의 시기인 중년기를 중심으로 노동을 준비하는 시기인 청소년기, 은퇴하는 시기인 노년기를 구분하는 연령분절적 관점에서 정책과 제도가 구축되어 있다. 연령에 따라 사회의 진입 및 퇴임을 결정하는 기존의 연령분절적 사회 구조는 급속한 고령화로 인한 기대수명 연장, 혼인·출산 연령 변화, 교육·노동 기간 연장 등과 같은 생애주기 변화에 대응하고 변화된 역할을 수행하는 데 있어 제한점이 존재한다.

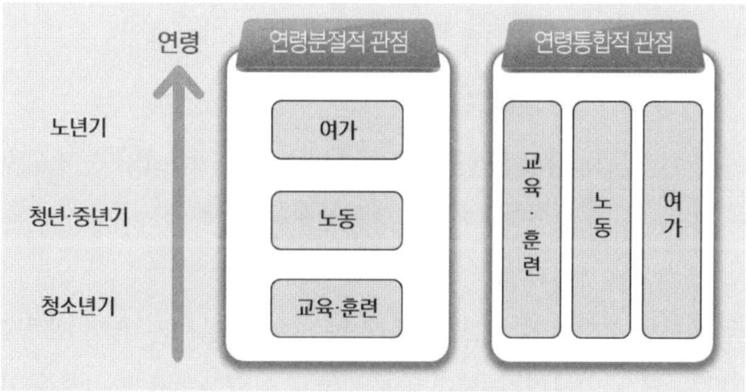


(출처: 유홍준 외 (2014), 고용의 질: 연령계층화와 구조적 지체에 대한 탐색(1983~2012))

[그림 2-2] 연령분절적 관점과 연령통합적 관점

### 연령분절적 사회 구조의 특징

연령분절적 사회 구조에서는 60세가 넘으면 업무 수행 역량이 부족하다는 인식 때문에 개인의 능력여부에 상관없이 노동시장에 진입하기가 더욱 어려워지고 취업을 하는 경우에도 질이 낮은 일자리에 종사하게 된다. 현행 법률인 고용상 연령차별금지 및 고령자고용촉진에 관한 법률(고령자고용법) 제19조제1항에 의하면 '사업주는 근로자의 정년을 60세 이상으로 정하여야 한다'고 규정하고 있으며, 이 규정은 2017년도부터 모든 사업장에 적용되고 있다.

하지만, 우리나라의 기대수명은 2021년 기준 83.6세로 OECD 국가 중 세 번째로 길다. 저출산·고령화 시대에 기대수명의 증가로 인구 부양에 대한 부담감이 증가하면서 60세 이상도 중요한 인력으로 인식되고 있다.

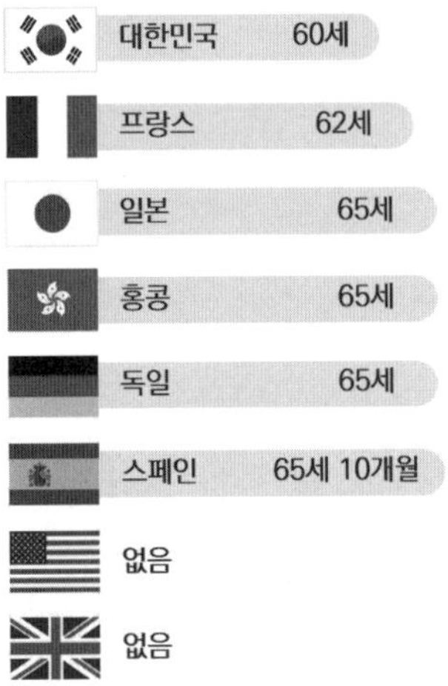


(출처: 세계법제정보센터(2020), 세계 주요국의 정년제도)

[그림 2-3] 세계 주요국의 정년 현황

세계 주요국의 정년 현황을 살펴보면, 프랑스는 62세, 일본은 65세, 홍콩은 65세, 독일은 65세, 스페인은 65세 10개월이며, 미국과 영국은 연령차별을 방지하는 차원에서 정년퇴직연령이 폐지되었다. 최근 정부에서도 근로자의 정년 연령을 65세 이상으로 상향 조정하려는 방안을 논의 중에 있다.

### 연령분절적 사회 구조의 한계점

연령분절적 사회 구조에서 나타나는 노인에 대한 부정적 선입견과 차별적 태도가 세대 간 갈등을 더욱 조장한다. 여기에서 '세대(Generation)'란 출생 시기가 동일하여 그 당시 사회적·경제적·문화적 특성을 공유하면서 비슷한 사고방식과 정체성이 부여된 집단을 의미하며, 세대 간 갈등(Conflict)은 가치관 대립 및 경제적 이해관계의 상충을 포괄하고 있다. 각 세대가 가지고 있는 경험의 차이로 인한 다른 가치관, 윤리의식, 소비행태, 일과 직장에 대한 태도는 고령화에 따른 사회문제를 바라보는 시각에 차이를 만들면서 세대 간 갈등을 발생시키는 주요 원인이 된다.

각 세대의 경험에 따른 차이를 살펴보면, 젊은 세대는 교육 수준이 높고, 인터넷과 스마트폰과 같은 디지털 미디어 기술을 매개로 한 정보 습득 및 의사소통을 더 선호하며, 자신의 만족과 취향을 위한 개인주의적 가치관을 중요하게 여긴다. 노인 세대는 교육 수준이 젊은 세대에 비해 상대적으로 낮고, 디지털 기술 및 서비스를 적극적으로 활용하기보다는 전통적인 오프라인 방식(TV, 라디오, 잡지 등)을 선호하며, 권위적이고 보수적인 전통적 가치를 기반으로 여가보다는 일을 더 중시한다.

이로 인해 나타나는 세대 간 불평등 증가와 공정성 문제는 고령화 시대를 대응하는 정책 수행에 있어 많은 걸림돌로 작용하고 있다. 보수와 진보의 정치성향에 기인한 갈등, 공적연금 고갈과 일자리 부족으로 인한 갈등, 사회적 비용에 대한 기여와 보상 수준 차이로 인해 발생하는 갈등과 같이 다양한 영역에서 발생하고 있는 세대 간 갈등은 사회의 지속가능한 발전을 저해하고 있다.

### 연령통합적 사회 구조의 특징

연령통합적 사회는 개인의 자유, 개인의 차이와 다양성을 인정하는 인간존중, 세대 간 공존 등을 근거로 개인의 욕구와 능력에 따라 사회적 역할을 자유롭게 결정할 수 있는 사회이다. 연령통합의 요소로는 연령유연성(Age flexibility), 연령다양성(Age heterogeneity)이 있다.

연령유연성은 진입이 제도화되어 있는 교육, 고용, 사회참여 등에서 연령이 장벽으로 작용하지 않고 특정 역할로의 진입, 퇴장, 수행여부가 가능한 사회로, 정년연령, 퇴직연령, 은퇴연령이 존재하지 않아 연령에 대한 차별의식 및 신체적 조건 등에 대한 편견이 없다.

연령다양성은 다양한 연령층들이 공적·사적 영역에서 서로 이해하고 존중하면서 상호작용이 활발하게 이루어지는 사회로, 가정 내에서 손자녀가 조부모에게 컴퓨터, 스마트기기, 애플리케이션 사용법을 가르쳐 드리고, 조부모는 손자녀에게 예절과 문화 등을 가르쳐주면서 상호 간 교류할 수 있다.

### 2.1.3 노인복지의 개념

노인복지란 모든 노인들이 인간다운 생활을 유지하고 사회적 욕구 및 문제를 해결할 수 있도록 다차원적으로 자원과 서비스를 제공하는 조직적 제반 활동이라고 정의할 수 있다. 우리나라는 '노인복지법'을 기반으로 고령자들이 복지를 누릴 수 있도록 정하고 있다. 기존에 정의된 노인복지에 대한 내용은 다음과 같다.

> "사회복지 분야에 큰 비중을 차지하며 생물학, 의학, 보건학, 간호학, 심리학, 사회학, 경제학 등 다학문적 성격을 지닌 다차원적인 서비스"
>
> - (이해영, 2009) -
>
> "노인이 인간다운 생활을 영위하면서 자기가 속한 가족과 사회에 적응하고 통합할 수 있도록 필요한 자원과 서비스를 제공하는데 관련된 공적 및 사적 차원에서의 조직적 제반 활동"
>
> - (최성재&장인협, 2010) -
>
> "모든 노인들이 최저수준 이상의 생활을 유지하고, 사회적 욕구충족과 생활상의 문제를 예방·해결하며, 노후생활에 대한 적응과 사회통합을 이루는데 필요한 급여와 서비스를 제공하는 공공과 민간부문의 조직적이고 전문적인 제반 활동"
>
> - (권중돈, 2022) -

#### 노인복지의 특징

노인복지는 사회 내 노인들의 건강, 복지 및 삶의 질을 지원하기 위해 고안된 다양한 프로그램, 서비스, 정책을 포함하고 있다. 노인복지는 문화적·사회적·경제적·인구학적 요인에 따라 국가마다 다르게 나타날 수 있지만 노인들의 전반적인 삶의 질을 향상시키고, 독립성과 존엄성을 증진하며, 노년기에 만족스러운 삶을 영위하는데 필요한 서비스를 제공한다는 공통적인 목표를 가지고 있다. 노인복지의 일반적인 특징은 다음과 같다.

[표 2-2] 노인복지의 특징

| | 내용 |
|---|---|
| 의료서비스 | 노인에게 필요한 의료서비스를 가장 최우선으로 생각하며, 이러한 의료서비스에는 정기적인 건강 검진, 전문의 진료, 예방 건강 조치가 포함된다. |
| 장기 요양 | 많은 노인들이 목욕, 옷 입기, 식사 준비와 같은 일상생활활동에 도움을 필요로 하기 때문에 홈 케어, 생활보조시설, 요양원 등을 필요로 하는 사람들을 지원한다. |
| 노인상담 | 정신건강 지원은 노인복지에 있어 중요한 측면 중 하나로 우울증, 불안, 치매와 같은 인지 장애를 해결하기 위해 정신건강 전문가를 통한 지속적인 상담을 제공한다. |
| 사회적 참여 | 다양한 활동, 사교 클럽, 커뮤니티 센터를 통해 노인들이 더 넓은 지역 사회와 계속적으로 소통할 수 있는 기회를 제공하여 사회적 고립, 외로움, 우울증을 예방한다. |
| 영양 및 식사 | 적절한 영양 섭취는 노인의 건강에 매우 중요하다. 노인들이 균형 잡히고 영양가가 높은 식사를 즐길 수 있도록 식사 배달 서비스나 영양 교육 등이 포함된다. |
| 재정 지원 | 노인들에게 경제적 복지를 제공할 수 있는 재정 지원, 연금, 사회 보장, 재정 관리, 은퇴 계획에 대한 정책과 다양한 정보를 제공한다. |
| 교통 서비스 | 노인들이 독립성을 유지하고 집 밖에서도 지속적인 참여 및 활동을 유지하기 위해 필수적인 교통 서비스를 제공한다. |
| 간병인 지원 | 간병인 자신의 건강과 생활을 안정적으로 유지하면서 더 나은 돌봄 서비스를 제공할 수 있는 환경을 제공한다. |
| 법률 지원 | 유산 계획, 노인 학대, 재정적 착취로부터의 보호는 노인에게 매우 중요하다. 이러한 요구사항들을 해결할 수 있는 다양한 법적 지원 프로그램들이 포함된다. |

## 노인복지를 위한 시설

노인복지시설은 일상적인 생활을 영위하는데 문제가 있거나 문제의 위험이 있는 노인에게 일정한 범위의 노인복지서비스를 제공하는 물리적·기능적인 모든 자원의 총체를 말한다. 1981년 노인복지법이 제정되면서 노인복지시설들이 제도화되기 시작하였다. 노인의 복지를 증진하기 위한 시설은 크게 노인주거복지시설, 노인의료복지시설, 노인여가복지시설, 재가노인복지시설, 노인보호전문기관, 노인일자리지원기관, 학대피해노인전용쉼터로 구분할 수 있다.

[표 2-3] 노인복지시설의 종류

| 종류 | 시설 | 목적 |
|---|---|---|
| 노인주거복지시설 | 양로시설 | 노인을 입소시켜 급식과 그 밖에 일상생활에 필요한 편의를 제공함을 목적으로 하는 시설 |

<table>
<tr><th>종류</th><th>시설</th><th colspan="2">목적</th></tr>
<tr><td rowspan="2">노인주거<br>복지시설</td><td>노인공동<br>생활가정</td><td colspan="2">노인에게 가정과 같은 주거여건과 급식, 그 밖에 일상생활에 필요한 편의를 제공함을 목적으로 하는 시설</td></tr>
<tr><td>노인복지주택</td><td colspan="2">노인에게 주거시설을 임대하여 주거의 편의·생활지도·상담 및 안전관리 등 일상생활에 필요한 편의를 제공함을 목적으로 하는 시설</td></tr>
<tr><td rowspan="2">노인의료<br>복지시설</td><td>노인요양시설</td><td rowspan="2">치매·중풍 등 노인성 질환으로 심신에 장애가 발생해 도움이 필요한 노인에게 주거·급식·요양 등 편의를 제공하는 시설</td><td>(입소정원 10명 이상)</td></tr>
<tr><td>노인요양<br>공동생활가정</td><td>(입소정원 5명 이상 10명 미만)</td></tr>
<tr><td rowspan="3">노인여가<br>복지시설</td><td>노인복지관</td><td colspan="2">노인의 교양·취미생활 및 사회참여활동 등에 대한 각종 정보와 서비스를 제공하고, 건강증진 및 질병예방과 소득보장·재가복지, 그 밖에 노인의 복지증진에 필요한 서비스를 제공함을 목적으로 하는 시설</td></tr>
<tr><td>경로당</td><td colspan="2">지역의 노인이 자율적으로 친목 도모·취미활동·공동작업장 운영 및 각종 정보교환과 기타 여가활동을 할 수 있는 장소를 제공함을 목적으로 하는 시설</td></tr>
<tr><td>노인교실</td><td colspan="2">노인의 사회활동 참여 욕구를 충족시키기 위하여 건전한 취미생활·노인건강 유지·소득보장 기타 일상생활과 관련한 학습 프로그램을 제공함을 목적으로 하는 시설</td></tr>
<tr><td rowspan="4">재가노인<br>복지시설</td><td>방문요양<br>서비스</td><td colspan="2">재가노인으로서 신체적·정신적 장애로 어려움을 겪고 있는 노인에게 필요한 각종 편의를 제공하여 지역사회 안에서 건전하고 안정된 노후를 영위하도록 하는 서비스</td></tr>
<tr><td>주·야간 보호<br>서비스</td><td colspan="2">부득이한 사유로 가족의 보호를 받을 수 없는 심신이 허약한 노인과 장애노인을 주간 또는 야간 동안 보호시설에 입소시켜 필요한 각종 편의를 제공하여 이들의 생활안정과 심신기능의 유지·향상을 도모하고, 그 가족의 신체적·정신적 부담을 덜어주기 위한 서비스</td></tr>
<tr><td>단기보호<br>서비스</td><td colspan="2">부득이한 사유로 가족의 보호를 받을 수 없어 일시적으로 보호가 필요한 심신이 허약한 노인과 장애노인을 보호시설에 단기간 입소시켜 보호함으로써 노인 및 노인 가정의 복지증진을 도모하기 위한 서비스</td></tr>
<tr><td>방문목욕서비스</td><td colspan="2">목욕 장비를 갖추고 재가노인을 방문하여 목욕을 제공하는 서비스</td></tr>
<tr><td colspan="2">노인보호전문기관</td><td colspan="2">노인학대행위자에 대한 상담 및 교육, 학대받은 노인의 발견·상담·보호노인학대 예방 및 방지를 위한 홍보를 담당하는 기관</td></tr>
<tr><td colspan="2">노인일자리지원기관</td><td colspan="2">노인의 능력과 적성에 맞는 일자리지원사업을 전문적·체계적으로 수행하기 위한 전담기관</td></tr>
<tr><td colspan="2">학대피해노인전용쉼터</td><td colspan="2">노인학대로 인해 피해를 입은 노인을 일정기간 보호하고 심신치유 프로그램을 제공하기 위한 전담기관</td></tr>
</table>

(출처: 한국소비자원(2017), 노인요양시설 안전실태조사)

### 2.1.4 공학의 개념

공학이란 삶의 현장에서 문제를 발견하고 과학적 사고, 해결할 수 있는 솔루션을 설계 및 제작하는 활동으로 과학적 지식, 개인 또는 집단의 경험, 직관, 상상력 등에 기반하여 시행착오를 거치면서 완성되는 학문이다. 공학의 어원인 엔진(Engine)은 '새로운 아이디어를 생각해 내다'라는 의미를 지닌 라틴어 'ingenium'에서 유래되었다. 공학의 영역은 넓고 여러 분야로 세분화되어 있다.

#### 공학의 특징

공학은 수학과 물리학과 같은 과학을 기반으로 발전했다. 과학이 자연 현상을 발견하고 이해하는 학문이라면 공학은 과학을 통해 발견하고 이해하게 된 자연 원리를 응용하는 학문이라고 할 수 있다. 그렇기 때문에 공학은 실제 환경에서 발생하는 다양한 문제를 해결할 수 있는 실용적인 솔루션을 제공할 수 있다.

공학은 다음과 같은 몇 가지 주요한 특징들이 있다.

[표 2-4] 공학의 특징

| | 내용 |
|---|---|
| 논리성 | 사물이 어떻게 작동하고 어떤 방식으로 존재하는지를 먼저 이해하고 수학적인 개념을 기반으로 문제를 분석하고 해결하는 과정을 거친다. |
| 창의성 | 공학에서는 특정 요구사항과 해당하는 목표를 충족시키기 위해 창의적인 디자인 과정을 거쳐 새로운 제품이나 시스템을 개발한다. |
| 협력성 | 수많은 공학 프로젝트를 수행하기 위해서는 다양한 분야의 전문가와의 지속적인 협력이 필요하다. |
| 역동성 | 공학은 빠른 기술 발전을 특징으로 하는 역동적인 분야이다. 새로운 기술, 재료, 프로세스를 개발하여 기술 발전을 주도하여 삶의 질을 향상시키고 경제를 성장시키며 사회발전에 크게 기여한다. |
| 다양성 | 공학은 부품에 대한 연구와 수학적 분석을 통해 하나의 시스템을 만드는 기계공학, 사회 기반이 되는 다양한 구조물을 설계하고 연구하는 토목공학, 전자기학을 기반으로 전기를 이용하는 기술을 연구하는 전기공학, 인간 생활에 필요한 다양한 물질들을 제조 및 가공하는 필요한 기술을 연구하는 화학공학, 전산 이론을 기반으로 하드웨어 및 소프트웨어에 중점을 두고 연구하는 컴퓨터과학으로 분류할 수 있다. |
| 영향성 | 혁신적인 공학적 솔루션은 수십 년 또는 수백 년이 지나도 계속 지속되어 우리 사회에 크나큰 영향을 미친다. 특히, 최근 이슈가 되고 있는 기후 변화, 지속 가능한 에너지 생산, 인프라 개발, 공중 보건과 같은 글로벌 문제를 해결하는데 있어 매우 중요한 역할을 하고 있다. |

# 2.2 고령친화복지공학의 역할

고령자의 신체적·정신적·인지적 특성을 고려한 공학적 기술은 고령자가 안전하고 편리하고 독립적인 생활을 영위하면서 삶의 질을 증진시키는데 도움을 줄 수 있다. 이 절에서는 고령친화복지공학이 개인 및 사회에 어떠한 역할을 수행할 수 있는지에 대해 학습해보자.

**단원 학습목표**

- 고령자의 삶에 전반적인 영향을 미치는 고령친화복지공학의 역할을 이해한다.
- 정부, 공공기관, 기업, 병원 등과 연계한 고령친화복지공학과 관련된 연구 및 기술개발 동향을 파악한다.

## 2.2.1 예방

고령자에게 발생할 수 있는 대부분의 문제는 충분한 영양분 섭취, 지속적인 신체적·사회적 활동 등을 통해 예방할 수 있다. 즉, 고령자가 자신의 건강과 안전에 적극적인 역할을 수행함으로써 신체적 저하나 손상이 발생하기 전에 건강을 유지할 수 있도록 사전에 모니터링할 수 있다는 것이다. 고령친화복지공학을 기반으로 하는 다양한 기술들은 고령자가 건강을 유지한 상태로 독립적인 삶을 유지할 수 있게 하는 원동력이 되어 삶의 질을 크게 향상시키는데 있어 중요한 역할을 한다.

### 국민건강 스마트관리 연구개발사업

최근 융합기술의 급속한 발전으로 인해 진단과 치료에 집중되었던 의료서비스의 개념이 예방적 건강관리(Wellness care) 차원으로 발전하고 있다. 이러한 추세에 따라 정부는 2020년부터 2024년까지 정보통신기술(Information Communication Technology, ICT) 기반의 건강관리 서비스 모델을 개발하고 디지털 헬스케어의 기반 마련을 통해 국민건강 증진에 기여할 수 있는 국민건강 스마트관리 연구개발사업을 진행하고 있다.

국민건강 스마트관리 연구개발사업은 건강증진 분야 최초의 서비스 R&D 사업으로 건강관리 서비스 확대 및 의료비 절감을 목표로 스마트 기술 기반의 서비스 개발을 지원하는 사업이다. 인구집단의 특성을 고려한 생애주기별 맞춤형 건강관리 중재점을 도출 및 ICT 기반 개인 맞춤형 서비스 모델과 일차의료 만성질환 관리사업의 스마트 기술 기반 고도화 및 대상 질환 확대를 위한 신규 모델 개발을 지원한다.

| 비전 | 건강수명 연장을 통한 국민의 삶의 질 향상 | | |
|---|---|---|---|
| 미션 | 스마트관리를 통한 국민건강 서비스 확대와 의료비 절감 | | |
| 사업목표 | 스마트관리 서비스 모델 개발 및 지역사회 현장 적용 | | |
| 추진 전략 | 수요자 참여형 연구개발 체계 마련 (Launching & Development) | 타 부처와의 연계·협력 강화 (Connect & Development) | 데이터 기반의 서비스 제공 체계 마련 (Data-driven & Development) |
| 추진 분야 | 1. 인구집단별 건강관리서비스 개발 | 2. 일차의료 기반 만성질환관리 서비스 개발 | |
| | ① 대상자 확대 연구 ② 서비스 개선 연구 ③ 서비스 확장 연구 ④ 신규 서비스 창출 연구 | | |

(출처: 한국건강증진개발원(2020), 국민건강 스마트관리 연구개발 사업단 신규과제 공모 실시)

[그림 2-4] 국민건강 스마트관리 연구개발사업의 비전 및 목표

### 보건소 모바일 헬스케어사업

보건소 모바일 헬스케어사업은 ICT와 빅데이터를 활용하여 공공 영역인 보건소에서 건강위험요인이 있는 사람에게 개인 맞춤형 건강관리 서비스를 제공하는 예방적 건강관리 사업이다. 건강검진을 통해 혈압, 공복혈당, 허리둘레, 중성지방, 고밀도 지단백 콜레스테롤(High-density lipoprotein - cholesterol, HDL-콜레스테롤) 중 만성질환 건강위험 요인이 1개 이상인 대상자를 선정하여 총 24주 동안 모바일 어플리케이션과 디바이스를 통해 의사, 간호사, 영양사, 운동전문가가 맞춤형 건강상담을 제공한다. 2016년부터 2017년까지 시범사업을 통해 사업 효과성을 검증받은 후 2018년부터 단계적으로 확대되고 있다.

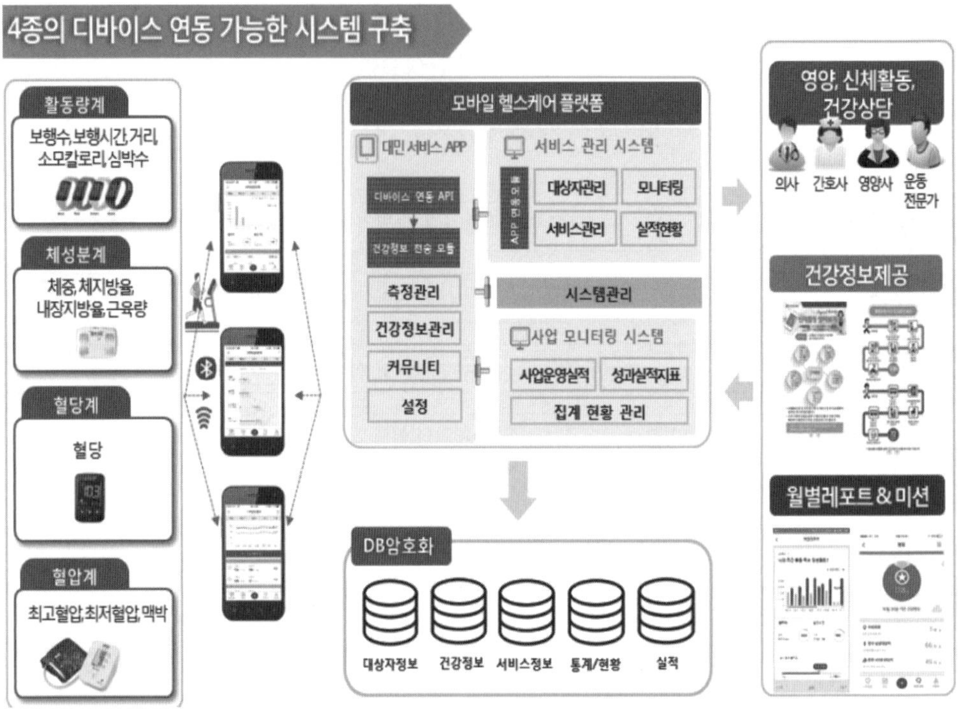


(출처: 이윤수(2017), 보건소 모바일 헬스케어 1차 시범사업 결과와 발전방안)

[그림 2-5] 보건소 모바일 헬스케어사업 플랫폼 구성도

### 2.2.2 보조

고령친화적인 기술은 고령자나 신체적 제약이 있는 장애인의 신체적 장애를 보상하고 독립성을 향상시켜 개인이 일상 활동에 보다 적극적으로 참여할 수 있는 것을 목적으로 설계 및 개발되는 되는 보조 기술과 적응형 기술을 개발하는 데 있어 매우 중요한 역할을 수행한다. 고령자나 장애인의 수요를 기반으로 제공되는 해당 기술을 통해 퇴행, 손상, 질환 등으로 인해 손상되거나 저하된 신체능력을 효과적으로 지원할 수 있다.

#### 노인·장애인 보조기기연구개발사업

노인·장애인 보조기기연구개발사업은 고령자나 장애인의 일상생활에서 발생할 수 있는 어려움을 해결하는데 필요한 보조기기를 연구하고 제품을 개발하여 보조기기에 관한 기술·지식·네트워크를 체계적으로 구축하는 사업이다. 2020년부터 2023년까지 4년간 수행되었으며 고령자나 장애인이 전문가와 함께 보조기기를 개발할 수 있는 열린제작실을 운영함으로써 고령자 및 장애인의 삶의 질 향상에 크게 기여하고 있다.

주요 사업으로는 사업화가 가능성이 있어 국내·외 시장으로 출시가 가능한 보조기기 연구개발을 지원하는 경제적 가치 실현프로젝트와 수요가 적고 개발 및 생산비용이 높아 산업화가 어려운 생활밀착형 보조기기를 연구 개발하는 사회적 가치 실현프로젝트가 있다. 국립재활원에서는 보조기기 연구개발 생태계를 활성화시키기 위한 일환으로 보조기기 연구개발 아이디어 제안, 개발 성과 공유, 상용화를 위한 '보조기기 열린플랫폼'을 공개하였다.

(출처: 보건복지부(2021), 2021 대한민국 혁신사례, 보조기기 열린플랫폼을 만나보세요)

**[그림 2-6] 보조기기 열린 플랫폼**

### 3D 보조기기 공공 플랫폼

3D 보조기기 공공 플랫폼은 3D 프린터를 활용하여 제작이 가능한 보조기기 설계도를 공유하고 필요한 사람이 자유롭게 맞춤 보조기기를 신청할 수 있는 플랫폼이다. 지역 사회에 있는 고령자 및 장애인의 요구를 반영한 맞춤형 보조기기 모델을 개발하고 공유된 설계도를 이용하여 거주 지역이나 비용에 구애받지 않고 서비스를 받을 수 있어 보조기기 활용 욕구를 충족시킬 수 있다.

주요 사업으로는 맞춤형 보조기기를 제작하고 완성된 아이템을 공유할 수 있는 보조기기 3D 공공 플랫폼 운영, 3D 프린터 활용 보조기기 개조제작 서비스 전문 인력 양성, 3D 프린터 활용 보조기기 모델 개발 및 지원이 있다.

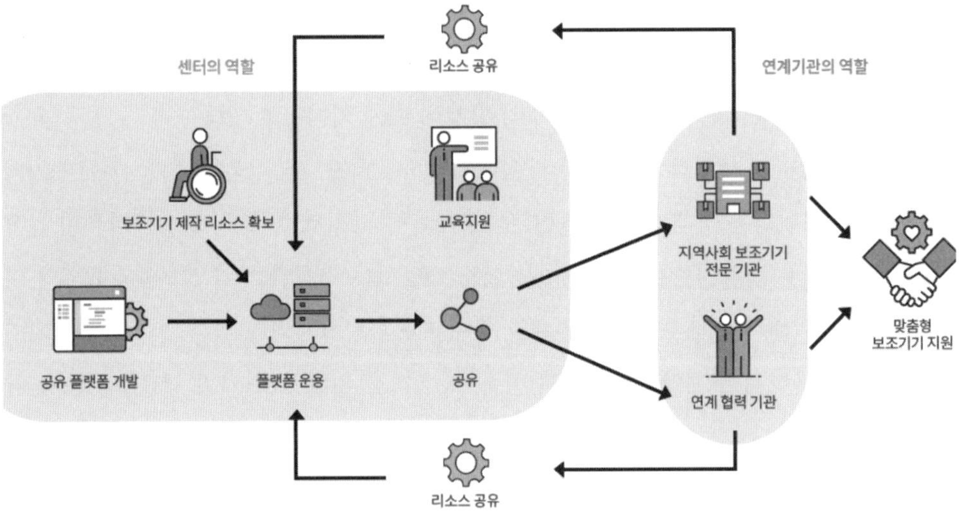


(출처: at3d.or.kr)

[그림 2-7] 3D 보조기기 공공 플랫폼

## 2.2.3 문제 해결

고령친화복지공학은 고령자가 노화로 인해 직면하는 신체적·정신적 문제를 스스로 해결할 수 있는 기회를 제공한다. 고령자의 편의성, 안전성, 효율성을 고려해 설계된 공학기술을 적극적으로 활용할 경우 고령자의 일상생활에서 문제가 발생하였을 때도 스스로 문제를 해결함으로써 자신감을 얻어 독립적인 삶을 영위하는데 큰 도움을 줄 수 있다.

### 스카레보 체어

스카레보 체어(Scalevo chair)는 스위스 연방 기술 연구소와 취리히 예술대학 학생들이 한 팀으로 연합해서 만든 혁신적인 디자인의 전동 휠체어이다. 고령자 및 장애인의 이동 편의성을 지원하고 계단을 혼자서 오를 수 있도록 전동 휠체어에 한 쌍의 무한궤도가 장착되어 있다. 사용자가 궤도 트랙의 각도 조절을 조절할 수 있어 어떠한 계단에서도 자유롭게 오르고 내릴 수 있다.

센서를 통해 주변 환경을 측정하면서 계단 끝을 스스로 인식할 수 있으며 카메라를 뒤에 부착하여 계단을 오르고 내릴 때 느끼는 불안감을 최소화할 수 있도록 설계되었다. 추후 상용화 될 경우 휠체어용 경사로가 없는 건물 사용 시 어려움을 겪었던 고령자 및 장애인들에게 큰 도움이 될 것으로 전망하고 있다.

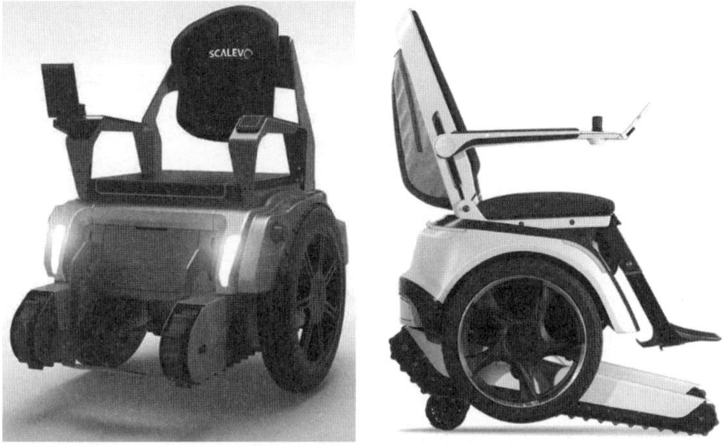


(출처: atlasofthefuture.org)

[그림 2-8] 스카레보 체어

### 2.2.4 의료 지원

고령친화를 기반으로 하는 공학 기술에는 고령자의 의료 요구 사항을 파악하고 필요할 때 의료 지원을 받을 수 있도록 설계된 다양한 도구 및 장치를 포함하고 있다. 이에 전문적 의학 지식이 없어도 집에서 간단한 의료 지원이 가능하다.

**지역사회 통합돌봄**

지역사회 통합돌봄은 중앙부처, 공공기관, 지자체 등에서 실시하고 있는 복지서비스를 하나로 통합한 것으로, 노인, 장애인 등 취약계층이 기존 주거지역에서 보건의료, 요양, 생활지원, 주거복지지원 등을 통합으로 지원한다. 고령자가 살던 곳에서 본인의 필요에 맞는 서비스를 받을 수 있어 노인돌봄 문제를 해결하는 새로운 모델 창출에 기여할 것으로 기대하고 있다.

보건의료 분야에서는 ICT 기반 건강관리, 퇴원 환자관리, 찾아가는 방문진료, 요양 분야에서는 장기요양 수급자를 대상으로 하는 수시방문형 통합재가서비스, 생활지원 분야에서는 고령자의 이동 및 식사지원서비스, 주거복지 분야에서는 주택개조사업 및 주택지원 등이 포함되어 있다.

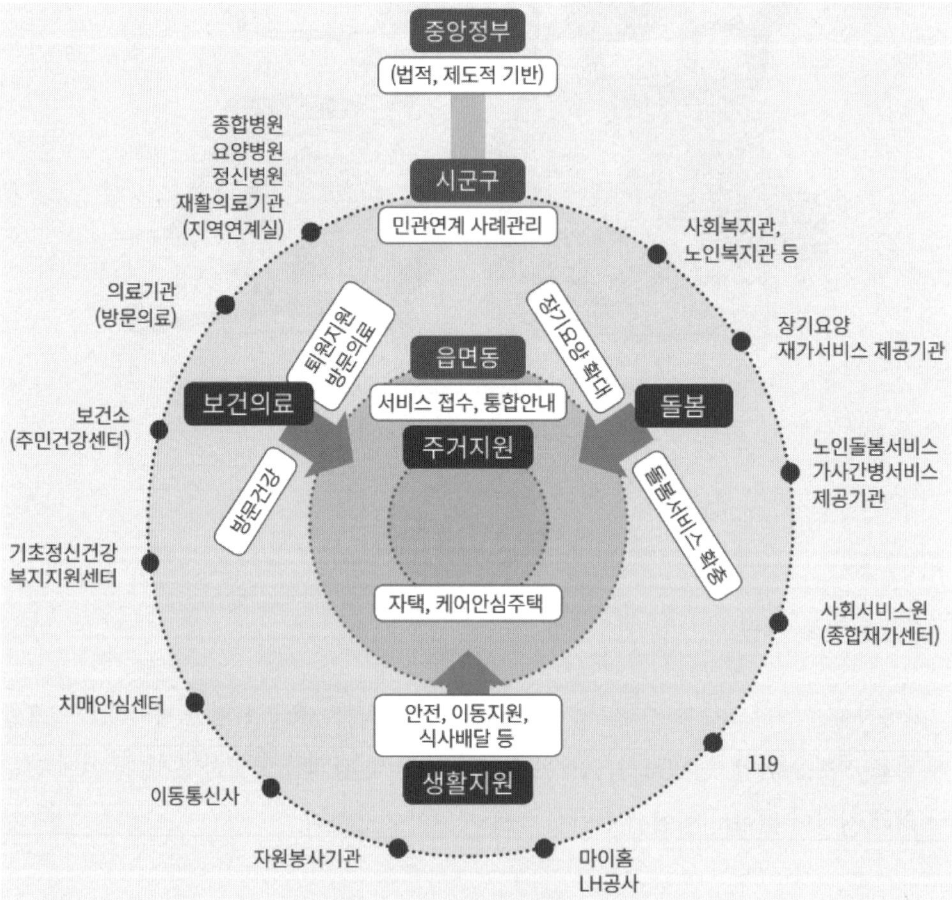


(출처: 보건복지부(2018), 지역사회 통합돌봄 기본계획(안))

[그림 2-9] 지역사회 통합돌봄 개요

## 2.3 고령친화복지공학의 발전방향

고령화의 가속화로 인해 사회적·경제적·지역적·의료적 측면에서의 문제가 나타나고 있어 고령자의 건강 증진, 복지 정책, 거주시설, 의료 서비스 등에 대한 정부와 기업의 관심 및 투자가 증가할 것으로 전망된다. 이 절에서는 이와 같은 시대적 흐름에 따라 고령친화복지공학이 어떠한 방향으로 발전할 것인지 알아보자.

**단원 학습목표**

- 빅데이터를 활용한 의료정보 분석의 동향을 파악한다.
- 노인성 질환에 대한 진단과 예측을 위한 기술 및 연구들을 알아본다.

### 2.3.1 빅데이터를 활용한 고령화 사회 대비

고령화 사회에 효율적으로 대응하기 위해서는 객관적 근거에 기반을 명확한 미래 예측이 매우 중요하다. 먼저, 고령자의 건강, 소비, 행동 패턴, 삶의 질, 심리 분석을 통해 다가오는 고령화 사회의 문제점을 파악해야 한다. 즉, 향후 고령층이 될 현재 중년층의 생활 패턴 및 의료정보를 분석해 새로운 교통·주거방식, 노인성 질환, 엔터테인먼트·케어·서비스 등을 발굴할 필요가 있다. 그다음으로, 이러한 빅데이터를 반영하여 고령친화 제품과 서비스 생산을 위한 연구개발을 확충함으로써 신시장·서비스를 발굴해야 한다. 또한, 중앙정부와 국책연구기관을 중심으로 장기 예측 및 미래 대응을 전략적으로 살펴보고 명확한 목표를 기반으로 주요 정책 및 제도를 마련함으로써 고령화 대책을 성공적으로 추진할 수 있는 기틀을 조성해야 한다.

빅데이터를 활용한 의료정보 분석에는 헬스케어와 관련된 크고 복잡한 데이터 셋을 수집, 저장, 처리, 해석하는 작업이 포함된다. 이러한 접근 방식은 기계학습이나 딥러닝을 활용하여 특정 패턴이나 추세를 추출할 수 있기 때문에 임상 의사결정 및 의료 관리에 있어 중요한 정보를 획득할 수 있다.

#### 국민건강보험공단 빅데이터

국민건강보험공단 빅데이터는 우리나라 100만 명의 건강검진 정보 및 청구자료를 기반으로 하는 의료정보이다. 2002년부터 2015년까지의 건강검진 정보, 약품 처방내역정보, 진료내역정보를 공공데이터 포털과 국민건강보험자료 공유서비스를 통해 공공의료데이터로 개방하고 있다.

[표 2-5] 공공의료 데이터의 구성내용

| 개방 데이터 | 구성내용 |
|---|---|
| 건강검진정보 | 신장, 체중, 허리둘레, 혈압, 혈당, 콜레스테롤, 시력, 구강, 흡연, 음주 등 |
| 약품처방내역정보 | 약품일반성분명코드, 1회 투약량, 1일 투약량, 총 투여일수, 단가, 금액 등 |
| 진료내역정보 | 서식코드, 진료과목코드, 주상병코드, 요양일수, 입원내원일수 등 |

* 건강보험공단 데이터는 심사평가원의 데이터에는 볼 수 없는 건강검진 정보 데이터를 포함하고 있음

(출처: 국민건강정보, 공공데이터포털)

### 건강보험심사평가원: 청구자료 기반 의료정보

국민건강보험심사평가원에서 제공하는 청구자료 기반 의료정보는 150만 명을 기준으로 비급여 항목에 관련된 일부 데이터, 의약품 안심 서비스 정보, 의약품 유통관리 정보, 진료 적정성 평가 등에 관련된 데이터를 제공한다.

[표 2-6] 청구자료 기반 의료정보에서 제공하는 데이터 정보

| 분류 | 구성내용 |
|---|---|
| 의약품 | 완제의약품 유통정보, 급여한약제제 사용 정보, 의약품 성분 약효정보, 약제 정보, 의약품 안정성 정보, 급여의약품 사용정보 |
| 진료정보 | 신포괄기준 정보, 의료급여 진료 정보, 환자분류체계 정보, 진료행위 정보 서비스, 비급여 진료비 정보 서비스, 질병정보 서비스, ICU 및 전체 입원 통계, 상대가치 정보, 자동차보험 진료 정보, 질병군 정보, 수가기준 정보, 지역별/전문과목별 진료 정보, 환자표본정보, 진료행위 통계, 질병별 진료 통계 |

(출처: 식품의약품안전처 의약품 관련정보, 공공데이터포털)

### 국립암센터: 암 검진자 정보

국립암센터에서는 2002년부터 개인 검진 및 공단검진을 위해 센터에 방문하는 수검자를 대상으로 암 검진자 코호트 검사, 암 과거력, 가족력, 종양표지자, 검진 결과 등의 데이터가 포함된 방대한 데이터를 제공하고 있다. 암 환자의 추적관찰을 통해 수집된 암 발생

및 사망 정보를 통해 암 위험요인을 예방하고 이를 예방하는 정책을 마련하는데 활용할 수 있다. 또한, 암 빅데이터 센터에서는 암 진료 및 임상 데이터, 연구데이터, 기관연계 데이터, 암 발생 및 사망 데이터, 국가 암 관리사업 데이터, 국가 공공 데이터를 이용하여 데이터를 재생산하고 새로운 가치를 창출할 수 있는 플랫폼 체제를 구축하였다.

**[표 2-7] 국립암센터에서 제공하는 데이터 정보**

| 제공기관 | 개방데이터 |
|---|---|
| 국립암센터 | 암 검진자 코호트 검사, 암 과거력, 질병력, 수술력, 약물복용력, 가족력_암, 가족력_질병, 음주, 흡연, 암 등록 및 사망 정보, 운동, 감염, 일반사항, 검진 일반(공단), 검진 특화(국립암센터), 검진(설문), 문진, 남성 문항, 여성 문항_메타데이터(오퍼레이션 19종) |
| | 암 검진자 코호트_연령 및 성별 정보, 암 발생 건 수 정보, 사망자 수 정보, 신체 계측검사 평균 정보, 일반화학 검사 평균 정보, 일반혈액검사 평균 정보, 종양표지자 평균 정보(오퍼레이션 7종) |
| | 대장암, 간암, 유방암, 위암, 갑상선암_레지스트리 메타데이터(오퍼레이션 5종) |

(출처: 암검진자정보, 공공데이터포털)

### 질병관리청: 국민건강영양조사

국민건강영양조사는 1995년에 공표된 '국민건강증진법 제16조'에 의거하여 매년 192개 지역의 25가구를 확률표본으로 선정하고 조사하여 국민 건강 및 영양 상태에 관한 현황을 파악하는 조사이다. 연령(소아, 청소년, 성인)에 따른 데이터 분석이 가능하다는 장점이 있는 반면 질병의 진단 코드, 영상정보, 약제 처방 코드 등의 데이터가 없으며 자료의 양이 많지 않다는 한계점이 있다.

**[표 2-8] 국민건강영양조사 분야 및 내용**

| 조사분야 | 개방데이터 |
|---|---|
| 검진조사 | 비만, 고혈압, 당뇨병, 이상지질혈증, 간 질환, 신장 질환, 빈혈, 폐 질환, 구강질환, 근력, 안질환, 이비인후질환 |
| 건강설문조사 | 가구조사, 흡연, 음주, 비만 및 체중조절, 신체활동, 이환, 의료이용, 예방접종 및 건강검진, 활동 제한 및 삶의 질, 손상(사고 및 중독), 안전의식, 정신건강, 여성건강, 교육 및 경제활동, 구강 건강 |

| 영양조사 | 식품 및 영양소 섭취 현황, 식생활행태, 식이보충제, 영양 지식, 식품 안정성, 수유 현황, 이유 보충식 |
|---|---|

(출처: 질병관리청 국민건강영양조사)

### 근로복지공단: 산재보험 및 고용보험 빅데이터

근로복지공단은 1500억 건 이상의 기관별 데이터를 연계하여 보험, 복지, 의료 등이 연결된 시스템을 구축하고 이를 활용하고 있다. 2020년 2월 산재보험과 고용보험의 빅데이터를 활용한 산재 노동자의 나이, 상병명, 상병부위, 장해정도, 직종, 고용형태, 임금 등을 분석해 산재 노동자에게 맞춤형 재활 서비스 및 치료종결을 제공할 수 있는 지능형 재활추천시스템을 도입한 결과 산재 노동자의 직업 복귀율을 68.5%에서 70%대로 증가시킬 수 있었다.

### 한국의약품안전관리원: 의약품 이상 사례 보고시스템

한국의약품안전관리원에서는 의약품을 투약하였을 때 발생하는 바람직하지 않고 의도되지 않은 징후를 뜻하는 의약품 이상 사례가 발생할 경우 사용할 수 있도록 의약품 부작용에 관한 국제 분류체계인 WHO-ART(World Health Organization Adverse Reaction Terminology)를 사용하여 체계적으로 구축된 데이터베이스 기반 시스템을 제공하고 있다. 제조 수입업체에서 제공되는 이상 사례 외에 약품을 실제 투약한 병원의 이상 사례를 포함하고 있기 때문에 의약품의 안전성 정보 수집, 관리, 모니터링이 가능하다.

### 보건의료 빅데이터 플랫폼

보건의료 빅데이터 플랫폼은 보건의료 분야 9개 기관의 건강정보 데이터를 연계하여 개인 단위로 결합한 것이다. 공공 보건의료 데이터 활용을 통한 국민건강 향상이라는 비전을 가지고 보건의료 정책연구, 의학연구, 의료기술 연구 등과 같은 공공의 목적 연구에 활용할 수 있도록 의료 데이터를 개방하고 있다. 데이터 제공기관으로는 질병관리청, 통계청, 국립장기조직혈액관리원, 국립재활원, 건강보험심사평가원, 국립암센터, 국립중앙의료원, 국민건강보험공단, 국민건강보험 일산병원이 있다.

[표 2-9] 국민건강영양조사 분야 및 내용

| | 3대 추진 원칙 | 3대 추진 목표 |
|---|---|---|
| 1 | 보건의료 빅데이터는 공공적 목적으로 활용 | 개인정보 유출 없이 분석결과 값의 제공만으로 보건의료 연구를 지원할 수 있는 공통데이터 모델 기반 분산연구 네트워크 구축 운영 |
| 2 | 시민참여·전문성에 기반한 논의구조 구축 | 보건의료 분산연구 네트워크의 효율적 운영을 위한 공공 보건의료 데이터 보유 및 제공기관 참여 거버넌스 구축 |
| 3 | 법령에 근거하여 정보주체의 권리를 철저히 보호 | 보건의료 분야 다른 분산연구 네트워크와의 연계를 통해 보건의료 데이터 활용성 극대화 |

(출처: 보건의료빅데이터 플랫폼)

### 2.3.2 노인성 질환 진단과 예측

고령자 모두가 건강하고 활기차게 장수를 누릴 수 있도록 건강수명을 연장하고 급증하는 의료비 지출을 해결하기 위해서는 고비용·고부담성 노인성 질환을 조기에 예측하는 것이 중요하다. 이를 위해 사회적 비용이 높고 발병자가 많은 질환을 중심으로 저비용으로도 간단하게 진단할 수 있는 기술개발에 집중해야 한다. 빠르고, 정확하고, 간편하게 진단할 수 있는 기술은 진단비용을 감소시키고 치매 진단에 대한 심리적 부담감을 완화시켜 사회적 비용을 감소시킬 수 있다.

노인성 질환 조기진단을 통한 예방은 효과적인 의료 서비스를 제공하고 질병으로 인한 신체적·경제적·사회적 부담을 줄이는 동시에 고령자의 삶의 질을 향상시키는데 필수적이다. 노인성 질환을 예측하는 것이 필요한 이유는 다음과 같다.

[표 2-10] 노인성 질환 예측의 목적

| | 목적 | 내용 |
|---|---|---|
| 1 | 적시 개입 및 치료 | - 의료서비스 제공자의 즉시 개입 및 치료가 가능해 증상을 완화시켜 질환 개선에 많은 도움을 줄 수 있다.<br>- 적시 개입, 치료를 통해 통증, 불편함, 장애를 감소시켜 노인들의 독립성 유지 및 일상 활동으로의 지속적인 참여가 가능하다. |

| | 목적 | 내용 |
|---|---|---|
| 2 | 합병증 예방 | - 빠른 예방조치를 통해 합병증 발생 위험을 감소시킬 수 있다.<br>- 당뇨병의 경우 조기 진단과 관리를 통해 심장병, 신장 손상, 시력 문제 등의 합병증 예방이 가능하다. |
| 3 | 개인 맞춤형 치료 | - 각 개인의 고유한 질환 특성 및 상황을 고려한 효율적인 치료 및 지원이 가능하다.<br>- 환자와 가족이 치료에 적극적으로 참여할 수 있게 함으로써 치료의 효율을 더욱 높일 수 있다. |

### 웨어러블 기술을 활용한 생체 신호 측정

ICT 기술의 발전과 함께 방대한 생체 신호를 정확하게 측정할 수 있는 다양한 종류의 웨어러블 기술들이 개발되고 있다. 고령자의 건강을 모니터링 하기 위한 웨어러블 기기를 인체에 직접 착용할 경우 전용 소프트웨어를 통해 신호를 감지, 기록, 분석, 조정함으로써 건강 상태를 유지할 수 있으며 질병 치료에도 도움을 줄 수 있다.

인체에 쉽게 탈부착할 수 있는 비침습적 웨어러블 센서는 악세서리형, 직물결합형, 인체결합형과 같이 다양한 형태로 점차 발전하고 있으며 초소형화도 가능하다. 센서를 통해 측정된 심전도, 활동량, 체온, 산소포화도, 수면상태, 혈압, 호흡수, 혈당 등의 데이터는 스마트폰과 연동되며 빅데이터와 클라우드 플랫폼을 통해 실시간으로 송수신 및 공유가 가능하다.

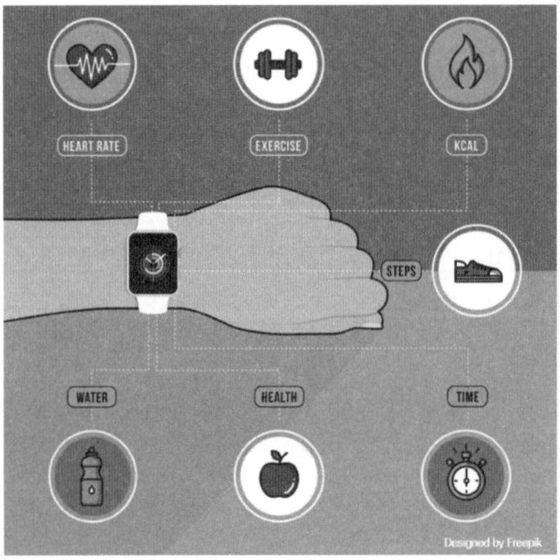


[그림 2-10] 웨어러블 기기를 이용한 측정

## 참고문헌


강주연, 이이든, 김지수 (2020). 텍스트 마이닝을 활용한 'Z세대' 관련 뉴스데이터 의미연결망 분석. 미래청소년학회지. vol. 17, no. 2, pp. 25-47.

강창욱, 강현우, 김수완, 김은하, 김호연, 김혜성 등 (2018). 복지와 테크놀로지. 양서원.

경기도재활공학서비스연구지원센터. https://at3d.or.kr.

권중돈 (2022). 노인복지론. 학지사.

김수완, 임정원, 최종혁 (2021). 복지기술은 사회 혁신인가: 독거노인을 위한 기술기반 돌봄서비스 사례 연구. 비판사회정책. vol. 71, pp. 7-41.

김희삼 (2015). 세대 간 상호 인식과 세대별 가치관의 분석. 세대 간 갈등의 분석과 상생 방안의 모색. 한국개발연구원.

박경훈 (2017). 고령화의 원인과 특징, 한국은행 경제연구원.

박소영, 이영석, 강창욱, 박화옥, 배성근, 이재욱, 최승숙 (2017). 노인과 장애인을 위한 국내 복지기술 동향 분석, 한국융합학회논문지, vol. 8, no. 10, pp. 295-304.

박정민 (2021). 대한민국 공공의료정보시스템과 공공헬스케어 빅 데이터의 현황과 미래, K-디지털헬스케어 이해하기-'공공의료정보시스템'. 한국보건산업진흥원.

보건복지부 관계부처 합동 (2018). 1단계: 노인 커뮤니티케어 중심「지역사회 통합 돌봄 기본계획(안)」. 11월20일.

보건복지부 (2021). 2021 대한민국 혁신사례, 보조기기 열린플랫폼을 만나보세요. 11월2일. 보도자료.

사린, 정정호 (2021). 고령자를 위한 스마트 홈 케어의 CCRC 사례 연구: 중국 고령자 CCRC 중심으로, 한국콘텐츠학회논문지, vol. 21, no. 12, pp. 803-815.

성풍현 외 (2013). 공학이란 무엇인가, 살림 Friends.

세계법제정보센터 (2020). 세계 주요국의 정년제도.

신경아, 최윤형 (2020). 혐로(嫌老)사회: 뉴스 댓글에 나타난 노인인식과 공공PR의 과제. 광고학연구. vol. 13, no. 6. pp. 93-128.

유홍준, 김기헌, 오병돈 (2014). 고용의 질: 연령계층화와 구조적 지체에 대한 탐색(1983~2012). 한국노동연구원, vol. 14, no. 3, pp. 1-36.

육아정책연구소 (2019). 2019 영유아 주요 통계.

문경률 (2021). 노인성 질환 예측을 위한 디지털 헬스케어 연구 동향. 융합연구리뷰. vol. 7, no. 6. pp. 15-26.

원유형 (2015). 저출산·고령화 시대, 과학기술은 무엇을 해야 하는가?. 한국과학기술정책연구원.

이윤수 (2017). 보건소 모바일 헬스케어 1차 시범사업 결과와 발전방안. 국민건강증진포럼. vol. 5, 한국건강증진개발원.

이태열 (2022). 지역별 인구이동이 고령화에 미치는 영향. 보험연구원.

이해영 (2019). 노인복지론. 창지사.

정순둘, 정세미, 이미우, 임정숙 (2016). 연령통합에 대한 인식 및 영향요인: 연령집단별 비교. 한국보건사회연구원, vol. 36, no. 1, pp. 261-285.

정순둘, 이수영, 박민선, 신보람, 김지연 (2021). 연령집단간 세대갈등의 영역과 원인: 전문가 델파이 조사를 중심으로. 한국사회복지학. vol. 73, no. 3, pp. 229-253.

지은정 (2017). 60세 이상 고령근로자의 생산성에 대한 인식연구: 통계적 차별과 접촉가설을 중심으로. 보건사회연구. vol. 37, no. 3, pp. 73-109.

김예지, 김애선, 주강진, 신영섭 (2016). 고령화와 4차 산업혁명. KCERN 29차 포럼 보고서. 창조경제연구회.

최성재, 장인협 (2010). 고령화사회의 노인복지학. 서울대학교출판문화원.

통계청 (2021). 장래인구추계: 2020~2070년. 12월9일. 보도자료.

통계청 (2022). 2021년 장래인구추계를 반영한 세계와 한국의 인구현황 및 전망. 9월5일. 보도자료.

한국건강증진개발원 (2020). 국민건강 스마트관리 연구개발 사업단 신규과제 공모 실시. 7월1일. 보도자료.

한국소비자원 (2017). 노인요양시설 안전실태조사.

행정안전부 (2021). '인구감소지역' 89곳 지정, 지방 살리기 본격 나선다!. 10월18일. 보도자료.

Atlas of the Future. https://atlasofthefuture.org/project/scalevo-wheelchair/.

Riley, M. W., Riley. J. W. (2000). Age Integration: conceptual and historical background. The Gerontologist. vol. 40, no, 3, pp. 266-270.

CHAPTER 3

# 고령화에 대한 이해

Understanding the Elderly



---

노화로 인한 신체 기능저하를 지원하는 고령친화복지공학 기반 제품 및 솔루션을 제공하기 위해서는 고령자의 신체적·경제적·사회적 변화에 대한 이해가 필요하다.

이번 장에서는 연령을 기준으로 고령자를 정의하고 노화의 개념에 대한 이해를 바탕으로 생물학적·심리적·사회적 변화와 함께 발생할 수 있는 질환을 알 수 있다.

# 3.1 고령자와 노화의 개념

평균수명 연장과 저출산의 영향으로 고령인구 비율이 증가함에 따라 노화에 대한 관심 또한 증가하고 있다. 이 절에서는 고령자를 분류하는 기준 및 삶의 질 향상을 위한 욕구를 살펴보고 노화의 기본적인 개념에 대해서 학습한다.

**단원 학습목표**

- 고령자를 연령 기준에 따라 다양하게 구분하고 고령자가 가진 욕구에 대해서 이해한다.
- 노화의 정의 및 과정을 이해한다.

## 3.1.1 고령자의 정의 및 연령 기준

고령자는 신체적 기능의 퇴화와 더불어 심리적 변화로 인해 개인의 자기유지 및 사회적 역할 기능이 약화된 사람을 의미한다. 고령자는 크게 역연령(Chronological age), 주관적 연령(Subjective age), 사회보장제도 연령, 고용 연령, 고령자가 주관적으로 생각하는 노년기 시작 기준 연령으로 구분할 수 있다.

### 역연령

역연령은 달력상의 시간 경과에 따른 연령으로 직관적이고 편리하다는 측면에서 현재 입법, 정책, 행정 기준으로 많이 활용된다. OECD에서는 고령자 인구(Elderly population)를 65세 이상의 인구로 정의하고 있다.

고령자의 나이 기준은 사회·경제적 기준이 반영되어 결정되었다. 1889년 독일의 수상이었던 오토 폰 비스마르크가 세계 최초로 국가 연금보험제도를 도입하면서 연금 지급 대상을 70세 이상으로 정하였고, 1916년에는 해당 연령이 65세로 낮아졌다. 1950년대부터 유엔(UN)이 고령 지표를 산출할 때 이 기준을 받아들이면서부터 고령자의 기준 나이가 65세로 정해졌다. 우리나라도 1981년 노인복지법상의 고령자 연령의 기준이 65세로 제정된 후 현재까지 주된 기준으로 활용하고 있다.

하지만, 역연령 지표는 고령자마다 다르게 나타나는 노화정도를 충분히 반영하지 못하며 문화적·시대적 특성으로 인해 나이 계산에 혼란을 발생시킬 수 있다는 한계점이 있다.

### 주관적 연령

주관적 연령은 개인의 주관적 생각을 기반으로 하는 연령으로 각 개인별 신체적·인지적·정신적 건강상태나 경험을 반영하기 때문에 고령자와 관련된 연구에서 중요하게 활용된다. 주관적 연령 측정방법에 대한 국내외 연구동향을 살펴보면 크게 7가지로 구분할 수 있다.

① 4가지 영역으로 구성된 개인적 연령으로 측정하는 경우 다각적 측면에서 주관적 연령을 이해할 수 있다.
② 대상자에게 느끼는 연령에 대한 단일문항으로 측정하는 경우 간단하면서도 분명하게 주관적 연령을 알 수 있다.
③ 느끼는 연령에 대한 단일문항과 역연령의 차이 값으로 측정하는 경우 주관적 인식 및 객관적 지표를 모두 활용할 수 있다.
④ 느끼는 연령과 역연령 비율의 차이 값으로 측정하는 경우 연령마다 차이 값의 의미가 다른 현상을 반영할 수 있다.
⑤ 노인시작 연령으로 측정하는 경우 개인 스스로가 생각하는 노년기 시작시점을 확인할 수 있다.
⑥ 주관적 노후인식으로 측정하는 경우 주관적 노후인식 여부를 보다 직접적으로 평가할 수 있다.
⑦ 차이 연령으로 측정하는 경우 노인시작연령과 역연령을 반영하여 나이를 비교할 수 있기 때문에 사회적 기준에서 본인의 연령위치를 알 수 있다.

[표 3-1] 주관적 연령 측정 방법

| | 측정방법 | 내용 |
|---|---|---|
| 1 | 개인적 연령(Personal age)<br>[ Kastenbaum 외(1972), Berg(2007) ] | - 느끼는 연령(Feel age), 보이는 연령(Look age)<br>- 선호하는 행동에 대한 연령(Do age)<br>- 관심사에 대한 연령(Interest age) |
| 2 | 느끼는 연령<br>[ Kotter-Gruhn 외(2015) ] | - 대상자가 느끼는 연령<br>ex) "몇 살이라고 느끼십니까?" |
| 3 | 느끼는 연령과 역연령(Chronological age)의 차이 값<br>[ Mock&Eibach(2011) ] | - Feel age – Chronological age<br>- 양수: 역연령 대비 늙음, 음수: 역연령 대비 젊음 |
| 4 | 느끼는 연령과 역연령 비율의 차이 값<br>[ Kaufman&Elder(2002) ] | - (Feel age – Chronological age)/Chronological age<br>- 연령마다 다른 차이 값의 의미 확인 |
| 5 | 노인시작 연령(Perceived old age)<br>[ 임안나&방영숙(2015) ] | - 주관적으로 생각하는 노년기 시작 시점의 연령<br>ex) "귀하는 몇 세부터 노후가 시작된다고 생각합니까?" |
| 6 | 주관적 노후인식(Subjective old-age perception) [ 김혜진(2016) ] | - 개인 스스로를 노후라고 인식하는 시기<br>ex) "귀하는 현재 노후 시기에 해당하십니까?" |
| 7 | 차이 연령(Descrepancy age)<br>[ 박광희(2012), 송현주&김균희(2013), 김미령(2015), 한지나(2015) ] | - 자신의 연령을 실제보다 젊거나 늙게 지각하고 있는 정도<br>- 역연령과 노인시작연령의 차이 |

(출처: 박경순 외(2018), 주관적 연령이 노인의 건강에 미치는 영향)

### 사회보장제도 연령

사회보장제도 연령 기준을 살펴보면, 주택을 담보로 하는 주택연금의 가입연령은 55세 이상, 농지를 담보로 하는 농지연금은 60세 이상, 고령자에게 일자리와 약간의 급여를 제공하는 노인일자리사업은 사업유형에 따라 60세 또는 65세 이상이 연령 기준이다. 나이로 인해 소득활동에 종사하지 못하는 고령자의 생활안정과 복지증진을 위해 지급되는 국민연금(노령연금)은 63세(2023년 기준)로 2033년까지 5년마다 1세씩 상향되어 연령 기준이 65세로 늘어날 예정이다.

소득 하위 70% 고령자에게 지급되는 기초연금, 일상생활이 어려운 고령자에게 신체활동이나 가사활동 지원 등의 장기요양급여를 제공하는 노인장기요양보험, 일정 시설이나 서비스를 무료 또는 할인된 요금으로 사용할 수 있도록 지원하는 경로우대제도, 고령자의 건강 유지 및 기능악화 예방에 필요한 돌봄서비스를 제공하는 노인맞춤돌봄서비스의 연령 기준은 모두 65세 이상이다.

### 고용 연령

고용 관련 연령 기준을 살펴보면, '고용상 연령차별금지 및 고용자고용촉진에 관한 법률' 제19조에서는 근로자의 정년을 60세 이상, 동법 시행령 제2조에서 고령자는 55세 이상, 육체노동의 가동연한은 65세이다.

### 고령자가 주관적으로 생각하는 노년기 시작 기준 연령

고령자가 주관적으로 생각하는 노년기 시작 기준 연령은 평균 70.5세로, 65세 이하 25.9%, 70~74세 52.7%, 75~79세 14.9%, 80세 이상 6.5%로 나타났으며, 지역, 성, 연령, 가구형태, 기능 상태별 차이는 보이지 않았다.

[표 3-2] 고령자 연령 기준 현황

| | 내용 | 연령 기준 |
|---|---|---|
| 사회보장제도 | 주택연금 | 55세 이상 |
| | 농지연금(노후생활안정자금) | 60세 이상 |
| | 노인일자리사업 | 60세 또는 65세 이상 |
| | 국민연금(노령연금) | 65세 이상(2033년) |
| | 기초연금 | 65세 이상 |
| | 노인장기요양보험 | 65세 이상 |
| | 경로우대제도 | 65세 이상 |
| | 노인맞춤돌봄서비스 | 65세 이상 |
| 고용 | 고령자정의 | 55세 이상 |
| | 근로자의 정년 | 60세 이상 |
| | 육체노동의 가동연한(대법원 판례) | 65세 까지 |
| 주관적 기준 | 노인이 생각하는 노인 연령(노인실태조사) | 평균 70.5세 |

(출처: 김은표(2021), 노인 연령 기준의 현황과 쟁점)

## 3.1.2 고령자의 욕구

고령자는 건강, 정서, 경제, 문화 등과 같은 다양한 분야에 욕구를 가지고 있어 고령자의 삶의 만족도 향상을 위해서는 수요를 정확하게 파악하고 그에 맞는 제품 및 서비스를 제공할 수 있어야 한다.

### 일상생활에서의 고령자의 욕구

고령자의 삶의 질 향상을 위한 욕구와 이에 관한 분류 및 정의는 다음과 같다.

**[표 3-3] 고령자가 삶의 질 향상을 위해 갖게 되는 욕구**

| 욕구 구분 | 설명 |
|---|---|
| 고용, 즐거움 | 즐거운 삶에 대한 욕구 |
| 개인의 성장 | 지적인 성취 욕구 |
| 정보 접근 | 다양한 정보 습득 욕구 |
| 기여 | 사회 기여 욕구 |
| 공동체, 사회적 연계 | 주변인과의 관계 형성 및 유지 욕구 |
| 가족 유대 | 가족과의 유대 |
| 안전 | 안전 욕구 |
| 안심 | 건강, 안전 등의 상태에 대한 안심 욕구 |
| 편리 | 편리함을 추구하려는 욕구 |
| 편안함 | 편안하고 쾌적한 환경 추구 욕구 |
| 자율 | 자율적인 삶을 추구하려는 욕구 |
| 독립 | 독자적인 삶을 추구하려는 욕구 |
| 건강-영양 | 영양 균형이 잡힌 식생활을 통한 건강관리 욕구 |
| 건강-신체 | 운동을 통한 건강관리 욕구 |
| 건강-의료 | 의료를 통한 건강관리 욕구 |
| 건강-기능유지 | 시각, 청각, 후각 등 신체기능 유지에 대한 욕구 |
| 건강-인지 | 인지능력 유지에 대한 욕구 |
| 건강-감정 | 고독, 외로움 등을 느끼지 않는 감성적 건강 유지 욕구 |
| 돌봄, 지원 | 도움 및 돌봄에 대한 욕구 |
| 경제적 안정 | 재정적 안정 욕구 |
| 외모 | 젊음 유지 욕구 |
| 도움 | 도움을 주고 받기를 원하는 욕구 |

(출처 : 차의과대학교(2017), 고령친화산업 R&D 중장기 로드맵 수립 연구보고서)

[표 3-4] 고령자 욕구에 대한 분류 및 정의

| 대분류 | 중분류 | 중분류 정의 |
|---|---|---|
| 건강 | 건강 유지 및 증진 | 고령자의 신체적·정신적 건강 유지 혹은 향상 관련 영역 |
| | 건강보호, 조기진단 | 고령자의 건강악화를 예방하기 위한 기능 저하 예방, 낙상 예방, 질병 조기 진단 등의 영역 |
| | 질병 치료·관리 | 고령자의 질병 진단, 치료, 관리, 재활과 관련된 영역 |
| | 요양 | 신체 및 인지 기능이 저하된 고령자를 지원하기 위한 장기요양서비스 제공 및 복지 용구 개발 영역 |
| | 기타 | 건강 영역 중 타 중분류에 속하지 않는 영역 |
| 생활 | 자산관리 | 고령자의 금융 및 비금융 자산의 축적, 유지, 관리 관련 영역 |
| | 주거환경 | 고령자가 자신의 주거 공간에서 안전하고 편안한 생활을 할 수 있도록 지원하는 영역 |
| | 이동 | 고령자가 원하는 장소에 안전하고 편리하게 갈 수 있도록 지원하는 영역 |
| | 기타 | 생활 영역 중 타 중분류에 속하지 않는 영역 |
| 사회 | 정보이용 | 고령자가 정보를 전달받고 전달받은 정보의 이용 편의를 향상시키는 영역 |
| | 사회참여 | 고령자의 사회 참여 및 사회적 관계 활성화와 업무 현장 적응력 향상을 위한 영역 |
| | 여가활동 | 고령자의 여가 활동 지원 영역 |
| | 기타 | 사회 영역에 속하나 타 중분류에 속하지 않는 영역 |
| 기타 | | 기타 달리 분류되지 않는 영역 |

(출처 : 차의과대학교(2017), 고령친화산업 R&D 중장기 로드맵 수립 연구보고서)

이와 같은 고령자의 욕구가 삶의 만족도를 유지하기 위해 얼마나 중요한지를 점수(10점 만점)로 나타냈을 때, 신체건강(9.21)과 정신건강(8.6)에 대한 욕구가 가장 높았고, 그 다음으로 안전한 환경(8.4), 쾌적한 주거(8.4), 편리한 이동(8.3)과 같은 생활기반에 대한 욕구가 높았다는 것을 확인할 수 있다.

[표 3-5] 고령자 삶의 만족도 유지를 위한 욕구의 중요도

| 신체 건강 | 정신 건강 | 안전한 환경 | 쾌적한 주거 | 편리한 이동 | 즐거움 | 사회적 관계 | 재정 관리 | 자기 계발 | 직업 활동 | 정보 접근 |
|---|---|---|---|---|---|---|---|---|---|---|
| 9.2 | 8.6 | 8.4 | 8.4 | 8.3 | 8.1 | 8.0 | 7.9 | 7.6 | 7.3 | 6.9 |

(출처 : 차의과대학교(2017), 고령친화산업 R&D 중장기 로드맵 수립 연구보고서)

### 3.1.3 노화의 정의

노화란 유전과 환경의 영향을 받아 출생부터 죽음에 이를 때까지 시간의 흐름에 따라 전 생애에 걸쳐 일어나는 생물학적·심리적·사회적 변화과정이다. 노화는 누구에게나 나타나기 때문에 피할 수 없으며 노화의 과정과 속도는 개인마다 다 다르게 진행된다.

노화는 자연발생적, 신체조직적, 조건발생적 관점으로 분류해 정의할 수 있다.

#### 자연발생적 관점

오랫동안 사용한 기계의 부속기관들이 닳고 파손되는 것과 같이 인간의 신체도 점진적으로 퇴화되어 소모되는 과정이라고 보는 관점이다. 자연발생적 관점에서는 노화 과정이 신체 모든 영역에서 서서히 진행됨에 따라 구조와 기능이 점진적으로 퇴화하고 생물학적으로도 세포 수준에서 분화와 증식이 줄어들어 각 신체기관의 항상성 유지 능력이 감소한다고 본다.

#### 신체조직적 관점

유전적으로 정해진 패턴에 따라 성장하고 성숙하는 과정으로 보는 관점이다. 신체조직적 관점에서는 인간의 수명이 계속적으로 연장되고 있지만 최장수명에는 변화가 없으며 장수를 누리는 가계의 후손의 긴 평균수명과 낮은 노인성 질환 발생률이 나타나기 때문에 노화가 유전적 인자에 의해 결정된다고 본다.

#### 조건발생적 관점

환경 인자에 따라 발생하는 스트레스에 원활하게 적응하지 못하면서 일어난 신체불균형과 이를 원상복구하려는 반응이 복합된 과정으로 보는 관점이다. 산화 스트레스와 같은 외부 자극으로부터 DNA의 유전정보가 손상을 받고 이것이 지속되면서 축적될 경우 세포의 수명이 단축된다. 조건발생적 관점에서는 일상생활에서의 스트레스와 트라우마가 생물학적 노화뿐만 아니라 면역체계의 노화를 촉진해 암이나 심혈관 질환을 비롯한 노인성 질환 발생률을 급격히 증가시킨다고 본다.

[표 3-6] 노화에 관한 다양한 이론 및 정의

| 분류 | 이론 | 정의 |
|---|---|---|
| 자연발생적 관점 | 소모 이론 | 시간이 흐를수록 인체가 점진적으로 퇴화 및 소모되어 노화가 나타난다. |
| | 생체시계 이론 | 체내에 존재하는 시스템의 생리 주기에 따른 변화로 노화가 발생한다. |
| 신체조직적 관점 | 자기면역 이론 | 면역기능의 저하로 인해 저항력이 약화됨에 따라 노화가 발생한다. |
| | 노폐물 축적 이론 | 체내에 축적된 많은 양의 노폐물로 인한 세포 사멸로 노화가 유도된다. |
| | 단일기관 이론 | 어느 특정 장기의 침해 및 손상이 원인이 되어 노화가 시작된다. |
| | 교차선 이론 | 세포 내·외부의 원활하지 못한 신진대사로 인해 노화가 촉진된다. |
| | 내분비 이론 | 내분비계 혹은 신경계의 장기에 경시적 변화가 일어나 노화가 발생한다. |
| | 오류 이론 | 유전인자가 세포로 전달되는 과정이 잘못되어 노화가 일어난다. |
| | 뇌의 노화 이론 | 뇌의 기능이 저하되면서 노화가 발생한다. |
| 조건발생적 관점 | 스트레스 이론 | 스트레스로 인한 생체불균형으로 노화가 촉진된다. |
| | 생활대사율 이론 | 대사를 촉진하는 환경 인자에 노출되면서 노화가 진행된다. |
| | 유리기 이론 | 신진대사 과정에서 나온 유리기로 분자들이 손상되어 노화가 진행된다. |

(출처 : 양옥남, 김혜경, 김미숙, 정순둘(2009), 노인복지론)

### 3.1.4 노화의 과정

노화의 과정은 크게 정상 노화(Normal aging)와 병리 노화(Pathological aging)로 구분할 수 있다.

#### 정상 노화

시간에 따른 보편적인 변화로 질병이나 환경적 영향이 포함되지 않는 것을 의미하며, 1차 노화(Primary aging)라고도 불린다. 어느 누구에게나 점진적으로 신체 악화가 점진적으로 발생하는 과정으로, 움직임 둔화, 시력 저하, 청력 손상, 스트레스 적응력 감소, 감염에 대한 저항력 감소 등이 나타난다.

### 병리 노화

정상 노화과정에 질병과 나쁜 환경이 영향을 미쳐 노화가 가속화되는 것을 말하며, 2차 노화(Secondary aging)라고도 불린다. 질병이나 열악한 건강 습관(흡연, 과도한 음주, 과체중, 수면 부족 등)으로 인해 발생하는 과정으로, 건강한 생활방식과 현대 의학 기술을 통해 예방할 수 있다.

병리 노화는 화학 요법과 같은 의학적 치료로 인해 발생하기도 한다. 화학 요법으로 인해 정상 노화에서 경험하는 정상적인 수준을 넘어 세포 손상이 강화되면서 결과적으로 노화를 가속화하는 높은 수준의 노화 세포가 발생하게 된다.

### 정상 노화와 병리 노화가 미치는 영향

노화 과정이 미치는 생리적 수준에서의 변화를 살펴보자. 정상 노화는 시간이 지남에 따라 세포 손상이 축적되면서 면역체계 약화, 피부탄력 감소, 잔주름 증가 등에 영향을 미친다. 병리 노화는 알츠하이머병, 관절염, 암, 심혈관 질환, 당뇨병 등과 같은 질병 및 장애를 발생시킨다.

현재까지 노화를 설명하기 위한 연구는 지속적으로 진행되고 있으며 그에 따라 수많은 이론들 또한 제시되고 있다. 하지만, 노화 현상이 역연령에 따라 동일하게 진행되지 않아 그 기전을 설명하기가 매우 복잡하며 이로 인해 노화 과정을 명확하게 설명하기는 어렵다고 할 수 있다.

[표 3-7] 정상 노화와 병리 노화가 미치는 영향

| 정상 노화가 미치는 영향 | 병리 노화가 미치는 영향 |
|---|---|
| 면역체계 약화 | 알츠하이머병 |
| 피부탄력 감소 | 관절염 |
| 주름 증가 | 암 |
| 탈모 및 흰머리 | 심혈관 질환 |
| 인지기능 저하 | 당뇨병 |
| 청각 및 시각장애 | 신장 질환 |
| 스트레스 대처능력 감소 | 폐 질환 |
| 근육량 및 골밀도 감소 | 뇌졸중 |

# 3.2 생물학적 노화

생물학적 노화로 인해 신체 조직과 세포의 기능은 저하된다. 이 절에서는 생물학적 노화의 개념을 살펴보고 신체의 각 기관계에 미치는 영향과 그로 인해 발생하는 다양한 질환에 대해서 살펴본다.

**단원 학습목표**

- 신체적 노화와 생리적 노화의 개념을 구분한다.
- 생물학적 노화로 인해 나타나는 각 기관계의 변화와 이와 관련된 다양한 질환에 대해 알아본다.

## 3.2.1 생물학적 노화의 개념

생물학적 노화(Biological aging)란 신체의 각 기관과 기능이 시간이 진행되면서 점진적으로 변화하여 기능이 감퇴해가는 것을 의미한다. 즉, 시간이 경과되면서 신체 기관, 구조, 기능에 나타나는 변화로, 신체 내부의 세포, 조직, 장기 등 유기체 전반에 걸쳐 일어나는 퇴행적 발달 현상이라고 할 수 있다. 생물학적 노화는 사람마다 다르게 나타나는 복잡하고 다면적인 과정으로 신체적 노화와 생리적 노화로 구분할 수 있다.

### 신체적 노화

신체적 노화란 사람이 나이가 들어감에 따라 인체에 발생하는 자연적이고 점진적인 변화이다. 신체적 노화로 인해 나타나는 대표적인 변화로는 근육량 및 근력 감소, 골밀도 감소, 피부 손상, 시각 및 청각 상실, 체중 증가 등이 있다.

[표 3-8] 신체적 노화로 인한 변화

| 신체적 변화 | 특징 |
|---|---|
| 근육량 및 근력 감소 | 근섬유 수 및 크기 감소, 호르몬 변화, 신체활동 감소 등과 같은 여러 요인으로 인해 근육량 및 근력이 손실되면서 근 감소증이 발생한다. |
| 골밀도 감소 | 낮은 칼슘 흡수율로 인한 골밀도 감소, 관절 연골이 마모로 인한 통증, 뻣뻣함, 운동 범위 감소가 나타나 골절이나 골다공증 발생 확률이 증가한다. |

| | |
|---|---|
| 피부 손상 | 피부가 얇아지고 손상되기 쉬우며 피부에 탄력을 공급하는 콜라겐과 엘라스틴이 파괴되면서 주름, 처짐, 검버섯 등이 나타난다. |
| 시각 및 청각 상실 | 눈의 수정체가 덜 유연해지고 노안이 나타나면서 백내장이나 황반변성과 같은 질환이 발생한다. 또한, 귀의 내이에도 변화가 발생하여 청력이 상실될 수 있다. |
| 체중 증가 | 노화로 인해 대사율이 감소하면서 체중이 증가한다. 또한, 체성분에 변화가 나타나 체지방이 재분배되고 복부 주위에 더 많은 지방이 축적된다. |

### 생리적 노화

생리적 노화란 주름이나 백발과 같은 신체적 노화와는 다르게 신체 내부에서 일어나는 다양한 변화이다. 생리적 노화로 인해 나타나는 대표적인 변화로는 호르몬 변화, 면역체계 약화, 미토콘드리아 손상, 활성산소 증가 등이 있다.

**[표 3-9] 생리적 노화로 인한 변화**

| 생리적 변화 | 특징 |
|---|---|
| 호르몬 변화 | 성 호르몬(에스트로겐 및 테스토스테론), 갑상선 기능 및 성장 호르몬 수치가 감소하면서 일상생활에서의 신체 활동량, 에너지 수준, 성 기능에 영향을 미친다. |
| 면역체계 약화 | 외부 항원을 식별하는 능력이 떨어지면서 자가면역 질환이 자주 발생한다. 이러한 면역 기능의 변화로 질병에 취약해지면서 폐렴이나 독감이 발생하는 경우에도 사망할 수 있다. |
| 미토콘드리아 손상 | 건강 및 기능 유지에 필수적인 에너지를 생산하는 미토콘드리아 DNA가 손상되면서 에너지 생산과 출력이 감소하고 체력이 떨어져 쉽게 피로감을 느낀다. |
| 활성산소 증가 | DNA, 단백질, 지질 등 세포의 구성요소를 손상시키는 화학적 반응성 분자인 활성산소를 생성하여 산화 스트레스를 유발하고 노화를 가속화시킨다. |

## 3.2.2 순환기계

순환기계(Circulatory system)는 신체 각 조직에 필요한 산소, 영양물, 호르몬, 항체물질, 기타 화학물질 등을 제공하고 조직으로부터 이산화탄소와 신진대사의 노폐물을 제거하는 역할을 한다. 순환기계는 2개의 심방(Atrium)과 2개의 심실(Ventricle)로 이루어진 심장(Heart), 혈액(Blood), 동맥(Artery), 정맥(Vein), 모세혈관(Capillaries)으로 이루어진 혈관(Blood vessel)으로 구성되어 있다.

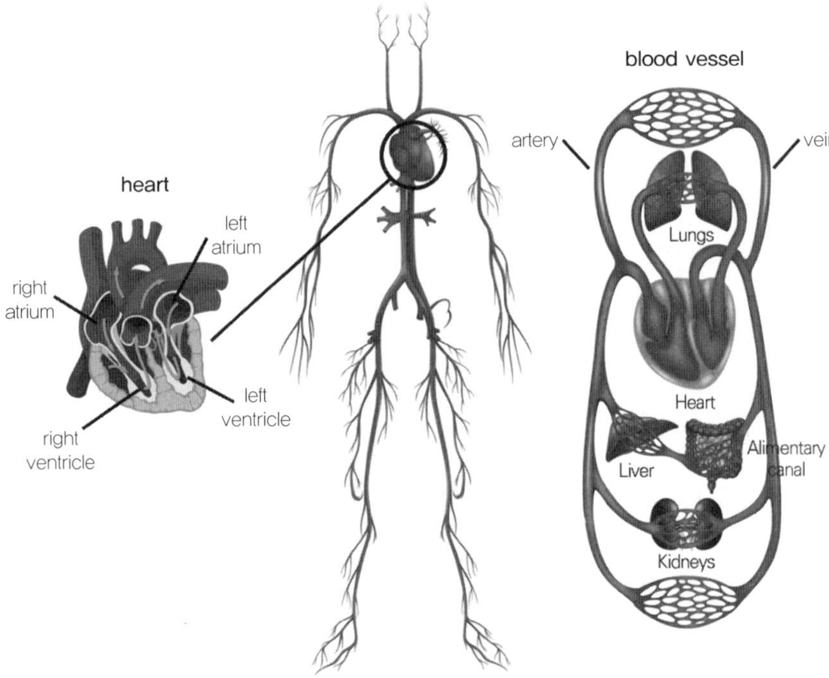


[그림 3-1] 순환기계

**생물학적 노화가 순환기계에 미치는 영향**

① 심근이 뻣뻣해지면서 심박수, 심박출량, 심폐지구력이 감소한다. 이로 인해 지속적으로 운동을 수행하기 어려워지고 체력이 급격히 저하된다.

② 심장 내 혈류를 조절하는 판막의 유연성 감소는 석회화를 유발하여 대동맥 협착이나 승모판 역류를 발생시킨다.

③ 세포에 산소와 영양분을 공급하는 모세혈관의 밀도 또한 감소하면서 심장조직의 관류에 부정적인 영향을 미치게 된다.

④ 적혈구 수와 혈액 내 헤모글로빈 양이 감소하여 빈혈을 발생시키는 주요 요인이 된다.

⑤ 신체의 혈액 응고를 지연시켜 잠재적으로 혈전을 형성할 수 있는 위험을 증가시킨다.

**생물학적 노화로 인해 발생하는 순환기계 질환**

○ 고혈압(Hypertension)

- 성인을 기준으로 수축기 혈압이 140mmHg 이상이거나 이완기 혈압이 90mmHg이상

으로 나타나는 질환이다. 고혈압은 혈관 동맥이 단단해지고 탄력이 감소하면서 나타나는 경직 및 혈압 상승이 심장에 부담을 가하면서 발생한다. 심각한 단계에 도달하기 전까지는 눈에 띄는 증상이 나타나지 않기 때문에 침묵의 살인자라고도 불린다.

- 혈압이 상승하는 정도에 비례하여 뇌, 심장, 신장과 같은 신체장기에 손상을 초래하고 수명을 단축시킨다.
- 고혈압은 발생 원인에 따라 일차성 고혈압(Essential hypertension)과 이차성 고혈압(Secondary hypertension)으로 구분할 수 있다.

[표 3-10] 일차성 고혈압과 이차성 고혈압

| 일차성 고혈압 | 이차성 고혈압 |
|---|---|
| 가장 흔하게 발생하는 고혈압으로 전체 발생률의 약 90~95%를 차지하고 있다. 원인을 명확하게 알 수 없지만 유전적 요인(가족력), 생활방식(잘못된 식습관, 음주, 흡연, 비만 등), 환경적 요인(노화, 스트레스)이 복합적으로 작용하여 발생하는 것으로 알려져 있다. | 명확한 원인이 없는 일차성 고혈압과는 달리 기저질환이나 특정 약물이 원인이 되어 발생하는 고혈압이다. 만성신장질환, 호르몬 장애(불균형), 폐쇄성 수면 무호흡증, 약물(경구 피임약, 비스테로이드성 항염증제 등), 대동맥 협착과 같은 원인을 적절히 제거하면 치료가 가능하다. |

○ 관상동맥질환(Coronary artery disease)

- 지방 침전물, 콜레스테롤, 칼슘 및 기타 물질이 관상동맥 내벽에 축적되는 죽상동맥경화증과 관련하여 심장 근육에 산소와 영양분을 공급하는 혈관이 좁아지거나 막힐 때 발생하는 허혈성 심장질환이다.
- 관상동맥질환을 유발하는 주요 원인으로는 고혈압, 흡연, 당뇨, 비만, 좌식 생활 등이 있다.
- 초기 단계에는 무증상이지만 장기간에 걸쳐 흉통, 불편함, 압박감, 숨가쁨, 피로, 현기증, 불규칙한 심박동 등이 나타날 수 있으며, 심장마비, 부정맥, 심부전과 같은 심각한 합병증을 유발할 수 있다.

○ 심부전(Heart failure)

- 심장의 구조적 혹은 기능적 이상으로 인해 이완기능과 수축기능에 문제가 발생하여 신체 조직에 필요한 혈액을 제대로 공급하지 못하는 질환이다. 10명 중 3~4명이 진단

받은 지 1년 내에 사망하며, 6~7명은 5년 내에 악화되거나 급성으로 발작하여 사망에 이를 수 있다. 노인 인구에게서 많이 발생하며 나이가 들수록 발병 위험이 높아진다.

- 심부전을 유발하는 주요 원인으로는 주로 심근경색, 심근증, 판막질환, 심방세동으로 인한 빈맥, 고혈압 등이 있다.
- 대표적인 증상으로는 호흡곤란, 어지러움, 기침, 피로, 소화불량, 구토 등이 있다.

○ 부정맥(Arrhythmia)

- 전기 자극에 의해 분당 50~90회의 빠르기로 규칙적으로 뛰어야 하는 심장이 너무 느리게 혹은 빨리 뛰면서 비정상적인 리듬이 나타나는 질환이다. 맥박이 60회 미만인 경우는 서맥(느린맥), 100회 이상인 경우는 빈맥(빠른맥)이라고 한다.
- 부정맥을 유발하는 주요 원인으로는 심장질환 및 폐질환, 자율신경계 이상, 약물 및 전해질 이상 등이 있다.
- 대표적인 증상으로는 가슴 두근거림, 호흡곤란, 흉통, 현기증, 실신, 돌연사 등이 있다.

○ 심근경색(Myocardial infarction)

- 심장 표면에 위치하여 혈액을 공급하는 관상동맥이 여러 가지 원인(동맥경화, 혈전, 혈관수축 등)으로 인해 협착이 발생하면서 심장 근육이 괴사하는 질환으로, 협심증 또는 심장마비라고도 한다.
- 심근경색을 유발하는 주요 원인으로는 흡연, 고지혈증, 고혈압, 당뇨, 비만, 폐경, 통풍 등이 있다.
- 대표적인 증상으로는 흉통, 방사통, 호흡곤란, 불안, 식은땀, 구토, 위통, 식욕 부진 등이 있다.

○ 말초동맥질환(Peripheral artery disease)

- 심장과 거리가 떨어져 있는 팔이나 다리에 혈액을 공급하는 말초동맥이 좁아지거나 막히면서 나타나는 폐색질환으로, 90% 이상이 하지동맥에서 발생한다.
- 말초동맥질환을 유발하는 주요 원인으로는 흡연, 당뇨, 비만, 고혈압, 고지혈증, 운동부족 등이 있으며 고령 환자이거나 가족력이 있는 경우 위험도가 증가한다.

- 대표적인 증상으로는 엉덩이 및 다리의 통증, 발과 발가락의 감각 둔해짐 등이 있다.

### 3.2.3 호흡기계

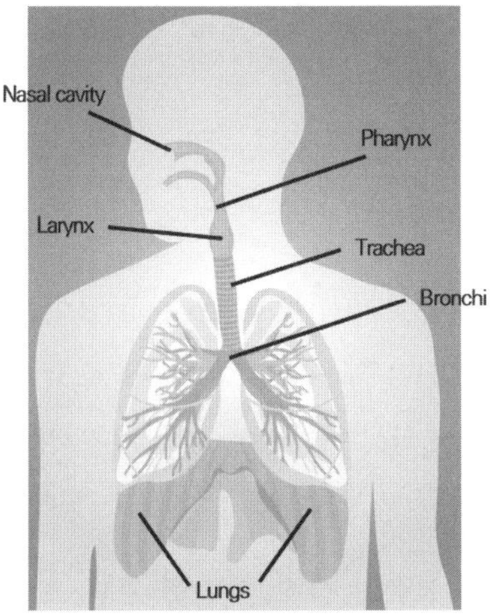


[그림 3-2] 호흡기계

호흡기계(Respiratory system)는 신체와 외부 환경 사이에서 체내 생명유지에 필요한 산소를 공급하고 체내 대사의 노폐물인 이산화탄소를 배설하는 가스 교환을 담당한다. 호흡기계는 상부기도와 하부기도로 구분할 수 있으며, 상부기도는 비강(Nasal cavity), 인두(Pharynx), 후두(Larynx), 하부기도는 기관(Trachea), 기관지(Bronchus), 폐(Lung)로 구성되어 있다.

**생물학적 노화가 호흡기계에 미치는 영향**

① 신체조직 내 수분 함유량이 감소하여 코 속의 점막이 건조해지면서 코로 들이마시는 공기를 효과적으로 가습하지 못하게 된다.

② 폐포의 탄력성 저하, 폐 순환량 감소, 호흡과 관련된 근육의 위축 및 약화로 일상생활에서 숨이 쉽게 차면서 금방 피로해진다.

③ 기침반사와 섬모운동의 저하로 미세물질이 들어왔을 때 쉽게 걸러내지 못하게 되면서 증가한 기관지내 분비물로 인해 호흡기계 감염에 노출되기 쉽다.

**생물학적 노화로 인해 발생하는 호흡기계 질환**

○ 폐렴(Pneumonia)

- 병을 일으키는 세균이 폐 조직에 감염되어 염증반응과 경화를 일으키는 급성 염증성 호흡기 질환이다.

- 65세 이상의 고령자에게서 발생하는 폐렴을 노인성 폐렴이라고 하며, 식사 시 음식물이 기도로 들어가 폐의 염증을 일으키는 흡인성 폐렴이 나타나기도 한다.
- 폐렴을 유발하는 주요 원인으로는 박테리아 감염, 인플루엔자, 바이러스성 감염, 진균성 감염 등이 있다.
- 대표적인 증상으로는 기침, 가래, 발열, 오한, 흉통 등이 있으며, 고령자의 경우 폐렴으로 인한 증상이 잘 나타나지 않기 때문에 치료가 늦어지는 경우가 많아 합병증 발생 위험이 증가한다.

○ 만성기관지염(Chronic bronchitis)

- 기관이나 기관지 내에 많은 양의 점액이 생산되면서 기침과 객담이 지속되는 만성 폐쇄성 질환이다.
- 만성기관지염을 유발하는 주요 원인으로는 흡연, 매연, 세균성 감염, 바이러스성 감염 등이 있다.
- 대표적인 증상으로는 부종, 과체중, 호흡곤란, 가래를 동반한 기침, 화농성 객담, 심한 기침 후 피가 섞인 가래, 어깨를 크게 들썩이는 호흡 등이 있다.

○ 천식(Asthma)

- 다양한 자극에 의해 공기가 지나가는 통로인 기도에 만성적인 알레르기 염증이 발생하여 기관지가 수축하는 질환이다. 최근 반려 동물을 키우는 가정에서 천식 증상을 보이는 고령자가 급격히 증가하고 있다.
- 천식을 유발하는 주요 원인으로는 감기, 비염, 스트레스, 꽃가루, 강아지나 고양이의 털 및 배설물, 곰팡이, 대기오염, 황사, 매연, 자극적인 냄새, 갑작스런 온/습도 차이, 차갑고 건조한 공기 등이 있다.
- 대표적인 증상으로는 기침, 숨을 내쉴 때 쌕쌕거리는 호기성 천명음, 점액 분비량 증가, 흉부 압박감, 기도 경련, 알레르기성 비염 등이 있다.

○ 폐결핵(Pneumonia)

- 결핵균이 폐를 침범하면서 주로 발생하며 쉽게 전염되기 쉬운 감염성 질환이다. 결핵

균에 감염된 5~10%에게서만 발병하기 때문에 초기 단계에서는 증상이 없는 것이 특징이며 흉부방사선 촬영을 통해 우연히 발견되는 경우가 많다.

- 폐결핵을 유발하는 주요 원인으로는 결핵균의 호흡기 감염, 알코올 중독, 약물 중독, 영양부족, 당뇨, 만성 신부전, 면역 억제제(스테로이드) 사용 등이 있다.
- 대표적인 증상으로는 피로감, 식욕부진, 체중감소, 마른기침, 화농성 객담, 흉통 등이 있으며, 흉막염, 기관지 확장증, 객혈과 같은 합병증을 유발할 수 있다.

○ 간질성폐질환(Interstitial lung disease)

- 폐포를 둘러싸고 있는 조직인 폐간질이 굳어지면서 팽창과 산소 이동이 원활하게 이루어지지 않아 폐 기능의 저하 및 호흡곤란이 지속적으로 발생하는 질환이다. 종류가 다양하여 진단이 복잡하고 치료가 쉽지 않다.
- 다양한 인자가 영향을 미쳐 유발되는 간질성폐질환은 주요 원인에 따라 직업성, 의인성, 결체조직질환 및 자가면역질환 연관, 특발성으로 분류한다.
- 대표적인 증상으로는 호흡곤란, 기침, 천명음, 비특이적 흉통, 객혈 등이 있다.

**[표 3-11] 간질성폐질환의 분류**

| 분류 | 주요 원인 |
|---|---|
| 직업성 간질성폐질환 | 먼지가 많은 작업 환경(광산, 채석장 등) |
| 의인성 간질성폐질환 | 약물이나 방사선(항생제, 항암제 등) |
| 결체조직질환 및 자가면역질환 연관 간질성폐질환 | 특정질환(류마티스 관절염, 루푸스 등) |
| 특발성 간질성폐질환 | 발생 원인이 불분명한 경우 |

○ 수면 무호흡증(Sleep apnea)

- 수면을 하는 도중 상기도의 일부나 전체가 반복적으로 좁아지면서 호흡이 정상적으로 이뤄지지 않는 증상이 빈번하게 발생하는 질환이다. 수면에 심각한 장애를 일으키기 때문에 잠을 오래자도 피로가 회복되지 않고 심장에도 많은 무리를 줄 수 있다.
- 중추신경계의 문제로 인해 발생하는 중추형, 기도가 막히면서 발생하는 폐쇄형, 두 가지 유형이 복합적으로 나타나는 혼합형으로 분류할 수 있다.

- 수면 무호흡증을 발생시키는 주요 원인으로는 비만이 있다.
- 대표적인 증상으로는 주간졸림증, 두통, 피로, 기억상실, 우울증, 저산소증, 성기능 장애 등이 있다.

### 3.2.4 소화기계

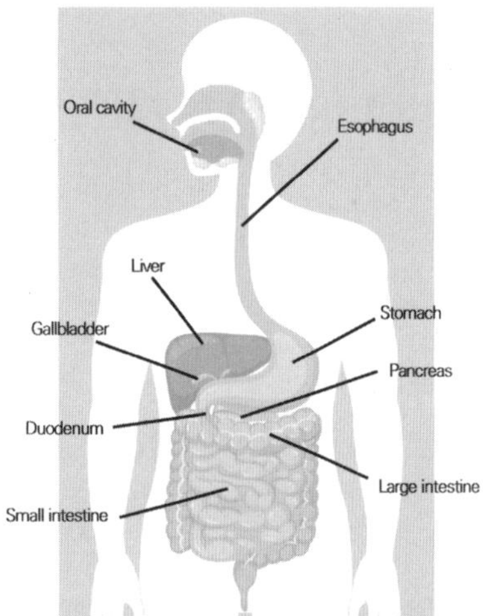


[그림 3-3] 소화기계

소화기계(Digestive system)는 입으로 섭취한 음식물을 소화시켜 그 영양소를 흡수하고 배설하는 기능을 한다. 소화기계는 구강(Oral cavity), 식도(Esophagus), 위(Stomach), 간(Liver), 쓸개(Gallbladder), 췌장(Pancreas), 소장(Small intestine), 십이지장(Duodenum), 대장(Large intestine)으로 구성되어 있다.

**생물학적 노화가 소화기계에 미치는 영향**

① 구강에서의 침 분비량 감소로 소화를 담당하는 분해 효소가 줄어들게 되며, 침 분비량 감소는 구강건조증, 치주염, 삼킴 장애 발생에도 영향을 미치게 된다.

② 식도의 근육 수축력 감소로 기능이 떨어지기 때문에 음식물을 잘 씹지 않은 채 크게 넘기거나 빠르게 삼킬 경우 내용물이 위에서 역류할 수 있다.

③ 위산으로부터 위를 보호하는 위 점막의 두께가 조금씩 얇아지기 때문에 공복에 약을 먹거나 커피를 많이 마실 경우 속쓰림이 자주 발생한다. 이런 현상이 반복되면 위염이나 위궤양으로 이어질 수도 있다.

④ 위액 분비량이 감소해 음식물을 분해하고 소화하는 기능이 떨어진다.

⑤ 소화에 관여하는 쓸개즙 및 췌장액의 분비가 감소하면서 기름진 음식이나 탄수화물을

제대로 소화하지 못해 가스가 많이 차고 방귀가 자주 나온다.

### 생물학적 노화로 인해 발생하는 소화기계 질환

○ 위식도 역류성 질환(Gastroesophageal reflux disease)

- 위액이나 위 내용물이 식도 내로 유입되면서 점막을 자극하고 통증이나 불쾌감을 일으키는 질환이다. 역류로 인해 식도에 궤양과 같은 형태학적 변화가 일어나면 역류성 식도염이 발생한다.
- 위식도 역류성 질환을 유발하는 주요 원인으로는 위 내용물의 양적 증가, 위 내부 압력 및 복압 증가, 괄약근 압력 감소 등이 있으며, 역류 시간, 역류된 내용물의 자극정도, 식도 점막 자체의 방어기전에 따라 그 정도가 결정된다.
- 대표적인 증상으로는 가슴쓰림, 위산 역류, 연하곤란, 구취, 인후 이물감, 기침, 후두염, 천식, 충치 등이 있다.

○ 소화성 궤양(Peptic ulcer)

- 식도, 위, 십이지장의 점막조직이 다양한 원인으로 인해 손상되거나 침식되는 질환이다.
- 위 내벽에서 발생하는 위궤양과 소장의 첫 번째 부분인 십이지장에서 발생하는 십이지장 궤양으로 분류할 수 있다.
- 소화성 궤약을 유발하는 주요 원인으로는 아스피린이나 이부프로펜과 같은 비스테로이드성 항염증제의 과도한 사용이나 헬리코박터 파이로리 박테리아 감염 등이 있다.
- 대표적인 증상으로는 상복부 통증, 메스꺼움, 구토, 식욕 부진, 체중 감소, 혈변 등이 있다.

○ 과민성 대장 증후군(Irritable bowel syndrome)

- 식사나 가벼운 스트레스로 인한 불쾌한 소화기 증상이 반복되면서 배변장애 증상을 가져오는 위장장애 질환이다.
- 과민성 대장 증후군을 유발하는 주요 원인으로는 위장관 운동의 변화, 내장 과민성, 위장관 팽창도 감소, 정신적 스트레스 등이 있다.
- 대표적인 증상으로는 복통, 설사, 변비, 더부룩함, 소화불량, 가스 등이 있다.

○ 대장암(Colorectal cancer)

- 대장에 발생하는 악성 종양으로 암의 발생 위치에 따라 결장암이나 직장암으로 분류하기도 한다. 대장의 점막에서 발생하는 선암이 대부분이며 이 외에도 신경내분비세포종양, 림프종, 전이성 병변 등에 의해 암이 발생하기도 한다.
- 대장암을 유발하는 주요 원인으로는 유전적 요인, 동물성 지방의 과도한 섭취, 염증성 장 질환, 흡연, 복부 비만 등이 있으며 연령에 비례에 발생하는 경향이 있어 50세 이상의 연령대에서 발생률이 높다.
- 초기 대장암은 아무런 증상이 나타나지 않으며 암이 진행된 경우 장출혈로 인한 빈혈, 설사, 변비, 혈변 등이 나타난다.

○ 담석증(Cholelithiasis)

- 지방의 소화를 돕는 담즙을 저장하는 담낭(쓸개)에 돌처럼 딱딱한 물질이 단단히 굳어지면서 결석이 형성되는 질환이다. 신체의 노화로 인해 담낭 운동력이 감소하면서 저항력과 면역력이 저하되기 때문에 70대 이상의 노인에게서 많이 발생한다.
- 결석이 담낭 안에 있는 담낭 담석증, 담관 안에 있는 담관 담석증, 간 내부에 있는 간내 담석증으로 분류할 수 있다.
- 담석증을 유발하는 주요 원인으로는 잘못된 식습관으로 인한 담즙의 비율 변화, 비만 등이 있다.
- 증상이 전혀 없는 경우가 60~80%이며 증상이 있을 경우 복통, 소화불량, 황달, 발열, 오한 등이 나타난다.

○ 췌장염(Pancreatitis)

- 다양한 원인으로 인해 췌장에 국소적 혹은 전체적으로 염증이 발생하는 질환이다.
- 췌장에 급성염증이 발생하는 급성췌장염과 반복된 염증으로 인해 췌장 기능 장애가 초래되는 만성췌장염으로 분류한다.
- 췌장염을 유발하는 주요 원인으로는 음주, 흡연, 비만, 당뇨병, 유전, 잘못된 식습관(과도한 육류 및 탄수화물 섭취), 고칼슘혈증 등이 있다.
- 대표적인 증상으로는 구토, 식욕저하, 저혈압, 복통, 미열 등이 있다.

### 3.2.5 비뇨기계

비뇨기계(Urinary system)는 신체에서 노폐물을 배설하여 체액 균형, 전해질 농도, 혈압 조절을 통한 항상성을 유지하는데 매우 중요한 역할을 한다. 비뇨기계는 신장(Kidney), 요관(Ureter), 방광(Bladder), 요도(Urethra)로 구성되어 있다.

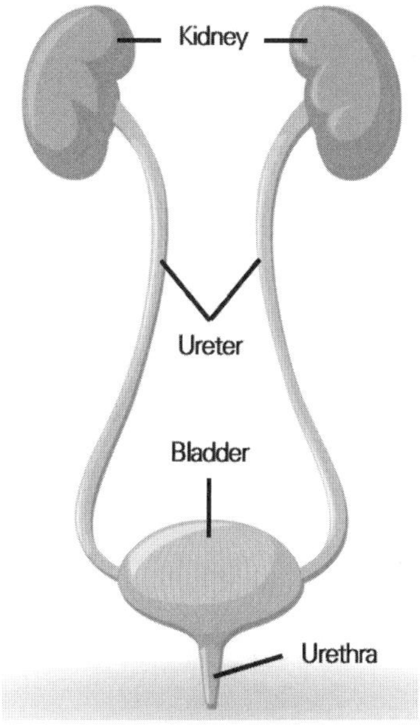


[그림 3-4] 비뇨기계

**생물학적 노화가 비뇨기계에 미치는 영향**

① 네프론 수가 감소하면서 신장의 노폐물 여과 및 전해질 균형 조절 효율성이 감소한다. 신장 기능의 저하는 소변의 농축 및 과도한 체액 제거 능력을 떨어뜨리기 때문에 잠재적으로 탈수나 전해질 불균형을 초래할 수 있다.

② 방광의 탄력성과 용량이 감소하면서 소변을 보고 싶은 충동을 더 자주 경험하게 된다. 갑자기 강하게 소변을 봐야 하는 절박뇨나 불수의적인 소변 누출인 요실금이 발생할 가능성이 매우 높아진다.

③ 골반 근육이 약화되면서 기침, 재채기, 무거운 물건 들기와 같은 신체 활동 시 소변이 새는 복압성 요실금이 발생할 수 있다.

④ 고령 남성의 경우 전립선 비대증으로 인해 배뇨를 시작하거나 멈추는 것이 어려워지고 배뇨 빈도가 증가하는 증상이 나타난다.

⑤ 고령 여성의 경우 호르몬 변화로 인해 에스트로겐 수치가 감소하면서 질 건조증, 질 조직의 탄력성 감소, 요로 감염 발생 위험 증가가 나타날 수 있다.

### 생물학적 노화로 인해 발생하는 비뇨기계 질환

○ 요로 감염(Urinary tract infection)

- 신장에서부터 요관, 방광, 요도까지 소변이 배출되는 통로인 요로에 세균이 침입하여 염증을 일으키는 질환이다.
- 요로 감염은 감염 부위, 증상 유무, 기능적 이상에 따라 다음과 같이 분류할 수 있다.

[표 3-12] 요로 감염의 분류

| 감염 부위 | | 증상 유무 | | 기능적 이상 | |
|---|---|---|---|---|---|
| 상부<br>요로감염 | 하부<br>요로감염 | 증상<br>요로감염 | 무증상<br>요로감염 | 단순성<br>요로감염 | 복잡성<br>요로감염 |

- 요로 감염을 유발하는 주요 원인은 대장균으로 요도로부터 방광으로 올라가는 상행성 감염이 대부분이며, 남성에 비해 여성에게 빈번하게 발생한다.
- 대표적인 증상으로는 오한, 발열, 통증(옆구리, 하복부, 회음부, 음낭), 배뇨통, 구토, 요도 가려움(소양증), 요도 분비물, 잔뇨감, 빈뇨, 급박뇨 등이 있다.

○ 요실금(Urinary incontinence)

- 시간이나 장소를 가리지 않고 자신의 의지와 상관없이 소변이 배출되는 현상으로 65세 이상 고령자의 40~50%가 가지고 있는 질환이다.
- 요실금은 발생 원인에 따라 다음과 같이 분류할 수 있다.

[표 3-13] 요실금의 분류

| 분류 | 발생 원인 |
|---|---|
| 복압성 요실금 | 배에 힘을 주는 상황 |

| 절박성 요실금 | 골반지지 근육의 이상 |
|---|---|
| 일류성 요실금 | 당뇨나 전립성 비대증 |
| 혼합성 요실금 | 복압성 요실금과 절박성 요실금의 혼합 |

- 요실금을 유발하는 주요 원인으로는 골반저근 약화, 요로 감염, 과체중, 임신/출산, 폐경, 전립성 비대증, 신경성 방광 질환 등이 있다.
- 대표적인 증상으로는 배뇨통, 혈뇨, 악취, 하복부 통증, 잔뇨감, 빈뇨, 급박뇨 등이 있다.

○ 양성 전립성 비대증(Benign prostate hyperplasia)

- 노화가 진행되면서 남성 생식 기관의 일부인 전립선의 크기가 증가하는 질환이다. 크기가 증가한 전립선이 요도를 압박하고 소변 배출을 방해하면서 각종 배뇨증상과 염증이 발생한다.
- 양성 전립성 비대증의 원인은 아직 명확하게 밝혀지지 않았지만 유전적 요인과 고환의 노화가 주요 원인으로 알려져 있다.
- 대표적인 증상으로는 빈뇨, 지연뇨, 세뇨, 야간뇨, 절박뇨, 방광 결석, 요로 감염 등이 있다.

○ 방광암(Bladder cancer)

- 소변이 배설되는 통로인 방광에 발생하는 악성 종양이 발생하는 질환이다. 60~70대에 주로 발생하며 남성의 발병 위험이 여성에 비해 3~4배 정도 더 높다.
- 세포 형태에 따라 이행세포암, 편평세포암, 선암으로 분류할 수 있으며 방광암의 90% 정도는 이행세포암에 해당한다.
- 방광암을 유발하는 주요 원인으로는 흡연, 화학물질에 대한 직접적인 노출, 커피, 진통제, 인공 감미료, 방사선 조사 등이 있다.
- 대표적인 증상으로는 통증을 동반하지 않는 혈뇨, 방광자극, 측복통, 하지부종 등이 있다.

○ 신장 결석(Rental stone)

- 신장 안에 위치해 소변이 내려가기 시작하는 신우에 여러 물질들이 결정을 이루어 침착되면서 돌과 같은 형태의 단단한 덩어리가 형성되는 질환이다. 신장 결석이 요로 결석으로 이어지는 경우가 많다.
- 발생 원인에 따라 칼슘 결석, 요산 결석, 녹각석, 시스틴 결석으로 분류하기도 한다.
- 신장 결석을 유발하는 주요 원인으로는 수분 섭취 저하로 인한 요의 정체 및 농축, 유전적 요인, 세균 감염, 대사 이상, 결석 성분을 포함하는 식품의 과잉 섭취 등이 있다.
- 아주 작은 신장 결석의 경우 대부분 증상이 없으며 일부 심한 옆구리 통증, 구역질, 구토, 혈뇨, 요로감염증 등이 발생할 수 있다.

○ 만성 콩팥병(Chronic kidney disease)

- 노화로 인해 신장 기능이 점진적으로 떨어지거나 신장 손상이 3개월 이상 지속되면서 발생하는 질환이다.
- 만성 콩팥병을 유발하는 주요 원인으로는 고혈압, 당뇨병, 사구체신염, 선천성 기형, 자가면역질환 등이 있다.
- 대표적인 증상으로는 식욕감퇴, 피부 가려움증, 소변 색깔 변화, 눈이나 손발 붓기, 빈혈 등이 있다.

### 3.2.6 근골격계

근골격계(Musculoskeletal system)는 인체의 형태를 지지하면서 안정성과 움직임을 제공하는데 있어 매우 중요한 역할을 한다. 신체의 형태를 유지하면서 내부 장기들을 보호하는 뼈(Skeleton), 신체의 운동 및 유연성을 제공하는 관절(Joint), 뼈와 근육을 연결하고 완충작용을 하는 지지구조인 연골(Cartilage), 건(Tendon), 인대(Ligament), 활액낭(Bursa), 운동과 자세유지를 가능하게 하는 골격근(Skeletal muscle)으로 구성되어 있다.

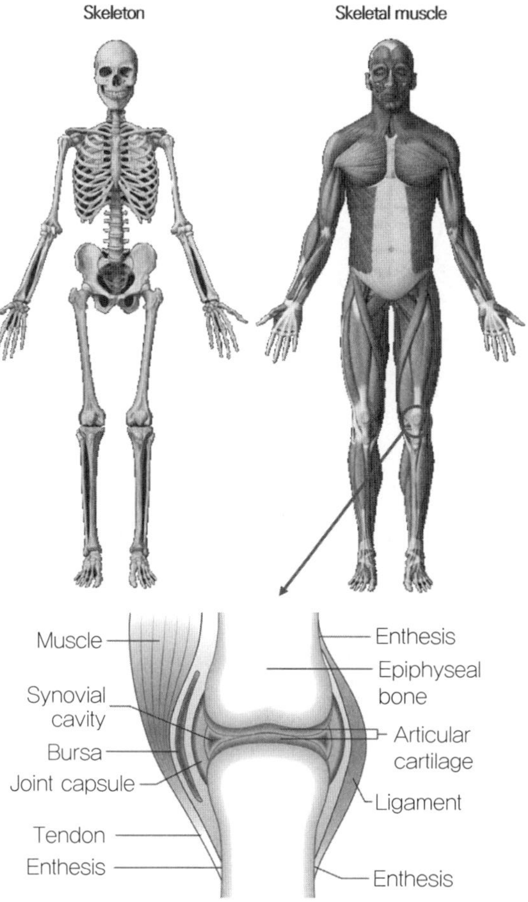


(출처: OpenStax, CC BY 4.0 via Wikimedia Commons)

[그림 3-5] 근골격계

### 생물학적 노화가 근골격계에 미치는 영향

① 골밀도가 감소하여 척추, 엉덩이, 손목과 같은 부위의 뼈가 더욱 부서지거나 골절되기 쉽다.

② 근육량의 점진적 손실로 근력과 지구력이 감소하기 때문에 일상적인 작업을 수행하고 체력을 유지하는 것이 어렵다.

③ 관절의 뼈끝을 보호 조직인 연골이 닳아 관절 통증, 뻣뻣함, 운동 범위 감소가 나타나 이동성 및 유연성에 영향을 미친다.

④ 관절 유연성 및 운동 범위 상실로 인해 일상생활에서의 움직임과 활동을 어려워지면서

잠재적으로 낙상이나 부상 발생의 위험성이 증가한다.

⑤ 뼈 조직을 복구하고 재생하는 능력이 감소하여 골절을 치유하는 데 더 오랜 시간이 걸리며 형성된 새로운 뼈도 강하지 않다.

⑥ 근육 약화 및 뼈 구조의 변화로 인해 등이 더 굽어지거나 앞으로 기울어진 자세가 나타나면서 낙상의 위험이 증가한다.

⑦ 근육 탄력성 및 스트레칭 능력의 감소로 근육이 쉽게 긴장되면서 부상의 위험이 높아진다.

### 생물학적 노화로 인해 발생하는 근골격계 질환

○ 골다공증(Osteoporosis)

- 뼈를 구성하는 주요 성분인 칼슘이 급격히 감소하고 골밀도와 강도가 약해지면서 노인 골절의 가장 흔한 원인이 되는 퇴행성 뼈 질환이다. 특별한 증세 없이 진행되기 때문에 골절이 되기 전까지는 자각하지 못하는 경우가 많으며, 주로 척추, 손목, 고관절 부위에서 골절이 많이 발생한다.
- 골다공증은 폐경기 이후 발생하는 폐경 후 골다공증, 노화로 인한 노인성 골다공증, 약물, 흡연, 특정질환으로 인해 발생하는 2차성 골다공증으로 분류할 수 있다.
- 골다공증을 유발하는 주요 원인으로는 유전적 요인, 노화, 조기 폐경, 생활 습관, 흡연, 음주, 병력, 약물 투여 경력, 영양 상태 등이 있다.
- 대표적인 증상으로는 등이나 허리에서의 둔한 동통 및 피로감, 척추 변형, 신장 감소, 다양한 부위에서의 골절 등이 있다.

○ 골관절염(Osteoarthritis)

- 노화로 인해 뼈의 관절면을 덮어 뼈를 보호하는 관절 연골이 마모되고 관절이 변형되면서 염증과 통증이 동반되는 퇴행성 질환으로, 퇴행성 관절염이라고 불린다. 우리 몸에 위치한 모든 관절에서 발생할 수 있으며 손가락, 척추, 무릎에서 많이 발생한다.
- 원인이 명확하지 않은 일차성(원발성) 골관절염과 원인이 있는 이차성 골관절염으로 분류할 수 있다.
- 골관절염을 유발하는 주요 원인으로는 노화, 성별, 유전적 요인, 비만, 외상 등이 있다.
- 대표적인 증상으로는 국소적 통증, 관절 운동 범위 감소, 부종, 관절 주위의 압통, 관

절 운동 시 마찰음 등이 있다.

○ 류마티스 관절염(Rheumatoid arthritis)

- 체내 면역체계의 오류로 자신의 몸을 공격하여 관절 내에 염증을 발생하고 지속되면서 관절이 점차 파괴되는 만성 질환이다. 손목, 손, 발, 무릎, 척추, 턱 등 관절에 주로 영향을 미친다.
- 류마티스 관절염을 유발하는 주요 원인으로는 노화, 성별, 유전적 요인, 흡연, 비만, 잇몸 질환 등이 있다.
- 대표적인 증상으로는 통증, 부종, 뻣뻣함, 관절 변형 및 구축, 식욕 상실, 체중 감소, 발열, 피로감 등이 있다.

○ 근감소증(Sarcopenia)

- 노화로 인해 근량, 근력, 근 기능이 모두 급격히 감소하는 질환이다. 근육이 40세를 기점으로 해마다 1%씩 줄어들며 60~70대는 근육량이 체중의 15~25%로 급감하게 된다.
- 고령자의 경우 하체의 근육량 감소로 낙상 위험이 증가하고 기초대사량 및 활동량이 함께 줄어들기 때문에 쉽게 피로감을 느낀다.
- 근감소증을 유발하는 주요 원인으로는 노화, 만성 염증, 호르몬 불균형, 영양 결핍, 운동량 부족 등이 있다.
- 대표적인 증상으로는 근력 및 신체기능 저하, 낙상, 골절, 합병증, 대사질환, 심혈관 질환 등이 있다.

○ 오십견(Frozen shoulder)

- 특별한 외상이 없지만 어깨 관절을 감싸고 있는 연부 조직이 퇴행성으로 변화하면서 발생한 염증으로 통증이 생겨 어깨 움직임에 제한이 나타나는 질환이다. 동결견 또는 유착성관절낭염으로 불리기도 한다.
- 오십견을 유발하는 주요 원인으로는 노화, 회전근개 파열, 석회성 건염, 잘못된 자세와 습관, 유전적 문제, 외상, 당뇨 및 갑상선질환, 운동 부족 등이 있다.
- 대표적인 증상으로는 심한 통증, 야간 통증, 능동적 및 수동적 관절 운동 제한 등이 있다.

### 3.2.7 신경계

신경계(Nervous system)는 주변 환경으로부터의 자극을 받아들이고 뇌, 척수, 우리 몸 각 부분 사이에 필요한 정보를 서로 전달함으로써 신체의 활동을 조절 및 조정하는 역할을 한다. 신경계는 크게 뇌(Brain)와 척수(Spinal cord)를 구성하는 중추신경계(Central nervous system)와 중추신경계에서 갈라져 나와 뉴런의 세포체들이 모여 있는 장소인 신경절(Ganglion)로부터 몸의 각 기관의 신경(Nerve)에 연결되는 말초신경계(Peripheral nervous system)로 구분할 수 있다.

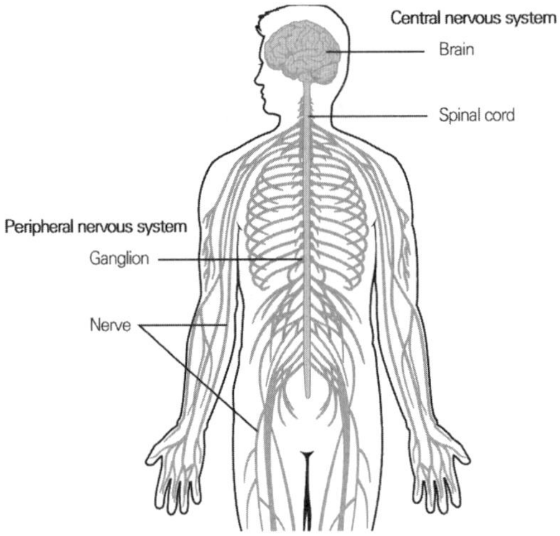


(출처: OpenStax, CC BY 4.0 via Wikimedia Commons)

[그림 3-6] 신경계

**생물학적 노화가 신경계에 미치는 영향**

① 뇌의 부피와 무게가 점차 감소하는데 기억 및 학습을 담당하는 해마 영역에서 가장 두드러지게 나타난다.

② 정보를 처리하는 속도가 저하되고 정보를 보유하고 조작하는 능력이 감소하기 때문에 어떠한 일을 계획 및 조직하고 의사를 결정하는데 있어 많은 어려움을 겪는다.

③ 인지 및 운동 조절에 중요한 역할을 하는 도파민과 아세틸콜린과 같은 신경전달물질이 감소한다.

④ 새로운 정보에 적응하고 재구성하는 뇌의 능력인 신경가소성이 감소하면서 학습과 기

억에 영향을 미친다.

⑤ 시력, 청력, 미각, 후각과 같은 감각의 변화로 인해 일상생활에 많은 영향을 미친다.

⑥ 신경퇴행성 질환으로 인해 신경 세포가 점진적으로 손실되면서 인지 및 운동 장애가 나타난다.

**생물학적 노화로 인해 발생하는 신경계 질환**

○ 알츠하이머 병(Alzheimer's disease)

- 기억 상실, 인지 저하, 행동 변화를 특징으로 하는 진행성 신경퇴행성 장애로 노인성 치매의 가장 흔한 원인이 되는 질환이다.
- 대화를 할 때 단어선택의 어려움, 사고력 결함, 지시사항에 대한 부적절한 대응이 나타나면서 대화를 할 수 있는 능력을 점차적으로 상실하기 때문에 스스로를 통제하거나 보호할 수 없는 상태에 이르게 된다.
- 알츠하이머의 정확한 발병 기전과 원인에 대해서는 정확하게 알려져 있지는 않지만 유전적 원인과 비정상적인 단백질(베타 아밀로이드, 타우 단백질)의 축적이 주요 원인으로 알려져 있다.
- 대표적인 증상으로는 기억 상실, 성격 변화, 언어 사용 문제, 지남력 상실, 일상생활에서의 과업 수행 어려움, 부적절한 행동 등이 있다.

○ 파킨슨 병(Parkinson's disease)

- 뇌간의 중앙에 위치하는 흑색질의 도파민계 신경이 파괴되면서 운동의 장애를 유발하는 신경퇴행성 질환이다. 몸을 정교하게 움직일 수 있도록 하는 신경전달계 물질인 도파민계 신경이 60~80% 소실된 후 명확하게 나타나며 나이가 들수록 발병률이 증가한다는 특징이 있다.
- 대부분 특발성으로 나타나는 파킨슨 병을 유발하는 주요 원인이 명확하게 밝혀지지 않았지만 환경적 요인(살충제, 일산화탄소, 독소 노출, 두부 손상 등)이 큰 영향을 미치는 것으로 알려져 있다.
- 대표적인 증상으로는 손 떨림, 느린 행동, 근육 경직, 상체 기울어짐, 자세 불안정 등이 있다.

○ 근위축성 측삭 경화증(Amyotrophic lateral sclerosis)

- 수의근을 제어하는 운동신경세포가 점점 파괴되면서 근육이 딱딱해지고 경련을 일으키며 점차적으로 약해지는 질환으로, 루게릭병(Lougehrig's disease)이라고 불린다. 초기에는 손, 손가락, 다리의 근육이 약해지고 말하거나 음식물을 삼키는 것도 어려워지며 이러한 증세가 점점 심해진다.
- 근위축성 측삭 경화증의 발병 원인은 명확하게 밝혀지지 않았으며 유전적 문제, 산화독성, 단백질 항상성 장애 등 여러 가설들이 제기되고 있다.
- 대표적인 증상으로는 젓가락을 집기나 무거운 물건 들기 어려움, 피로감, 손과 발의 부종, 근육 통증, 근육 가늘어짐, 편마비, 언어장애, 연하장애 등이 있다.

○ 혈관성 치매(Vascular dementia)

- 뇌혈관 질환이 원인이 되어 뇌의 혈액 공급에 문제가 발생하면서 뇌세포가 손상되어 나타나는 치매이다. 갑자기 발생하거나 급격히 상태가 악화되는 경우가 많으며 알츠하이머 병에 의한 치매와는 달리 신경학적 증상을 동반한다.
- 혈관성 치매를 유발하는 주요 원인으로는 고혈압, 흡연, 심근경색, 심방세동, 당뇨병, 고콜레스트롤 혈증 등이 있다.
- 대표적인 증상으로는 기억력 감퇴, 불안, 연하곤란, 경직, 기억장애, 피해망상, 안면 신경마비, 자세 불안정, 사지 경직, 보행장애 등이 있으며, 심한 경우 요실금, 낙상, 욕창, 폐렴 등과 같은 합병증이 발생하기도 한다.

○ 정상압수두증(Normal pressure hydrocephalus)

- 뇌와 척수 안에 있는 뇌척수액의 양이 과도하게 증가하면서 운동, 인지, 배뇨기능을 조절하는 중추를 압박하고 있지만 압력은 정상 범위에 있는 질환으로, 70세 이상의 노인 100명 중 2명에게 나타나고 있다.
- 정상압수두증을 유발하는 주요 원인으로는 수막염, 뇌염, 두부 외상, 지주막하 출혈 등이 있다.
- 대표적인 증상으로는 인지기능 저하, 보행장애, 요실금 등이 있다.

○ 헌팅턴 병(Huntington's disease)

- 헌팅턴 유전자에 돌연변이가 생겨 발생하는 유전성 및 퇴행성 신경계 질환이다. 자신이 의도하지 않은 움직임을 하는 무도병(Chorea) 증상이 나타나고 치매가 함께 수반되기 때문에 신체적·정신적으로는 무능력 상태에 이르면서 사망하게 된다.
- 헌팅턴 병을 유발하는 주요 원인은 세 개의 염기서열(CAG)의 반복이 비정상적으로 증가하는 유전자 변이로 50%의 확률로 자손에게 유전된다.
- 대표적인 증상으로는 불수의적 움직임, 비정상적인 걸음걸이, 연하곤란, 인지 장애, 성격 장애 등이 있다.

### 3.2.8 면역계

면역계(Immune system)는 외부에서 체내에 침입한 바이러스나 세균 등을 인식하여 제거하는 생체방어시스템으로 감염과 질병으로부터 우리 몸을 보호하는 중요한 역할을 한다. 면역계의 주요 장기로는 골수(Bone marrow), 흉선(Thymus), 비장(Spleen), 림프절(Limph nodes), 인두(Adenoids), 편도(Tonsil), 맹장(Appendix), 파이어판(Peyer's patch)이 있다.

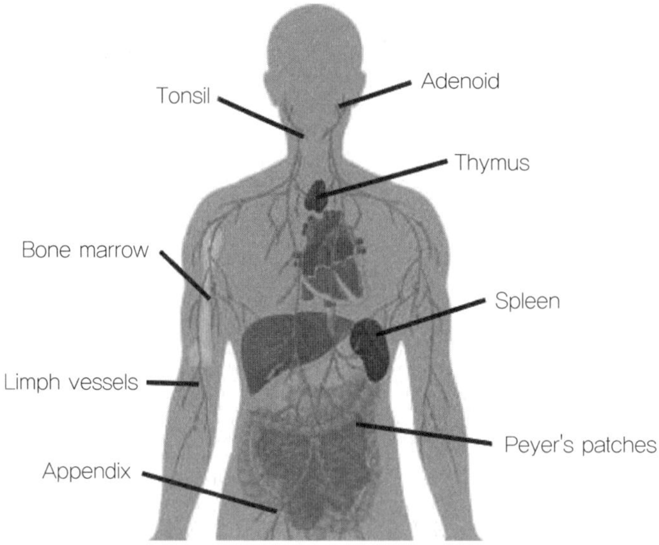


[그림 3-7] 면역계

면역 체계는 병원체에 대한 즉각적이면서도 비특이적인 신체의 첫 번째 방어인 선천 면역과 병원체에 대한 노출에 반응하여 시간이 지남에 따라 발달하는 방어 메커니즘인 적응 면역(Adaptative immunity) 또는 후천 면역(Acquired immunity)으로 구분할 수 있다.

[표 3-14] 면역 체계 유형 및 구성

| 유형 | 구성 |
|---|---|
| 선천 면역 | - 물리적 장벽: 피부, 점막, 호흡기 섬모<br>- 식세포: 호중구, 대식세포<br>- 자연 살해 세포: 비정상적인 세포 인식 및 살해<br>- 염증 반응: 감염 부위로의 면역 세포 모집 및 치유 촉진 |
| 적응 면역 | - T 세포: 면역 반응 조절<br>- B 림프구: 단백질 항체 생성<br>- 항체: 병원체 중화<br>- 주요 조직 적합성 복합체: T 세포의 특정 병원체 인식 및 반응 보조<br>- 면역학적 기억: 이전에 병원균과의 접촉을 기억해 빠르게 반응 |

### 생물학적 노화가 면역계에 미치는 영향

① 면역 세포를 생성하는 골수의 효율성이 떨어지면서 백혈구와 같이 혈류에서 순환하는 면역 세포의 수가 감소한다.

② T 림프구 발달에 중요한 역할을 하는 흉선이 수축되면서 세포 매개 면역에 필수적인 새로운 T 세포의 생성을 감소시킨다. 또한, 세포독성 T 세포와 보조 T 세포의 기능적 변화가 나타나 병원체를 인식하고 반응하는 능력과 면역반응 효과가 크게 감소한다.

③ 항체 생성을 담당하는 B 세포의 반응성이 떨어지면서 감염에 대한 강력한 항체 반응이 생성되지 않는다.

④ 염증이 자주 발생하는 면역 활성화 상태가 지속되어 면역 조절 장애를 유발하기 때문에 자가면역 질환 및 만성 염증성 질환 발생 위험이 크게 증가한다.

⑤ 조직 손상에 반응하고 상처 치유를 촉진하는 면역체계 능력이 손상되어 치유가 지연되고 합병증 위험이 높아진다.

### 생물학적 노화로 인해 발생하는 면역계 질환

○ 결핵(Tuberculosis)

- 결핵균이라는 세균에 의한 공기 매개성 감염 질환으로 주로 폐에 감염을 일으키는 폐결핵이 대부분을 차지하지만 우리 몸속에 있는 대부분의 조직이나 장기에서도 발생할 수 있다.
- 결핵균이 몸속에 침입하여 감염된 상태를 1차 결핵 상태라고 하며 증상이 없는 잠복 상태로 있다가 몸의 면역체계가 약해졌을 때 활동성 결핵이 유발되는 2차 결핵이 발생한다.
- 결핵을 유발하는 주요 원인은 결핵균이다.
- 대표적인 증상으로는 발열, 기침, 가래, 소화불량, 식욕부진, 집중력 소실, 신경과민, 객혈, 전신 무력감, 체중감소 등이 있다.

○ 주폐포자충 폐렴(Pneumocystis pneumonia)

- 전 세계적으로 널리 퍼져있는 주폐포자충이라는 일종의 기생충에 의해 폐에서 염증이 발생하는 질환이다.
- 에이즈 환자나 항암 화학요법 중인 환자와 같이 면역력이 저하된 환자에게만 주로 증상이 나타난다.
- 대표적인 증상으로는 기침, 발열, 갑작스러운 호흡 곤란, 객담이 없는 기침, 체중 감

소 등이 있다.

○ 자가면역 질환(Autoimmune disease)

- 바이러스, 이물질, 세균 등과 같은 외부 항원으로부터 내 몸을 지켜주는 면역세포가 인체 내부의 정상세포를 해롭게 인식하고 공격하는 질환이다. 남성에 비해 여성에게서 4배 정도 더 많이 발생한다.
- 췌장, 부신 등의 내분비기관, 적혈구, 피부, 근육, 관절 등 인체의 모든 장기와 조직에서 나타날 수 있다.
- 자가면역 질환을 유발하는 정확한 원인은 현재까지 밝혀지지 않았지만 생활습관, 호르몬, 스트레스 등이 주요한 원인으로 알려져 있다.
- 대표적인 증상으로는 피로감, 피부 질환, 수면 장애, 우울증, 감각 이상, 식욕 및 체중 변화, 소화 장애, 기억력 감퇴 등이 있다.

○ 면역결핍 질환(Immunodeficiency disease)

- 면역계를 구성하는 요소 일부가 결손되거나 기능에 장애가 나타나면서 발생하는 질환이다.
- 선천적으로 발생하는 1차 면역결핍 질환(원발성)과 면역 기능이 정상인 사람이 어떠한 질병으로 인해 면역 기능에 결함이 생기는 2차 면역결핍 질환(속발성)으로 분류할 수 있다.
- 1차 면역결핍 질환은 유전적 요인, 2차 면역결핍 질환은 노화, 당뇨병, 암, 중증 질환, 약물(면역 저하제), 영양결핍 등으로 인해 발생한다.

○ 대상포진(Herpes zoster)

- 피부에 물집을 동반한 줄무늬 모양의 발진 및 수포와 함께 통증이 동반되는 바이러스성 질환이다.
- 여름철 무더위로 체력과 면역력이 떨어진 고령자에게 많이 발생할 수 있다.
- 대상포진을 유발하는 주요 원인으로는 노화, 약물(면역 저하제), 장기이식, 에이즈, 스트레스 등이 있다.

- 대표적인 증상으로는 엉덩이, 얼굴, 팔, 다리 등에서의 극심한 통증, 열, 두통 등이 있다.

### 3.2.9 내분비계

내분비계(Endocrine system)는 인체의 기능을 조절하고 통제하는 각종 호르몬을 생성하고 분비하여 체내 항상성 유지, 외부자극에 대한 반응, 성장, 발육, 생식에 대한 조절 등과 같은 다양한 기능을 수행하는 역할을 한다. 신체 내 여러 곳에 산재해 있으며 분비된 호르몬은 특정한 기관에서 작용을 한다. 내분비기관은 뇌하수체(Pituitary gland), 송과선(Pineal gland), 갑상선(Thyroid gland), 부갑상선(Parathyroid gland), 부신(Adrenal gland), 췌장(Pancreas), 정소(Testicle), 난소(Ovary)가 있다.

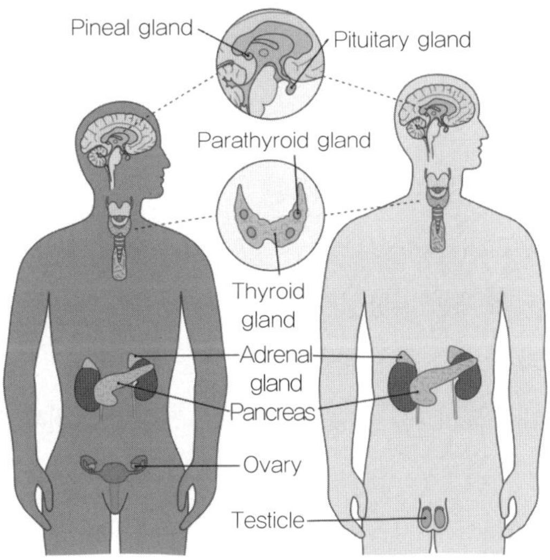


(출처: OpenStax & Tomáš Kebert & umimeto.org, CC BY-SA 4.0 via Wikimedia Commons)

[그림 3-8] 내분비계

#### 생물학적 노화가 내분비계에 미치는 영향

① 신진대사를 조절하는데 중요한 역할을 하는 갑상선 호르몬 생산이 감소하면서 발생하는 갑상선 기능 저하증으로 인해 피로감을 많이 느끼고 체중이 증가할 뿐만 아니라 추

위를 많이 느끼는 불내증이 나타난다.

② 스트레스를 받을 때 분비량이 증가하는 스트레스 호르몬인 코티솔로 인해 혈당과 혈압이 상승하면서 노화와 질병이 촉진된다.

③ 남성과 여성의 성호르몬 생산이 감소한다. 남성의 경우 테스토스테론 수치가 낮아지면서 성욕, 근육량, 골밀도가 감소하며, 여성의 경우 폐경기로 인해 수치가 낮아진 에스트로겐과 프로게스테론으로 인해 안면 홍조, 감정 변화, 뼈 손실과 같은 증상이 나타난다.

④ 인슐린을 생산하고 조절하는 췌장의 능력에 영향을 미쳐 인슐린 저항성과 제2형 당뇨병 발생 위험을 증가시킨다. 이로 인해 혈당 수치가 상승하고 대사 합병증이 발생할 수 있다.

⑤ 혈액 내 칼슘 수치를 조절하는 부갑상선 호르몬의 변화가 칼슘 대사의 불균형을 초래하여 뼈 건강에 영향을 준다.

⑥ 신체의 많은 호르몬 방출을 조절하는 뇌하수체 기능이 감소하면서 다른 내분비선의 기능에도 영향을 미치게 된다.

### 생물학적 노화로 인해 발생하는 내분비계 질환

○ 제2형 당뇨병(Type 2 diabetes)

- 신체 세포의 인슐린에 대한 저항성이 커져 효과적으로 반응하지 않아 췌장에서의 인슐린 생산에 장애가 발생하면서 혈당이 올라가는 복잡한 만성 질환이다.
- 한국인 당뇨병의 대부분이 제2형 당뇨병으로 유전적인 요인과 환경적인 요인이 함께 작용하여 발생한다.
- 제2형 당뇨병을 유발하는 유전적 요인으로는 가족 내에서 당뇨병이 있는 경우 발생 위험이 상당히 높으며, 환경적 요인으로는 노화, 비만, 운동부족, 스트레스, 임신성 당뇨병, 고혈압, 생활습관, 약물 등이 있다.
- 대표적인 증상으로는 다뇨, 다식, 체중감소, 체력저하, 무기력, 방광염, 전신 가려움증 등이 있으며, 합병증이 발생하는 경우 망막병증, 신경병증, 신장병증, 뇌졸중, 협심증, 심근경색증 등이 발생할 수 있다.

○ 갑상선 기능 저하증(Hypothyroidism)

- 우리 몸의 대사 속도를 조절하는 갑상선 호르몬이 충분하게 생성되지 않아 체내 갑상선 호르몬 농도가 저하되거나 결핍되는 질환이다.
- 갑상선 자체의 이상으로 인한 일차성 갑상선 기능 저하증과 갑상선 자극 호르몬을 분비하는 뇌하수체 이상으로 인한 이차성(중추성) 갑상선 기능 저하증으로 분류할 수 있다.
- 갑상선 기능 저하증을 유발하는 주요 원인으로는 갑상선 수술, 방사성 요오드 치료, 자가 면역질환, 선천적 갑상선 결함, 바이러스 감염 등이 있다.
- 대표적인 증상으로는 피로, 체중 증가, 추위에 대한 불내증, 건조한 피부, 변비, 우울증, 근육 약화 등이다.

○ 갑상선 기능 항진증(Hyperhyroidism)

- 우리 몸의 대사 속도를 조절하는 갑상선 호르몬이 정상보다 과도하게 분비되면서 에너지 소모가 증가하고 많은 기능이 항진되는 질환으로, 남성에 비해 여성의 발생 비율이 3~4배 더 높다.
- 갑상선 기능 항진증을 유발하는 주요 원인으로는 자가면역 질환인 그레이브스병, 중독성 다결절 갑상선종, 중독성 갑상선 결절, 갑상선염, 바이러스 감염 등이 있다.
- 대표적인 증상으로는 심박수 증가, 혈압 이상, 숨찬 증상, 감정변화, 불면증, 체중 감소, 설사, 변비, 건조한 피부, 탈모 등이 있다.

○ 애디슨병(Addison's disease)

- 부신피질에서 생산되어 몸이 스트레스에 대항하는데 도움을 주는 스테로이드 호르몬인 코티솔과 알도스테론 생산에 이상이 생기면서 발생하는 질환으로, 부신 기능부전이라고 불린다.
- 애디슨병을 유발하는 주요 원인으로는 자가 면역질환, 암 전이, 유전적 요인, 감염, 수술 등이 있다.
- 대표적인 증상으로는 식욕 저하, 체중 감소, 어지러움, 통증, 성욕 감소, 구토, 무기력감, 피로, 탈모, 몸에 생기는 하얀 반점, 입 안의 갈색 반점 등이 있다.

# 3.3 심리적 노화

신체적 노화에 따라 나타나는 심리적 변화는 고령자의 인지기능, 정서, 성격, 사회적 관계 등에 영향을 미치게 된다. 이 절에서는 심리적 노화의 개념 및 특성으로 인해 나타나는 변화와 질환에 대해서 살펴보자.

**단원 학습목표**

- 심리적 노화로 인해 나타나는 인지기능 및 정서적 변화를 이해한다.
- 심리적 노화로 인한 변화와 그로 인해 유발되는 다양한 질환이 무엇인지 알아본다.

## 3.3.1 심리적 노화의 개념

심리적 노화(Psychological aging)란 축적된 생활 습관이나 경험에 따른 행동, 일상의 모든 행위에 필요한 감각 및 지각, 현재 주어진 환경과 상호작용하는 방법인 지적 기능, 가족 및 세대 간 갈등이 시간이 경과함에 따라 변화해 가는 노화이다. 그 유형이 각각 다르고 매우 개별적이기 때문에 모든 노인이 동일한 변화를 경험하지 않는다는 특징이 있다. 심리적 노화는 고령자의 인지기능과 정서적 변화를 유발한다. 인지기능의 변화는 기억력, 문제해결 및 의사결정력, 집중력, 의사소통 능력, 정서적 변화는 우울증, 불안, 외로움, 사별로 인한 슬픔, 건강 관련 스트레스, 독립성 상실로 인해 발생한다.

[표 3-15] 고령자의 인지기능과 정서적 변화에 영향을 미치는 위험요인

| 위험요인 | 변수 | |
|---|---|---|
| 사회 인구학적 요인 | 연령 | 청년/중년/노인 |
| | 성별 | 남/여 |
| | 교육정도 | 무학/초등학교/중학교/고등학교/전문대학/대학교 |
| | 종교 | 유/무 |
| | 결혼유무 | 기혼/미혼 |
| | 수입 | 가구소득 |

| | | |
|---|---|---|
| 신체적 요인 | 일상생활활동 | 옷 갈아입기, 세수/양치/머리감기, 목욕/샤워, 식사, 방 밖으로 나가기, 화장실 이용, 대소변 조절 |
| | 도구적 일상생활활동 | 몸단장, 집안일, 식사준비, 빨래, 교통수단 이용, 금전관리, 전화사용, 물건사기, 근거리 외출, 약 챙겨먹기 |
| | 만성실환 수 | 고혈압, 당뇨, 암, 만성 폐질환, 간질한, 심장질환, 뇌혈관 질환, 정신과적 질환, 관절염 및 류마티스 |
| | 운동여부 | 정기적인 운동 유/무 |
| | 주관적 건강 | 주관적으로 인지하는 건강상태 |
| 사회적 요인 | 참여모임 수 | 종교모임, 여가·문화·스포츠 활동, 친목모임, 자원봉사 등 |
| | 사교횟수 | 친구·친척·이웃과의 만남 횟수 |

### 3.3.2 심리적 노화로 인한 변화

심리적 노화는 고령자의 기억력, 의사결정력, 의사소통능력에 영향을 미칠 수 있다.

#### 기억력

기억력(Memory)이란 다양한 경험이나 학습을 통해 정보를 획득하고 저장하는 능력이다. 기억은 그 특성에 따라 크게 단기 기억(Short-term memory)과 장기 기억(Long-term memory)으로 구분한다. 세부적으로 살펴보면 단기 기억은 감각 기억(Sensory memory)과 작업 기억(Working memory), 장기 기억은 의미 기억(Semantic memory)과 일화 기억(Episodic memory)을 포함한 명시적 기억(Explicit memory), 절차 기억(Procedural memory)과 정서 기억(Emotional memory)을 포함한 암묵적 기억(Implicit memory)으로 분류할 수 있다.

[표 3-16] 기억 특성에 따른 분류

| 특성 | | | 내용 |
|---|---|---|---|
| 단기 기억 | 감각 기억 | | - 감각기관(시각, 청각, 후각, 미각, 촉각)을 통해 저장되는 기억<br>- 주의를 기울인 정보가 짧은 시간 동안 정확하게 기록되는 기억 |
| | 작업 기억 | | - 감각기관으로부터 들어오는 정보의 일시적인 유지 및 기억<br>- 각종 인지적 과정(이해, 판단 등)에 대한 계획 및 수행을 위한 기억 |
| 장기 기억 | 명시적 기억 | 의미 기억 | - 우리가 떠올려 말로 설명할 수 있는 일반적인 지식<br>- 경험을 배제한 단순한 사실이나 개념에 대한 기억 |
| | | 일화 기억 | - 일상에서 발생하는 경험과 특정 사건에 대한 기억<br>- 내가 언제 무엇을 했고 누구와 있었고 무엇을 먹었는지에 대한 기억 |
| | 암묵적 기억 | 절차 기억 | - 반복과 연습을 통해 습득되어 무의식중에 반응을 일으키는 내재된 기억<br>- 반사적인 행동으로 운동능력과 많은 연관이 있는 기억 |
| | | 정서 기억 | - 어떤 사건과 연관된 정서적 경험(기쁨, 슬픔, 고통 등)에 대한 기억<br>- 비슷한 상황에 마주했을 때 감정도 함께 인출되는 기억 |

○ 고령자의 기억력

- 고령자에게 나타나는 기억력 감퇴는 가장 일반적인 인지기능의 변화로 자연스러운 노화과정 중 하나라고 할 수 있다.
- 노화로 인해 신경세포의 수가 감소하면서 대뇌의 크기 또한 작아지기 때문에 잔존하는 신경세포의 기능이 젊었을 적에 비해 떨어지게 된다.
- 직장에서 은퇴 후 체력 저하로 인해 활동량이 감소하고 홀로 지내는 시간이 많아지면서 느끼는 소외감 및 외로움, 얼마 남지 않은 죽음에 대한 두려움 등으로 인한 심리적 위축은 고령자의 기억력을 더욱 떨어지게 만드는 주요 원인이 된다.

○ 심리적 노화가 기억력에 미치는 영향

- 노화로 인해 고령자의 약 50% 정도가 주관적으로 기억력 장애를 호소하게 된다. 기억력 장애에서 가장 흔하게 나타나는 유형으로는 어떤 사물의 이름이 즉각적으로 잘 떠오르지 않는 유형, 적절한 단어가 생각나지 않는 유형, 물건을 어느 곳에 두었는지 잘 생각나지 않는 유형, 집중력 곤란을 나타내는 유형이 있다.
- 미국 국립정신보건연구소인 NIMH(National Institute of Mental Health)에서 사용하는 기억력 장애 진단기준은 다음과 같다.

[표 3-17] 기억력 장애 진단기준

1. 연령 : 50세 이상임.
2. 일상생활에 지장을 초래할 정도의 기억력장애이며, 점진적으로 서서히 나타남.
3. 표준화된 2차기억 검사에서 젊은 성인 평균치보다 적어도 1SD 이하임.
4. Wechsler 성인 지능검사에서 전체 지능은 정상소견을 보임.
5. MMSE 점수가 24 이상으로 치매 증상은 없음.
6. 인지기능에 영향을 미칠 수 있는 내과적 질환, 우울증, 뇌경색, 두부 외상, 약물이나 알코올 남용, 향정신의약품의 최근 사용 등이 배제되어야 함.

- 기억력 장애에서 장기 기억이 노화에 영향을 많이 받는 것으로 보고되었으며, 새로운 정보를 기억으로 부호화하는 과정, 장기간 저장하는 능력, 이 후에 회상하는 능력 모두 감퇴하는 것으로 알려져 있다.
- 또한, 언어적 기억에 비해 비언어적 기억이 더욱 영향을 받기 때문에 숫자 따라 외우기, 일반상식, 어휘능력은 잘 보존되는 반면 삽화기억, 원천기억, 집행능력의 저하가 현저히 나타나게 된다.

## 의사결정력

의사결정력(Decision making ability)은 발생한 문제를 올바르게 인식하고 그것을 해결하기 위해 개인의 인식과 사고과정을 기반으로 의미 있는 어떤 결정을 하는 능력이다. 문제해결을 위한 의사결정 과정 단계의 개념적 구조는 다음과 같다.

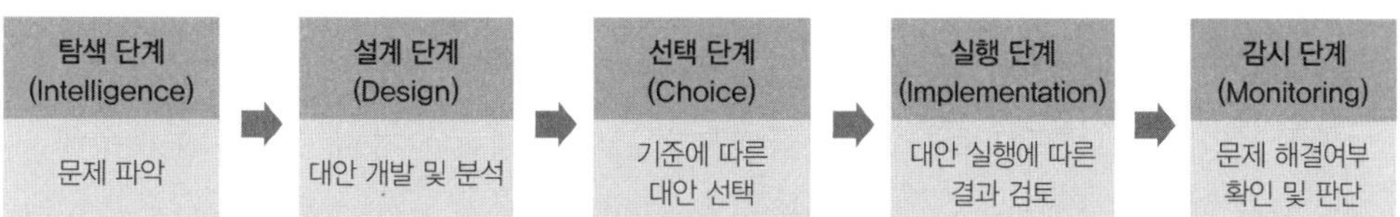


[그림 3-9] 의사결정 과정 단계

○ 고령자의 의사결정력

- 고령자는 의사결정을 다른 사람에게 위임하거나 일정을 다른 날로 연기하는 회피 경

향이 있다.

- 또한, 감정을 활용하는 경향이 있어 본인에게 친숙할 뿐만 아니라 주관적으로 중요하다고 생각하는 정보를 더 선호한다.

○ 심리적 노화가 의사결정에 미치는 영향

- 노화로 인해 인지속도가 저하되고 추상적으로 사고하는 유동적 지능이 감소함에 따라 복잡한 문제를 해결하고 효율적으로 결정을 내리는 의사결정력이 크게 영향을 받는다. 특히, 기능쇠퇴와 장애가 고령자의 독립성을 상실시킬 경우 의사결정력을 더욱 심각하게 제한될 수 있다.
- 과거에는 쉽게 해결했었던 생존과 관련된 기본적 활동뿐만 아니라 대외적 활동을 스스로 해결하지 못하는 상황에 직면했을 때 통제력과 독립성을 상실했다고 느끼면서 큰 좌절감을 경험하게 된다.
- 노년기에 재산 처리와 관련된 법적 문제가 발생할 경우 고령자의 의사결정력이 가장 큰 쟁점이 되는데, 이러한 의사결정 상황에서는 사회문화적 요인, 가족의 관계, 의사결정에 손상을 일으키는 질환 정도 등이 영향을 미칠 수 있다.

### 의사소통능력

의사소통능력(Communication skills)은 자신의 생각과 감정을 듣는 사람에게 언어로 표현하는 능력으로, 일상생활에서 정보를 전달하고 원만한 인간관계를 형성하는데 기반이 되는 상호교환 과정이라고 할 수 있다.

○ 고령자의 의사소통능력

- 정상적인 의사소통을 위해서는 청력이 매우 중요한데 고령자의 경우 고주파수에 해당되는 소리(여자의 말)와 'ㅅ'이나 'ㅈ'이 들어간 단어를 듣기 어려워하는 경향이 있다.
- 또한, 한 문장 안에 너무 많은 정보들이 포함된 경우 이러한 내용을 한 번에 처리하지 못해 잘못 이해하는 경우가 발생하기도 한다.
- 일상생활에서 자주 사용하던 단어, 구입한 물건의 상표 이름, 지인의 이름 등이 기억나지 않아 답답해하는 경우도 많다.

○ 심리적 노화가 의사소통능력에 미치는 영향

- 노화로 인한 언어, 말하기, 청각 등 다양한 기능의 감소는 고령자의 의사소통능력에 많은 영향을 미칠 수 있다.
- 의사소통능력의 감소로 올바른 단어를 찾아 유창한 대화를 유지하고 복잡한 언어를 이해하는데 어려움을 겪게 될 경우 좌절감, 당혹감, 사회적 위축이 나타나면서 대화에 참여하려는 경향이 점차 줄어들어 고립감을 느끼게 된다.
- 노화로 인한 의사표현능력의 감소는 다양한 노인성 질환을 치료하고 간병할 때도 영향을 미치기 때문에 고령자와의 효과적인 의사소통은 매우 중요하다고 볼 수 있다.
- 고령자와의 의사소통을 통해 주변 가족, 친구, 간병인 등이 적절하고 필요한 돌봄을 제공할 수 있기 때문에 상황을 고려해 다양한 방법이나 전문가와의 협력을 기반으로 원활한 의사소통을 이어나갈 수 있도록 노력해야 한다.
- 고령자와의 원활한 의사소통을 위한 기본원칙은 다음과 같다.

**[표 3-17] 고령자와의 원활한 의사소통을 위한 기본원칙**

| | 의사소통 원칙 | 내용 |
|---|---|---|
| 1 | 간단하고 명료하게 의사를 전달해야 한다. | 복잡하고 긴 내용을 한 가지씩 구분하여 쉬운 표현으로 얘기해야 한다. |
| 2 | 편안하고 조용한 환경을 조성해야 한다. | 긴장하지 않도록 주변이 시끄럽지 않은 편안하고 차분한 환경을 만들어줘야 한다. |
| 3 | 비언어적 방법을 함께 사용해야 한다. | 대화 시 표정, 행동, 적절한 몸짓으로 고령자에게 관심을 기울이고 있음을 보여줘야 한다. |
| 4 | 청력저하를 고려해 대화를 진행해야 한다. | 청력이 좋지 않은 고령자의 경우 낮은 목소리 톤으로 크고 정확하게 말해야 한다. |
| 5 | 마음이 상처받지 않도록 배려해야 한다. | 본인의 의사를 잘 표현하지 못할 때 격려하며 끈기 있게 기다려줘야 한다. |

## 3.3.3 심리적 노화로 인한 질환

### 우울증

[그림 3-10] 우울증

우울증(Depression)은 다양한 정신적 스트레스로 인해 의욕 저하와 우울감이 지속되는 상태로, 슬픔, 절망, 낮은 자존감, 활동력 감소 등 다양한 신체적·심리적·사회적 증상을 유발하여 일상기능의 저하를 가져온다.

○ 우울증이 고령자에게 미치는 영향

- 노년기에는 신체적·정신적 기능의 저하, 배우자 상실, 은퇴, 자녀와의 분리 등과 같은 부정적인 사건을 경험하기 때문에 타 연령대에 비해 우울증에 취약하며 극복하는데 있어 많은 어려움을 보인다.
- 우울증이 심해진 경우 모든 것에 흥미나 즐거움을 잃을 뿐만 아니라 감정이 쉽게 격앙되어 자신이 존재가치가 없다고 느끼기 때문에 자살이나 사망에 이르게 하는 주된 원인이 되기도 한다.
- 우울증으로 인해 고령자에게 나타날 수 있는 변화로는 신체적 변화, 사고의 변화, 기분 변화, 행동 변화가 있다.

[표 3-18] 노화로 인한 우울증이 미치는 영향

| 증상 | 내용 |
|---|---|
| 신체적 변화 | - 식욕의 변화로 인한 체중 감소 또는 증가<br>- 수면 패턴의 변화(늦잠, 불면증 등)<br>- 활력 감소 및 피로감 호소<br>- 알 수 없으며 개선되지 않는 통증 |

| | |
|---|---|
| 사고의 변화 | - 부정적 생각에 대한 집착<br>- 실패감과 무능력으로 인한 자신감 감소<br>- 자신에 대한 혹독한 비난<br>- 자살 충동 |
| 기분 변화 | - 좋아하던 활동에 대한 관심 감소<br>- 절망감이나 염세주의적 생각<br>- 죄책감, 무가치함, 무력감<br>- 짜증, 초조함 |
| 행동 변화 | - 집안일 및 청구서 납부 등에 소홀한 책무<br>- 신체 활동 및 운동량 감소<br>- 위생 유지 및 꾸미기 등의 자기 관리 활동량 감소<br>- 알코올 섭취량 증가 및 약물 남용 |

○ 우울증 발생의 주요 원인

- 우울증을 유발하는 주요 원인으로는 전두엽 기능 저하로 인한 실행기능 장애, 편도체 기능 이상, 해마 구조 변화, 노화 과정에 대한 부적응, 경제적 어려움, 은퇴, 사별, 이혼, 약물 남용 등이 있다.

### 불안

[그림 3-11] 불안

불안(Anxiety)은 마음이 편하지 않거나 스트레스를 받는 상황에서 경험할 수 있는 불쾌한 정서적 상태로, 빠른 숨, 가슴 두근거림, 땀 분비 증가, 두통, 소화 장애와 같은 신체적 반응과 함께 불쾌하고 모호한 두렴, 긴장, 불면, 우울감 등이 나타날 수 있다.

○ 불안이 고령자에게 미치는 영향

- 죽음 불안(Death anxiety)은 죽음에 대해 심리적으로 부정적 감정(공포, 혐오감, 거부,

파멸감, 부정 등)들이 유발되는 과정으로 죽음을 예측함으로서 야기되는 불안을 의미한다. 자기존재가 상실되는 두려움인 존재상실의 불안, 자신이 죽어가는 과정에서 나타나는 두려움인 죽음과정의 불안, 죽음 후의 두려움인 사후결과의 불안 등으로 구성된다.

- 평소 자신과 가까이 지냈던 사람들이 죽어가는 과정을 직접 목격하는 고령자들의 인지적 긴장을 높이는 스트레스의 원인이 되어 노년기 삶에 부정적인 영향을 미치는 요인이 된다. 대부분 죽음의 보편성은 인정하면서 이성적으로는 죽음을 받아들이지만 감정적으로 죽음을 인정하지 않는 양상을 보이기도 한다.
- 공황장애(Panic disorder)는 심한 불안 발작과 함께 여러 신체 증상들이 갑작스럽게 발생하는 불안장애의 일종으로 특별한 이유 없이 극도의 불안감과 함께 죽음에 이르거나 미칠 것 같은 극심한 공포심을 느끼게 된다. 이러한 현상은 평소 아픈 곳이 많은 고령자가 공황장애로 인해 나타나는 증상을 평소 앓고 있던 질환에 의한 증상이라고 생각하게 되면서 자각을 하지 못하기 때문에 발생한다. 공황장애는 다른 정신질환과 동반되는 경우가 많으며 계속되는 불안감을 달래기 위해 술과 같은 약물에 의존하는 경우가 많아진다.
- 공황발작(Panic attack)은 갑자기 가슴이 두근거리고 식은땀이 나며 숨이 막히면서 쓰러질 것 같은 느낌이 나타나는데 보통 10분 안에 증상이 최고조에 달하게 된다. 극도의 공포와 죽을 것 같은 느낌과 함께 20~30분 정도의 발작이 동반되기 때문에 언제 또 발작을 겪게 되지 않을까 하는 불안감이 지속되면서 위험하다고 생각되는 장소인 지하철, 버스, 엘리베이터를 피하게 된다.

○ 불안 발생의 주요 원인

- 불안을 유발하는 주요 원인으로는 성별, 종교, 건강수준, 나이, 경제수준, 교육수준 등이 있다.

### 외로움

외로움은 개인적 특성(내성적 성격, 수줍음 등)과 사회적 기술의 부족으로 인해 홀로 고립되면서 쓸쓸한 마음을 느끼는 상태이다.

○ 외로움이 고령자에게 미치는 영향

- 고령자는 외로움으로 인해 자기 자신에 대한 무가치함이나 공허함 등을 상대에게 이해받지 못한다고 느끼게 될 경우 자기 스스로를 비난하게 된다.
- 이로 인해 다른 사람에 대해 부정적인 감정을 가지게 되며 외로움을 느끼는 상태가 지속될 경우 자살 충동이 일어나기도 한다. 외로움의 유형은 다음과 같이 4가지로 분류할 수 있다.

[표 3-19] 외로움의 유형

| 유형 | 정의 | 특징 |
|---|---|---|
| 대인관계 기피형 | 다른 사람과 함께 있는 것을 불편하고 귀찮아하며 대인관계를 기피하는 유형 | - 대인관계가 무의미하다고 생각한다.<br>- 타인과 대화를 통해 교류하는 기회가 없다.<br>- 자기에게만 한정된 독단적인 생각을 한다.<br>- 타인의 생각이나 감정을 공감하지 못한다. |
| 대인관계 미숙형 | 사람을 사귀는 기술이 서툴러 친한 친구를 만들지 못하는 유형 | - 사람을 사귀는 기술이 서투르다.<br>- 다른 사람에게 무슨 말을 해야 할지 모른다.<br>- 말과 행동이 부적하거나 공격적이다.<br>- 먼저 말을 건네거나 접근하지 못한다. |
| 대인관계 피상형 | 겉으로는 대인관계가 원만하지만 절친한 친구는 없는 유형 | - 자신의 속마음을 잘 털어놓지 않는다.<br>- 감정을 쉽게 드러내지 않는다.<br>- 알고 있는 사람은 많지만 정작 고민이나 어려움을 상의할 사람이 없다. |
| 대인관계 중독형 | 다른 사람과의 관계에 지나치게 집착하고 의존하는 유형 | - 혼자 있으면 불안하고 허전해 한다.<br>- 늘 누군가와 함께 있으려고 애를 쓴다.<br>- 상대에게 지나친 기대를 가지지만 실제 관계에서 쉽게 실망하고 외로움을 느낀다. |

○ 외로움 발생의 주요 원인

- 빠르게 변하는 사회현상, 성장과정에서 습득하지 못한 대인관계 기술, 낮은 자존감 및 적대감으로 인한 대인관계의 어려움, 맞벌이 가정 및 1인 가족이 늘어나고 있는 문화적 환경과 같이 복합적인 원인으로 인해 발생한다.

## 3.4 사회적 노화

노년기로의 전환으로 인해 각 노인의 사회적 상황이 변화되는 사회적 노화가 나타나게 된다. 이 절에서는 사회적 노화의 주요 이론의 개념, 특징, 한계점에 대해서 살펴본다.

**단원 학습목표**

- 사회적 노화의 개념을 이해한다.
- 분리이론, 활동이론, 성공적 노화이론의 개념 및 특징을 파악하고 차이점을 이해한다.

### 3.4.1 사회적 노화의 개념

사회적 노화(Social aging)란 노년기에 사회적 관계망, 상호작용, 사회규범, 사회적 지위 및 역할이 변화하는 것을 의미한다. 사회적 관계망은 지역사회에서 가족, 친구, 배우자, 친척, 동료와의 접촉 빈도와 서로 도움을 주고받으며 발생하는 사회적 관계의 만족도 등을 포함하는 다차원적인 개념이다. 각 개인은 구성원과의 상호작용을 통해 삶에 중요한 영향을 미치는 관계망을 형성하고 이를 기반으로 자원, 재화, 서비스 등의 물질적, 도구적, 정서적 지지를 주고받는다.

빠른 고령화와 경제성장으로 인해 발생하는 세대 간 갈등이 점차 심각해지고 있다. 고령자를 생물학적 연령이나 노인이라는 인식을 바탕으로 편견, 고정관념, 차별의 형태로 나타내는 연령주의(Ageism) 지표를 통해 노인집단에 대한 사회구조적 차별을 측정한 결과 한국은 OECD 15개 국가 중 2위로 차별 수준이 높은 것으로 나타났다. 특히, 고용영역에서 나이가 들어서도 일할 가능성이 높은 동시에 경제수준은 가장 어렵다는 특징을 보였다.

이러한 결과를 통해 고령자가 일상생활에 대한 높은 만족도를 가지면서 사회활동에 적극적으로 참여할 수 있게 하려면 고령자에 대한 인식이 긍정적으로 변할 수 있는 사회적 기반이 반드시 마련되어야 한다는 것을 알 수 있다.

노년기에는 퇴직, 건강 악화, 배우자나 친구의 상실 등으로 인해 사회적 관계망 내에서 상호작용이 필요하지만 가족기능이 약화되고 공동체 사회가 와해되면서 고령자에 대한 지지가 전반적으로 축소하게 된다. 현재 고령층으로 유입되고 있는 베이비붐 세대의 경우 건강, 교육수준, 경제력 등이 더 높기 때문에 특정 연령층에 부여되거나 기대되는 역할과 행동에 대한 연령규범에 있어 사회, 문화, 복지, 고용, 산업 등을 포함한 융합적 관점에서 재논의가 필요한 상황이다.

### 3.4.2 분리이론

분리이론(Disengagement theory)은 고령자가 나이를 먹으면서 이전 역할에서 점차적으로 물러나거나 분리되는 것이 자연스러우면서도 정상적이며 보편적인 과정으로 정의한다.

노화에 의해 가정과 사회에서의 역할, 자신의 활동수준, 상호작용이 모두 감소하는데 이러한 사회적·직업적 대인관계 활동에서 수동적인 형태가 나타나는 것은 부정적인 결과가 아니라 노화 과정에 의한 자연스러운 결과이며, 고령자들이 자발적으로 물러날 때 다음 세대가 그 자리를 대신할 수 있다는 것을 기초로 하는 이론이다.

#### 분리이론의 주요 개념

① 나이가 들어감에 따라 개인과 사회 사이에 상호적인 분리 과정이 발생하는 것을 자연스럽게 받아들이는 것으로 여긴다.

② 고령자들은 다양한 활동이나 사람들과의 상호 작용을 통해 맡았던 사회적 지위 및 역할이 점차 감소할 것으로 생각한다.

③ 자신의 사회적 역할 및 책임을 젊은 세대에게 물려주는 것이 사회가 원활한 기능을 유지하는데 있어 필요한 것으로 간주한다.

④ 고령자는 노화 및 분리와 관련된 변화에 심리적으로 적응해야 한다.

⑤ 가족이나 가까운 친구들과 더욱 친밀하게 연결되면서 일정 수준의 사회 통합을 유지한다.

⑥ 사회적 역할과 책임이 젊은 세대로 이전되는 것이 허용되기 때문에 사회 구조의 연속성과 안정성이 보장되는 사회적 이점이 발생한다.

**분리이론의 특징**

① 노화로 인한 이탈은 누구나 경험하게 되는 피할 수 없는 자연스러운 것으로 쇠퇴나 병리적 징후를 의미하는 것은 아니다.

② 고령자들은 이전 역할에 대한 압박감과 책임에서 벗어나 자신의 행복과 개인적 이익에 집중할 수 있으며, 다음 세대가 보다 적극적인 역할을 수행할 수 있는 기회를 제공할 수 있기 때문에 사회적으로 유익하다.

③ 신체적 활력의 감퇴, 정년퇴직, 사회적 활동의 축소, 배우자의 죽음, 본인의 역할 상실을 경험한 고령자들이 생산적이며 경쟁적인 사회적 기대로부터 해방되면서 만족감을 높여줄 수 있다.

**분리이론의 한계점**

① 개인마다 다르게 경험하는 노화의 방식을 고려하지 않는다.

② 모든 노인들의 경험을 정확하게 설명하지 못하기 때문에 보편적으로 적용할 수 없다.

③ 고령자는 수동적이고 비생산적이라고 여기는 기존의 고정관념을 더욱 강화시킬 수 있다.

④ 스스로 은퇴를 결정하는 것이 아니라 사회의 제도를 통해 먼저 분리될 수 있다.

### 3.4.3 활동이론

활동이론(Activity theory)은 분리이론과 대조되는 사회 이론이다. 활동이론에서는 노화를 개인이 물리적·사회적 환경 변화에 지속적으로 적응하는 역동적인 과정으로 정의한다.

고령자의 삶의 만족도가 다양한 신체적·인지적·사회적 활동에 대한 참여 수준과 매우 밀접하게 연관되어 있다고 보기 때문에 성공적인 노화를 위해서는 목적의식을 유지하고 활동에 참여하는 것을 중요하게 여긴다. 즉, 적극적으로 활동하고 의미를 부여한 다양한 활동에 참여하는 고령자가 고립되거나 분리된 고령자에 비해 훨씬 더 높은 삶의 질을 유지하면서 더 긍정적인 노화 과정을 경험하게 된다는 이론이다.

#### 활동이론의 주요 개념

① 나이와 상관없이 개인이 직장이나 지역 사회에서 지속적으로 사회 활동을 유지할 경우 삶의 질이 더 높아질 수 있다.

② 고령자의 역할을 축소시키는 대신 신체적 또는 인지적 능력에 적합한 활동이 가능한 새로운 역할에 참여시켜야 한다.

③ 가족이나 친구와의 관계 유지 및 지역 사회로의 지속적 활동이 고령자의 목적의식과 행복을 유지시키는데 매우 중요한 역할을 한다.

④ 노화에 따른 변화를 수용할 수 있는 현실적 목표를 기반으로 보조 장치나 다른 사람에게 도움을 통한 행동을 수행함으로써 만족감과 성취감을 이끌어 낼 수 있다.

⑤ 개인마다 노화가 다르게 나타난다는 것을 인식함으로써 다양성을 인정하고 각 개인이 선호하는 것이나 필요한 것에 초점을 맞출 수 있도록 한다.

#### 활동이론의 특징

① 적극적으로 사는 것을 유용한 삶의 방식으로 간주하기 때문에 고령자가 삶을 살아가면서 다양한 활동에 참여하는 것을 중요하게 여긴다. 여기에서 말하는 활동에는 생산적인 활동(일, 자원봉사, 돌봄 등)과 여가 활동(취미, 사교 활동, 레크레이션 등)을 모두 포함한다.

② 개인의 활동 정도와 참여도가 높을수록 삶의 만족도 수준이 높아지기 때문에 의미 있는 활동으로의 계속적 참여가 목적의식과 행복감을 더욱 향상시킨다.

③ 노년기로 자연스러우면서도 원활하게 전환될 수 있도록 파트타임으로 일하거나 자원봉사를 계속함으로써 노년기에도 사회적 역할과 상호작용을 최대한 유지할 수 있도록 한다.

④ 가족, 친구, 지역사회 네트워크와의 연결을 유지함으로써 심리적으로 안정된 상태에서 사회적 역할을 수행할 수 있다.

#### 활동이론의 한계점

① 고령자의 다양한 경험이나 요구를 반영하지 않는다.

② 생산성과 일에 지나치게 초점을 맞춘다.

③ 은퇴 후 여가와 휴식을 중요하게 생각하는 고령자의 입장은 전혀 반영하지 않는다.

### 3.4.4 성공적 노화이론

성공적 노화이론(Successful aging theory)에서는 자연스러운 과정으로 여겨지는 정상 노화를 개인의 노력과 적절한 환경 통제를 통해 극복할 수 있다고 정의한다.

질병이나 장애에 관한 위험 수준을 낮추고 신체적·정신적 기능이 높은 수준으로 지속될 수 있도록 유지하면서 활기찬 인간관계 및 생산적 활동을 기반으로 삶에 대한 적극적 참여를 유지할 수 있다는 이론이다. 기존 연구를 통해 나타난 성공적 노화에 영향을 미치는 요소로는 성별, 연령, 결혼상태, 교육수준, 종교, 경제수준, 주관적 건강상태 및 신체 건강 등이 있다.

**성공적 노화이론의 주요 개념**

① 건강상에 문제가 발생하였을 때 효과적으로 관리하고 대처하여 노화와 관련된 질병 및 장애의 영향을 최소화해야 한다.

② 고령자가 독립성을 가지고 복지 혜택을 누리기 위해서는 신체적·정신적 기능을 높은 수준으로 계속 유지해야 한다.

③ 사회적 활동에 관한 적극적인 참여는 고령자의 목적의식과 삶의 만족도 향상에 크게 기여한다.

**성공적 노화이론의 특징**

① 건강한 생활방식과 규칙적인 운동으로 건강을 관리하고 꾸준한 인지 및 학습을 통해 뇌의 기능을 촉진하는 것을 중요시한다.

② 노화로 인한 건강, 사회적 역할, 생활환경 변화 등에 잘 적응하는 긍정적인 경험이 매우 중요하다.

③ 사회적 관계망, 가족의 구조 및 기능, 경제적 조건, 생산적 활동에 참여할 기회, 양질의 헬스케어, 주거환경 등의 역할이 강조된다.

### 성공적 노화이론의 한계점

① 각 나라마다 문화적 차이가 있기 때문에 성공적 노화에 관한 이론을 모두 적용하기가 어렵다.

② 사회적 위치, 경제적 조건, 의료 접근성, 생활환경 등과 같은 외부 요인의 영향을 고려하지 않는다.

③ 고령자가 독립성을 유지하는 것을 지나치게 강조하고 있어 잠재적으로 도움이 필요하거나 장기요양시설에 거주하는 고령자들을 위한 지원의 중요성을 인식하기 어렵다.

## 참고문헌


김귀분, 최연주 (2014). 노인의 사회적 요인(노인차별경험, 가족지지) 및 심리 정서적 요인(고독, 무력감)과 죽음불안 관계. Korean J Adult Nurs. vol. 26, no. 5, pp. 584-591.

김동배, 손의성 (2005). 한국노인의 우울 관련변이에 관한 메타분석. 한국노년학. vol. 25, no. 4, pp. 167-187.

김수근 (2017). 손과 손목의 건염과 건초염. 산업보건. vol. 348, pp. 35-51.

김승현, 신경호 (2001). 노인성 기억력장애의 신경생물학. 노인정신의학. vol. 5, no. 1, pp. 17-24.

김은표 (2021). 노인 연령 기준의 현황과 쟁점. 국회입법조사처.

남혜진, 이인숙 (2019). 노인의 주관적 연령과 건강과의 관련성 연구. 한국웰니스학회지. vol. 14, no. 1, pp. 125-139.

대한감염학회, 대한화학요법학회, 대한요로생식기감염학회, 대한임상미생물학회 (2011). 요로 감염 임상진료지침 권고안: 무증상 세균뇨, 단순 요로감염, 복잡성 요로감염, 세균성 전립선염. Infection and Chemotherapy. vol. 43, no. 1, pp. 1-25.

박경순, 박영란, 염유식 (2018). 주관적 연령이 노인의 건강에 미치는 영향. 사회복지정책. vol. 45, no. 4, pp. 207-228.

양옥남, 김혜경, 김미숙, 정순둘 (2009). 노인복지론. 공동체.

오승연 (2019). 사회적 노화와 건강: 성공적 노화를 위한 과제. 보험연구원.

저출산고령사회위원회 (2021). 연령차별을 넘어 다양한 세대가 공존하는 사회로. 4월7일. 보도자료.

정영민 (2016). 노인의 영적 안녕감이 삶의 질에 미치는 영향-죽음불안의 매개효과와 연금의 조절효과. 박사학위논문. 한세대학교.

차의과대학교(2017). 고령친화산업 R&D 중장기 로드맵 수립 연구보고서.

한송이, 윤순녕 (2015). 한국노인의 성공적 노화와 영향을 미치는 요인: 가족지지를 중심으로. 지역사회간호학회지, vol. 26, no. 4, pp. 372-379.

M. Diehl., H. Wahl., A. E. Barrett., A. F. Brothers., M. Miche., J. M. Montepare., G. J. Westerhof., S. Wurm. (2014). Awareness of aging: Theoretical considerations on an emerging concept. Developmental Review, vol. 34, no. 2, pp. 93-113.

Y. S. Jin. (2007). Antiaging and exercise. Journal of the Korean Medical Association, vol. 50, no. 3, pp. 240-251.

E. Protsenko., R. Yang., B. Nier., V. Reus., R. Hammamieh., R. Rampersaud., G. W. Y. Wu., C. M. Hough., E. Epel., A. A. Prather., M. Jett., A. Gautam., S. H. Mellon., O. M. Wolkowitz. (2021). "GrimAge," an epigenetic predictor of mortality, is accelerated in major depressive disorder. Transl Psychiatry. vol. 11, no. 1, p. 193.

G. J. Westerhof., E. Tulle. (2007). Meanings of ageing and old age: Discursive contexts, social attitudes and personal identities. In J. Bond, S. Peace, F. Dittmann-Kohli, & G. J. Westerhof (Eds), Ageing in Society: European perspectives on gerontology (pp. 235-254). Sgae Publications Ltd.

CHAPTER 4

# 고령친화산업

Age-Friendly Industry



---

전 세계적인 인구 고령화 추세로 인해 고령화를 산업의 기회요인으로 활용하는 고령친화산업에 대한 관심이 증가하고 있다.
이번 장에서는 고령친화산업의 개념 및 특성에 대한 이해와 구체적인 사례 중심의 국내·외 고령친화산업 현황 파악을 바탕으로 고령친화산업을 새로운 성장 동력으로 발전시킬 수 있는 방안을 살펴보고자 한다.

# 4.1 고령친화산업의 개념

고령친화산업은 의약품, 의료기기, 화장품, 정보기기, 금융자산서비스 등 다양한 산업 분야를 포괄하고 있으며 수요층이 고령자라는 점에서 기존의 산업과 차별성을 가지고 있다. 이 절에서는 고령친화산업 정의 및 필요성을 이해하고 분류체계에 맞게 제조·서비스업을 구분해보자.

**단원 학습목표**

- 고령친화산업의 정의와 필요성을 이해한다.
- 고령친화산업을 세부 산업별로 정의하고 제조·서비스업 분류체계에 따라 구분한다.

## 4.1.1 고령친화산업의 정의

고령친화산업은 고령자가 일상생활에서 건강한 삶을 영위하고 노화에 따른 수요를 충족할 수 있도록 지원하는 모든 산업이다. 추후 고령층으로 편입될 미래의 고령자를 반영한 제품 및 서비스 모두 고령친화산업의 범주에 속한다고 볼 수 있다. 고령친화산업은 '고령친화산업 진흥법' 제2조에 의거하여 다음과 같이 정의하고 있다.

[표 4-1] 고령친화산업 진흥법 제2조(정의) 및 동법 시행령 제2조(정의)

제2조(정의) 이 법에서 사용하는 용어의 정의는 다음과 같다.

1. "고령친화제품등"이라 함은 노인을 주요 수요자로 하는 제품 또는 서비스로서 다음 각 목의 어느 하나에 해당하는 것을 말한다.
   가. 노인이 주로 사용하거나 착용하는 용구·용품 또는 의료기기
   나. 노인이 주로 거주 또는 이용하는 주택 그 밖의 시설
   다. 노인요양 서비스
   라. 노인을 위한 금융·자산관리 서비스
   마. 노인을 위한 정보기기 및 서비스
   바. 노인을 위한 여가·관광·문화 또는 건강지원서비스
   사. 노인에게 적합한 농업용품 또는 영농지원서비스
   아. 그 밖에 노인을 대상으로 개발되는 제품 또는 서비스로서 대통령령이 정하는 것
      - 노인을 위한 의약품·화장품

- 노인의 이동에 적합한 교통수단·교통시설 및 그 서비스
- 노인을 위한 식품 및 급식 서비스
- 그 밖에 노인을 대상으로 개발되는 제품 또는 서비스로서 보건복지부장관이 정하여 고시하는 제품 또는 서비스

2. "고령친화산업"이라 함은 고령친화제품등을 연구·개발·제조·건축·제공·유통 또는 판매하는 업을 말한다.

### 4.1.2 고령친화산업의 필요성

고령친화산업을 기반으로 하는 다양한 고령친화제품 및 서비스는 고령자 스스로 건강한 자립생활을 유지하고 우울, 불안, 학대 등과 같은 고령자 관련 사회문제를 예방하고 급격한 고령화로 인해 발생하는 노인문제를 해결하는데 있어 필수적이라고 할 수 있다.

#### 급격한 고령화로 인한 사회·경제적 부담 증가

통계청에서 발표한 '장례인구추계: 2020~2050년'에 따르면 우리나라는 2025년 65세 이상 고령인구가 전체 인구의 20.6%를 차지하는 초고령사회로 진입할 예정이며, 2020년부터 베이비붐 세대가 고령인구로 진입하고 고령인구 수가 급증하면서 2050년의 고령인구는 2020년 대비 2배 이상으로 증가할 것으로 전망되고 있다. 또한, 2050년에 노년부양비가 2020년 대비 2.6배 이상 급증할 것으로 예측되면서 고령자 돌봄 인력에 대한 수요 및 비용의 급증으로 노인 부양에 대한 사회경제적 부담감 증가로 이어질 수 있다. 돌봄 인력이 부족한 상황에서 복지서비스를 원활하게 제공하기 위해서는 고령친화산업의 육성 및 활성화가 필요하며 이로 인한 경제적 비용 절감은 고령자와 관련된 사회적 문제를 해결하는데 매우 중요하다.

#### 미래 노년층의 고령친화제품 및 서비스 수요 증대

보수적인 가치관을 가지고 있는 기존의 고령세대는 자신을 자녀에게 의존하면서 본인의 재산을 자녀에게 그대로 상속하려는 경향이 있으며, 근검·절약하는 습관으로 인해 소비를 잘 하지 않으려 한다.

반면, 기본적으로 개인소득과 교육수준이 높은 베이비붐 세대는 개인주의적 가치관을 기반으로 다양한 취미생활과 독립적 생활을 영위하는데 자신의 재산을 처분하려 하며, 본인의 자아실현을 위해 노후를 건강하고 행복하게 보내려는 성향이 강하다. 특히, 건강한 삶을 유지하기 위한 의약 및 헬스 산업 등의 고부가가치 산업분야에 관심이 많다. 미래 노년층인 베이비붐 세대의 건강, 젊음, 웰빙에 대한 전반적인 관심의 증가는 새로운 제품 및 서비스의 성장 가능성을 높일 뿐만 아니라 산업발전을 견인해 갈 수 있는 기회요인을 제공할 수 있다.

**지역경제 활성화를 위한 차세대 성장 동력**

고령자에 대한 복지 서비스와 부양체계가 국가에서 지역으로 넘어왔기 때문에 고령자들을 위한 서비스 생산을 담당하는 고령친화산업 서비스 시장이 급격히 성장할 것으로 예상되고 있다. 특히, 정보기술(Information technology, IT) 사용에 대한 거부감이 낮은 세대인 베이비붐 세대는 노후를 독립적이면서 행복한 삶을 위한 건강과 환경을 중시하기 때문에 다양한 제품 및 서비스를 개발하는 것은 미래의 지역경제 성장과 활성화에 필요한 주요 성장 동력이라고 할 수 있다.

### 4.1.3 고령친화산업의 분류

고령친화산업은 고령친화 제조업(생산/관리)을 의약품·식품·화장품·의료기기·용품 5개 분야, 고령친화 서비스업을 요양·주거·여가·금융 산업 4개 분야로 총 9개 부문 산업으로 세분화할 수 있다. 고령친화산업의 세부 산업별 정의 및 고령친화 제조·서비스업 분류체계는 다음과 같다.

**[표 4-2] 고령친화산업의 세부 산업별 정의**

| | 산업 분야 | 정의 |
|---|---|---|
| 제조업 | 고령친화 용품 제조업 | 고령자를 대상으로 건강관리, 돌봄, 일상생활의 편의를 도모하기 위하여 고령자의 신체적·정신적·거주 환경적 특성을 배려한 제품을 생산하는 산업 |
| | 고령친화 의약품 제조업 | 고령자의 질병을 진단, 치료, 처치 및 경감, 예방을 목적으로 신체구조와 기능에 약리학적 영향을 주는 제품 중 노인이 주로 사용하는 것을 생산하는 산업 |

| | | |
|---|---|---|
| 제조업 | 고령친화 의료기기 제조업 | 고령자의 질병을 진단, 치료, 예방하거나 저하된 신체구조와 기능을 진단, 경감, 보정하는 목적으로 단독 또는 조합하여 사용되는 기구, 기계, 장치, 재료 중 노인이 주로 사용하는 것을 생산하는 산업 |
| | 고령친화 식품 제조업 | 노화로 인해 기능이 저하된 고령자에게 익숙하고 고령자의 신체에 적합한 식품, 식품첨가물 및 건강기능식품에 해당되는 모든 음식물을 생산하는 산업 |
| | 고령친화 화장품 제조업 | 고령자 신체 전반의 청결을 유지하고 피부와 모발을 미화하며 건강을 유지 또는 증진하기 위해 인체에 바르고 문지르거나 뿌리는 등의 방법으로 사용되는 제품 중 노인이 주로 사용하는 것을 생산하는 산업 |
| 서비스업 | 고령친화 요양 서비스업 | 고령자를 대상으로 심신과 관련된 문제를 예방하고 조기에 발견하며 심신 기능 유지 및 향상을 위해 간호 및 치료와 그 밖의 일상생활에 필요한 편의 서비스를 제공하는 산업 |
| | 고령친화 여가 서비스업 | 고령자가 문화적 요소를 체험하거나 심신을 함양하는 등 삶의 질을 향상시키는 자유 시간 동안 행하는 강제되지 아니한 활동에 필요한 서비스를 생산하거나 제공하는 산업 |
| | 고령친화 주거 서비스업 | 고령자가 안전하고 편리하게 생활할 수 있는 구조를 갖춘 건축물을 소유·임대하고 거주하는 전 과정에서 물리적, 심리적 만족감을 얻을 수 있도록 지원하는 서비스를 제공하는 산업 |
| | 고령친화 금융 서비스업 | 고령자가 안정적 소득 기반을 확보하고 금전적 이익을 얻게 하거나 건강관련 위험을 보장받는 금융 상품과 이를 지원하는 서비스를 제공하는 산업 |

(출처: 한국보건산업진흥원 고령친화서비스단(2023), 2021년 고령친화산업 제조·서비스업 실태조사 및 분석)

**[표 4-3] 고령친화 제조·서비스업 분류체계**

| 대분류 | 중분류 | 소분류 및 세부 품목 |
|---|---|---|
| 고령친화용품 제조업 | 개인건강·의료용품 제조업 | 건강측정용품: 혈압계, 혈당측정기 및 혈당측정 검사지, 체온계, 기타 건강측정용품 |
| | | 호흡기치료용품: 흡기장치, 산소공급기, 기타 호흡기 치료용품 |
| | | 욕창예방용품: 욕창예방 방석, 욕창예방 매트리스, 욕창예방 쿠션 및 패드 등 자세변환용 용구, 자세보조용구, 기타 욕창예방용품 |
| | | 온열 및 한랭용품: 온열치료기, 한랭치료기, 기타 온열·한랭용품 |
| | | 자극기: (개인용) 저주파자극기, (개인용) 전기자극기, 기타 자극기 |
| | | 한방용품: 침·압봉, 온구기, 부항기, 기타 한방용품 |
| | | 물리요법용 운동 및 훈련용품: 자전거 운동량 측정장치(에르고미터), 유산소 운동용품, 운동기능 및 평형유지 훈련기기, 손가락 및 손 훈련기기, 운동 치료용 훈련기기(재활 치료용), 구강 근육 훈련기기, 기타 운동·훈련 용품 |

| 대분류 | 중분류 | 소분류 및 세부 품목 |
|---|---|---|
| 고령친화용품 제조업 | 일상생활용품 제조업 | 이동기기: 지팡이, 일반보행기, 보행차, 보행보조차, 휠체어, 전동스쿠터, 이동기기 리프트, 단차해소기, 기타 이동기기 |
| | | 목욕용품: 욕조, 욕조 고정용 손잡이, 목욕리프트, 목욕보조대, 목욕매트, 기타 목욕용품 |
| | | 배변용품: 이동변기, 간이변기, 소변줄, 수뇨기, 성인용 기저귀, 기저귀용 고정장치, 자동배변처리기, 기타 배변용품 |
| | 일상생활용품 제조업 | 식사용품: 음식 섭취용구, 식기류, 음식섭취 보조장치, 음식섭취 탐침, 식사용 보조도구, 기타 식사용품 |
| | 주거설비용품 제조업 | 침구용품: 고정침대, 수동침대, 전동침대, 침대용 리프트, 기타 침구용품 |
| | | 안전 손잡이: 안전손잡이 및 지지난간, 파지난간 및 손잡이, 기타 안전손잡이 |
| | | 의자 및 착석장치: 의자용 리프트, 기타 의자 및 착석장치 |
| | | 건축물용 이동장치: 단차극복슬로프, 기타 건축물용 이동장치 |
| | | 건축물용 이동장치: 미끄럼 방지용품, 기타 건축물용 안전장치 |
| | 의사소통 보조기기 제조업 | 시각용품: 확대용 안경 및 렌즈, 시야확대 및 각도조절용구, 영상 확대용 비디오, 기타 시각용품 |
| | | 청각용품: 보청기, 기타 청각용품 |
| | | 발성용품: 발성기, 개인 음성증폭기, 기타 발성용품 |
| | | 신호표시기 및 경보기: 개인용 응급 경보장치, 배회감지기, 기타 신호표시기 및 경보기 |
| 고령친화 의약품 제조업 | 신경계 감각기관용 의약품 | 중추신경계용약, 말초신경계용약, 감각기관용약, 알레르기용약 |
| | 개개의 기관용 의약품 | 순환계용약, 호흡기관용약, 소화기관용약, 호르몬제(항호르몬제 포함), 비뇨생식기관 및 항문용약, 외피용약 |
| | 대사성 의약품 | 비타민제, 자양강장변질제, 혈액 및 체액용약, 인공관류용제, 기타의 대사성 의약품, 종양용약 |
| | 항병원 생물성 의약품 | 항생물질제제, 화학요법제 |
| | 치료를 주목적으로 하지 않는 의약품 및 관련제품 | 조제용약, 진단용약 |
| | 나카틱(narcotic) | 알카로이드 마약(천연), 비알카로이드계 마약 |

| 대분류 | 중분류 | 소분류 및 세부 품목 |
|---|---|---|
| 고령친화 의료기기 제조업 | 기구, 기계 | 호흡보조기, 이학 진료용 기구, 심혈관용 기계 기구, 비뇨기과용 기계 기구, 체온 측정용 기구, 혈압검사 또는 맥파검사용 기기, 호흡기능 검사용 기기, 검안용 기기, 청력 검사용 기기, 지각 및 신체진단용 기구, 조직 가공기, 의료용 취관 및 체액 유도관, 채혈 또는 수혈 및 생체 검사용 기구, 정형 및 기능 회복용 기구, 치과용 진료 장치 및 의자, 치과용 엔진, 치과용 브로치, 치과용 탐침, 치과용 방습기, 인상 채득 또는 교합용 기구, 치과용 중합기, 치과용 주조기, 시력보정용 안경, 눈적용 렌즈, 보청기, 헤르니아 치료용 기구, 개인용전기자극기, 의료용 자기 발생기, 이비인후과용 진료장치 및 의자, 안과용 진료장치 및 의자, 의료용 세포 및 조직 처리 기구 |
| | 의료용품 | 봉합사 및 결찰사, 정형용품, 인체조직 또는 기능 대치품, 부목, 시력표 및 색각검사표, 외과용품 |
| | 치과 재료 | 치과 가공용 합금, 치과 주조용 합금, 메탈 세라믹 합금, 납착용 합금, 직접 수복재료, 심미 치관재료, 의치재료, 의치상 재료, 근관 치료재, 치과 접착용 시멘트, 치과용 접착제, 치과용 인상재료, 치과용 왁스, 모형재 및 매몰재, 예방 치과치료, 치과 교정재료, 악안면 성형용 재료, 악골 치아 고정장치, 치과용 임플란트 시스템, 치과 임플란트 시술기구, 치과용 골이식재, 치주 조직재생 유도재, 보철물 분리재료, 기타 보철재료, 기타 보존재료, 2등급치과영상전송장치 |
| | 소프트웨어 | 신경과학 진료용 소프트웨어, 안과학 진료용 소프트웨어 |
| | 체외진단 의료기기 | 임상화학 분석장비, 방사선 측정장비, 혈액성분 검사장비, 개인용 체외진단 검사장비, 혈액응고 검사장비, 체액 검사장비, 임상검사용 요화학 및 분변 검사장비, 임상화학 검사시약, 혈구 검사시약, 혈액응고 검사시약, 내분비계 검사시약, 임상검사용 요화학 및 분변 검사시약, 임상화학 검사지, 개인용 임상화학 검사지, 기타 임상화학 검사기기, 면역반응 검사장비, 면역관련단백질 검사시약, 자가면역질환 검사시약, 감염체 진단 면역 검사시약, 약물농도 검사시약, 임상미생물 검사장비, 임상미생물 검사시약, 기타 임상미생물 검사기기, 세포 및 조직병리 검사장비, 세포 및 조직병리 검사시약, 기타 조직병리 검사기기 |
| 고령친화 식품 제조업 | 건강기능식품 및 건강보조식품 | 건강기능식품 및 건강보조식품 |
| | 식품류 | 간식류, 빵류, 떡류, 두부류 및 묵류, 면류, 소스류, 양념 조미료류, 절임류, 육류가공 식품류, 수산가공식품류 |
| | 음료류 | 차류, 커피류, 과·채 음료류, 두유류 및 유제품류, 기타 음료류 |
| | 즉석식품류 | 즉석식품류 |

| 대분류 | 중분류 | 소분류 및 세부 품목 |
|---|---|---|
| 고령친화 화장품 제조업 | 화장용, 두발용 및 방향용 제품 | 기초 화장품, 색조 화장품, 눈 화장품, 기타 화장품, 체취 방지 제품, 두발 관리 및 스타일링 제품 |
| | 세정용 제품 | 인체 세정 제품 |
| 고령친화 요양 서비스업 | 재가요양서비스 | 방문요양, 방문목욕, 방문간호, 주야간보호, 단기보호 |
| | 시설요양서비스 | 노인요양시설, 노인요양공동생활가정 |
| 고령친화 여가 서비스업 | 문화 예술 관람업 | 영화 상영업, 음악 공연업 |
| | 스포츠업 | 스포츠 관람업, 스포츠 활동업 |
| | 관광업 | 여행업, 숙박업 |
| | 취미 오락 활동업 | 독서활동업, 오락활동업 |
| | 기분전환 활동업 | 디지털 온라인 콘텐츠 감상업, 음반 및 음악 감상업 |
| 고령친화 주거 서비스업 | 양로시설 | - |
| | 노인공동생활가정 | - |
| | 노인복지주택 | - |
| 고령친화 금융 서비스업 | 퇴직연금 | - |
| | 연금저축 | - |
| | 주택연금 | - |

(출처: 한국보건산업진흥원 고령친화서비스단(2023), 2021년 고령친화산업 제조·서비스업 실태조사 및 분석)

# 4.2 고령친화산업의 특성

전 세계적인 고령화 현상으로 인해 미래의 성장 동력산업으로 주목받는 고령친화산업을 육성하기 위해서는 고령친화산업의 특성을 먼저 이해하는 것이 중요하다. 이 절에서는 고령친화산업이 가지고 있는 산업적 및 소비자로서의 특성을 살펴보자.

**단원 학습목표**

- 고령친화산업의 산업적 특성을 이해한다.
- 고령 소비자의 특성을 파악한다.

## 4.2.1 산업적 특성

고령친화산업은 노화 및 장애로 인해 저하된 능력을 저하 이전 수준으로 회복하려는 욕구를 충족시킬 수 있는 산업으로 고령자의 생존권과 복지를 위해 정부의 적극적인 관심과 지원이 필요하다. 고령층을 대상으로 하는 고령친화산업의 시장규모가 지속적으로 확대되면서 향후 경제적·사회적으로 큰 영향을 미칠 것으로 기대되고 있다.

고령친화산업의 공급자는 매우 다양하며 생물학적 노화와 관련된 상품을 생산하는 보건 및 요양, 의료기기, 복지용품, 식품, 의약품, 한방, 장묘 등의 산업과 사회경제적 능력 저하와 관련된 상품을 생산하는 금융, 문화 및 여가, 전자 및 정보, 주택, 교육, 교통, 농업, 의료 등이 그 대상이 된다.

고령친화산업의 산업적 특성은 크게 세 가지로 설명할 수 있다.

### 공익성과 수익성이 병존하는 제도 의존적 특성

고령친화산업은 단순히 제품이나 서비스를 생산 및 판매하는 것이 아니라 수요자인 고령층의 복지와 관련된 상품이나 서비스를 제공하기 때문에 공익성과 수익성을 기반으로 한다는 특징이 있다. 이로 인해 국가에서 시행하는 복지정책에 의존적이며 관련 기타 제도가 산업의 촉진 및 활성화에 직접적인 영향을 미칠 수 있다.

### 소규모 영세 기업 중심의 낮은 수익성

고령친화산업은 다양한 고령자를 대상으로 맞춤형 서비스를 세심하게 제공하는 것을 목표로 한다. 이러한 점을 고려했을 때 규격화·표준화된 제품을 생산하고 그에 맞는 마케팅 전략을 수립하는 것이 쉽지 않으며 수익 창출 또한 어렵다는 특성이 있다. 즉, 산업 형성 자체가 쉽지 않기 때문에 대부분이 영세한 중소기업 형태로 운영되는 특성을 가지고 있다. 이러한 산업적 특성을 고려해 규모의 경제성보다는 범위의 경제성 및 연결의 경제성을 추구하는 것이 고령친화산업 활성화에 중요하다고 할 수 있다.

### 노동집약적 산업으로 인해 필요한 돌봄 인력

고령층은 은퇴 이후에도 활발한 사회 활동, 여가, 소비를 즐기며 능동적으로 생활하는 액티브 시니어(Active senior)부터 돌봄을 필요로 하는 노인에 이르기까지 소비 대상자가 다양하다. 노동집약적 산업의 성격을 띠고 있는 현재의 고령친화산업이 고령자를 대상으로 복지 서비스를 제공하는 보건의료산업이나 요양산업 분야에 집중되어 있기 때문에 특정 자격을 갖춘 돌봄 인력이 많이 필요하다.

## 4.2.2 소비자로서의 특성

공급자를 중심으로 기존의 전통적인 산업과는 다르게 고령친화산업은 수요자인 고령자의 특성을 반영하여 상품 및 서비스를 공급한다. 향후 미래 경제를 고령 소비자가 주도할 것으로 예상되고 있어 고령 소비자의 다양한 요구에 부응하고 고령자의 삶의 질을 향상시킬 수 있는 서비스 제공의 필요성이 강조되고 있다.

최근 1인 고령 소비자의 수가 지속적으로 증가하고 있다. 고령 1인 가구의 경우 주거, 안전, 소득, 건강, 사회적 관계망 등의 취약으로 인해 의사결정 과정에서 고립감을 느끼게 된다. 여성에 비해 남성이, 도시 거주 1인 고령자보다는 비도시 거주 1인 고령자가 정보적으로 더 소외되기 쉽다.

고령친화산업에서 나타나는 고령 소비자의 특성은 다음과 같다.

**다양한 신체적·심리적·사회적·경제적·문화적 특성**

교육수준, 재산·소득수준, 소비패턴이 높은 베이비붐 세대의 은퇴가 본격화되면서 기존 고령세대와는 달리 신체적·경제적·문화적 특성이 다양한 소비자가 증가하고 있다. 은퇴 이후에도 활발하게 사회 활동을 하고 능동적으로 여가와 소비를 즐기는 액티브 시니어의 비중이 증가함에 따라 기존의 단순한 주거/요양서비스를 넘어선 맞춤형 기술 접목 high-tech를 기반으로 하는 고령친화서비스에 대한 수요가 증가할 것으로 예측되고 있다.

**특정 소비자층 분류의 어려움**

고령자 본인이 고령친화제품이나 서비스를 이용하고 있지만 구매자 유형은 고령자를 케어하고 보호하는 가족, 의료기관, 요양기관, 복지기관 등과 같이 매우 다양하다. 또한, 각 개인별로 소득수준이 다르고 지역여건이 다양하게 분포하고 있기 때문에 특정 소비자층을 확연하게 분류하기 어렵다.

**제한적인 정보 습득 기회 및 취약한 대처 능력**

고령자의 경우 원하는 서비스를 선택하기 위한 정보 습득 기회가 제한적이며 서비스 피해가 발생하였을 경우에도 대처할 수 있는 능력이 취약하기 때문에 보호가 필요하다. 2021년 한국소비자원에서 발표한 고령소비자 상담 및 이슈 분석 보도자료를 살펴보면 2020년 한국소비자원에 접수된 60대 이상의 고령소비자 상담은 85,986건으로 2018년 77,588건 대비 5.3% 증가한 것으로 나타났으며, 2020년에 60대 미만 소비자 상담은 전년 대비 2.7% 감소한 반면 60대 이상 고령소비자 상담은 15.5% 증가하였다. 이러한 경향을 볼 때 향후 고령소비자 상담이 지속적으로 증가할 것으로 예상되어 이에 대한 정책적 대응이 필요하다고 판단된다.

[표 4-4] 2018~2020년 고령소비자 상담 현황

(단위 : 건)

| 구분 | 2018년 | 2019년 | 2020년 | 계 | |
|---|---|---|---|---|---|
| | | | | 건수 | 연평균증감률 |
| 60대 이상 | 77,588 | 74,450 | 85,986 | 238,024 | 5.3% |
| 60대 미만 | 635,972 | 604,821 | 588,719 | 1,829,512 | -3.8% |

(출처: 한국소비자원(2021), 2020년, 60대 이상 고령소비자 상담 전년 대비 15.5% 증가)

# 4.3 국내 고령친화산업 현황

고령친화산업 육성 정책을 통한 시장규모의 확대는 고령자가 노년기 삶의 전반적인 영역에서 활동적이고 건강한 노후를 보내는데 있어 매우 중요하다고 할 수 있다. 이 절에서는 국내 고령친화산업을 육성하기 위한 정책과 시장규모 및 동향에 대해서 살펴보자.

**단원 학습목표**

- 고령친화산업을 육성하기 위한 주요 정책들의 추진계획 및 세부내용을 이해한다.
- 고령친화산업 시장규모 및 동향을 파악하고 고령자들이 요구하는 제품 및 서비스 니즈를 알아본다.

## 4.3.1 고령친화산업 정책

2025년 고령자 1천만 시대로의 진입 및 전 세계적인 고령화 추세로 인해 고령친화산업이 우리 경제의 새로운 성장 동력이 될 수 있을 것으로 전망하고 있다. 고령화에 대응하고 고령친화산업을 성장동력산업으로 집중 육성하기 위한 정책은 다음과 같다.

### 저출산·고령사회 기본법

우리나라에서는 저출산·고령화 문제를 해결하기 위해 2005년 제정된 저출산·고령사회 기본법을 바탕으로 5년마다 국가 차원의 중장기 계획인 '저출산·고령사회 기본계획'을 발표하고 시행계획을 수립해 오고 있다. 제1차 저출산·고령사회 기본계획(2006~2010)을 시작으로 제2차 저출산·고령사회 기본계획(2011~2015), 제3차 저출산·고령사회 기본계획(2016~2020)에 이어 현재 제4차 저출산·고령화 기본계획(2021~2025)을 추진하고 있다. '저출산·고령사회 기본계획'에 따른 고령친화산업 주요 정책 방향은 다음과 같다.

[표 4-5] 저출산·고령사회 기본계획에 따른 고령친화산업 주요 정책 방향

| 제1차 계획('06~'10) | 제2차 계획('11~'15) | 제3차 계획('16~'20) | 제4차 계획('21~'25) |
|---|---|---|---|
| - 고령친화산업 발전 기반 마련<br>- 우수제품 상용화 기반 마련 | - 고령친화제품·서비스 상용화 지원 확대<br>- 종합체험관 운영 활성화 등 수요 기반 마련 | - 고령친화산업 육성 (IT연계 스마트케어, 식품 등)<br>- 사용자 중심 제품개발<br>- 종합 지원체계 마련 | - 고령친화 금융환경<br>- 고령친화 커뮤니티 확산 등 주거환경<br>- 스마트 돌봄 등 고령친화 신기술개발 및 산업육성 기반 마련 |

(출처: 한국보건산업진흥원 고령친화서비스단(2023), 2021년 고령친화산업 제조·서비스업 실태조사 및 분석)

제4차 저출산·고령사회 기본계획에서는 초고령사회 미충족 수요에 선제적으로 대응하기 위한 R&D 국가로드맵 수립 및 고령친화산업 육성 기반 조성, 기존 시스템에 대한 전반적 조정을 기반으로 인구구조 변화에 맞는 효율적인 자원 운용방안 마련, 사회보험의 지속을 위해 세대 간 형평성을 고려한 제도 개선을 통해 고령친화사회로 도약하려 하고 있다. 제4차 저출산·고령사회 기본계획의 추진과제 및 내용은 다음과 같다.

[표 4-6] 저출산·고령사회 기본계획 추진과제 및 내용

| 추진 과제 | | | 내용 |
|---|---|---|---|
| 기술혁신을 통한 스마트 돌봄 체계로의 진화 | 스마트 돌봄 기술 개발 및 보급 확대 | 스마트 돌봄 기술 개발 및 보급 확대 | 주택·의료 서비스와 돌봄기술 연계<br>국공립시설(병원·요양원, 치매예방센터 등)의 고령친화제품 우선구매제도 도입 |
| | | 돌봄로봇 및 일상생활 보조기기 개발보급, 고부가가치 핵심부품 국산화 | 스마트 돌봄로봇 4종(이승보조, 욕창예방, 배변보조, 식사보조) 개발<br>일상생활에 필요한 보조기기 10종(전동휠체어, 변기, 보조기구 등) 개발 및 보급 |
| | | 사회적 요구가 높은 고가제품 대상 장기요양보험 예비급여 도입 검토 | 일상생활 보조·지원을 위한 복지용구 연 한도액 상향 검토 |
| | 자립생활 및 건강관리 제품·서비스 활성화 | 고령친화제품에 고령친화식품 추가, 안전하고 균형 잡힌 고령친화식품 개발·보급 활성화 | 시장수요가 높은 고령자 영양식 등에 대한 기준 검토 마련<br>고령친화식품 지정대상 품목 고시 제정 및 고령자의 사용성 등을 평가하는 심사기준 마련<br>공적 돌봄 재가서비스의 식사 영양관리와 연계 등 서비스 모델 개발 |

| | | | |
|---|---|---|---|
| 기술혁신을 통한 스마트 돌봄 체계로의 진화 | 자립생활 및 건강관리 제품·서비스 활성화 | '응급안전안심서비스'에 축적된 고령자 생활정보를 체계화·고도화, 고령자 자립생활 지원기술 개발 | 독거노인 가정에 태블릿 PC 설치·센서 수집을 통해 응급상황 대응<br>감지정보(수면, 호흡 등)를 통해 행동패턴 분석 후 이상감지 서비스 등 제공<br>첨단기기(로봇, 웨어러블 등)에 고령자 경험·감성 정보를 적용하여 소외감 등을 완화시키는 정서적 서비스 개발·제공 |
| | | 개인건강정보 활용 공통 서비스 플랫폼 개발, 건강 취약계층 대상 맞춤형 헬스케어 서비스 개발·실증 | 치매 보호자용 건강관리 서비스, 소아 발달장애 관리 서비스, 1인 가구 근골격계 질환 대상 건강관리 서비스 개발 및 실증<br>치매 만성질환 등의 건강·생활편의를 위한 고령친화 신기술 개발 지원 |
| | | 생애 전주기 재활이 필요한 장애인·노인을 지원하는 스마트 운동 치료기기 및 융복합 서비스 구축 | 재활분야 빅데이터 플랫폼 구축, 스마트 재활운동 기기 및 프로그램 개발, 안전성·전문성 검증 등 복지부, 과기부, 문체부, 산림청 다부처 R&D 추진 |
| 고령친화기업 지원 및 고령친화산업 육성 기반 마련 | 고령화 대응 사람 중심의 기술혁신 지원체계 구축 | "Aging 4.0" 실현을 위한 고령친화기술 R&D 관련 기본계획 수립 | 디지털 격차 해소를 위한 고령자 기술 수용성 향상 연구 추진 |
| | | 고령친화기술 거버넌스를 구성하여 고령화 대응 연구개발 기획 및 모니터링, 통계 관리, 산업육성 지원 추진 | 국내·외 동향 분석을 통한 미래유망기술 도출 및 국내 고령화 대응 R&D 모니터링을 실시하여, 고령사회 정책수립 시 그 결과를 활용 |
| | 고령친화산업 육성 및 성장 기반 조성 | 고령친화산업 분류체계 재정립, 고령친화 제품·서비스 표준화 로드맵 수립 | 고령자 특성·욕구 등의 데이터를 정책수립, 산업분석 등에 활용할 수 있도록 고려자 행동정보 수집 시스템 및 고령자 DB 구축 |
| | | 유니버설 디자인 개발 지원 확대, 제품 서비스 인식 확산 유도 | 기업혁신, 사용성개선, 사회적문제해결 등 디자인 활용 성공사례 공유 |
| | | 리빙랩, 고령친화센터, 플랫폼 구축 등을 통해 고령친화 제품·서비스 사용성 검증, 체험기회 및 정보 제공 | 리빙랩: 실제 생활공간에서 소비자가 직접 참여하여 개발된 제품의 사용성을 검증하고, 서비스모델을 개발<br>고령친화센터: 지역 내 건강보험공간·치매안심센터·판매점 등과 연계하여 통합·전문적 정보 및 상담 제공<br>플랫폼 구축: 영역별 공급자와 수요자 간 자립생활 관련 제품·서비스 정보교류 및 구입·판매가 가능한 플랫폼 구축 |

(출처 : 대한민국 정부(2020), 제4차 저출산·고령사회 기본계획(2021~2025))

### 국민건강증진종합계획

보건복지부에서는 인구 고령화에 따른 질병 사전예방 및 건강증진을 위해 제1차 국민건강증진종합계획(2002~2005), 제2차 국민건강증진종합계획(2006~2010), 제3차 국민건강증진종합계획(2011~2015), 제4차 국민건강증진종합계획(2016~2020)을 지속적으로 시행하였다. 제5차 국민건강증진종합계획(2021~2030)에서는 건강생활실천, 정신건강관리, 비감염성질환 예방관리, 감염 및 기후변화성 질환 예방관리, 인구집단별 건강관리, 건강친화적 환경구축을 주요 내용으로 한다.

[표 4-7] 제5차 국민건강증진종합계획

<table>
<tr><th colspan="3">추진 계획</th><th>내용</th></tr>
<tr><td rowspan="5">건강<br>생활<br>실천</td><td rowspan="2">건강한 식생활 실천 및 최적의 영양상태 유지 기반 강화</td><td>인구집단별 맞춤형 영양관리 서비스 확대 및 접근성 강화</td><td>노인 유형별 영양관리 프로그램 도입, 노인복지시설 등 대상 급식 위생 및 영양관리 지원</td></tr>
<tr><td>만성질환 예방 및 관리를 위한 영양 정책 추진</td><td>만성질환별, 생애주기별 세분화된 영양소 섭취기준 및 식생활지침 마련</td></tr>
<tr><td>활동적인 사람과 지역사회 환경 구축</td><td>대상자별 신체활동 장려를 위한 서비스 개발·제공</td><td>영유아, 보육여성, 만성질환자, 노인 등 대상별 신체활동 지침 마련 및 프로그램 확대를 통해 신체활동 실천율이 낮은 계층 지원</td></tr>
<tr><td>예방중심의 필수 구강보건의료 서비스 확대</td><td>취약계층 치과주치의 사업을 통한 구강건강 형평성 제고</td><td>장기요양 환자(요양원 등 시설거주자 포함) 등 구강보건을 찾기 어려운 취약계층을 방문하여 구강건강관리서비스 제공</td></tr>
<tr><td colspan="3"></td></tr>
<tr><td rowspan="4">정신<br>건강<br>관리</td><td rowspan="4">치매 조기진단·관리 등 양질의 서비스 제공 및 치매 친화 환경 조성</td><td>전국민 치매예방과 치매발생 3대 고위험군 조기발견 지원·관리</td><td>치매 단계별(정상·고위험·경도인지장애·치매군 등)로 다양한 인지훈련 콘텐츠 개발 및 전국민 대상 확산<br>치매발생 고위험군 선별검사 수검률 및 조기검진 재검률 확대<br>치매안심센터 연계·활용 확대</td></tr>
<tr><td>치매환자와 가족을 위한 빈틈없는 양질의 치료와 돌봄</td><td>주·야간 단기보호 통합서비스 제공기관 확대, 수시 대응형 방문 요양 서비스 모델 마련 등을 통해 치매환자의 돌봄 부담 경감</td></tr>
<tr><td>치매관리전달체계 고도화</td><td>치매안심센터 기능 강화 및 치매종합정보 데이터베이스 구축</td></tr>
<tr><td>치매에 대한 인식개선 및 치매친화환경 구축</td><td>치매어르신 실종예방을 위한 안전망 구축, 치매파트너 및 치매안심마을 활성화</td></tr>
</table>

| 추진 계획 | | | 내용 |
|---|---|---|---|
| 비감염성 질환 예방 관리 | 암 검진제도 개선 등 예방 가능한 암 발생률 감소 | 예방 가능한 암 발생률 감소 | 주요 암 위험요인을 공유하는 타 만성질환 및 건강증진사업 간 연계·협력 강화 |
| | | 암 검진 전문위원회 운영 등 국가 암검진 실내화 | 근거기반 암 검진 권고안 개정 및 암 검진 제도 개선 |
| | 심뇌혈관질환 예방부터 재활까지 연속적 관리체계 구축 | 선행질환(고혈압, 당뇨병, 이상지질혈증 등) 예방관리 제도화 | 환자를 중심으로 동네의원, 보건소, 상급 의료기관 간 정보 연계체계 구축 |
| | | 지역사회 심뇌혈관질환 치료역량 강화 및 퇴원 환자 연계체계 구축 | 지역심뇌혈관질환센터 확충<br>퇴원 전 뇌졸중 등 조기재활서비스 제공 |
| 감염 및 기후변화성 질환 예방관 | 감염병에 대한 예방 및 관리 강화 | 결핵의 조기퇴치 및 사망률 감소 | 취약계층 대상 찾아가는 이동 결핵검진 시행, 건강검진 유소견자 확진검사 독려 및 본인부담 면제 |
| | 감염병 위기 대비·대응 | 국가 예방접종지원사업 질 관리 및 체계화 | 예방접종에 대한 정확한 정보 제공, 예방접종 DB 관리체계 구축 |
| | 기후변화 관련 질환의 건강영향 감시, 평가체계 구축·운영 | 기후변화성 질환 모니터링 체계 구축·운영 | 폭염, 한파로 인한 온열질환자 및 환랭질환자 감시체계 운영 |
| | | 기후변화성 질환 예방수칙 홍보 | 일반 국민과 취약계층 대상 건강영향, 건강보호를 위한 예방수칙을 통해 인식 개선 |
| 인구집단별 건강관리 | 건강한 노년의 삶을 누리기 위한 노인친화적 건강환경 조성 | 건강한 노년을 오래 누리기 위한 지역사회 지원 확대 | 보건소 어르신 방문건강관리서비스를 보편적 건강관리서비스 체계로 개편<br>치매지원, 구강건강, 영양지원 및 신체활동, 건강정보이해력, 우울 및 자살예방, 심뇌혈관질환 예방 등과 연계한 노인건강사업 추진 |
| | | 기능상태 유지와 장애예방을 위한 노인성 질환 치료·관리 지원 | 근골격계 질환과 노쇠 관리서비스 제공 방안 도입 검토<br>노인성질환 의료지원 지속 추진 및 질환 항목 추가 검토 |
| | | 노인 건강관리서비스 및 의료 접근성 증진 | 4차 산업혁명 기술을 노인 건강관리서비스에 활용, 취약계층 노인의 사요 및 접근성 편의성 향상 추진 |

| 추진 계획 | | | 내용 |
|---|---|---|---|
| 건강친화적 환경구축 | 건강정보 이해 및 활용능력 제고를 통한 건강 형평성 제고 | 건강정보 이해능력에 대한 주기적 모니터링 | 건강정보 이해능력 조사도구 개발 및 실태조사 실시<br>건강증진 전략개발을 위한 근거 마련 |
| | | 건강정보 활용 교육 체계 구축 | 인구집단에 특화된 교육자료 개발 및 교육 제공 |
| | 혁신적 정보기술 활용으로 건강관리 서비스 접근성 향상 | 보건소 중심 스마트 기술을 활용한 건강관리서비스 확대 | 건강행태 개선 및 허약 예방을 위한 AI·IoT 기반 보건소어르신 방문건강관리사업 추진 및 확대 |
| | | 스마트 기술을 활용한 건강관리서비스 개발 및 활성화 지원 | 스마트 기술을 활용한 개인 맞춤형 건강관리서비스 개발·실증<br>지자체·생활터 중심 취약계층 건강관리서비스에 활용 지원 |
| | 지역사회 자원 확충 및 거버넌스 구축 | 지자체 건강증진 서비스 강화를 위한 조직개편 | 도시 건강생활지원센터 확충 및 유사기관 기능전환, 농어촌 건강증진형 보건지소 확충 등 소생활권 보건기관 확대 |

(출처 : 보건복지부(2021), 모든 정책에 건강을 담아 지역 간, 소득 간 건강 격차 완화 한다!)

### 보건의료기술육성 기본계획

보건복지부에서는 고령화에 따른 건강한 삶에 대한 요구가 증대함에 따라 지속가능한 의료시스템 구축 및 보건의료기술혁신을 위해 제1차 보건의료기술육성 기본계획(2013~2017), 제2차 보건의료기술육성 기본계획(2018~2022)에 이어 현재는 제3차 보건의료기술육성 기본계획(2023~2027)을 추진하고 있다. 제2차 보건의료기술육성 기본계획에서는 고비용 보건의료문제를 해결하는 전략적 투자, 질환·계층·남북 주민 간 건강 형평성 강화, 예방·관리 중심의 미래의료 기반 확충을 주요 내용으로 한다.

[표 4-8] 제2차 보건의료기술육성 기본계획

| 추진 계획 | | | 내용 |
|---|---|---|---|
| 고비용 보건의료문제를 해결하는 전략적 투자 | 고령사회 대응 모든 국민 치매 안심 R&D | 국가치매책임제와 연계, 체계적·종합적인 국가 R&D 지원 | 범부처 합동·민간 전문가 중심으로 수립한 국가 치매연구개발종합 투자계획('18)에 따라 체계적으로 추진 |
| | | 치매 연구 데이터·자원 공유체계 마련을 위한 제도 개선 | 시체유래물의 연구목적 사용 및 코호트 간 연계 등 치매연구 DB 구축을 위한 법적 근거 마련 |

| | | | |
|---|---|---|---|
| 질환·계층·남북 주민 간 건강형평성 강화 | 노인·장애인 등 취약계층의 생활밀착 돌봄·건강관리 | 장애인·노인 맞춤형 돌봄·재활 로봇 및 장애해소기술 개발 | 맞춤형 돌봄·재활 로봇, 보조기구 개발·제품화 및 재활병원·요양시설 등 대상 실증 보급<br>인허가 및 공적보험 적용을 위한 근거 마련 연구 지원 |
| | | 지역사회 취약계층 건강증진을 위한 ICT 융합 기술 개발 | 지역사회 내 건강취약계층 대상 방문건강관리와 연계된 간호·돌봄 서비스 표준 플랫폼 개발 및 실증 |
| | | 건강정보 전달체계 고도화로 건강정보 이해력 향상 | 취약계층 실시간 맞춤형 건강정보 컨텐츠 및 확산 전략 개발을 통한 건강정보 전달체계 고도화 |
| 예방·관리 중심의 미래의료 기반 확충 | 개인 맞춤형 정밀의료 확산 | 예방부터 치료까지 개인 맞춤형 정밀의료 확산 | 맞춤형 항암제 개발, 암 동반 진단 플랫폼 구축 등으로 암 정밀의료 기술의 현장 적용 확산<br>인공지능 기반 주요 질환 정밀 진단·치료 지원 시스템 개발 추진 |
| | 만성질환·난치병 극복을 위한 첨단 바이오재생의료 지원 | 재생의료 융·복합분야 연구 지원 확대를 통한 다양한 제품군의 중개·임상연구 진입 유도 | 암 표적치료 면역세포 이용 항암제, 유전자가위기술 활용 세포치료제, 3D 프린팅을 활용한 환자맞춤형 장기 개발·임상 적용 등 |
| | 생애주기별 예방·건강관리를 위한 디지털 헬스케어 활성화 | 노인들이 가정에서 높은 삶의 질을 유지할 수 있는 스마트 홈 헬스케어 서비스 기술 개발 | 사물인터넷 등을 활용하여 노인의 일상생활 정보 수집·분석으로 응급상황 대응 및 신속한 의료 지원 |

(출처 : 보건복지부(2018), 제2차 보건의료기술육성 기본계획(안))

### 윤석열 정부의 고령친화 관련 국정과제(120대 국정과제)

윤석열 정부는 국정비전인 '다시 도약하는 대한민국, 함께 잘 사는 국민의 나라'를 달성하기 위해 6대 국정목표, 120대 국정과제를 발표하였다. 고령친화산업 활성과 관련된 과제로는 사회서비스 혁신을 통한 복지·돌봄서비스 고도화, 100세 시대 일자리·건강·돌봄 체계 강화가 있다.

[표 4-9] 윤석열 정부의 관련 국정과제 내용

<table>
<tr><th colspan="3">추진 과제</th><th>내용</th></tr>
<tr><td rowspan="9">(국정목표 3) 따뜻한 동행, 모두가 행복한 사회</td><td rowspan="3">사회서비스 혁신을 통한 복지·돌봄서비스 고도화 (복지부)</td><td>양질의 보편적 사회서비스 제공 및 사각지대 발굴</td><td>맞춤형 급여안내('복지멤버십') 서비스를 전 국민으로 확대하고, 복지사각지대 해소를 위한 발굴시스템 정교화 및 지자체 발굴체계 강화</td></tr>
<tr><td>사회서비스 혁신을 위한 범부처-민관 협력 체계 구축</td><td>중앙 및 시·도 사회서비스지원을 통한 민관협업 활성화 및 사회서비스 혁신 지원 강화</td></tr>
<tr><td>사회복지시설 종사자, 돌봄서비스 인력의 처우 개선</td><td>임금 가이드라인에 맞춘 사회복지시설 종사자 보수 적정화, 돌봄서비스 인력의 보수체계, 근로여건 개선 등을 통해 서비스 품질향상</td></tr>
<tr><td rowspan="6">100세 시대 일자리·건강·돌봄체계 강화 (복지부)</td><td>능동적이고 활력있는 노후를 위한 노인일자리 확대 및 내실화</td><td>다양한 수요 대응을 위한 사회서비스형 일자리 및 시장형 일자리 확충, 외부자원을 활용한 선도모델 추진</td></tr>
<tr><td>지역사회 계속 거주를 위한 예방적·통합적 돌봄 강화</td><td>노인맞춤돌봄서비스 종류와 제공시간 확대, 노인돌봄 및 치매돌봄 체계에서 맞춤형 사례관리로 강화<br>시군구 중심 지역 내 다양한 의료·돌봄 기관을 연계하여 커뮤니티케어 실현</td></tr>
<tr><td>다양한 기술을 활용한 생활밀착형 돌봄 확산 기반 조성</td><td>응급안전안심서비스와 보건소 AI-IoT기반 건강관리사업 등의 확대로 스마트 기술 활용 돌봄 확산<br>고령친화산업과 연계한 복지기술 R&D 강화, 돌봄 기술개발 지원</td></tr>
<tr><td>지역사회 계속 거주 지원 방향으로 서비스 강화 및 질 제고</td><td>의료와 돌봄을 통합적으로 제공할 수 있는 재택의료센터 등 확대 추진<br>의료·요양 복합 제공 지원 및 통합재가 등 재가서비스 강화<br>공립요양시설 확충, 시설 환경개선 병행</td></tr>
<tr><td>환자 특성을 고려한 지원 체계 마련 및 부담 완화</td><td>급성기병원 중심 간호간병통합서비스 확대, 요양병원 특성에 맞는 간병서비스 모델 마련 및 모니터링·평가</td></tr>
</table>

(출처 : 대한민국 정부(2022), 윤석열정부 120대 국정과제)

## 제4기 인구정책 TF 추진계획

2022년에는 제4기 인구정책 TF 추진계획을 통해 생산연령인구의 감소폭이 기존 전망보다 확대되고 베이비붐 세대가 고령층에 진입하면서 급격한 고령화가 진행될 것으로 전망하였다. 이에 생산연령인구 확충·보강, 축소사회 적응력 강화, 고령사회 대비, 초저출산 대응을 포함한 4대 분야를 중심으로 인구구조 변화에 집중 대응하기 위해 분야·과제별 대응시기를 3단계(단기/중기/장기)로 구분한 맞춤형 대응전략을 수립할 계획이다. 고령자 고용 활성화(단기/중기), 고령층 의료·요양·돌봄서비스 확충(장기), 노후소득보장강화(장기), 고령층 친화 제도·인프라 개선(장기) 등이 고령층 관련 주제로 선정되었다.

### 지자체 고령친화산업 육성·지원

○ 서울특별시

- 서울특별시는 2013년 국내 최초로 세계보건기구(World health organization, WHO) 산하 고령친화도시글로벌 네트워크인 GNFAFCC(WHO Global Network for Age-friendly Cities and Communities)에 가입하여 고령친화도시로 도약하기 위해 노력해 왔다.
- 고령친화도시 조성 사업에는 노인종합복지관 기능개편, 복지시설 확충, 유니버설 디자인 가이드라인 적용을 기반으로 하는 시설과 고령자 전용 임대주택 공급 확대 지원에 관한 정책이 포함되어 있다.
- '고령친화산업 육성 및 지원에 관한 조례'는 2018년도에 제정되었다.

○ 부산광역시

- 부산광역시는 2005년 고령친화용품산업화지원센터, 2008년 지식경제부로부터 지정된 고령친화산업지원센터를 설립하고 고령친화산업 육성 종합계획을 수립하였다.
- 부산의 고령친화산업지원센터는 산업활성화를 위한 기술역량 강화 및 기업지원, 용품의 공동연구 및 인증 지원, 재활복지의료기기 인프라 구축, 이동노인복지관 서비스 제공 등 상품과 서비스 영역을 모두 담당하고 있다.
- 2020년에는 고령친화우수제품 사용성평가 수행기관으로 선정되어 고령자들의 사회적 참여 확대를 위한 우수제품을 발굴하고 시장경쟁력을 향상시키고 있다.
- '고령친화산업 육성 및 지원에 관한 조례'는 2016년도에 전국에서 최초로 제정되었다.

○ 대구광역시

- 대구광역시는 대구·경북의 고령친화산업 거점 구축 및 육성을 위해 2008년에 대구시

니어체험관을 설립하여 고령친화용품(여가용품, 이동기기, 의료용품 등) 전시체험, 고령자 대상 교육시설, 사용성 평가센터, 관련기업 육성 등의 사업을 진행하였다.

- 하지만, 해당 시설이 고령자 대상 운동 프로그램이나 사교프로그램 등과 같은 복지 프로그램 위주로 운영되고 기타 노인복지시설과의 차별성을 확보하지 못하면서 2018년에 폐관되었다.
- '고령친화산업 육성 및 지원에 관한 조례'는 제정되어 있지 않은 실정이다.

○ 인천광역시

- 인천광역시는 고령친화 환경조성을 위해 2017년 고령사회 대응센터를 설립하고 인천시 고령사회 대응을 위한 중장기 계획(2018~2022)을 수립하였다.
- 세부계획으로는 저상버스 도입 확대 등의 교통환경 개선, 노인여가시설 및 장기요양시설 등 기타 시설관련 인프라 확충으로 복지 측면의 접근을 강조하고 있다.
- '고령친화산업 육성 및 지원에 관한 조례'는 제정되어 있지 않은 실정이다.

○ 광주광역시

- 광주광역시는 2016년 고령친화산업지원센터를 설립하고 '고령친화산업지원센터의 설치 및 운영 조례'를 제정함으로써 고령친화산업 지원 및 육성을 담당하게 하였다.
- 고령친화산업지원센터에서는 고령친화산업 활성화를 위해 고령친화제품 및 서비스 체험, 제품 기술개발 및 표준화 지원, 산업관련 정보제공, 교육훈련 등을 수행하고 있다.
- '광주광역시 고령친화산업 육성 및 지원에 관한 조례'는 2017년도에 제정되었다.

○ 대전광역시

- 대전광역시는 2020년 '대전광역시 고령친화산업 육성 및 지원에 관한 조례안 예고'를 공지하고 고령친화산업을 육성, 지원하여 고령자의 질 향상과 지역경제 활성화에 기여하겠다고 밝혔다.

○ 울산광역시

- 울산광역시는 '고령친화도시 조성'에 초점을 맞춰 정책이 진행되고 있어 산업지원이 제한적이다.
- 2019년 제정된 '고령친화도시 구현을 위한 노인복지 기본 제례'에서도 부분적으로 고령친화산업과 관련된 내용을 다루고 있다.
- '고령친화산업 육성 및 지원에 관한 조례'는 제정되어 있지 않은 실정이다.

○ 세종특별자치시

- 세종특별자치시는 고령친화산업 지원 및 육성보다는 고령친화도시 조성에 초점을 맞춘 정책 시행에 노력하고 있다.
- '고령친화산업 육성 및 지원에 관한 조례'는 제정되어 있지 않은 실정이다.

○ 경기도

- 경기도는 2008년 성남에 고령친화체험관을 개관하였으며, R&D 지원센터를 통해 기업지원, 기술지원, 한국시니어리빙랩 사업을 운영하고 있다.
- 2020년에는 고령친화산업 기업지원 사업을 실시하여 교육, 고령친화 기술개발, 고령친화 제품마케팅, 기타 분야를 지원하였다.
- '경기도 고령친화산업 육성 및 지원에 관한 조례'는 2019년도에 제정되었다.

○ 강원도

- 강원도는 고령친화산업 활성화에 관한 인식 및 저변이 부족한 상황이라 산업육성을 위한 노력이 초기에 머물러있다.
- '강원도 고령친화산업 육성 및 지원조례'는 2020년도에 제정되었다.

○ 충청북도

- 충청북도는 고령친화산업 발전을 위한 정책적 노력이 필요하며, 지역 특화 맞춤형 서비스 개발, 시니어 창업지원 등을 추진할 계획이다.
- '고령친화산업 육성 및 지원에 관한 조례'는 제정되어 있지 않은 실정이다.

○ 충청남도

- 충청남도는 지역정부 차원의 고령친화산업 육성 노력이 필요한 상황이다.
- '고령친화산업 육성 및 지원에 관한 조례'는 제정되어 있지 않은 실정이다.

○ 전북특별자치도

- 전북특별자치도는 2000년대 고령친화산업을 세부적인 산업 및 서비스 항목으로 구분하고 육성하겠다는 전략을 세웠지만 뚜렷한 성과를 거두지 못하였다.
- '고령친화산업 육성 및 지원에 관한 조례'는 제정되어 있지 않은 실정이다.

○ 전라남도

- 전라남도는 고령친화산업 관련 사업을 추진하는 비영리 법인이나 단체 등을 지원할 수 있는 법제도적인 측면을 마련하여 고령친화산업을 활성화하기 위한 계획을 세우고 있다.
- '전라남도 고령친화산업 육성 및 지원에 관한 조례안'은 2019년도에 제정되었다.

○ 경상북도

- 경상남도는 고령친화산업을 지역 신성장동력으로 선정하였을 뿐만 아니라 지역산업 육성정책 경험과 거점대학 등을 보유하고 있어 성장 가능성이 크지만, 현재까지 뚜렷한 지원정책은 마련되지 않고 있다.
- '고령친화산업 육성 및 지원에 관한 조례'는 제정되어 있지 않은 실정이다.

○ 경상남도

- 경상남도는 고령화 대책 사업을 통해 고령친화 도시 육성(남해시), 시니어 창업지원 및 항노화의료산업(남해시)을 시행하고 있으며, 양방향노화 의생명 R&D 센터 구축사업(양산시)과 항노화산업 R&D지원산업(의령군)을 추진하고 있다.
- 광역이 아닌 '안동시 고령친화산업 육성 및 지원에 관한 조례'는 2019년에 제정되었다.

○ 제주특별자치도

- 제주특별자치도는 은퇴자 마을 등의 집중 육성을 차세대 동력산업으로 육성할 계획을 가지고 있지만 고령친화산업 발전을 위한 정책은 미비한 상황이다.
- '고령친화산업 육성 및 지원에 관한 조례'는 제정되어 있지 않은 실정이다.

#### 고령친화우수제품 지정제도

고령친화우수제품 지정제도는 고령친화산업 진흥법 제12조(우수제품의 지정·표시)에 근거하여 2008년부터 시행되었다. 고령자를 주요 수요자로 하는 주거, 요양, 금융, 여가, 관광, 문화, 건강지원서비스, 영농지원서비스, 교통, 급식산업 등에 대하여 품질기준, 안전성, 조작 및 기능성, 편의성(만족도) 등을 평가하여 우수제품을 지정한다.

한국보건산업진흥원 고령친화산업지원센터에서는 고령친화산업 진흥법에 따라 한국산업표준, 자율안전확인기준, 단체표준 등의 규격을 획득한 제품 중에서 고령자가 조작 및 인지가 쉽고 사용이 편리하며 노인에 대한 정신적·신체적 특성을 배려하는 등 지정 기준에 의해 선정된 우수한 제품을 고령친화우수제품(Age-friendly products)으로 지정하는 인증제도를 운영하고 있다.

고령친화우수제품은 고령친화산업지원센터 홈페이지 등을 통해 소비자가 직접 제품에 대한 품목별 세부정보(업체명, 품목군, 모델명, 우수제품코드, 지정년도, 노인장기요양급여, 구입/대여, 가격)를 확인할 수 있으며, 2023년 4월 기준 98개 업체, 402개 제품에 대한 지정을 유지하고 있다.

### 4.3.2 고령친화산업 시장규모 및 동향

한국보건산업진흥원에서는 2021년 고령친화산업 분류체계를 통해 2020년 기준 고령친화산업 시장규모는 약 80조 3천억 원으로 고령친화 제조업은 약 18조 8천억 원(23.4%), 고령친화 서비스업은 약 61조 5천억 원(76.6%) 규모로 추정된다고 보고하였다. 고령친화 제조업에서는 의약품 제조업, 식품 제조업, 용품 제조업, 화장품 제조업, 의료기기 제조업 순으로, 고령친화 서비스업에서는 금융 서비스업, 요양 서비스업, 여가 서비스업, 주거 서비스업 순으로 시장규모가 큰 것으로 나타났다.

[표 4-10] 고령친화 제조 · 서비스업 시장규모

(단위 : 백만 원)

| 구분 | 시장규모 |
|---|---|
| 고령친화산업 전체 | 80,348,347 |
| 고령친화 제조업 | 18,824,241 |
| - 고령친화 용품 제조업 | 3,626,481 |
| - 고령친화 의약품 제조업 | 9,891,585 |
| - 고령친화 의료기기 제조업 | 184,325 |
| - 고령친화 식품 제조업 | 4,136,984 |
| - 고령친화 화장품 제조업 | 984,866 |
| 고령친화 서비스업 | 61,524,106 |
| - 고령친화 요양 서비스업 | 9,251,776 |
| - 고령친화 주거 서비스업 | 147,238 |
| - 고령친화 여가 서비스업 | 4,658,180 |
| - 고령친화 금융 서비스업 | 47,466,912 |

(출처: 한국보건산업진흥원 고령친화서비스단(2023), 2021년 고령친화산업 제조·서비스업 실태조사 및 분석)

고령친화산업의 실부가가치는 2012년 36조 6,900억 원에서 2020년에는 71조 7,800억 원으로 2012년 대비 약 8.7%, 2030년에는 143조 6,400억 원으로 2020년 대비 7.2% 성장하는 것으로 나타났다.

[표 4-11] 고령친화산업 전망(실부가가치 기준)

(단위 : 백 억, %)

| 고령친화산업 | 2012년 | 2020년 | 2030년 | 연평균증가율 | |
|---|---|---|---|---|---|
| 전체 | 3,669(100%) | 7,178(100%) | 14,364(100%) | '12~'20 | '21~'30 |
| 용품 | 471(12.8%) | 476(6.2%) | 520(3.6%) | 0.1% | 0.9% |
| 의약품 | 152(4.2%) | 508(7.1%) | 1,164(8.1%) | 16.3% | 8.6% |
| 의료기기 | 76(2.1%) | 137(1.9%) | 223(1.6%) | 7.7% | 5.0% |
| 식품 | 267(7.3%) | 444(6.2%) | 560(3.9%) | 6.6% | 2.3% |
| 화장품 | 41(1.1%) | 79(1.1%) | 123(0.9%) | 8.4% | 4.5% |

| 요양 | 1,513(41.2%) | 3,306(46.1%) | 8,142(56.7%) | 10.3% | 9.4% |
|---|---|---|---|---|---|
| 주거 | 7(0.2%) | 10(0.2%) | 10(0.1%) | 3.6% | 0.7% |
| 여가 | 133(3.6%) | 197(2.7%) | 277(1.9%) | 5.0% | 3.4% |
| 금융 | 1,009(27.5%) | 2,023(28.2%) | 3,346(23.3%) | 9.1% | 5.2% |

(출처: 한국보건산업진흥원 고령친화서비스단(2023), 2021년 고령친화산업 제조·서비스업 실태조사 및 분석)

### 고령친화 용품 제조업

고령친화 용품 제조업은 현재 노인장기요양보험과 연계된 복지용구(고령친화우수제품 및 보조기구 중심의 18개 품목)에 집중되어 있으나, 베이비붐 세대의 고령층 진입이 본격화되면서 대기업과 대형마트를 중심으로 신고령층 공략을 위한 활발한 움직임이 늘어나고 있는 추세이다. 또한, 신체의 잔존능력 유지보다는 적극적 강화를 위한 스마트 돌봄, 디지털을 활용한 의사소통 능력 확대, 로봇을 활용한 이동권 확대 기술 개발 및 공공 협력이 강화되고 있다.

2021년 기준 고령친화 용품 제조업의 시장 규모는 약 4조 원으로, 2020년 3조 6천억 원 대비 약 11.7% 증가하였다.

**[표 4-12] 고령친화 용품 제조업 시장규모 추정 결과(매출액 기준)**

(단위 : 백만 원, %)

| 중분류 | 2020년 | 2021년 | 증감률 |
|---|---|---|---|
| 개인건강·의료용품 | 2,518,422 | 2,861,471 | 13.6 |
| 일상생활용품 | 409,996 | 435,053 | 6.1 |
| 주거설비용품 | 415,645 | 459,545 | 10.6 |
| 의사소통 보조기기 | 282,418 | 293,314 | 3.9 |
| 합계 | 3,626,481 | 4,049,382 | 11.7 |

(출처: 한국보건산업진흥원 고령친화서비스단(2023), 2021년 고령친화산업 제조·서비스업 실태조사 및 분석)

○ 맞춤형 복지용구 쇼핑몰

- 2021년 설립된 시니어 전자상거래(E-commerce) 플랫폼 전문 스타트업 그레이스케일은 정보 불균형을 해소하고 구매자(보호자)와 사용자(시니어)들의 니즈를 파악하여 편

리하게 검색부터 구매까지 할 수 있도록 복지용구 온라인 몰인 '그레이몰(Greymall)'을 운영하고 있다.

- 로그인 정보에 따라 노인장기요양보험 인정 자격에 따른 가격정보 자동변경 시스템을 적용하면 해당 제품 구매자들이 관심을 보인 다른 상품과 콘텐츠들을 큐레이션 한 결과를 보여준다.

○ 시니어 가발

- 가발업체 시크릿우먼은 탈모인을 위한 가발에서 미용을 위한 부분 가발을 선보여 높은 관심을 받고 있다.
- 중년 여성들이 결혼식이나 행사가 있어 한복을 입고 올림머리를 할 때 '헤어보톡스'라고 불리는 부분가발을 이용해 원하는 부분에 볼륨을 강조할 수 있다.
- 부위별로 다양한 종류가 있어 헤어스타일을 고민하는 중년 여성들이 손쉽게 스타일에 변화를 줄 수 있다.

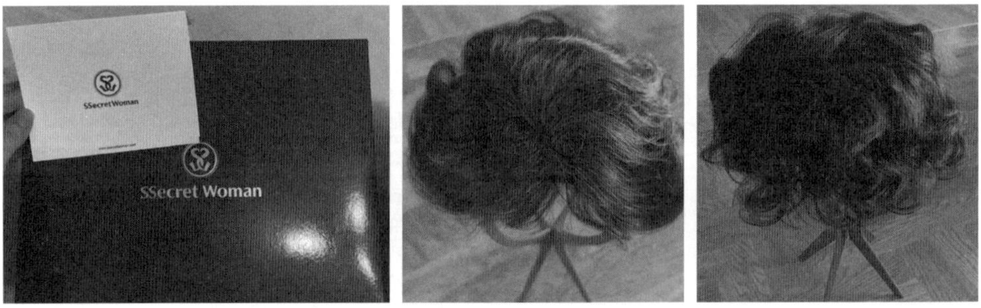


**[그림 4-1] 시니어 가발**

### 고령친화 의약품 제조업

인구 고령화로 인한 복합 만성질환 증가, 노인성 질병 범위 확대, 고가 의약품 진입에 의해 건강보험 진료비 및 약품비 지출 규모가 크게 증가하고 있는 추세이다. 이에 건강보험에서 부담해야 할 약품비 재정이 더 커질 것으로 예측되고 있어 효율적 관리 방안을 모색해야 할 필요성이 강조되고 있는 상황이다. 향후 글로벌 의약품 제조 기업 중심으로 일상을 지원하는 빅데이터 기반 맞춤형 의약품 제공이 활성화될 것으로 전망하고 있다. 2021

년 기준 고령친화 의약품 제조업의 시장 규모는 약 10조 8천억 원으로, 2020년 약 9조 8천억 원 대비 약 9.7% 증가하였다.

**[표 4-13] 고령친화 의약품 제조업 시장규모 추정 결과(소비금액 기준)**

(단위 : 백만 원, %)

| 중분류 | 소분류 | 2020년 | 2021년 | 증감률 |
|---|---|---|---|---|
| 신경계 감각기관용 의약품 | 중추신경계용약 | 1,557,646 | 1,696,079 | 8.9 |
| | 말초신경계용약 | 85,458 | 93,901 | 9.9 |
| | 감각기관용약 | 287,247 | 316,724 | 10.3 |
| | 알레르기용약 | 188,719 | 207,886 | 10.2 |
| 개개의 기관계용 의약품 | 순환계용약 | 2,620,136 | 2,883,546 | 10.1 |
| | 호흡기관용약 | 250,845 | 256,627 | 2.3 |
| | 소화기관용약 | 753,610 | 891,102 | 18.2 |
| | 호르몬제(항호르몬제 포함) | 182,621 | 139,348 | -23.7 |
| | 비뇨생식기관 및 항문용약 | 415,841 | 425,734 | 2.4 |
| | 외피용약 | 67,928 | 68,305 | 0.6 |
| 대사성 의약품 | 비타민제 | 20,547 | 22,132 | 7.7 |
| | 자양강장변질제 | 164,971 | 190,977 | 15.8 |
| | 혈액 및 체액용약 | 447,706 | 503,951 | 12.6 |
| | 인공관료용제 | 104,317 | 113,094 | 8.4 |
| | 기타의 대사성 의약품 | 1,096,664 | 1,215,994 | 10.9 |
| | 종양용약 | 819,897 | 956,527 | 16.7 |
| 항병원 생물성 의약품 | 항생물질제제 | 381,466 | 391,092 | 2.5 |
| | 화학료법제 | 199,699 | 206,956 | 3.6 |
| 치료를 주 목적으로 하지 않는 의약품 및 관련 제품 | 조제용약 | 1,326 | 1,569 | 18.3 |
| | 진단용약 | 178,587 | 200,375 | 12.2 |
| 나카틱(narcotic) | 알카로이드 마약(천연) | 8,210 | 8,460 | 3.0 |
| | 비알카로이드계 마약 | 58,144 | 61,335 | 5.5 |
| 합계 | | 9,891,585 | 10,851,712 | 9.7 |

(출처: 한국보건산업진흥원 고령친화서비스단(2023), 2021년 고령친화산업 제조·서비스업 실태조사 및 분석)

○ CAR-T 치료제

- CAR-T(Chimeric antigen receptor-T) 치료제는 면역세포인 T세포에 CAR(키메라 항원 수용체)를 주입해 암세포를 공격하도록 유전자 변형한 세포 치료제로, 높은 반응률로 인해 '기적의 항암제'로 불리고 있다.
- 하지만, 의료기관에서 환자의 T세포를 채집한 뒤 GMP 시설에서 배양하는 등 제조 과정이 복잡하며 가격이 높아 사실상 국내 환자가 접근하기 쉽지 않다.
- GC녹십자셀, 유틸렉스, 셀렙메드, 카텍셀, HK이노엔, 셀렌진 등 다수의 국내 기업들이 토종 CAR-T 치료제를 개발 중이거나 개발할 예정이다.

**[표 4-14] 국내 고형암 표적 CAR-T 치료제 개발 현황**

| 국내 기업 | 고형암 | 표적 항원 | 개발현황 |
|---|---|---|---|
| GC녹십자셀 | 췌장암 | Mesothelin | 전임상 |
| 유틸렉스 | 간암 | GPC3 | |
| 셀렙메드 | 교모세포종 | IL13Ra2 | |
| 카텍셀 | 대장암, 난소암, 전립선암 | TAG72 | |
| HK이노엔 | 유방암, 폐암, 위암 | undisclosed | |
| 셀렌진 | 췌장암, 난소암, 중피종 | Mesothelin | |

(출처: 한국바이오협회(2021), 고형암 표적 CAR-T 치료제 개발 동향)

## 고령친화 의료기기 제조업

고령친화 의료기기 제조업은 단순 보조기기로의 역할을 넘어 ICT, 생명공학기술(Biotechnology, BT), 나노기술(Nano technology, NT), 로봇기술, 의료기술이 접목된 정밀제어 및 원격제어가 가능한 재활기기로 기술이 개발되고 있다. 신체기능이 저하된 고령자 등의 재활용 의료기기·보조기구로 근골격계 보조기기, 이동·이송기기, 일상생활 지원기기, 시각·청각·감각 보조기기, 가정용 진단기기 등이 개발되었으며, 향후 노인성 질병 진단, 일상생활 보조를 통한 예방 및 4차 산업기술을 활용한 디지털 헬스케어까지 의료기기의 활용 범위가 확대될 것으로 전망하고 있다. 2021년 기준 고령친화 의료기기 제조업의 시장 규모는 약 1조 8천억 원으로, 2020년 약 1조 2천억 원 대비 약 42.3% 증가하였다.

[표 4-15] 고령친화 의료기기 제조업 시장규모 추정 결과(생산액 기준)

(단위 : 백만 원, %)

| 중분류 | 소분류 | 2020년 | 2021년 | 증감률 |
|---|---|---|---|---|
| 기구, 기계 | 호흡보조기 | 15,595 | 12,028 | -22.9 |
| | 이학 진료용 기구 | 39,285 | 36,955 | -5.9 |
| | 심혈관용 기계 기구 | 22,720 | 23,101 | 1.7 |
| | 비뇨기과용 기계 기구 | 1,354 | 689 | -49.1 |
| | 체온 측정용 기구 | 15,952 | 6,859 | -57 |
| | 혈압검사 또는 맥파검사용 기기 | 6,644 | 9,519 | 43.3 |
| | 호흡기능 검사용 기기 | 316 | 543 | 71.7 |
| | 검안용 기기 | 6,504 | 4,664 | -28.3 |
| | 청력 검사용 기기 | 46 | 2 | -95.9 |
| | 지각 및 신체진단용 기구 | 5,723 | 5,857 | 2.3 |
| | 조직 가공기 | 5 | 0 | -100 |
| | 의료용 취관 및 체액 유도관 | 30,283 | 30,989 | 2.3 |
| | 채혈 또는 수혈 및 생체 검사용 기구 | 45,954 | 47,630 | 3.6 |
| | 정형 및 기능 회복용 기구 | 9,567 | 22,619 | 136.4 |
| | 치과용 진료 장치 및 의자 | 10,977 | 9,333 | -15 |
| | 치과용 엔진 | 1,214 | 1,588 | 30.8 |
| | 치과용 브로치 | 34 | 33 | -3.9 |
| | 치과용 탐침 | 61 | 62 | 1.4 |
| | 치과용 방습기 | 118 | 112 | -4.8 |
| | 인상 채득 또는 교합용 기구 | 339 | 308 | -9 |
| | 치과용 중합기 | 353 | 397 | 12.3 |
| | 치과용 주조기 | 887 | 52 | -94.1 |
| | 시력보정용 안경 | 419 | 227 | -45.9 |
| | 눈 적용 렌즈 | 59,655 | 34,125 | -42.8 |
| | 보청기 | 19,060 | 23,722 | 24.5 |
| | 헤르니아 치료용 기구 | 14 | 13 | -8.5 |
| | 개인용전기자극기 | 57,319 | 95,028 | 65.8 |

| 중분류 | 소분류 | 2020년 | 2021년 | 증감률 |
| --- | --- | --- | --- | --- |
| 기구, 기계 | 의료용 자기 발생기 | 5,623 | 9,761 | 73.6 |
| | 이비인후과용 진료장치 및 의자 | 2,855 | 2,327 | -18.5 |
| | 안과용 진료 장치 및 의자 | 495 | 347 | -29.9 |
| | 의료용 세포 및 조직 처리 기구 | 1,263 | 2,731 | 116.2 |
| 치과 재료 | 봉합사 및 결찰사 | 12,905 | 23,061 | 78.7 |
| | 정형용품 | 37,509 | 49,277 | 31.4 |
| | 인체조직 또는 기능 대치품 | 49,040 | 96,158 | 96.1 |
| | 부목 | 13,561 | 27,179 | 100.4 |
| | 시력표 및 색각검사표 | 246 | 224 | -9 |
| | 외과용품 | 34,947 | 40,759 | 16.6 |
| | 치과 가공용 합금 | 11,638 | 10,046 | -13.7 |
| | 치과 주조용 합금 | 25,258 | 24,584 | -2.7 |
| | 메탈 세라믹 합금 | 163 | 210 | 28.9 |
| | 납착용 합금 | 1 | 0 | -100 |
| | 가공용 합금 | 988 | 1,453 | 47.1 |
| | 직접 수복재료 | 4,676 | 4,781 | 2.2 |
| | 심미 치관재료 | 6,778 | 11,033 | 62.8 |
| | 의치재료 | 184 | 161 | -12.7 |
| | 의치상 재료 | 116 | 2,452 | 2013.7 |
| | 근관 치료재 | 3,760 | 4,280 | 13.8 |
| | 치과 접착용 시멘트 | 237 | 622 | 162.2 |
| | 치과용 접착제 | 529 | 1,670 | 215.7 |
| | 치과용 인상재료 | 4,204 | 4,555 | 8.4 |
| | 치과용 왁스 | 66 | 24 | -64.1 |
| | 모형재 및 매몰재 | 17 | 81 | 377.5 |
| | 예방 치과치료 | 167 | 132 | -21.1 |
| | 치과 교정재료 | 5,005 | 6,020 | 20.3 |
| | 악안면 성형용 재료 | 3,113 | 3,699 | 18.8 |
| | 악골 치아 고정장치 | 2 | 9 | 329.8 |

| 중분류 | 소분류 | 2020년 | 2021년 | 증감률 |
|---|---|---|---|---|
| 치과 재료 | 치과용 임플란트 시스템 | 263,530 | 383,637 | 45.6 |
| | 치과용 골이식재 | 6,176 | 8,301 | 34.4 |
| | 치주 조직재생 유도재 | 2,558 | 3,304 | 29.2 |
| | 보철물 분리재료 | 2 | 1 | -52.3 |
| | 기타 보철재료 | 740 | 860 | 16.2 |
| | 기타 보존재료 | 160 | 137 | -14.3 |
| 소프트웨어 | 2등급치과영상전송장치 | 0 | 0 | - |
| | 신경과학 진료용 소프트웨어 | 0 | 95 | - |
| | 안과학 진료용 소프트웨어 | 21 | 23 | 8 |
| 체외진단 의료기기 | 임상화학 분석장비 | 622 | 1,215 | 95.3 |
| | 방사선 측정장비 | 71 | 78 | 10.3 |
| | 혈액성분 검사장비 | 2,903 | 1,815 | -37.5 |
| | 개인용 체외진단 검사장비 | 13,868 | 16,285 | 17.4 |
| | 혈액응고 검사장비 | 1,428 | 0 | -100 |
| | 체액 검사장비 | 39 | 25 | -35.4 |
| | 임상검사용 요화학 및 분변 검사장비 | 925 | 851 | -8 |
| | 임상화학 검사시약 | 3,106 | 1,822 | -41.3 |
| | 혈구 검사시약 | 444 | 628 | 41.5 |
| | 혈액응고 검사시약 | 698 | 3,942 | 464.7 |
| | 내분비계 검사시약 | 5,392 | 6,077 | 12.7 |
| | 임상검사용 요화학 및 분변 검사시약 | 737 | 752 | 2.1 |
| | 임상화학 검사지 | 2,528 | 1,357 | -46.3 |
| | 개인용 임상화학 검사지 | 31,770 | 25,780 | -18.9 |
| | 기타 임상화학 검사기기 | 259 | 509 | 96.7 |
| | 면역반응 검사장비 | 4,991 | 6,815 | 36.5 |
| | 면역관련단백질 검사시약 | 4,715 | 7,430 | 57.6 |
| | 자가면역질환 검사시약 | 0 | 0 | - |
| | 감염체 진단 면역 검사시약 | 302,417 | 578,962 | 91.4 |
| | 약물농도 검사시약 | 208 | 313 | 50.5 |

| 중분류 | 소분류 | 2020년 | 2021년 | 증감률 |
|---|---|---|---|---|
| 체외진단 의료기기 | 임상미생물 검사장비 | 378 | 269 | -29 |
| | 임상미생물 검사시약 | 1,906 | 1,834 | -3.8 |
| | 기타 임상미생물 검사기기 | 5 | 3 | -31.4 |
| | 세포 및 조직병리 검사장비 | 43 | 259 | 503.2 |
| | 세포 및 조직병리 검사시약 | 46 | 51 | 11.9 |
| | 기타 조직병리 검사기기 | 40 | 30 | -24.3 |
| 합계 | | 1,271,362 | 1,808,959 | 42.3 |

(출처: 한국보건산업진흥원 고령친화서비스단(2023), 2021년 고령친화산업 제조·서비스업 실태조사 및 분석)

○ 바이오마커를 활용한 치매 진단기술

- 2002년 설립된 피플바이오는 변형단백질진환의 조기 진단에 적용 가능한 플랫폼 기술인 MDS(Multimer detection system)를 활용해 알츠하미어병 조기 진단키트 상용화 단계에 진입하는데 성공하였다. MDS는 항원을 겹치게 설계해 변형단백질질환에서 특징적으로 나타나는 올리고머 및 멀티머를 선택적으로 구별해 검출하는 방식이다.
- 2021년 12월 보건복지부로부터 신의료기술로 인정받은 인블러드 OA 베타테스트 (inBloodTM OA β Test)를 통해 알츠하이머병의 조기 진단이 가능해 환자의 삶의 질 향상은 물론 경제적 비용 또한 감소시킬 수 있다.

### 고령친화 식품 제조업

고령인구 증가와 코로나 19 이후 건강에 대한 관심이 커지면서 '간편식 케어 푸드', '메디푸드' 제품 개발이 활발해지고 있다. 식품의약품안전처는 다양한 고령자용 식품의 제조 및 유통에 대한 기반을 마련하고 주로 환자용 식품 영역에 있던 고령친화식품을 모든 식품 영역으로 확대함으로써 고령친화산업 식품 분야의 성장기반을 지원하고 있다. 2021년에는 고령친화산업 진흥법 대상 제품에 식품을 추가하고 '고령친화 우수식품 지정', 'KS 인증제' 등을 시행하여 고령자를 위한 식품 시장 성장을 도모하면서 시장 규모는 약 4조 4천억 원으로, 2020년 약 4조 1천억 원 대비 약 8.0% 증가하였다.

[표 4-16] 고령친화 식품 제조업 시장규모 추정 결과(생산액 기준)

(단위 : 백만 원, %)

| 중분류 | 소분류 | 2020년 | 2021년 | 증감률 |
|---|---|---|---|---|
| 건강기능식품 및 건강보조식품 | 홍삼, 인삼, 콜라겐, 비타민 등 | 503,250 | 584,536 | 16.2 |
| 식품류 | 간식류: 과자, 캔디, 초콜릿, 아이스크림 등 | 600,201 | 595,288 | -0.8 |
| 식품류 | 빵류: 도넛, 식빵, 카스테라, 피자, 티라미수, 케익, 파이 등 | 580,226 | 616,682 | 6.3 |
| 식품류 | 떡류: 인절미, 백설기, 꿀떡, 시루떡, 구름떡 등 | 163,668 | 172,114 | 5.2 |
| 식품류 | 두부류 및 묵류: 두부, 두부껍질, 묵 등 | 127,448 | 127,049 | -0.3 |
| 식품류 | 면류: 건면, 생면, 라면, 봉지라면, 용기면 등 | 226,317 | 250,256 | 10.6 |
| 식품류 | 소스류: 잼, 케첩, 버터, 마요네즈 등 | 181,539 | 218,840 | 18.3 |
| 식품류 | 양념 조미료류: 간장, 된장, 고추장, 식초, 설탕, 소금, 고춧가루 등 | 203,265 | 229,161 | 12.7 |
| 식품류 | 절임류: 김치, 젓갈, 장아찌 등 절임식품 | 635,865 | 671,338 | 5.6 |
| 식품류 | 육류가공식품류: 소시지, 베이컨, 육포, 닭갈비 등 | 250 | 313 | 25.2 |
| 식품류 | 수산가공식품류: 어묵, 어육살, 어육반제품, 건어포, 조미김 등 | 4,071 | 4,568 | 12.2 |
| 음료류 | 차류: 인삼차, 홍삼차, 녹차, 우롱차, 홍차 등 | 209,686 | 220,592 | 5.2 |
| 음료류 | 커피류: 볶은 커피, 인스턴트 커피, 조제 커피, 액상 커피 등 | 392,233 | 431,141 | 9.9 |
| 음료류 | 과-채 음료류: 사과즙, 포도즙, 양배추즙, 사과주스, 포도주스, 오렌지주스 등 | 163,812 | 191,832 | 17.1 |
| 음료류 | 두유류 및 유제품류: 두유, 검은콩두유 등 | 53,029 | 53,612 | 1.1 |
| 음료류 | 기타 음료류: 탄산음료, 혼합음료, 이온음료 등 | 20,065 | 23,420 | 16.7 |
| 음료류 | 도시락, 햄버거, 선식, 김밥, 샐러드 등 | 72,059 | 82,881 | 15.0 |
| 합계 | | 4,136,984 | 4,469,623 | 8.0 |

(출처: 한국보건산업진흥원 고령친화서비스단(2023), 2021년 고령친화산업 제조·서비스업 실태조사 및 분석)

○ 헬씨누리

- CJ프레시웨이는 연하식에만 국한하지 않는 고령친화식품 및 환자식 등 특수용 식품 브랜드로 확장하기 위해 케어 푸드를 전문적으로 취급하는 브랜드인 헬씨누리를 앞세워 고령친화식품을 선보이고 있다.
- 연하곤란 환자를 위한 무스식, 면역력 증강과 뼈 건강에 도움이 되는 음식, 소화가 잘 되는 음식, 치매 예방 및 관리에 도움이 되는 음식 등 시니어를 위한 맞춤 메뉴를 개발하고 있다.

### 고령친화 화장품 제조업

고령층에 진입한 베이비붐 세대는 외모에 대한 관심이 많고 활동적인 사회관계를 유지하는 경향이 있어 항노화 화장품(피부 잡티 제거, 주름 개선 등)을 사용한다. 에이지리스 시니어가 점차 늘어날 것으로 전망되는 가운데 화장품 산업의 확장뿐만 아니라 메타버스와 NFT(대체 불가능 토큰)를 이용해 자신의 고유성을 디지털 세상 속에서도 선점하려는 시니어들의 접근이 가시화될 것으로 보인다.

식품의약품안전처에서는 '항산화, 주름 감소, 리프팅·탄력성 제고, 콜라겐 보충제' 등의 개념을 가진 항노화 화장품의 효능 효과 및 원료에 대한 연구를 활발하게 진행하고 있다. 2021년 기준 고령친화 화장품 제조업의 시장 규모는 약 1조 원으로, 2020년 약 9천8백 억 원 대비 약 11.3% 증가하였다.

**[표 4-17] 고령친화 화장품 제조업 시장규모 추정 결과(생산액 기준)**

(단위 : 백만 원, %)

| 중분류 | 소분류 | 2020년 | 2021년 | 증감률 |
|---|---|---|---|---|
| 화장용, 두발용 및 방향용 제품 | 기초 화장품: 로션, 크림, 팩, 마스크, 에센스, 오일, 바디 제품, 화장수, 마사지 크림, 파우더, 그 밖의 기초 화장용 제품류 | 762,943 | 865,207 | 13.4 |
| | 색조 화장품: 리퀴드 크림, 케이크 파운데이션, 메이크업 베이스, 립스틱, 립라이너, 립글로스, 립밤, 볼연지, 바디페인팅, 분장용 제품 등 색조 화장용 제품류 | 63,658 | 67,914 | 6.7 |
| | 눈 화장품: 아이 쉐도우, 아이브로 펜슬, 마스카라, 아이 라이너, 아이 메이크업 리무버, 그 밖의 눈 화장용 제품류 | 887.7 | 966 | 8.8 |

| | | | | |
|---|---|---|---|---|
| 화장용, 두발용 및 방향용 제품 | 기타 화장품: 애프터셰이브 로션, 셰이빙 폼, 셰이빙 크림, 네일폴리시, 네일애나멜, 네일크림, 네일로션, 네일애나멜 리무버 등 면도 및 손발톱 관리 제품류 | 6,322 | 7,067 | 11.8 |
| | 체취 방지 제품: 향수, 샤워코롱, 데오드란트 등 체취 방지 제품류 | 9,110 | 7,840 | -13.9 |
| | 두발 관리 및 스타일링 제품: 샴푸, 린스, 헤어스프레이, 왁스, 젤, 헤어 에센스, 염색약 등 두발 관리 및 스타일링 제품류 | 38,524 | 38,836 | 0.8 |
| 세정용 제품 | 인체 세정 제품: 폼 클렌저, 바디 클렌저 등 | 103,421 | 108,540 | 4.9 |
| 합계 | | 984,866 | 1,096,370 | 11.3 |

(출처: 한국보건산업진흥원 고령친화서비스단(2023), 2021년 고령친화산업 제조·서비스업 실태조사 및 분석)

○ 맞춤형 화장품 조제 시스템

- ㈜릴리커버는 단순한 피부 관리를 넘어 두피 관리와 색조 화장 분야에 특화된 로봇 공학을 적용한 맞춤형 화장품 브랜드이다.
- 빅데이터와 알고리즘을 이용한 과학적 분석을 기반으로 개인 피부타입을 진단하고 사용자에게 맞는 다양한 스킨케어와 헤어케어 제품을 당일 제조하여 배송해주는 맞춤형 화장품 조제 시스템인 에니마 라이트를 출시하였다.

**고령친화 요양 서비스업**

고령자 인구 증가로 지속적 수급자 수가 급증하면서 국가 차원의 요양 부담이 가중되고 있다. 현재 재가 돌봄 서비스가 주요 요양서비스로 정착되고 있지만 돌봄 서비스를 수행할 인력 부족현상이 문제점으로 나타나고 있는 상황이다. 민간대기업이 요양서비스업에 진출함으로써 생애주기별 맞춤형 서비스를 제공할 수 있을 것으로 기대하고 있으며, 요양보호사들의 처우개선과 수가 문제 등은 국가가 책임지면서 부족한 부분을 민간 보험사들이 보완하는 환경을 모색하고 있다. 2021년 기준 고령친화 요양 서비스업의 시장 규모는 약 10조 4천억 원으로, 2020년 약 9조 2천억 원 대비 약 13.4% 증가하였다.

[표 4-18] 고령친화 요양 서비스업 시장규모 추정 결과(요양 급여비 기준)

(단위 : 백만 원, %)

| 중분류 | 소분류 | 2020년 | 2021년 | 증감률 |
|---|---|---|---|---|
| 재가요양 서비스 | 방문요양 | 3,771,581 | 4,437,013 | 17.6 |
| | 방문목욕 | 145,299 | 174,342 | 20.0 |
| | 방문간호 | 27,314 | 33,197 | 21.5 |
| | 주야간보호 | 1,364,271 | 1,646,168 | 20.7 |
| | 단기보호 | 9,525 | 7,779 | -18.3 |
| 시설요양 서비스 | 노인요양시설 | 3,602,222 | 3,858,834 | 7.1 |
| | 노인요양공동생활가정 | 331,563 | 330,852 | -0.2 |
| | 합계 | 9,251,776 | 10,488,184 | 13.4 |

(출처: 한국보건산업진흥원 고령친화서비스단(2023), 2021년 고령친화산업 제조·서비스업 실태조사 및 분석)

○ 케어닥

- 케어닥은 2018년 설립한 스타트업으로 전국 요양시설 정보 및 간병인 매칭 플랫폼인 시니어 토탈 케어 플랫폼을 개발하여 약 2,000여명의 노인 돌봄 서비스를 중개하고 있다.
- 건강보험공단, 심사평가원, 케어닥이 보유한 데이터를 기반으로 전국 요양시설을 비교하여 예산 및 건강상태 등을 고려한 맞춤형 간병인 추천 서비스를 제공하는 것을 목표로 하고 있다.

### 고령친화 주거 서비스업

보건복지부는 2018년 '지역사회 통합 돌봄' 도입을 본격화하고 돌봄이 필요한 고령자가 거주하던 지역사회에서 건강히 생활하면서 개인 맞춤 복지서비스를 누리는 것을 목표로 하는 지역 주도형 사회 서비스 정책인 '케어 안심주택'을 핵심 사업으로 수행하고 있다. 또한, 저출산·고령사회위원회는 고령친화적 주거환경을 조성하기 위해 '한국판 은퇴자복합단지의 모형 개발과 제도개선' 과제를 추진하고 있다.

현재 서울시, 정읍시, 수원시, 부산시 등 다수의 도시에서 다양한 체계를 갖추고 지원할 수 있는 고령친화도시 인증을 받은 상황이다. 경제적 여력이 있는 고령층의 경우 기업형 실버타운(시니어타운)과 같이 프리미엄 레지던스 시설이 갖춰진 주거시설에 대한 관심이 점차 높아지고 있다.

2021년 기준 고령친화 주거 서비스업의 시장 규모는 약 2천억 원으로 입소비용 수입, 보조금 수입, 과년도 수입, 후원금 수입, 기타, 전입금, 사업 수입 순으로 수입이 많았다.

**[표 4-19] 고령친화 주거 서비스업 시장규모 추정 결과(수입액 기준)**

(단위 : 백만 원, %)

| 구분 | 양로시설 | 노인공동생활가정 | 노인복지주택 | 합계 | 비율 |
|---|---|---|---|---|---|
| 사업 수입 | 272 | 0 | 0 | 272 | 0.1 |
| 보조금 수입 | 56,555 | 3,701 | 5,150 | 65,406 | 32.6 |
| 후원금 수입 | 4,395 | 1,596 | 5 | 5,995 | 3.0 |
| 입소비용 수입 | 17,970 | 4,518 | 70,743 | 93,231 | 46.5 |
| 과년도 수입 | 6,050 | 726 | 22,500 | 29,275 | 14.6 |
| 전입금 | 2,028 | 1,039 | 5 | 3,072 | 1.5 |
| 기타 | 2,437 | 496 | 275 | 3,207 | 1.6 |
| 합계 | 89,707 | 12,075 | 98,678 | 200,459 | 100.0 |

(출처: 한국보건산업진흥원 고령친화서비스단(2023), 2021년 고령친화산업 제조·서비스업 실태조사 및 분석)

○ 프리미엄 시니어 레지더스

- 롯데호텔의 프리미엄 시니어 레지던드 브랜드 VL(Vitality&Liberty)은 호텔 기업에서 선보인 국내 최초 브랜드로 노후 현금흐름 여력이 있는 시니어에게 맞춤형 라이프 스타일 서비스를 제공한다.
- 24시간 응대 가능한 컨시어지 서비스, 주 2회 하우스키핑 서비스, 기사 동행 렌터카 서비스 등을 선보여 생활 편의성을 높였고, 인근 대형 의료기관과 연계해 전문 의료진이 선보이는 개인 맞춤형 헬스케어 서비스와 호텔 셰프가 관리하는 맞춤형 건강 식단을 제공함으로써 최적의 건강 상태를 유지할 수 있도록 한다.
- 또한, 단지 내부에 도서관, 사우나, GX룸 등의 커뮤니티 시설을 조성하고 인문학, 미술, 운동 등 다양한 강좌를 운영하여 수준 높은 체험 프로그램을 지속적으로 선보일 계획이다.

### 고령친화 여가 서비스업

문화체육관광부에서 발표한 '2020 국민여가활동조사'에 따르면 60대(82.5%)와 70대 이상(89.3%)은 TV 시청을 여가활동으로 많이 하고 있으며, 주로 하고 있는 여가활동으로는 휴식, 취미·오락, 사회 및 기타 활동 등으로 나타났다. 60대 고령층이 건강관리를 위한 운동과 여행 관광에 욕구가 있지만 건강 문제가 장애요인으로 작용하거나 큰 비용이 발생하기 때문에 실제 여가생활 내 비중은 적었다. 액티브 시니어는 활동적 노년을 보내기 위한 자기계발 욕구와 자신의 시간을 행복하게 채우기 위한 모습이 강해 이들을 대상으로 하는 다양한 디지털 기반 콘텐츠 생산 및 교육 서비스를 확산할 것으로 전망하고 있다.

2021년 기준 고령친화 여가 서비스업의 시장 규모는 약 3조 4천억 원으로, 2020년 약 4조 6천억 원 대비 약 25.8% 감소하였다.

**[표 4-20] 고령친화 여가 서비스업 시장규모 추정 결과(매출액 기준)**

(단위 : 백만 원, %)

| 중분류 | 소분류 | 2020년 | 2021년 | 증감률 |
|---|---|---|---|---|
| 문화 예술 관람업 | 영화 상영업: 영화 기획 및 제작, 영화 수입, 극장 상영(영화), 영화 홍보 및 마케팅, 애니메이션 창작 제작업, 애니메이션 하청 제작업 | 304,778 | 253,258 | -16.9 |
| | 음악 공연업: 음악공연 기획 및 제작업, 기타 음악공연 서비스업 | 136,131 | 129,841 | -4.6 |
| | 스포츠 관람업: 실내 경기가 운영업, 실외 경기장 운영업, 경주장 운영업, 스포츠 신문 발행업, 스포츠 잡지 및 정기간행물 발행업, 스포츠 관련 프로그램 공급업, 스포츠 관련 유선 방송업, 스포츠 관련 위성 및 기타 방송업 | 221,887 | 183,573 | -17.3 |
| | 스포츠 활동업: 종합 스포츠시설 운영업, 체력단련시설 운영업, 수영장 운영업, 볼링장 운영업, 당구장 운영업, 골프연습장 운영업, 체육공원 운영업, 고프장 운영업, 스크린골프 시스템 기획 및 제작업, 스크린골프장 운영업, 스키장 운영업, 기타 수상스포츠 시설 운영업, 기타 스포츠시설 운영업 | 1,088,276 | 803,560 | -26.2 |
| 관광업 | 여행업: 여행업, 관광유람선업, 유원시설업 | 354,402 | 222,061 | -37.3 |
| | 숙박업: 호텔업, 휴양콘도미니엄업, 전문 및 종합휴양업, 일반야영장업, 자동차야영장업, 관광펜션업, 한옥체험업 | 404,629 | 347,169 | -14.2 |

| | | | | |
|---|---|---|---|---|
| | 독서활동업: 출판업, 인쇄업, 출판 도소매업, 온라인 출판 유통업, 출판 임대업 | 70,720 | 49,396 | -30.2 |
| 취미 오락 활동업 | 오락활동업: 게임 제작 및 배급업, 컴퓨터 게임방 운영업, 전자 게임장 운영업, 기원 운영업, 낚시장 운영업, 온라인·모바일 스포츠 게임 개발 및 공급업, 기타 스포츠 게임 개발 및 공급업 | 999,054 | 668,502 | -33.1 |
| 기분전환 활동업 | 디지털 온라인 콘텐츠 감상업: DVD/블루레이 제작 및 유통, 온라인 상영(영화), 인터넷 프로토콜 TV(IPTV), IPTV 콘텐츠 제공 사업자(CP), 방송영상 독립제작사, 온라인(인터넷/모바일) 애니메이션 제작, 온라인 애니메이션 서비스업(인터넷/모바일) | 890,405 | 631,101 | -29.1 |
| | 음반 및 음악 감상업: 음악 기획 및 제작업, 음악 오디오물 출판업, 기타 오디오물 제작업, 음반 소매업, 인터넷/모바일 음악서비스업, 음원대리 중개업, 인터넷/모바일 음악 콘텐츠 제작 및 제공업(CP) | 187,897 | 165,676 | -11.8 |
| 합계 | | 4,658,179 | 3,454,137 | -25.8 |

(출처: 한국보건산업진흥원 고령친화서비스단(2023), 2021년 고령친화산업 제조·서비스업 실태조사 및 분석)

○ 웰니스 프로그램

- 호텔과 리조트는 숙박, 푸드, 체험산업을 한 번에 경험할 수 있어 웰니스(Wellness)를 체험하기에 최적화된 인프라로, 액티브 시니어의 건강 관리, 힐링, 재충전을 모두 만족시킬 수 있다.
- 강원도 정선에 위치한 파크로쉬 리조트웰니스는 숙면할 수 있는 방법을 배우는 '숙암명상', 따스한 햇살 아래 음악과 함께 하는 '그린요가', 폼롤러와 듀오볼을 이용한 '피트니스' 등 다양한 웰니스 프로그램을 선보이고 있다.

○ 라이브 방송 콘텐츠

- 이커머스 분야에서 시니어가 큰 손으로 떠오르면서 11번가는 60대 이상의 시니어 고객을 겨냥한 라이브 방송 콘텐츠인 할렉스(할머니·할아버지 플렉스)를 시작하였다.
- 액티브 시니어에게 화장품, 건강식품, 여행상품을 특가로 판매하는 것을 목적으로 60

대 배우를 쇼호스트로 섭외해 중장년층 수요가 높은 '새치염색샴푸' 정보를 소개하고 판매한 결과 누적 시청 수 39만 회를 넘길 정도로 큰 호응을 얻었다.

### 고령친화 금융 서비스업

고령자 은퇴 후 안정적 생활을 위한 금융 서비스로는 국민연금, 퇴직연금, 연금저축, 주택연금이 있지만, 공공서비스의 성격이 강한 국민연금을 제외한 퇴직연금, 연금저축, 주택연금을 고령친화 금융 서비스업의 범위로 정의하였다.

최근에는 고령자의 금융, 건강, 디지털 생활 영역으로 확대되면서 보험 산업과 요양 서비스가 연계되는 신사업진출로 발전하고 있다. 또한, 고고령자가 금융을 잘 이해하고 스스로를 보호할 수 있는 역량을 갖출 수 있는 고령친화 금융환경을 조성하기 위해 금융교육을 체계적으로 실시하고 있다.

2021년 기준 고령친화 금융 서비스업의 시장 규모는 퇴직연금이 35조 7천억 원으로 2020년 33조 4천억 원 대비 6.8% 증가하였다.

**[표 4-21] 고령친화 금융 서비스업 시장규모 추정 결과(납입금 및 지급금 기준)**

(단위 : 백만 원, %)

| 중분류 | 2020년 | 2021년 | 증감률 |
|---|---|---|---|
| 퇴직연금 | 22,552,785 | 24,422,963 | 8.3 |
| 연금저축 | 9,703,000 | 9,876,300 | 1.8 |
| 주택연금 | 1,210,500 | 1,454,700 | 20.2 |
| 합계 | 33,466,285 | 35,753,963 | 6.8 |

(출처: 한국보건산업진흥원 고령친화서비스단(2023), 2021년 고령친화산업 제조·서비스업 실태조사 및 분석)

○ 롯데카드

- 롯데카드는 고객의 연령별 소비패턴과 결제 데이터를 분석해 스포츠 레저, 반려동물 관련, 병원약국 이용 비중이 높고 유기농 식품 구매량이 많은 액티브 시니어를 위한 'I'm ACTIVE' 카드를 출시하였다.
- 액티브 시니어의 특성을 반영하여 피트니스, 웰빙, 의료 부문에서 결재 시 부문별 5% 캐시백 혜택을 제공한다.

## 4.4 국외 고령친화산업 현황

전 세계 인구 고령화로 고령친화 제품 및 서비스에 대한 수요가 증가하면서 국외 고령친화산업은 꾸준히 성장하고 있다. 이 절에서는 실버시장 규모 1위인 미국과 노인 인구비율이 가장 높은 일본의 고령친화산업 현황 및 구체적인 사례를 살펴보자.

**단원 학습목표**

- 미국과 일본의 고령친화산업 현황을 이해한다.
- 국외 고령친화산업 분류별 사례를 바탕으로 글로벌 소비자의 니즈에 맞는 제품 및 서비스 동향을 파악한다.

### 4.4.1 미국

미국은 실버시장 규모가 가장 큰 국가로 60세 이상 고령인구의 비중이 꾸준히 증가하면서 1942년에는 고령화사회, 2014년에는 고령사회에 진입하였다. 2050년에는 전체 인구의 약 27%가 고령인구가 될 것으로 예측되고 있다.

#### 고령친화 용품 제조업

현재 고령친화 용품에 유니버설 디자인을 접목하여 기존 고객들의 신체능력 변화 및 세대소통 욕구에 맞춘 제품을 개발하고 있다. 최근 비대면 노인 돌봄 분야 정보통신기술 제품이 3세대 예방적 돌봄서비스로 진화하면서 인공지능(Artificial Intelligence, AI) 위험예측 낙상방지기나 사전/예방적 돌봄서비스를 제공할 수 있게 되었다.

○ Care Angel

- 세계 최초로 인공지능을 노인 돌봄에 도입한 스타트업인 케어엔젤은 인공지능이라는 새로운 기술을 단순화하고 기존 돌봄 서비스 체계에 내재화시킴으로 고령층이나 돌봄 제공자가 쉽게 사용할 수 있도록 하였다.

- 인공지능 상담 로봇을 활용해 취침상태, 건강상태, 약 복용, 안부 등 다양한 질문을 전화로 제공하고 분석할 수 있으며 이를 기반으로 스마트 돌봄 서비스를 연계할 수 있다.

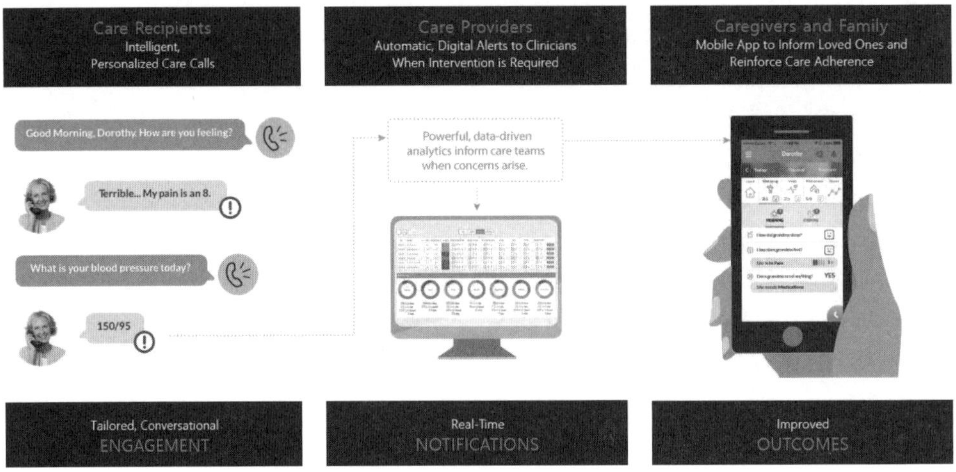


(출처: 김정근(2020), 실버산업 해외사례와 활성화 전략)

[그림 4-2] Care Angel의 스마트 돌봄 서비스

### 고령친화 의약품 제조업

글로벌 빅마파(Big pharma)는 알츠하이머병 치료제 개발에 집중하고 있다. 치매의 주범으로 알려진 알츠하이머는 뚜렷한 완치제가 없으며 증상을 완화시키고 진행을 지연시키는 대증요법을 사용한다. 뇌 조직 손상으로 진행되는 치매를 치료할 수 있는 치료제 개발을 위해 수많은 글로벌 빅마파들이 나섰지만 대부분 마지막 단계인 임상 3상에서 실패하고 있다.

○ Lecanemab

- 미국 바이오젠과 일본 에자이는 치매를 치료할 수 있는 치료제인 신약 레카네맙을 공동 개발하였다. 치매 초기 단계 환자를 대상으로 한 대규모 임상 3상 시험에서 인지 및 기능 저하를 27% 지연시키는데 성공하고 그 효과를 입증하면서 2023년 1월 미국 식품의약국(FDA)으로부터 가속 승인(Accelerated approval)을 부여받았다.
- 치료비는 기존에 승인 받은 알츠하이머병 치료제보다는 저렴한 2만 6,500달러(약

3,400만 원)로 예상되고 있다.

[그림 4-3] Lecanamab

**고령친화 의료기기 제조업**

미국 연방 정부에서는 공공 의료부문 예산을 증가하고 있는 추세로 향후 5년간 고령친화 의료기기 제조업의 시장규모가 연평균 2.9%씩 성장할 것으로 전망하고 있다. 선택적 의료행위 반등으로 인한 관련 의료기기 및 장비 수요 증가, 현장 진단기기 사용 확대 및 진화, 인공지능·기계학습·사물인터넷 등의 기술 접목이 활발해지고 있다.

고령 인구와 비만 인구를 대상으로 하는 심혈관 및 신경 관련 기기, 비만 관련 치료 장비에 대한 수요가 증가할 것으로 예상하고 있다.

○ Precision VR

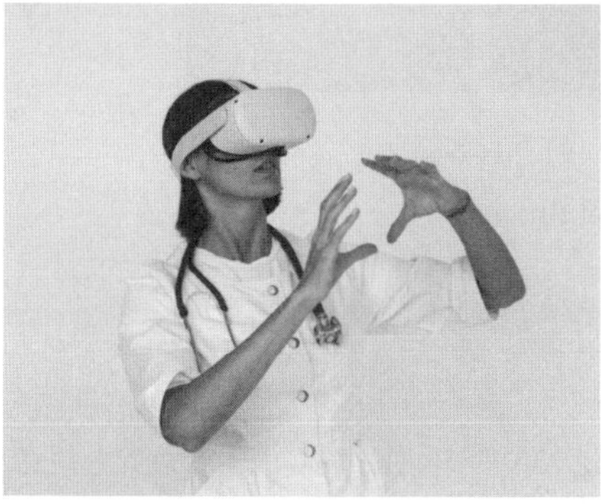

[그림 4-4] VR을 이용한 수술 리허설

- 미국 스타트업 서지컬 씨어터(Surgical Theater)는 신경외과 수술을 위한 수술 리허설 플랫폼인 프리시즌 VR을 개발하였다.
- 이를 통해 의료진은 수술 전 계획을 세울 수 있으며 환자는 VR 시나리오를 통해 미리 수술 과정을 확인할 수 있다.

### 고령친화 식품 제조업

미국에서는 고령자용 식품을 'Federal Food, Drug and Cosmetic Act' Section 21; '특수용도 식품(Food for Special Dietary Uses)'으로 관리하고 있다. 고령자용 식품이 속해 있는 메디컬 푸드는 '고령자뿐 아니라 질환과 회복기, 임신, 수유, 음식에 대한 알레르기 과민 반응, 저체중 및 과체중 등의 육체적, 생리적, 병리학적 또는 기타 조건을 이유로 필요한 특별 식이를 공급하기 위해 사용되는 제품'으로 정의되고 있다. 미국에서 생산 및 판매되는 대표적인 고령친화식품에는 연하 작용을 돕는 '고령자용 증점제', '고령자용 음료', '고령자용 영양보조제' 등이 있다.

○ ChefJet Pro

- 쉐프젯 프로는 미국의 3D 프린팅 회사인 3D System과 식품회사인 CSM Bakery Solutions가 함께 제작한 3D 식품 프린터이다.
- 설탕 가루와 식재료 원료로 빵, 초콜릿, 사탕 등을 만들고 다양한 색을 첨가할 수 있으며, 시간당 100개의 사탕을 만들 수 있는 성능을 지니고 있다.

(출처: Kour et al. (2022), Food Printing: Unfolding a new paradigm for designer and user)

[그림 4-5] ChefJet Pro

### 고령친화 화장품 제조업

글로벌 리서치 전문기관 Statista에서 수행한 60세 이상 소비자의 메이크업 사용 횟수에 대한 설문조사에 따르면, 메이크업 사용 횟수가 매일(Every day) 35%, 일주일에 여러 번

(Several times per week) 33%, 일주일에 한 번(Once per week) 4%, 한 달에 2-3번(2-3 times per month) 5%, 한 달에 한 번(Once per month) 5%, 거의 없음(Less often) 11%, 아예 없음(Never) 7%로 나타났다.

고령 인구 규모가 증가하면서 안티에이징, 리프팅, 주름 개선 등에 초점을 맞춘 시니어용 제품 라인을 갖춘 화장품 브랜드가 들어서고 있으며, 고령 소비자의 화장품 수요를 증가시키기 위한 고령자 특징 및 니즈를 세심하게 고려하는 전략적 접근의 필요성이 강조되고 있다.

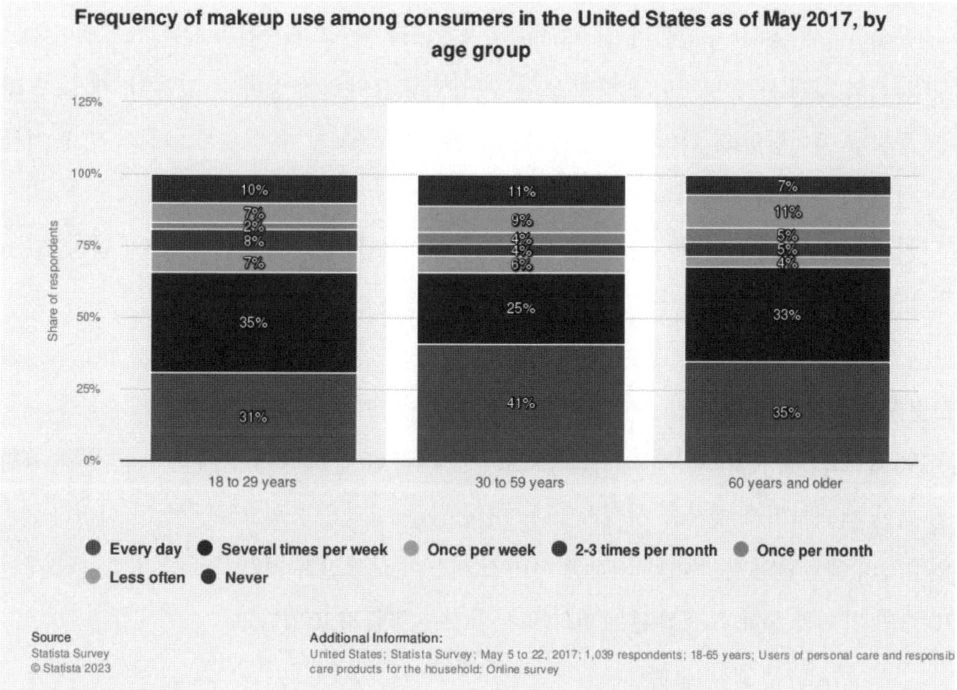


(출처: Statista(2017), Frequency of makeup use among consumers in the United States by age group)

**[그림 4-6] 미국 소비자의 연령대별 메이크업 사용 횟수**

### 고령친화 요양 서비스업

노인 요양 사업에서 1인당 담당 인구가 급증함에 따라 돌봄 인력 부족 현상이 나타나고 있다. 이러한 상황을 디지털로 보완하면서 만성질환을 사전에 예방하고 지역사회 내에서 치매 환자와 함께 일상생활을 살아갈 수 있도록 의료모델 중심에서 주거모델 중심으로의 전환을 시도하고 있다. 디지털화를 위한 핵심 기술로는 전자건강기록, 디지털 치료제, 원격 모니터링, 인공지능, 웨어러블, 블록체인 등이 있으며, 디지털 노인 홈 케어(요양) 서비스는 생활 보조 및 가정 요양을 위한 원격 기술을 통해 다양화 및 개인화되고 있는 실정이다.

○ Aden Alternative

- 에덴얼터너티브는 고령자 중심 지역사회를 만들기 위해 미국의 빌 토마스 의사가 기존 요양원을 대규모 시설형태에서 소규모 주거 형태로 전환하고, 거주 고령층들이 동식물, 지역사회 주민들과 쉽게 교류할 수 있도록 운영하는 집과 같은 요양원이다.
- 자신의 집에 사는 것처럼 편하게 느낄 수 있도록 요양원에 강아지, 고양이, 새 등 반려동물을 들여놓았고, 다양한 연령층과도 쉽게 만나 활동할 수 있도록 어린이집, 놀이공간 등을 요양원 내에서 운영하고 있다.
- 가정돌봄기관은 에덴 홈(Eden Home), 인지돌봄기관은 에덴라이프롱리빙(Eden lifelong living) 등으로 구분하고 운영되고 있다.

### 고령친화 주거 서비스업

1965년 노인복지법(Older Americans Act)에 의해 60세 이상 노인에게 자립 생활 지원을 위한 재택서비스 제공을 시작하였다. 미국 남부 지역을 중심으로 형성된 실버타운은 입주자의 생활편의 뿐만 아니라 각종 서비스 시설이 갖춰진 주거단지로 물리적 환경 개선 및 주민 참여를 통해 특성화된 보건복지 서비스를 공급하고 있다.

### 고령친화 여가 서비스업

고령자 은퇴 후 여가가 늘고 여행 빈도가 증가하면서 액티브 시니어를 대상으로 한 다양한 레저와 엔터테인먼트 산업이 발달하고 있다. 미국여행협회에 따르면 미국 여행객 중 65세 이상이 차지하는 비중은 전체 여행객 중 약 19%로 나타났다.

미 국무부는 해외를 여행하는 시니어 여행자에 관한 맞춤형 안전 정보를 8개 분야별로 제공하여 시니어 여행자 스스로가 안전 준비 사항을 점검할 수 있도록 안내하고 있다.

○ Road Scholar

- 로드 스칼라는 50세 이상 시니어를 대상으로 교육과 여행을 접목한 상품을 제공하는 프로그램이다.
- 박물관이나 미술관을 관람하면서 큐레이터의 강의를 듣는 프로그램, 역사유적지를 열차로 방문하는 프로그램, 시골 마을을 방문해 숨겨진 역사와 문화를 배우는 프로그램 등으로 구성되어 있다.
- 매년 4,600번의 프로그램에 10만 명이 참여했으며 대부분이 대졸 이상 학력의 72세의 고령자였다.

(출처: Macedon Public Library)

[그림 4-7] Road Scholar

### 고령친화 금융 서비스업

미국은 사적연금에 쉽게 가입하고 세제 혜택을 받을 수 있도록 지원하고 있기 때문에 사적연금 가입률이 우리나라보다 두 배 높은 48%이다. 특히, 65세 이상 고령층의 66% 가량이 사적연금을 등을 통해 수입을 올리고 있다.

또한, 미국은 50세 이상이 보유한 개인 금융자산이 전체 자산이 약 77%로 고령자들의 자산을 착복하거나 악용하는 '고령자 금융착취'가 발생할 경우 큰 손실이 발생할 수 있다. 이에, 보이스피싱 외에도 가족, 간병인, 금융 자문가 등 신뢰할 수 있는 사람에 의한 '고령자 금융착취'를 막기 위해 미국 연방의회, 주 의회, 자율규제기관 등이 금융기관에 대한 규제를 강화하고 있다.

○ Health savings account

- 미국은 건강저축계좌에 소득공제와 비과세를 적용해 줌으로써 비싼 의료비를 대비할 수 있는 자산형성을 지원하고 있다.
- 2022년 기준 개인은 1년에 3,650달러, 가족인 경우 7,300달러까지 투자할 수 있으며, 건강저축계좌에 납입한 금액만큼 소득 공제 혜택을 받을 수 있어 소득세를 줄일 수 있다.
- 투자 기간 중 불어난 소득은 복리로 불어나며 의료비로 이용되지 않고 남은 금액은 계속 이월되기 때문에 매년 최대 납입한도만큼 납입하는 것이 좋다.

[그림 4-8] 건강저축계좌

### 4.4.2 일본

일본은 65세 이상 고령 인구의 비율이 29.1%로 2025년 실버시장 규모가 100조 엔(약 8천억 달러)을 넘을 것으로 전망하고 있다. 가계 소비에서 60대 이상이 차지하는 비율이 꾸준히 상승해 2030년 47%에 달할 것으로 예상되며 기존 노인과는 달리 능동적 경제활동의 주체로서 여가, 자기계발 등에 적극적인 액티브 시니어의 증가로 고령층의 소비성향은 더욱 상승될 것으로 전망하고 있다. 일본의 실버시장은 일상생활, 주거, 의료, 여행 등 다양한 분야에서 고령자의 수요를 반영한 제품 및 서비스가 활성화되어 있다. 특히, 생활용품 시장에서는 사용자의 건강 상태나 연령과 관계없이 모든 사람이 사용하기 편리하도록 설계된 유니버설 디자인이 확대되고 있다.

### 고령친화 용품 제조업

일본은 2000년 개호보험(노인장기요양보험)을 도입하여 개호산업에 유니버설 디자인을 폭넓게 적용시키기 방안을 검토하였다. 2002년에는 고령자가 어려움 없이 사용할 수 있는 IT 기기를 보급하기 위해 ATM, 자동판매기, 공중전화 등 31개 기종의 문제점에 대한 데이터를 수집하고, 고령자의 IT 활용 특성에 대한 DB를 구축하는 등 기반 정비 사업을 실시하였다.

또한, 고도의 로봇기술과 ICT 기술을 활용한 요양기기 개발 및 보급, 민간기업과 연구기관의 R&D를 지원함으로써 향후 로봇 시장규모를 2조 4천억 원으로 확대하였다.

○ Nintendo

- 일본 게임업체 닌텐도는 원래 어린이용 제품을 판매하는 기업이었지만, 고객의 연령대를 5~95세로 늘리고 '온 가족이 좋아하는 게임'을 출시하였다.
- '게임을 통해 신체와 정신력에 도움이 되고 손자와 함께 놀 수 있다'라고 강조하며 구매 수요를 자극하고 있다.

(출처: Erik Mclean, Unsplash)

[그림 4-9] Nintendo switch

### 고령친화 의약품 제조업

2020년에는 코로나 19 확산으로 진료가 미뤄지면서 의료용 의약품 시장이 전년 대비

2.3% 감소한 8조 5,497억 엔을 나타냈지만, 2021년에는 코로나 19 백신과 치료제 판매액 증가로 인해 전년 대비 5.4% 성장한 9조 111억엔을 기록하였다.

2030년 질환별 시장규모로 1위는 종양학(Oncology) 영역과 고형암 치료제 시장이며, 2위는 CNS 영역 질환 치료제 시장으로 알츠하이머형 치매 관련 신약 출시에 힘입어 크게 성장할 것으로 전망하고 있다.

○ Xocova

- 일본 제약사 시오노기는 경구용 코로나19 치료제인 조코바를 개발하였다.
- 시오노기는 한국, 일본, 베트남의 코로나19 환자를 대상으로 진행한 임상 연구를 통해 증상발현 후 72시간 내 나타나는 5개의 주요 증상에 대한 개선효과를 입증하였으며, 2022년 후생노동성으로부터 사용 승인을 받았다.

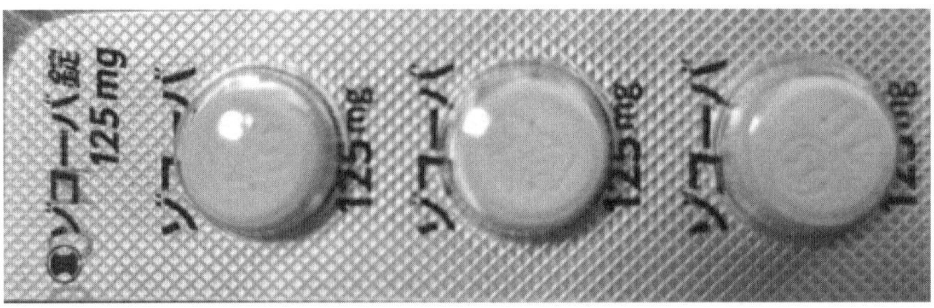


(출처: Hanabishi, CC BY-SA 4.0 via Wikimedia Commons)

**[그림 4-10] 경구용 코로나19 치료제**

### 고령친화 의료기기 제조업

일본은 현행 의료체계의 기초를 만든 '의료1.0', 고령화 대책으로 노인보험법 등을 제정한 '의료2.0', 의료 분야의 ICT화가 진행된 '의료3.0'에 이어 인공지능, 사물 인터넷, 로보틱스 등의 기술을 기반으로 하는 '의료 4.0'으로 진화해야 하는 상황에 직면하였다. 과거의 치료 중심 의료에서 예방, 검사, 치료 후 재활 등의 사후관리를 포함해 의료제공 접점이 다각화 되면서 개인의 건강과 생활에 관련된 빅데이터를 바탕으로 개인화 맞춤형 투약 및 치료를 제공하는 방향으로 발전해가고 있다.

환자가 자신의 건강을 주체적으로 관리하고 앱을 통해 일상에서 건강 데이터를 취득할 수 있기 때문에 스스로 치료를 선택하는 이들이 늘어날 것으로 전망하고 있다.

○ Hinotori

- 수술 보조용 로봇인 히노토리는 일본 의료기기 대기업 시스멕스(Sysmex)와 가와사키 중공업이 공동 설립한 메디카로이드(Medicaroid)에서 개발된 로봇이다.
- 조종석에 앉은 의사가 로봇 팔로 수술을 진행하기 때문에 안정성이 높다.
- 2020년 실증화를 거쳐 발매가 시작되었으며, 2022년에는 물리적으로 수술이 어려운 환경에서도 음성 인식기술을 기반으로 원격수술이 가능하도록 일본 통신사업자인 NTT와 협력해 히노토리를 활용한 원격수술 실증 실험을 시작하였다.

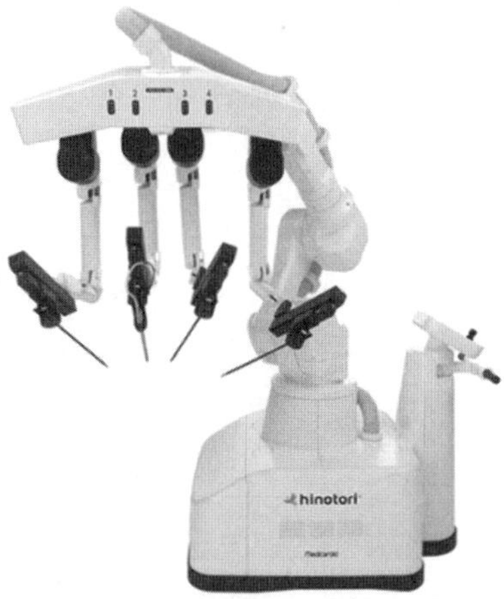


(출처: Nakauchi et al (2022), Establishment of a new practical telesurgical platform using the hinotori Surgical Robot System)

**[그림 4-11] 수술 보조용 로봇**

### 고령친화 식품 제조업

일본은 2002년 개호식품 협의회 설립, 2003년 식품의 경도와 물성을 기준으로 고령친화식품을 4단계로 구분한 유니버설 디자인 푸드 제정, 2014년 경도, 점도, 영양성분을 기준으로 고령친화식품을 7단계로 구분한 스마일 케어 푸드 제정을 통해 고령친화식품 시장을 선도하기 위한 체계를 마련하였다. 간병 대상 고령자, 재택 간병 선택자, 각종 이유로 음식을 씹기 곤란한 사람들이 증가함에 따라 각 식품 제조사가 고령친화식품 시장에 진입하고 있다. 병원이나 고령자 시설에서는 블렌더식(믹서식) 및 냉동식품, 재택 고령자들은 레토르트 제품이 사용되고 있다.

○ Itoyokado

- 일본의 주요 유통기업인 이토요카도는 시니어뿐만 아니라 환자와 일반인들도 음식을 먹기 어려울 때 시니어 푸드를 찾는 횟수가 증가하고 있는 트렌드를 반영하여 베이비 푸드 메대를 축소하고 시니어 푸드 판매대를 확대하고 있다.
- 일본에서 인기를 끌고 있는 고령친화식품은 레토르트(이미 조리한 식품을 플라스틱제 용기에 넣어 밀봉한 뒤, 고압 고열의 살균솥에서 멸균, 급속 냉각 과정을 거쳐 만들어진 보존식품) 형태의 제품으로 일반 수요층도 위화감 없이 먹을 수 있도록 개발되고 있다.
- 또한, 직접 조리가 어려운 이들을 위한 배달 서비스 및 도시락 택배 서비스가 활기를 띠고 있다.

(출처: DS80s, CC BY-SA 3.0 via Wikimedia Commons)

**[그림 4-12] 이토요카도의 시니어 푸드**

### 고령친화 화장품 제조업

안티에이징, 피부 영양, 주름 개선 등 기능성 제품에 관심이 많은 남성 및 시니어(55~74세) 여성이 새로운 소비자층으로 유입되고 있다.

시세이도 연구소는 ORPHE사가 개발한 동작분석 시스템을 이용해 아름다운 보행에 관한 분석평가 서비스를 제공하기 위한 실증실험을 시작하였으며, 스마트 슈즈가 전송하는 센서 데이터와 스마트폰으로 촬영한 동영상을 통해 보행과 자세에 대한 분석 및 개선을 시도하고 있다.

Kao Corporation은 피부 상태를 정밀하게 측정하는 디지털 피부 검사기기를 이용해 색조 화장의 퇴조에 대응할 수 있는 방안을 연구하고 있다. Kose는 글로벌 럭셔리 뷰티 수요에 부응하기 위해 전자상거래 플랫폼을 구축하였고, 게이오기쥬쿠대학 시스템디자인 공학과와 화장품 사용 시 뇌파 및 호르몬 변화와 심신의 상태를 파악하는 연구를 공동으로 진행하고 있다.

○ Prior

- 일본의 화장품 제조기업 시세이도(Shiseido)는 2015년 시니어 전용 화장품 브랜드 프리올을 론칭하였다.
- 노화로 인해 파란색이나 녹색과 같은 청색 계열 구분이 어려워지며 여성의 경우 나이가 들수록 화장으로 신경 쓰이는 부분을 감추려는 경향이 있어 예쁜 색상과 디자인이 돋보이는 화장품 통해 기분을 전환하고 싶어 한다.
- 이러한 시니어층의 니즈를 반영하여 프리올에서는 보는 것만으로도 기분이 오르는 반짝반짝 빛나는 루비색의 패키지를 개발하였다.

### 고령친화 요양 서비스업

고령자 은퇴 이후 수입 감소를 방지하기 위해 노인의 직업 활동을 확대하는 한편 연금 개시 연령, 노동 시간, 연금보험, 간병보험을 조정하였다. 특히, 2018년도 GDP의 1.9%를 차지하던 간병 관련 사회보장비용이 2025년 2.4%로 급증할 것으로 예상하고 2018년도부터 고령자의 자립을 돕는 간호 로봇 개발비를 지원하면서 간병 로봇과 치매 교육 등 의료 지원 시스템 변화를 추구하고 있다.

○ Aoi care

- 일본의 커뮤니티형 치매노인 돌봄서비스인 아오이 케어는 치매 고령층이 지역사회와 공유할 수 있는 개방공간을 통해 지역사회 거주민들과 소통하고 자신의 잠재력을 활용해 지역 내 일원으로서 살아갈 수 있도록 돕는 치매 고령자용 요양원이다.

- 치매 고령자가 거주하는 '치매 고령자 그룹홈'과 치매 고령자가 낮에 방문하거나 원하는 경우 짧은 기간 거주하여 지역 주민들과 소통할 수 있는 '개방공간'으로 구성된다.
- 개방공간은 지역주민들이 학교와 직장으로 이동하면서 접촉할 수 있는 거리에 있어 고령층과 함께 시간을 보낼 수 있다.

(출처: 김정근(2020), 실버산업 해외사례와 활성화 전략)

**[그림 4-13] 아오이 케어**

### 고령친화 주거 서비스업

노인에 대한 주거지원이 주로 장기요양보험 안에서 이루어지고 있는 일본은 2005년 개호보험법 개정으로 지역 밀착형 서비스가 도입되고 소규모 기능형 주택 개호가 제도화되었다. 2011년 후생노동성과 국토교통성이 공동으로 신설한 '서비스형 고령자 주택'은 배리어프리 구조, 안부 확인 및 생활 상담 중심의 필수 서비스, 홈헬퍼나 간호사 등의 상주, 선택 서비스에 대한 이용료 부담 등 계약 내용에 따른 서비스 제공 등의 특징을 가지고 있다.

○ Ogawanosho

- 오가와노쇼는 고령화로 소멸 위기에 있는 마을 지역 고령층(50~90대)이 전통 음식인 오야키(곡물가루로 식량을 저장하기 위해 만든 지역 향토음식)를 만들고 판매 및 관리업을

하는 젊은 층(20~40대)이 함께 상품화하는 세대 통합형 마을 재생 모델이다.

- 일본 전통 방식을 복원하고 숙박시설 등을 조성해 관광객 유치도 도모하고 있다.

(출처: 김정근(2020), 실버산업 해외사례와 활성화 전략)

**[그림 4-14] 오가와노쇼**

### 고령친화 여가 서비스업

은퇴 후에도 유지되는 자금력으로 높은 가격을 지급하는 것에 거리낌이 없는 액티브 시니어를 대상으로 한 회원제 고급 클럽, 초호화 여행 패키지 등 다양한 상품을 선보이고 있다. 일본 여행 도우미협회는 고령자나 장애인들을 위한 여행 도우미 육성과 여행을 통한 건강증진방안을 연구하고 있다.

또한, 일본의 대표 여행 도우미 지원기관인 아루 클럽(AEL Club)은 간호 필요 상태, 이용 시간, 제공 서비스에 따라 세분화된 요금을 책정하고 있으며, 여행 도우미 파견 서비스와 간호 여행 기획 사업을 통해 가벼운 간호 필요 수준 여행자부터 중증 환자까지 실제 여행 체험 사례를 공개하였다.

○ HULIC Premium Club Nihonbashi

- 일본 도쿄에 위치한 휴릭 프리미엄 클럽 니혼바시는 60세 이상의 회원들만 출입이 가능한 고급스러운 분위기의 클럽 라운지이다.
- 마사지, 수면 공간, 산소 캡슐 등 건강관리를 받을 수 있는 공간, 응접실, 피트니스 센터 등으로 구성되어 있다.
- 개인 회원의 입회비는 30만 엔으로 매달 5만 엔의 이용료를 지불해야 하지만 입소문

만으로 회원이 전부 채워질 정도로 인기를 끌었다.

### 고령친화 금융 서비스업

일본은 치매의 사회적 비용을 고려하여, 치매 예방 및 조기 대응을 국가 핵심과제로 선정하고 산·관·학의 협력 및 투자 등 치매 대책을 지속해서 강화해가고 있다. 2015년 '新 오랜지플랜'에서는 치매에 종합적으로 대응하기 위한 7가지 핵심 국가 전략을 제시하였다. 금융심의회 시장워킹그룹에서는 보험회사를 포함한 금융기관이 고령층을 지원하는데 금융상품의 제공뿐 아니라, 타 업종과의 제휴를 포함해 다양한 서비스를 제공하도록 협의를 진행하고 있다.

○ 일본 치매보험

- 일본은 치매 환자의 증가에 대응하여 생명보험 업계를 중심으로 기존의 민영개호보험 상품과 비교하여 가입기준 및 보험금 지급요건을 완화한 치매보험 상품 출시를 확대하고 있다.
- 태양생명, 코아해바라기생명, 제일생명 등은 타 업종과의 제휴를 통해 최신 기술을 활용하여 경도인지장애를 조기에 발견하기 위한 예방조치와 더불어 치매 판정 시 그 진행을 지연시키기 위한 다양한 부가서비스를 제공하고 있다.

[표 4-22] 일본 치매보험 상품 현황 및 주요 특징

| 구분 | 태양생명 | 코아해바라기생명 | 제일생명 | Aflac |
|---|---|---|---|---|
| 상품명 | ひまわり認知症予防保険 | リンク クロス笑顔を守る認知症保険 | かんたん告知「認知症保険」 | 認知症介護一時金特約 |
| 상품특징 | 위험인수 완화형 | 위험인수 완화형 | 치매보장 단독형 | - |
| 보험기간 | 10년 또는 종신 | 종신 | 정기 또는 종신 | 종신 |
| 가입연령 | 종신형: 20~85세 | 20~80세 | 40~85세 | 85세 |
| 보장내용 | 치매진단보험금<br>생존급부금 | 경도인지장애일시금<br>치매일시금 | 치매보험금 | 치매개호일시금 |

| | | | | |
|---|---|---|---|---|
| 부가서비스 | 경도인지장애 검사,<br>건강 걷기 체험투어,<br>치매예방 앱,<br>치매관련 시설 소개,<br>유료 양로원 소개 | 치매 관련 정보제공,<br>인지기능 검사,<br>치매돌봄서비스,<br>상담서비스 | 치매예방 앱<br>(안구 움직임<br>분석을 통한<br>치매진행동 파악,<br>뇌 건강도 점검),<br>본인 및 가족 심리치료 | 전화 상담서비스,<br>정신건강 면담서비스,<br>돌봄전화 상담서비스 |

(출처: 정인영(2020), 일본 치매보험시장 현황 및 의의)

## 4.5 고령친화산업 활성화 방안

고령자 수요에 대응하는 중장기적 발전전략 마련 및 정책 개발은 고령친화산업 활성화에 매우 중요하다. 이 절에서는 고령친화산업을 활성화하기 위한 방안에 대해 구체적으로 살펴보자.

**단원 학습목표**

- 고령자에 대한 이해를 바탕으로 고령친화 제품 및 서비스를 개발할 수 있는 방안을 제시한다.
- 고령친화산업 발전을 위해 향후 수행될 핵심과제에 대해 알아본다.

### 4.5.1 고령자의 특성을 고려한 고령친화산업 환경 조성

고령친화산업을 활성화시키기 위해서는 주 수요자인 고령자가 모두 동일하지 않고 다양하게 세분화되어 있어 일반화하기 어려운 집단이라는 것을 인식하는 것이 중요하다.

#### 고령자에 대한 인식 변화

액티브 시니어는 높은 활동성과 충분한 소득을 바탕으로 변화하는 문화에서 나타나는 새로운 요구사항을 쉽게 인식하고 빠르게 적응하는 능력을 가지고 있다. 즉, 노화를 쇠퇴의 시기가 아닌 자아실현의 기회로 인식해 끊임없이 탐구하면서 취미와 소비를 즐기는 독립적 소비주체라고 할 수 있다.

이러한 액티브 시니어의 특성을 고려하여 기존의 고정관념을 깨고 '노인'보다는 '젊은 어른'으로 인식을 전환하여 활동적이면서 건강한 라이프 스타일을 강조하는 방향으로 다양한 제품과 서비스를 마케팅 해야 한다. 또한, 액티브 시니어의 피드백을 통합한 고객 중심 접근 방식을 조성하여 소비자로서 존중받고 있다는 느낌을 갖도록 해야 하며 선호도를 적극 반영함으로써 액티브 시니어의 욕구를 충족시킬 수 있어야 한다.

현재의 고령세대와는 다른 성향을 가진 베이비붐 세대가 65세 이상 고령층이 되는 시기가 다가오고 있기 때문에 시니어에 대한 인식 변화 및 이해는 필수적이라고 할 수 있다.

[표 4-23] 기존 고령세대와 베이비붐 세대의 차이

| 구분 | 기존 고령세대 | 베이비붐 세대 |
|---|---|---|
| 세대특징 | 수동적, 보수적, 동질적 | 적극적, 다양성, 미래지향적 |
| 가치관 | 본인을 고령층으로 인식 | 실제 나이보다 5-10년 젊다고 생각 |
| 소비관 | 검소한 소비생활 | 합리적인 소비생활 |
| 노후준비 | 자녀에게 의존 | 스스로 노후준비 |
| 보유자산 | 자녀에게 상속 | 자신의 노후준비를 위해 사용 |

### 고령자의 행동 특성을 반영한 디자인 적용

연령차별이 없는 에이지리스 디자인(Ageless design)과 누구나 쉽게 이용할 수 있는 유니버설 디자인은 고령친화 제품을 개발할 때 반드시 적용되어야 하는 필수 요소이다. 에이지리스 디자인에서는 모든 연령대의 사람들에게 사용자 친화적인 제품을 제공하는 것을 중요하게 생각한다. 그렇기 때문에 시니어의 다양한 신체 능력과 인지수준을 수용할 수 있도록 단순성, 명확한 인터페이스, 인체공학적 요소를 고려해야 한다.

### 고령 소비자의 관점을 반영한 고령친화우수제품 정보제공

최근 고령친화우수제품이 제품을 넘어 식품 및 서비스까지 확장되고 있다. 현재 고령자의 자립생활에 도움을 줄 수 있는 제품에 대한 사용성 기준은 잘 정립되어 있는 반면 복지용구로서 민간시장으로 나오기 위한 가격 및 품질 비교 정보, 수리나 피해보상 서비스 등에 대한 안내가 부족한 상황이라 고령 소비자 관점에서의 개선이 필요하다.

### 디지털 액티브 시니어 양성

디지털화가 급속하게 확산되고 있기 때문에 디지털 역량이 낮아 건강 및 사회보호서비스로의 접근이 어려운 고령자가 디지털 액티브 시니어로 변할 수 있도록 사회 차원에서 지원을 해야 한다. 디지털 기초역량 분야, 일상생활 분야, 전문역량 분야로 구분하고 전국 어디서나 누구든지 온오프라인으로 교육을 수료할 수 있도록 각 단계별 커리큘럼 가이드를 제공할 수 있어야 한다.

### 4.5.2 고령층 수요가 높은 제품 및 서비스 개발 지원

고령친화산업을 활성화하기 위해서는 고령자가 가장 관심을 보여 수요가 높은 건강 분야의 산업이 발전할 수 있도록 해야 한다. 기존의 단순한 보건의료 차원이 아니라 고령자에게 발생 가능한 질병을 사전에 예방하고 관리할 수 있도록 디지털 기술을 융합하고 빅데이터를 기반으로 하는 디지털 헬스케어 산업의 고도화를 추진함으로써 고령자의 차별적 수요에 대응하는 제품 및 서비스에 관한 연구·개발 환경 구축을 지원해야 한다.

#### 디지털 기술 융합을 통한 전략적 성장 동력 확보

국내 시니어 비즈니스 기업들이 다양한 디지털 기술을 융합하여 개인 맞춤형 서비스를 제공할 수 있는 제품을 개발할 수 있는 세부적인 정책 및 제도를 마련하는 것이 중요하다. 즉, 기존의 의약품이나 의료기기 외에도 일상생활에서 건강을 관리할 수 있는 기기, 용품, 프로그램 등을 지원함으로써 다양한 건강관리서비스가 확대될 수 있는 체계를 구성해야 한다. 국가 차원에서 건강관리서비스를 효과적으로 수행하기 위해서는 디지털 기술 융합을 통해 전략적으로 성장할 수 있는 동력을 확보하는 것이 필수적이다.

#### 빅데이터 기반 디지털 헬스케어 산업 고도화 추진

고령자의 건강정보, 의료정보, 생체신호 모니터링 정보 등이 통합된 건강 관련 데이터가 실시간으로 수집 및 분석되고 구축된 빅데이터를 산업적으로 활용할 수 있는 기반을 마련하여 디지털 헬스케어 산업의 단계적 고도화를 추진해야 한다. 빅데이터를 활용할 경우 질병을 사전에 예방, 관리, 진단, 치료할 수 있기 때문에 고령자의 건강을 효율적으로 관리할 수 있다.

#### 고령자의 차별적 수요에 대응하는 제품 및 서비스 개발

연령, 소득수준, 건강상태 등에 따라 선호하는 고령친화제품 및 서비스에 대한 수요가 다르게 나타난다. 이에 기존 고령세대와 베이비붐 세대의 차별적 수요를 발굴하고 이를 구체적으로 세분화하여 각 수요에 효과적으로 대응할 수 있는 산업을 육성하는 것이 중요하다. 이를 위해 유병자, 예비 고령자, 건강한 고령자의 수요를 모두 포괄할 수 있도록 산업의 범위, 명칭, 정의에 대한 재검토가 필요하다.

**고부가가치 고령친화 제품의 국산화를 위한 국내 기업 지원**

규모가 영세하여 기술역량 및 혁신성이 부족한 국내 기업들의 역량을 강화할 수 있는 지속적인 지원을 통해 수입에 의존해왔던 고부가가치 고령친화 품목을 국산화함으로써 신성장산업을 육성할 수 있다. 향후 성장이 예상되는 고가의 재활보조기구와 IT 융합기기 관련 제품 및 서비스를 개발하고 기술의 상업화를 효과적으로 달성할 수 있도록 정부의 적극적인 지원이 필요하다.

### 4.5.3 고령친화산업 발전 방안

2020년 진행된 제2기 범부처 인구정책TF에서는 고령친화산업 혁신방안 과제제안 등을 목표로 중장기 발전방안을 제시하였으며, 4대전략 11대 핵심과제를 도출하였다.

**고령친화 중장기 발전방안**

고령친화 중장기 발전방안의 기본방향은 크게 4가지로 제시되었다.

[표 4-24] 고령친화산업 중장기 발전방안(2021-2025) 핵심과제별 실천과제(안)

| 추진방향 | 핵심과제 | 내용 |
|---|---|---|
| 비대면 환경대응 디지털 기반 고령자 스마트 자립·돌봄 신시장 창출 | 디지털기반(IoT·AI 등) 시장형 스마트 돌봄 활성화 지원 | - 디지털 기술 기반 댁내 자립생활, 돌봄지원 시스템 시범 운영 및 상용화 지원 |
| | 고령친화 특화서비스 상품개발 및 운영 지원 | - 여가·문화·주거·금융 등의 분야에서 고령자를 위한 특화서비스 제공을 위한 상품개발 및 홍보·마케팅 등 지원 |
| 고령친화기업 혁신 및 경쟁력 강화지원 | 고령친화 유망기업 사업화 및 시장진출 | - 유망아이템 발굴 및 사업화(등록 3년 이내 특허대상)<br>- 유망아이템 창업 ONE-STOP 지원<br>- 유망아이템 특허 및 인증지원<br>- 유망아이템 기술이전, 기술거래, 파트너링 지원<br>- 다양한 민간 유통채널 연계를 통한 판매기회 확대 |

| 추진방향 | 핵심과제 | 내용 |
|---|---|---|
| 고령친화기업 혁신 및 경쟁력 강화지원 | 고령친화우수제품의 시장진입 활성화 | - 급여신청 시 유통실적 제출면제, 소요기간 단축<br>- 고령친화우수제품의 치매안심센터(치매조호물품), 국공립 시설(요양원, 병원 등) 우선구매 추진<br>- 사회적 요구도 높은 고가제품 예비급여제도 도입<br>- 급여한도액(연간 160만 원) 단계적 상향 |
| 고령친화산업 인식전화 및 사회적 가치창출 지원 | 고령친화제품·서비스 홍보·마케팅 강화 | - 권역별 공급자-수요자 접점 '고령친화산업 혁신센터' 구축<br>- 한국형 고령친화산업의 글로벌 브랜드화 및 홍보추진 |
| | 노인 일자리 및 사회적 가치창출 시범지원 | - 건강고령자 사회경험·노동수요 연계 일자리 모델 개발 및 시범운영 지원<br>- 고령자 문제해결형 사회적가치창출 사업 지원 |
| 정책인프라 추진 | 고령자 자립·돌봄을 위한 제품·서비스 혁신개발 지원 | - 고령자 자립생활 지원기술 개발<br>- '응급안전안심서비스' 수집정보 활용, 스마트 홈케어 모델 도출<br>- 리빙랩 구축 및 활용 |
| | 고령자의 효과적·효율적 돌봄서비스 개발 지원 | - 응급안전안심서비스 활용, 비대면 돌봄서비스 개발 |
| | 고령친화산업 협력채널 구축 | - 고령친화산업 민·관 협력 네트워크 구축<br>- 고령친화산업 범정부 협력체계 구축 |
| | 고령친화산업 통계·정보 확산 | - 고령친화산업 국가 승인통계구축 및 산업분석<br>- 고령친화산업 전용 홈페이지 및 플랫폼 구축(단계적 고도화) |
| | 신산업 육성촉진을 위한 제도정비 | - 고령친화산업진흥법 개정 추진<br>- 신규직업 국가자격제도 개발 및 제도화<br>- 낙상방지를 위한 고령자 주거공간 개선지원방안 마련<br>- 노인주거복지시설 공급확대를 위한 제도개선 추진 |

(출처: 김택식 외(2020), 2020년 고령친화산업 육성 사업)

## 참고문헌

기획재정부 (2022). 제4기 인구정책 TF 주요분야 및 논의방향 발표 -인구구조 변화 가속화 대응을 위해 4기 TF 구성·운영. 2월10일. 보도자료.

김정근 (2020). 실버산업 해외사례와 활성화 전략. 보험연구원.

김택식, 김우선, 박인숙, 이경신, 이명선, 이강연, 김도현 (2023). 2020년도 고령친화산업육상사업. 보건복지부, 한국보건산업진흥원.

대한민국 정부 (2020). 제4차 저출산·고령사회 기본계획(2021~2025).

대한민국 정부 (2022). 윤석열정부 120대 국정과제.

배순영, 홍채은 (2022). 초고령사회에 대비한 고령소비자 정책 대응 전략 연구. 한국소비자원.

보건복지부 (2018). 제2차 보건의료기술육성 기본계획(안). 4월25일.

보건복지부 (2021). 모든 정책에 건강을 담아 지역 간, 소득 간 건강 격차 완화 한다! - 제5차 국민건강증진종합계획(Health Plan 2030, '21~'30) 수립·발표-. 1월21일. 보도자료.

심우창 (2017). 제외국의 고령친화산업 현황. 한국보건산업진흥원.

이욱빈 (2021). 고령친화산업 동향 및 전망(동향보고서). KOSEN Report 2021.

임태경, 박진경 (2020). 전남 고령친화산업 지역경쟁력 분석 및 맞춤형 육성방안. 한국지방행정연구원.

정인영 (2020). 일본 치매보험 시장 현황 및 의의. 보험연구원.

한국바이오협회 (2021). 고형암 표적 CAR-T 치료제 개발 동향.

한국보건산업진흥원 고령친화서비스단 (2023). 2021년 고령친화산업 제조·서비스업 실태조사 및 분석.

한국소비자원 (2021). 2020년, 60대 이상 고령소비자 상담 전년 대비 15.5% 증가. 5월3일. 보도자료.

Kour, R. & Singh, H. (2022). Food printing: unfolding a new paradigm for designer and user. Food Printing: 3D printing in Food Industry. Singapore: Springer Singapore, pp. 47-63.

Nakauchi, M., Suda, K., Nakamura, K., Tanaka, T., Shibasaki, S., Inaba. K., Harada, T., Ohashi, M., Ohigashi, M., Kitatsuji, H., Akimoto, S., Kikuchi, K., and Uyama, I. (2022). Eastablishment of a new practical telesurgical platform using the hinotori Surgical Robot System: a preclinical study. Langenbeck's Archives of Surgery. vol. 407, no. 8, pp. 1-9.

CHAPTER 5

# 4차 산업혁명과 고령친화산업

The 4th Industrial Revolution & Age-Friendly Industry



4차 산업혁명을 기반으로 하는 다양한 기술의 진보는 고령자의 건강상태 예측, 질환 예방, 맞춤형 의료서비스를 제공하여 건강한 노화 및 활동적 노년을 가능하게 한다.

이번 장에서는 산업혁명의 단계별 과정을 구분해보고 4차 산업혁명 핵심기술의 개념 및 고령친화산업에서의 역할에 대해서 살펴보고자 한다.

## 5.1 4차 산업혁명의 개념

고령화로 인한 인구구조 변화에 따른 사회문제를 해결하기 위해서는 4차 산업혁명을 기반으로 하는 다양한 기술을 적극적으로 활용해야 한다. 이 절에서는 산업혁명을 단계별로 정리해보고 4차 산업혁명이 어떠한 특징을 가지고 있는지에 대해서 학습한다.

**단원 학습목표**

- 산업혁명을 단계별로 정의하고 구분한다.
- 4차 산업혁명의 대표적인 특징을 이해한다.

### 5.1.1 4차 산업혁명의 정의

산업혁명(Industrial revolution)은 18세기 중반부터 19세기 초반까지 영국에서 시작된 기술혁신으로 인해 발생한 사회적·경제적 변혁이다. 4차 산업혁명이 등장하기 전까지 총 3차례의 산업혁명이 발생하였다.

#### 1차 산업혁명

(출처: Nicolás Pérez, CC BY-SA 3.0 via Wikimedia Commons)

[그림 5-1] 증기기관

18세기 중엽부터 19세기 중엽까지 영국을 중심으로 발생했던 1차 산업혁명(The 1st industrial revolution)은 제임스 와트(James Watt)가 발명한 증기기관(Steam power)을 동력으로 하는 기계의 등장과 함께 공장생산체제가 도입된 산업화(Industrialization) 혁명이다. 도구가 기계로 대체되면서 기존의 가내수공업이 공장으로 정착되었으며 광범위한 자본축적을 통해 산업자본가와 임금노동자 간의 계급사회가 형성되었다.

농업 중심의 경제에서 공업 중심의 경제로 전환되었으며 산업화를 통한 생산성 향상은 소비자가 더 좋은 물건을 저렴한 가격에 구입할 수 있는 혜택을 제공하였다. 하지만, 기계가 인간을 대신하면서 일자리가 줄어들고 노동자의 임금 또한 점차 낮아져 실업자가 증가하였다.

### 2차 산업혁명

[그림 5-2] 컨베이어 벨트를 이용한 자동차 조립

1870~1920년에 전개된 2차 산업혁명(The 2nd industrial revolution)은 산업혁명을 거치며 전기에너지(Electric power)에 의한 대량생산체제가 가능한 전기 에너지 기반의 대량생산(Mass production) 혁명이다. 기존의 산업을 크게 변혁시키거나 새로운 산업을 창출할 수 있는 기술혁신으로 인해 기계의 역할이 점차 확대되었다. 대기업이 기술혁신과 경제성장의 핵심 주체로 부상하면서 기술의 주도권은 영국에서 독일과 미국으로 이동되었다.

헨리 포드(Henry Ford)는 컨베이어 벨트를 이용하여 자동차를 연속적으로 조립할 수 있는 라인을 구축함으로써 대량생산이 가능해지고 생산성이 크게 향상되어 자동차가 대중화되었다. 가격이 저렴하고 깨끗하며 응용범위가 넓어 가전제품, 공장, 전차의 동력원으로 각광을 받았으며, 통신기술의 발전을 통해 의사소통 방식에도 큰 변화를 가져왔다.

### 3차 산업혁명

1960년대 시작된 3차 산업혁명은(The 3rd industrial revolution) 컴퓨터와 정보통신기술 분야의 발전으로 정보화 및 자동화 시스템이 등장한 컴퓨터와 인터넷 기반의 지식정보(Knowledge information) 혁명이다. 제어반 내의 여러 전기부품이 집적된 PCL를 기반으로 복잡한 계산이나 판단 작업을 수행할 수 있는 프로그램 구현이 가능해지면서 공장 자동화가 시작되었다.

[그림 5-3] 1986년 출시된 개인용 컴퓨터

20세기 후반 통신기술과 컴퓨터기술이 결합된 IT의 등장으로 3차 산업혁명이 가시화되었다. 컴퓨터의 크기는 작아지고 정보통신 속도는 빨라지면서 인터넷을 통해 정보가 넘쳐나는 세상으로 점차 바뀌기 시작했다.

### 4차 산업혁명

4차 산업혁명(The 4th industrial revolution)은 2016년 1월 스위스에서 열린 제46차 세계경제포럼(다보스포럼)에서 창립자이자 회장인 클라우스 슈밥(Klaus Schwab)이 공식적으로 제안하면서 전 세계적으로 주목을 받기 시작하였다. 독일의 산업 4.0(Industry 4.0)에 의해 탄생한 자동화 기술의 확산이 제조업뿐만 아니라 경제 전반의 생산과 사회구조의 변동을 가져온 현상을 4차 산업혁명으로 지칭하였다.

4차 산업혁명은 제3차 산업혁명을 주도한 정보통신기술이나 디지털기술을 기반으로 물리학, 생물학 분야의 기술이 상호 교류하거나 융합하여 자율화(Autonomisation)가 가능한 인공지능 기반의 만물초지능 혁명으로 정의하고 있다. 가상적 컴퓨터 환경, 인터넷 서비스, 물리적 하드웨어를 연계하여 사이버 상에서 데이터를 처리한 결과가 현실의 프로세스를 제어하는 사이버물리시스템(Cyber physical system, CPS)은 4차 산업혁명의 기반이 된다. 즉, 사이버 세상과 물리적 세상의 경계가 모호해지면서 물건이 사람에게 말을 걸거나 물건끼리 서로 소통하는 시대가 되었다고 할 수 있다.

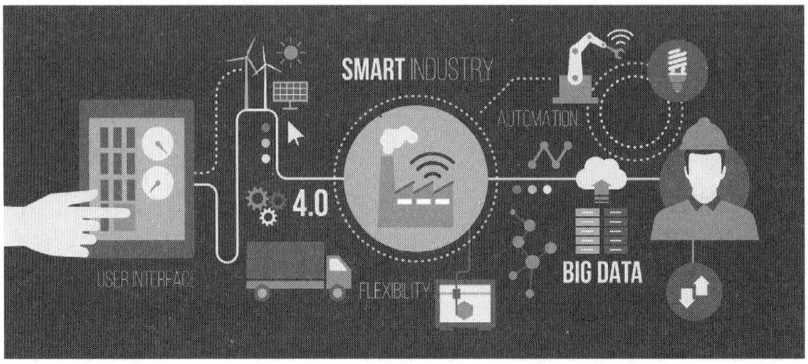


[그림 5-4] 사이버물리시스템

**산업혁명의 단계별 변화**

각 산업혁명의 단계별 변화를 살펴보면 1차 산업혁명은 증기기관을 통한 기계화(Mechanization), 2차 산업혁명은 전기에너지가 동력원이 된 전기화(Electrification), 3차 산업혁명은 스마트 팩토리를 통해 제조의 전 과정이 진행되는 자동화(Automation), 4차 산업혁명은 사물 인터넷, 빅데이터, 인공지능 기반의 초연결로 정보처리 방식이 아날로그에서 디지털로 변환되는 디지털화(Digitalization)이다.

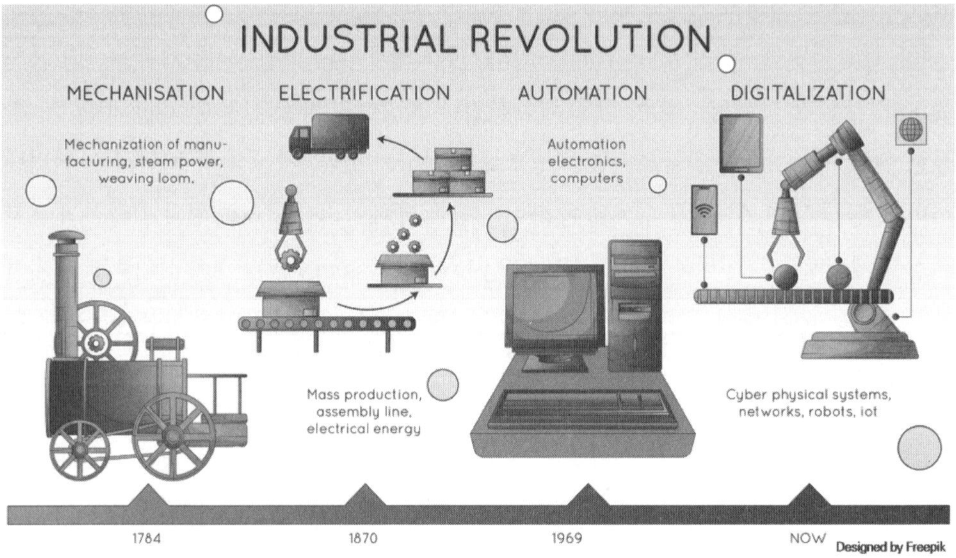


[그림 5-5] 산업혁명의 변천사

4차 산업혁명은 기존의 3차 산업혁명을 주도한 정보통신기술을 기반으로 물리학과 생물학 분야의 기술이 융합되었기 때문에 다양한 측면에서 혁명적인 변화를 가져올 것으로 예상되고 있다.

**[표 5-1] 각 산업혁명의 단계별 변화**

<table>
<tr><th colspan="2">구분</th><th>1차 산업혁명</th><th>2차 산업혁명</th><th>3차 산업혁명</th><th>4차 사업혁명</th></tr>
<tr><td colspan="2">시기</td><td>18세기 후반</td><td>19-20세기 초</td><td>20세기 후반</td><td>2000년대 이후</td></tr>
<tr><td colspan="2">연결성</td><td>국가내부 연결성 강화</td><td>기업-국가간<br>연결성 강화</td><td>사람·환경·기계<br>연결성 강화</td><td>자동화, 연결성의<br>극대화</td></tr>
<tr><td colspan="2">최초 사례</td><td>방직기(1784)</td><td>신시내티 도축장<br>(1870)</td><td>PLC:Modicon<br>0841(1969)</td><td>-</td></tr>
<tr><td colspan="2" rowspan="2">혁신동인</td><td>증기기관</td><td>전기에너지</td><td>컴퓨터, 인터넷</td><td>IoT, 빅데이터,<br>AI기반 초연결</td></tr>
<tr><td colspan="2">동력원의 변화(유형자산 기반)</td><td colspan="2">정보처리 방식의 변화(무형자산 기반)</td></tr>
<tr><td rowspan="3">특징</td><td>원인</td><td>기계화</td><td>전기화</td><td>정보화</td><td>지능화</td></tr>
<tr><td rowspan="2">결과</td><td rowspan="2">산업화</td><td rowspan="2">대량생산</td><td>자동화</td><td>자율화</td></tr>
<tr><td>기계, SW가<br>데이터를 생산</td><td>데이터가<br>기계, SW를 제어</td></tr>
<tr><td colspan="2">현상</td><td>영국 섬유공업의<br>거대산업화</td><td>컨베이어 벨트<br>활용기반 대량생산<br>달성한 미국으로<br>패권 이동</td><td>인터넷 기반의<br>디지털 혁명, 미국의<br>글로벌 IT기업 부상</td><td>사람-사물-공간의<br>초연결, 초지능화를<br>통한 산업구조 개편</td></tr>
</table>

(출처: 김근령(2017), 4차산업 혁명에 따른 고령친화산업 대응 방안)

## 5.1.2 4차 산업혁명의 특징

4차 산업혁명은 1,2차 산업혁명의 오프라인 현실세계와 3차 산업혁명의 온라인 가상 세계가 하나로 연결된 O2O(Online-to-offline) 체계로 구축되어 있어 모든 것이 상호 연결되고 보다 지능화된 사회로 변화할 수 있다. 4차 산업혁명기존 산업과는 다른 빠른 속도, 개별적 기술의 발전이 아닌 포괄적 변화, 광범위한 혁신 범위, 인간의 정체성을 변화시키는 혁명이라는 점에서 기존 산업혁명과 차이가 있다. 4차 산업혁명의 주요 특징은 크게 세 가지로 설명할 수 있다.

### 초연결성

초연결성(Hyper-connectivity)은 정보통신기술의 급속한 발전으로 물리적 또는 가상적으로 제한되는 시공간을 뛰어넘어 사람과 다양한 사물들이 서로 유기적으로 연결되어 소통하고 상호작용 하기 위해 그 연결의 범위가 확대되는 것을 의미한다. 외출 후에도 스마트폰으로 집 안의 불을 끄고, 온도와 습도를 조절할 수 있는 것과 같이 이미 우리 생활에 익숙한 기술이다.

### 초지능성

초지능성(Hyper-intelligence)은 인공지능 기술이 구현된 사물이 컴퓨터 프로그래밍을 통해 학습된 자동화의 수준을 넘어 주변 환경, 다른 사물, 사람들과 자연스럽게 상호 작용하며 스스로 판단하고 행동함으로써 인간의 사고 능력을 월등히 능가하는 인공지능 시스템을 의미한다. 방대한 양의 빅데이터를 빠른 속도로 처리하여 스스로 학습하고 추론하는 능력을 갖춘 기계는 정보가 넘쳐나는 4차 산업혁명 시대에 필수적이라고 할 수 있다.

### 초융합성

초융합성(Hyper-convergence)은 초연결성과 초지능성을 통해 기존에는 상상하지 못한 새로운 방식으로 최적의 사용자 경험을 제공하는 사이버물리시스템(건물, 도로, 전력망, 공장 등의 사물에 통신, 컴퓨팅 등 정보통신기술을 융합하여 사이버 상에서 물리시스템을 이해하고 제어하는 기술) 또는 온라인과 오프라인 통합 환경을 제공하는 다양한 기술의 융합을 의미한다. 각종 '페이'로 대표되는 지급결제서비스와 모든 은행의 계좌이체 시스템을 개방하는 오픈뱅킹(공동결제시스템) 서비스와 같은 핀테크(FinTech), 정보통신기술이 주택에 적용된 스마트홈, 자동차에 적용된 자율주행차 등을 대표적인 예로 들 수 있다.

## 5.2 4차 산업혁명 핵심기술

4차 산업혁명 기반 기술의 혁신은 고령자를 대상으로 하는 고령친화산업 분야에 빠르게 적용되고 있다. 이 절에서는 4차 산업혁명 핵심 기술을 분류하고 특징을 살펴보자.

**단원 학습목표**

- 4차 산업혁명 핵심 기술을 분류하고 정의한다.
- 4차 산업혁명의 주요 기술들을 파악한다.

### 5.2.1 IoT

IoT(Internet of things)는 사물 인터넷으로 각종 사물에 센서와 통신 기능을 내장하여 인터넷에 연결하는 기술이다. IoT에서 사물은 가전제품, 차량, 웨어러블 장치와 같은 일상 품목부터 산업용 기계, 환경 센서, 스마트 시티에 이르는 광범위한 개체를 포괄하고 있다. 무선 통신으로 연결된 다양한 임베디드 시스템이 양방향으로 소통함으로써 개별 객체로는 제공하지 못했던 서비스를 제공할 수 있다.

#### IoT의 개념

(출처: Lally D. Moore, CC BY-SA 3.0 via Wikimedia Commons)

[그림 5-6] 케빈 애시턴이 제안한 IoT

IoT라는 용어는 MIT의 연구기관인 오토아이디센터(Auto-ID center)를 설립한 케빈 애시턴(Kevin Ashton)에 의해 처음으로 제안되었다. 케빈 애시턴(Kevin Ashton)은 P&G(Procter& Gamble)에서 근무할 당시 세상에 존재하는 모든 사물이 서로 연결될 수 있다고 생각하여 자사의 제품들에 RFID

(Radio-frequency identification)[6] 태그를 부착하였다.

IoT에 대한 표준 관점의 논의는 2005년 ITU(International telecommunication union)[7]에서 관련 보고서가 발간되면서 시작되었으며, 2008년부터 퀄컴(Qualcomm)이나 인텔(Intel)과 같은 글로벌 기업들이 IoT을 산업 유망 아이템으로 제시하면서 산업적으로 관심을 받게 되었다.

### IoT의 발전

IoT는 다양한 센서 및 통신기술들이 결합하면서 기존의 데이터 중심의 USN (Ubiquitous sensor network), 이동통신 네트워크를 활용하여 정보를 전달하는 M2M(Machine to machine), 사람, 사물, 데이터, 프로세스가 연결되는 IoE (Internet of everything)로 발전해 나가고 있다.

○ USN

- 유비쿼터스 센서 네트워크는 근거리 무선 통신 기능을 포함하고 있는 소형의 센서 장치들이 어느 곳(사물)에나 부착되어 특정 장소의 상태 및 환경 변화 정보를 종합적으로 감지·저장·가공·전달하기 위해 활용되는 네트워크 기술이다.
- 센서 네트워크에 연결된 센서들을 통해 수집된 데이터를 분석하는 주체가 사람이기 때문에 특수한 목적을 위해 개별적으로 구축되는 수동적인 디바이스라고 할 수 있다.
- 주변의 다양한 정보를 수집하기 위한 센서, 프로세서, 근거리 무선통신 및 전원으로 구성되는 센서 노드(Sensor node), 수집된 정보를 외부로 연결하기 위한 싱크 노드(Sink node), 대량의 센서 데이터를 수집 및 필터링하는 USN 미들웨어, 다양한 산업 분야에 응용 서비스를 제공하기 위한 플랫폼인 USN 응용 플랫폼으로 구성된다.

○ M2M

- 사물지능통신은 USN과는 다르게 모든 장비나 사물에 센서 및 통신 기능을 결합하여 사람이 직접 개입하지 않은 상태에서 개체 간 통신이 가능하여 언제 어디서나 스스로

---

6) 무선주파수를 이용해 물체나 사람을 식별하거나 인식하는 기술

7) 국제전기통신연합

정보를 수집하고 그 결과를 상호 전달할 수 있는 네트워크 기술이다.

- 기계나 사물들의 연결에 특수한 목적을 가진 폐쇄적이고 지역적이라는 특징이 있다.
- 일반적으로 사람이 접근하기 힘든 지역의 원격 제어나 위험 품목의 상시 감시 등의 영역에서 적용되고 있다.

○ IoE

- 만물인터넷은 세상에서 연결 가능한 모든 것(사람, 데이터, 프로세스, 모바일, 클라우드 등)이 상호 지능적으로 연결되어 서로 소통하며 새로운 가치와 경험을 창출하는 미래의 네트워크 기술이다.
- 정보통신기술의 발전에 따라 IoT가 고도의 편재성(Ubiquity)과 상호연결성을 기반으로 더 확장되면서 사물과 사람이 거대 네트워크에서 상시 접속하고 상호작용하는 초연결사회(Hyper connected society)로 발전하고 있다.
- IoE는 타산업과의 융합을 통해 새로운 사업기회와 부가가치를 창출하는데 중요한 역할을 한다.

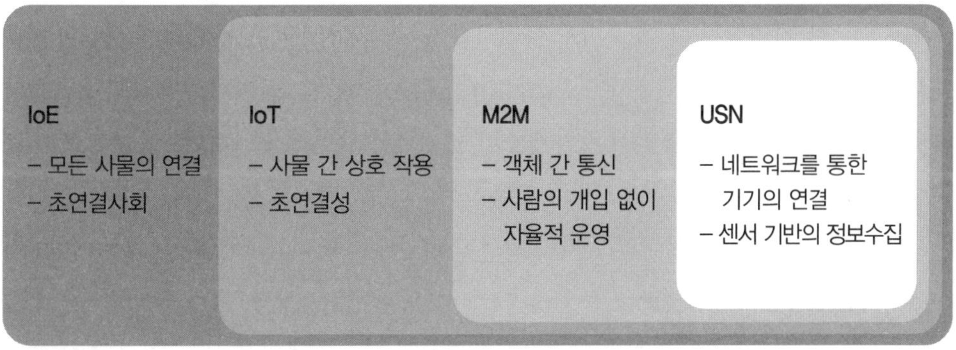


[그림 5-7] IoE, IoT, M2M, USN의 개념

### IoT의 특징

IoT의 특징은 크게 4가지로 구분할 수 있다.

○ 다양성

- IoT를 기반으로 가정 내 기기-환경 관련 정보(온도, 습도, 조도, 먼지, 에너지 등)를 감지

하고 측정할 때는 다양한 유형의 센서를 사용한다.

- 센서 유형은 기술에 따라 소재, 출력신호(아날로그/디지털), 전원(변조형/자가발전형), 변환형상(역학, 전자기, 광, 온도, 화학)으로 분류할 수 있다.
- LTE, WiFi, 블루투스, 이더넷 등과 같은 다양한 유무선 통신과 네트워크 기술을 기반으로 기기 간에 서로 연결된다.
- 클라우드, 빅데이터, 인공지능과 같은 소프트웨어 기술들이 활용되어 소비/가전, 의료/건강, 항공, 자동차, 가정/빌딩, 도시/환경 분야에서 상황과 목적에 맞는 다양한 서비스를 제공할 수 있다.

○ 연결성

- 센서와 장치를 통한 센싱·수집·관리·원격제어에 있어 중앙 집중식 시스템과 실시간으로 연결되는 것은 원활한 데이터 및 정보 흐름에 있어 매우 중요하다.
- IoT의 연결성은 통신 범위, 요구 전력, 데이터 전송 속도, 비용 등을 고려하여 상황이나 목적에 맞게 적절한 방법으로 선택할 수 있다.
- 일반적으로 많이 사용되는 WiFi는 높은 데이터 전송 속도를 기반으로 많은 수의 장치를 한 번에 처리할 수 있어 스마트 홈에서 온도 조절기, 카메라, 스마트 스피커와 같은 장치에 많이 활용된다.
- 4G나 5G를 포함한 셀룰러 네트워크는 차량 추적이나 원격 모니터링과 같이 광범위한 범위 및 이동성이 필요한 IoT 애플리케이션에 적합하다.
- 블루투스는 100미터 이내의 단거리 연결에 적합해 웨어러블 장치나 홈 오토메이션에서 사용된다.
- LoRa(Long range)[8]는 저전력 장거라 IoT 통신에 적합해 스마트 농업, 자산 추적, 환경 모니터링과 같은 애플리케이션에서 활용되고 있다.

○ 편리성

- IoT 기술을 통해 각종 사물이 서로 연결되어 자동화되면 비즈니스를 운영하거나 산업 프로세스를 진행하는 과정을 축소할 수 있어 매우 편리하다.

8) IoT를 위해 만들어진 저전력 통신변조 기술

- 스마트 홈의 온도 조절 장치와 보안 시스템을 모니터링하고 실시간으로 데이터에 접근하여 쉽게 관리할 수 있다.
- 자연광에 따라 밝기를 자동으로 조절하고 온도에 맞춰 난방/냉방을 자동으로 조절함으로써 편리하게 에너지 소비를 줄일 수 있으며, 사용자의 음성 명령에 따라 식료품을 주문할 수도 있다.
- 이러한 장점으로 인해 원격 환자 모니터링, 웨어러블 기반 건강추적, 물류 및 공급망 관리, 스마트 시티, 보안 등의 분야에서 다양하게 응용되고 있다.

○ 확장성
- IoT 기술은 스마트 홈부터 대규모 스마트 시티까지 목적에 맞게 점점 늘어나는 장치와 다양한 요구사항을 모두 수용할 수 있도록 설계가 가능하다.
- 클라우드 기반 인프라를 구축하고 IoT 네트워크를 확장함으로써 증가하는 데이터 부하와 장치 연결에 관한 문제를 쉽게 처리할 수 있다.
- 특정 산업이나 부문에 국한하지 않고 확장이 가능하기 때문에 초기에 대규모의 투자를 감행하지 않고도 점진적으로 성장할 수 있어 비용을 효율적으로 사용할 수 있다.

### IoT의 주요 기술

IoT의 주요 기술로는 센싱 기술, 유무선 통신 및 네트워크 인프라 기술, 서비스 인터페이스 기술이 있다.

○ 센싱 기술
- IoT의 감각 기관 역할을 하는 센싱 기술은 물리적 세계의 다양한 환경이나 조건을 인식하고 데이터를 측정하여 정보를 얻을 수 있는 기술이다.
- 물리적 특성을 감지하는 센서 유형으로는 온도 센서, 압력 센서, 동작 감지기, 광센서, 습도 센서, 가스 센서, 근접 센서 등이 있다.
- 최근에는 표준화된 인터페이스 및 정보처리능력이 내장된 스마트 센서를 기반으로 하는 다중 센서 기술로 발전함에 따라 한층 더 지능적이고 고차원적이 정보를 추출할 수 있다.

○ 유무선 통신 및 네트워크 인프라 기술

- 다양한 센서와 시스템 간의 연결을 통해 데이터 교환을 가능하게 하는 IoT의 유무선 통신 및 네트워크 인프라 기술의 장치는 WPAN(Wireless personal area networks), WiFi, 3G/4G/LTE/5G, 블루투스, 이더넷 등을 포함한 모든 유·무선 네트워크라고 할 수 있다.
- 현재 IoT가 지속적으로 성장함에 따라 장치, 센서, 통신 프로토콜 간의 상호 운용성을 위한 개방형 표준을 개발하고 사이버 보안 위협을 해결할 수 있는 기술(블록체인, 제로 트러스트 모델, 고급 암호화 방법 등)을 구현하는데 주력하고 있다.

○ 서비스 인터페이스 기술

- 애플리케이션 프로그램 인터페이스(Application program interface, API)라고도 하는 서비스 인터페이스 기술에는 IoT 장치, 플랫폼, 애플리케이션 간의 원활한 통신, 데이터 교환, 상호작용을 가능하게 하는 소프트웨어 인터페이스의 설계 및 구현이 포함된다.
- IoT 장치는 이러한 인터페이스를 통해 클라우드, 모바일 앱, 기타 장치, 웹 서비스와 데이터를 주고받을 수 있다.

## 5.2.2 로봇 공학

로봇(Robot)은 외부환경을 스스로 인식하고 상황을 판단해 자율적인 움직임으로 동작하도록 설계된 기계로, 환경과 상호작용하면서 개체를 조작해 주어진 임무를 완료해야 하기 때문에 매우 정교하게 만들어진다.

### 로봇 공학의 개념

로봇 공학(Robotics)은 인간의 능력을 향상시키고, 반복적이거나 위험한 작업을 자동화하며, 기술과 과학에서 새로운 영역을 개척하는 것을 목적으로 로봇을 만들고 제어하는데 필요한 설계, 구성, 프로그래밍, 동작, 응용 기술을 연구하는 공학의 한 분야이다.

현재 산업 자동화, 의료, 우주 탐사, 운송, 군사 분야 등과 같이 다양한 분야에서 활용되고 있으며, 지속적인 연구 개발을 통해 로봇의 성능이 끊임없이 진화하고 있어 응용성이 확대되고 있다.

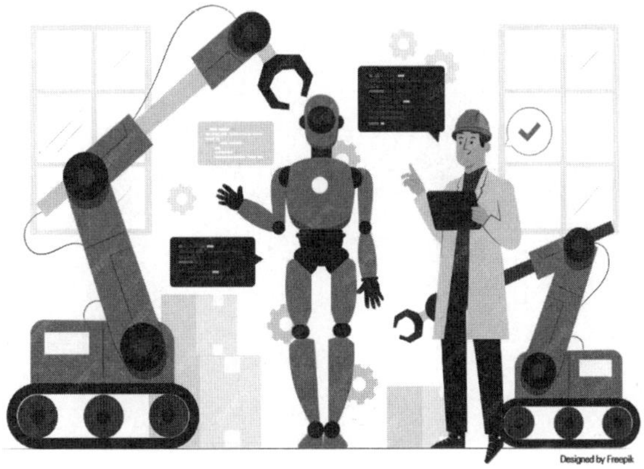

[그림 5-8] 로봇 공학

**산업용 로봇**

산업용 로봇(Industrial robot)은 산업현장에서 자동제어에 의한 조작 또는 이동기능을 활용하여 프로그래밍 순서대로 단순 반복 작업을 주로 수행하는 로봇으로, 일의 효율성과 성과에 초점을 두고 만들어진다.

인간이 수행하기에 가혹한 환경에서도 고도의 작업을 지속적으로 진행할 수 있을 뿐만 아니라 제조비용 절감, 납기단축, 인력난 등 제조업 분야가 안고 있는 문제들을 해결할 수 있는 자동화 시스템이 개발되면서 생산시스템 및 국가경쟁력을 향상시키는 유효한 수단이 되었다. 현재 산업용 로봇 분야의 기술력은 어느 정도 완성 단계에 도달했다고 볼 수 있다.

○ 6축 다관절 로봇

- 6축 다관절 로봇(6-axis articulated robot) 로봇은 모터가 달린 여러 개의 관절로 구성되어 있어 수평 및 수직 작업뿐만 아니라 사용자가 원하는 각도로도 움직일 수 있다.
- 쿼터니언 좌표계와 오일러 좌표계를 사용하여 제어할 수 있으며 정밀한 작업을 요구

하는 대부분의 산업분야에서 많이 적용되고 있다.

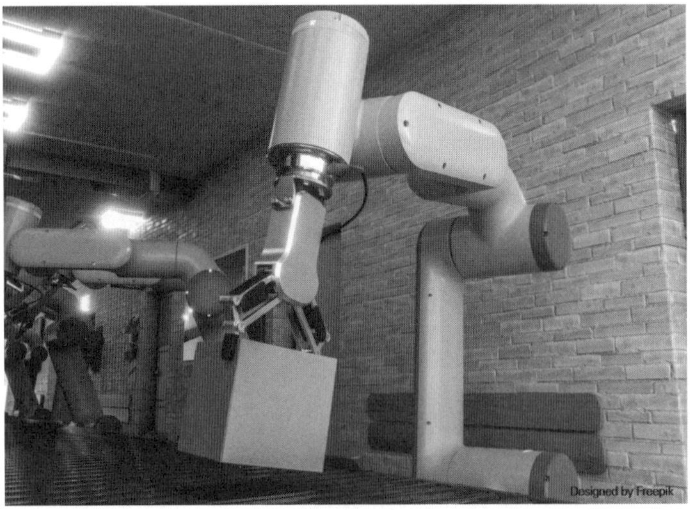


[그림 5-9] 6축 다관절 로봇

○ 델타 로봇

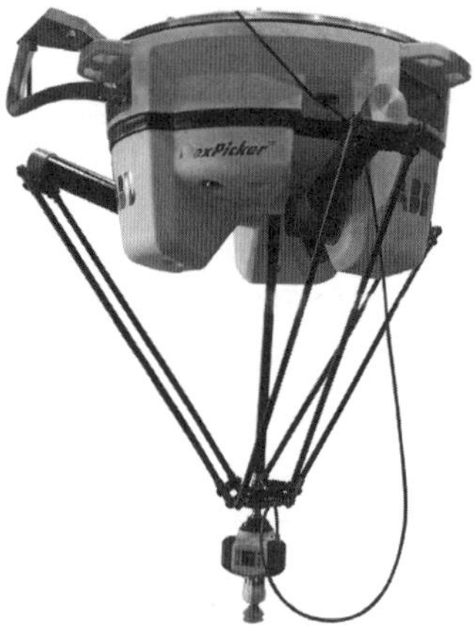

(출처: Marc Auledas, CC BY-SA 4.0, via Wikimedia Commons)

[그림 5-10] 델타 로봇

- 델타 로봇(Delta robot)은 2~5개의 축으로 구성되어 정밀도가 높고 가속 및 감속에 관한 제어성능이 좋아 빠른 작업을 수행할 수 있다.
- 하지만, 다관절 로봇에 비해 무게를 드는 힘이 떨어지며 작업자세도 제한적이라서 주로 천장에 고정시켜 하중이 작은 물류를 분류하는데 많이 적용된다.

○ 직교 로봇

- 직교 로봇(Orthogonal robot)은 X축과 Y축의 긴 축들을 연결해 직교 모터를 이용하여 해당 축을 따라 상하좌우로 이동할 수 있다.
- 현장 상황에 맞춰 좌우로만 움직이는 경우에는 하나의 축, 좌우와 앞뒤로 모두 움직이는 경우에는 두 개의 축, 상하로 움직이는 작업을 추가할 경우 세 개의 축을 연결하는 커스텀 제작이 가능하다.
- 긴 축을 이용하기 때문에 작업영역이 넓은 반면 다른 로봇들에 비해 작업 속도가 느려 물류, 제조 등 다양한 분야로 적용이 가능하다.

(출처: www.tecnowey.com, CC BY 3.0, via Wikimedia Commons)

**[그림 5-11] 직교 로봇**

### 지능형 로봇

지능형 로봇(Intelligent robot)은 인공지능, 휴먼인터페이스, 유비쿼터스 네트워크 등을 포함한 IT기술을 바탕으로 주변 환경을 스스로 감지하고 상황을 판단하여 자율적으로 동작함으로써 다양한 형태의 서비스를 제공할 수 있는 로봇으로, 인간에 초점을 두고 만들어진다.

고령화 사회로의 진입으로 고령자의 의료 및 복지 지원에 관한 다양한 서비스를 필요로 하는 사회적 요구가 확대되면서 지능형 서비스 로봇의 필요성 또한 크게 증가하고 있으며, 최신 기술의 발전에 힘입어 지능형 로봇이 여러 분야의 서비스 시장으로 빠르게 확산되는 추세이다.

(출처: 한국정보통신기술협회(2021), AI·DATA·지능형로봇)

[그림 5-12] 지능형 로봇 개요도

### 로봇 공학의 주요 기술

로봇 공학의 주요 기술로는 조작제어 기술, 자율이동 기술, 물체인식 기술, 위치인식 기술이 있다.

○ 조작제어 기술

- 로봇의 움직임과 물체 및 환경과의 상호작용을 제어하는 기술이다.
- 제조, 의료, 물류 등의 분야에서 물체를 잡고 정밀하게 움직이는데 필요한 정밀성, 안정성, 적응성을 바탕으로 복잡한 작업을 가능하게 한다.

[표 5-2] 조작제어 기술 유형 및 정의

| 기술 유형 | 정의 |
|---|---|
| 운동학적 제어 | 로봇의 위치 지정 및 관절 각도 결정 |
| 동적 제어 | 동적 환경에서 물체와의 상호 작용 시 부드러운 힘 적용 |
| 비전 시스템 | 물체 확인 및 움직임 추적 |
| 속도 제어 | 지정된 속도로 움직임 제어 |
| 햅틱 피드백 | 작업자에게 촉각 정보 및 로봇과의 상호 작용 제공 |

○ 자율이동 기술

- 인간의 지속적인 개입 없이도 로봇이 자율적으로 움직이고 환경을 탐색할 수 있는 기술이다.
- 운송, 물류, 자율주행, 드론, 모바일 로봇 등을 포함한 광범위한 분야에서 많이 사용되고 있다.
- 카메라, LiDAR, 레이더, 초음파 센서, 범지구위치결정시스템(Global positioning system, GPS) 등 센서를 통해 주변의 데이터를 수집하고 물체, 보행자, 차량, 도로 상태, 장애물 등을 인식할 수 있다.
- 주변 환경의 지도를 생성하고 자신의 위치를 파악하여 목적지에 안전하게 도달할 수 있는 최적의 경로를 계산한다.
- 자율주행 시스템은 센서 데이터를 지속적으로 분석하고 실시간으로 처리해 현재 상황에 맞는 즉각적인 의사결정을 가능하게 한다.

○ 물체인식 기술

- 주변 환경에서 물체의 시각적 모양, 공간 위치, 특성에 대한 데이터를 캡처하여 물체를 식별하고 정보를 제공하는 기술이다.
- 카메라(2D/3D), LiDAR, 레이더, 초음파 센서, 깊이 센서 등을 사용하여 물체를 인식하며 노이즈 감소, 이미지 향상, 이미지 분할과 같은 데이터 전처리 기법이 사용된다.
- 시각적 데이터를 참조 이미지와 비교하거나 특성에 따라 객체를 분류할 수 있도록 특징 추출, 패턴 식별, 객체 인식을 수행한다.
- 개체 추적 기술을 기반으로 로봇의 시야를 통해 이동하는 개체를 추적할 수 있다.

○ 위치인식 기술

- 공간 인식, 탐색, 주변 환경과의 상호작용을 통해 주어진 환경 내에서 로봇이 위치와 방향을 결정하는데 필요한 기술이다.
- GPS, 관성 측정 장치(Inertial measurement unit, IMU), 환경 센서를 통해 주변 환경의 데이터를 수집하며 정확도를 높이기 위해 센서 융합 알고리즘을 사용한다.
- 바퀴나 트랙이 장착된 로봇의 경우 주행 거리 측정 센서로 바퀴 회전을 측정하거나 움직임을 추적할 수 있으며 위치 인식을 위해 비콘을 랜드마크로 이용해 실시간으로 지형, 건물, 도로에 대한 정보를 제공한다.

## 5.2.3 3D 프린팅

3D 프린팅(3-dimensional printing)은 기존의 절삭가공에 대비되는 공법으로 3차원 모델 데이터를 이용하여 소재를 적층하여 제품을 제조하는 기술이다.

### 3D 프린팅의 개념

3D 프린팅은 고체, 액체, 분말 등 다양한 형태의 소재를 활용해 분사, 적층하여 3차원 형태의 입체물을 제작하는 것으로, 3차원 디지털 도면으로 설계한 가상의 물체를 얇은 단면으로 한 층씩 쌓아 결과물을 만들어내는 기술로 정의할 수 있다.

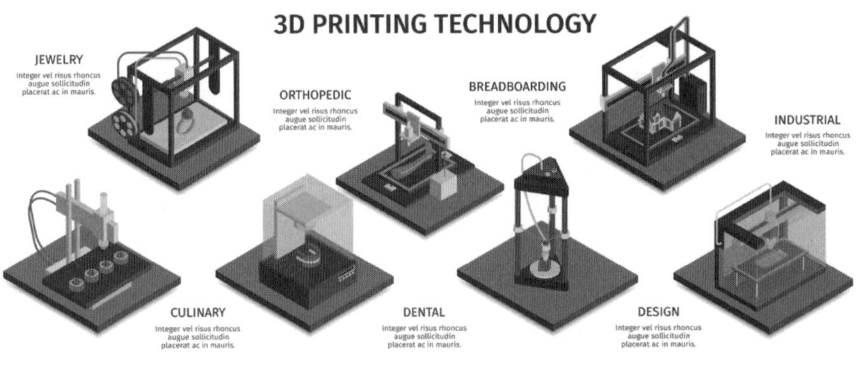


[그림 5-13] 3D 프린팅 기술

1988년 미국 3D Systems사가 최초 상용화한 기술로 기존의 절삭가공을 통한 제조 방식보다 재료가 절감되며 일반 제조공정에서는 복잡한 과정을 거쳐 만들 수 있는 모형이나 제품을 손쉽게 생산할 수 있어 차세대 제조 방식으로 주목받고 있다.

### 3D 프린팅 단계

3D 프린팅 단계는 크게 모델링(설계), 3D 프린팅(적층가공), 후가공으로 구분할 수 있다.

○ 모델링(설계)

- 제품을 설계하고 3D 프린팅이 가능한 파일 형식으로 변환하는 단계이다.
- 사용자가 원하는 제품의 특성에 따라 직접 디자인을 하거나 3D 스캐팅 기기를 활용하여 획득한 데이터로 설계할 수 있다.
- 설계 과정을 거친 후 3D 프린팅이 가능한 파일을 생성하고 유효성 확인 및 수정을 통해 적층을 위한 최종 파일을 확정한다.

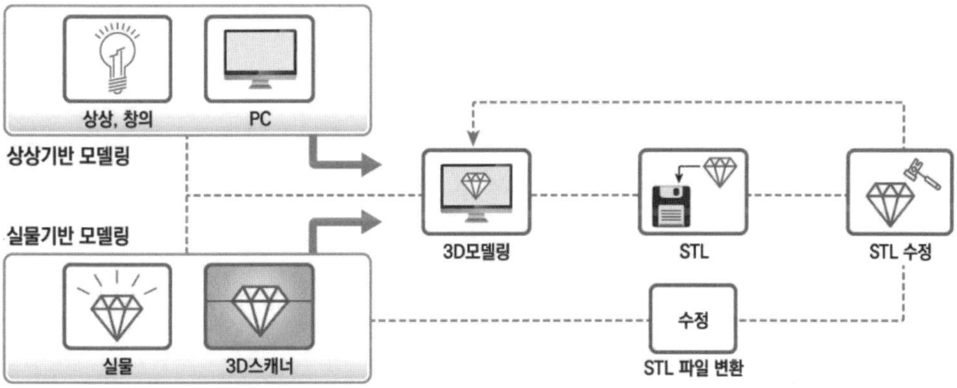


(출처: 식품의약품안전평가원(2018), 알기 쉬운 의료기기 3D프린팅 기술의 이해 Part Ⅱ. 3D프린팅 일반기초)

[그림 5-14] 모델링 단계

○ 3D 프린팅(적층가공)

- 3D 프린팅의 특성을 기반으로 서포트(Support) 설계, 적층 범위 및 적층 방법에 대한 경로제어(G-code)를 설정하여 설계된 파일을 실제 3D 프린팅하는 단계이다.

- 설계 파일을 프린팅 할 때 무너지거나 변형되는 것을 방지하는 서포트의 제작 방식에 따라 재료 소모량이나 제작 시간이 달라질 수 있다.
- 3D 프린팅을 위해 X, Y, Z축을 구동하는 모터가 어떻게 움직일지에 관한 명령, 속도, 재료, 적층 두께 등의 정보가 담겨 있는 G-code 파일을 기반으로 프린팅이 진행된다.

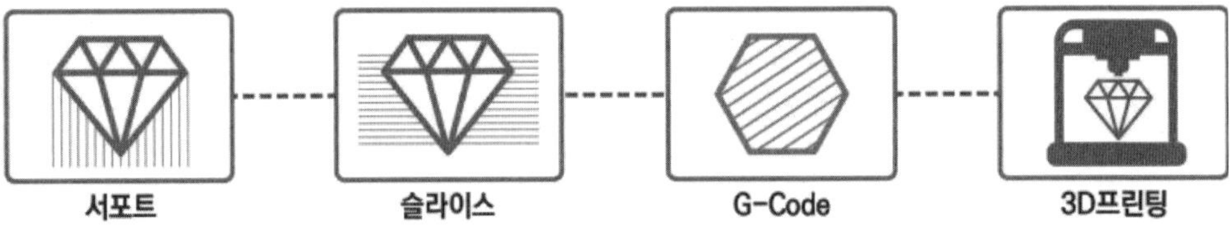


(출처: 식품의약품안전평가원(2018), 알기 쉬운 의료기기 3D프린팅 기술의 이해 Part Ⅱ. 3D프린팅 일반기초)

[그림 5-15] 3D 프린팅 단계

○ 후가공

- 3D 프린팅으로 제작된 제품의 서포트 제거, 표면 처리, 색체 삽입 및 코팅 등 제작 제품의 완성도를 높이기 위한 모든 과정이 진행되는 단계이다.
- 각 소재별로 후가공 방식의 차이가 존재하기 때문에 사용한 3D 프린터와 적용 소재에 맞는 방법을 사용하는 것이 매우 중요하다.

(출처: 식품의약품안전평가원(2018), 알기 쉬운 의료기기 3D프린팅 기술의 이해 Part Ⅱ. 3D프린팅 일반기초)

[그림 5-16] 후가공 단계

### 3D 프린팅의 특징

3D 프린팅 기술의 특징은 적층제조, 간결제작, 디지털 공정으로 설명할 수 있다.

○ 적층제조

- 3D 설계 파일만 있으면 다양한 제품 종류 및 소량 생산에서도 발생하는 비용이 적고 수정과 변형이 가능하다.
- 기존의 밀링이나 절삭 가공의 한계를 벗어나 형상을 구현하는데 거의 제약이 없어 개인 맞춤형 제품을 제작할 때 용이하다.
- 복잡하고 비정형적인 형상을 제작하고 설계에 따라 요구되는 강성은 유지하면서 상대적으로 중량은 감소시킨 제품을 쉽게 만들 수 있다.

○ 간결제작

- 별도의 공정(금형, 밀링, 절삭 등)이 필요하지 않아 초기 제품 제작 시 소모되는 비용을 감소시키고 시간을 단축시킬 수 있다.
- 자체 보유한 3D 프린터를 사용할 경우 보안이 필요한 설계도면이나 기밀을 유출할 가능성을 사전에 차단할 수 있다.
- 다량의 잔재물이 발생하는 기존의 절삭 가공에 비해 3D 프린팅은 재료 손실이 거의 없어 재료를 절감할 수 있다.

○ 디지털 공정

- 3D 프린터의 우수한 이동성과 휴대성으로 인해 동일한 작업장 크기 기준 시 기존의 공작기계에 비해 더 많은 제조 능력을 갖출 수 있다.
- 전문적인 기술이나 숙련도가 필요한 기존 공작기계나 CNC 머신 등에 비해 간편하고 편리하게 제품을 만들어 낼 수 있다.
- 초보자나 미숙련자도 소정의 교육과정을 통해 3차원 모델링 데이터를 설계하고 출력할 수 있다.

[표 5-3] 3D 프린팅 기술과 기존 제조방식의 비교

| 구분 | 기존 기술 | 3D 프린팅 기술 |
|---|---|---|
| 제조 방법 | - 밀링·절삭 가공, 금형, 주조 등의 기술 | - 적정 소재를 적층하여 제작하는 기술 |
| 장점 | - 대량생산 최적화 및 단순형상 제작 | - 다품종 소량생산 및 복잡형상 구현<br>- 하나의 장비로 다양한 제품 제작 가능<br>- 시제품 제작 비용 및 시간 절감 |
| 단점 | - 장비별, 제품별로 전용 생산장비 구축<br>- 장비별, 제품별로 별도 최적 공정 필요 | - 오랜 제조시간 소요<br>- 표면 정밀도 등의 디테일 부족 |

(출처: 식품의약품안전평가원(2018), 알기 쉬운 의료기기 3D프린팅 기술의 이해 Part Ⅱ. 3D프린팅 일반기초)

### 3D 프린팅의 주요 기술

3D 프린팅의 주요 기술은 SLA(Stereo lithography apparatus), SLS(Selective laser sintering), FDM(Fused deposition modeling) 등과 같이 다양한 방식으로 설명할 수 있다. 현재 FDM 기반 기술이 가장 많이 사용되고 있다.

[표 5-4] 3D 프린팅 주요 기술

| 방식 | 대표기술 | 원리 | 장점 |
|---|---|---|---|
| 액상 | SLA | 액체수지를 레이저로 경화 | 높은 정밀도, 빠른 속도 |
| 분말 | SLS | 분말을 레이저로 소결 | 금속 등 재료의 다양성, 견고성 |
| 고형 | FDM | 필라멘트형 원료를 녹여 적층 | 낮은 제조단가, 높은 강도, 내습성 |

(출처: 식품의약품안전평가원(2018), 알기 쉬운 의료기기 3D프린팅 기술의 이해 Part Ⅱ. 3D프린팅 일반기초)

## 5.2.4 빅데이터

빅데이터(Bigdata)는 기존 데이터베이스로 처리할 수 있는 역량을 넘어서는 초대용량(테라바이트 또는 페타바이트급)의 정형, 비정형 데이터(data)를 생성, 수집, 저장, 관리 및 분석하여 가치를 추출하고 지능화 서비스의 기반을 지원하는 기술이다.

### 빅데이터의 개념

현실 세계의 사물에 대한 사실을 표현하는 다양한 종류의 데이터가 대규모로 수집 및 축적되면서 빅데이터의 개념이 등장하였다. 기존에는 방대한 양의 데이터만을 지칭하였지만 최근에는 대용량 데이터로부터 가치를 추출하고 분석 및 관리를 지원하는 차세대 기술이나 도구 등으로 정의하고 있다.

데이터 생산 범위의 확대가 빅데이터의 대중화 및 확산에 기여하면서 데이터의 수집 단위는 메가바이트, 기가바이트에서 테라바이트, 페타바이트, 엑사바이트, 제타바이트로 크게 증가하고 있다. 이로 인해 데이터 생성주기가 크게 단축되어 실시간으로 정보를 분석하고 활용하는 것이 가능해졌다.

[표 5-5] 데이터의 단위

| 단위 | 정의 | 저장공간 크기 |
|---|---|---|
| 비트(Bit) | 0 또는 1 | 예/아니오 |
| 바이트(Byte) | 8 비트 | 영어 알파벳 한 개 |
| 킬로바이트(Kilobyte, KB) | 1,024 바이트 | 몇 개의 문단 |
| 메가바이트(Megabyte, MB) | 1,024 킬로바이트 | 1분 길이의 MP3 노래 |
| 기가바이트(Gigabyte, GB) | 1,024 메가바이트 | 30분 길이의 HD 영화 |
| 테라바이트(Terabyte, TB) | 1,024 기가바이트 | 약 200편의 FHD 영화 |
| 페타바이트(Petabyte, PB) | 1,024 테라바이트 | 약 20만편의 FHD 영화 |
| 엑사바이트(Exabyte, EB) | 1,024 페타바이트 | 약 2억여편의 FHD 영화 |
| 제타바이트(Zetabyte, ZB) | 1,024 엑사바이트 | 281조5천억 개의 MP3 노래 |

### 빅데이터의 특징

초기 빅데이터의 특성은 규모(Volume), 속도(Velocity), 다양성(Variety)을 의미하는 3V였지만, 빅데이터를 통한 가치 창출이 중요해지면서 정확성(Veracity)과 가치(Value)가 추가된 5V, 가변성(Variability)과 휘발성(Volatility)이 추가된 7V로 불리고 있다. 즉, 빅데이터는 데이터 규모와 기술 측면에서 출발했지만, 점차 가치와 활용 측면으로 의미가 확대되고 있다는 것을 알 수 있다.

○ 규모

- 데이터의 크기로 물리적으로 저장되는 데이터의 양을 의미한다.
- 현재는 특정 규모 이상을 빅데이터로 지칭하기보다는 기존 기술로는 관리할 수 없는 데이터양을 상대적으로 지칭하고 있다.

○ 속도

- 데이터가 생성되어 저장·분석·시각화되는 과정에 필요한 시간을 의미한다.
- 실시간으로 데이터 생성 및 이동속도가 증가함에 따라 대규모 데이터를 처리하고 가치 있는 정보를 활용하기 위해서는 데이터 처리 및 분석 속도가 중요하다.

○ 다양성

- 텍스트, 이미지, 동영상, 멀티미디어 등 수집하고 분석해야 할 다양한 종류의 데이터를 수용하는 속성을 의미한다.
- 빅데이터는 데이터 형태나 특성에 따라 정형 데이터(Formatted data), 비정형 데이터(Unformatted data), 반구조 데이터(Semi-structured data), 스트리밍 데이터(Streaming data), 그래프 데이터(Graph data) 등으로 구분할 수 있다.

**[표 5-6] 데이터 형태나 특성에 따른 구분**

| 유형 | 정의 |
| --- | --- |
| 정형 데이터 | - 고정된 크기의 필드에 저장된 숫자, 문자 형태의 데이터로 관계 데이터베이스나 스프레드시트에 저장된 데이터<br>- 지역 인구 통계 데이터, 의학 실험 결과 데이터, 고객 정보, 상품 판매 정보 등 비교적 수월하게 유의미한 패턴이나 결과 도출이 가능 |
| 비정형 데이터 | - 고정된 크기의 필드에 저장되어 있지 않은 텍스트, 이미지, 영상, 동영상 등의 데이터<br>- 페이스북, 트위터, 유튜브의 영상 및 이미지, 음원 파일, 워드 문서, 아래한글 문서, PDF 문서 등 사용자 생성 콘텐츠에 의해 폭발적으로 증가 |
| 반구조 데이터 | - 고정된 필드에 저장된 데이터는 아니지만 복잡한 데이터의 구조 정보, 메타데이터 및 스키마를 포함하는 데이터<br>- XML(Extensible markup language), HTML(Hypertext markup language) 등과 같이 주로 태그를 이용해 문서의 구조를 반영 |

| | |
|---|---|
| 스트리밍 데이터 | - IoT 센서(온도, 습도, 압력 등)나 CCTV에 의해 연속적으로 발생하는 방대한 양의 데이터<br>- 모바일이나 웹 애플리케이션을 사용 시 나타나는 로그 파일, 전자 상거래 구매, 주식 거래소, 지리공간 서비스 등 다양한 데이터를 포함 |
| 그래프 데이터 | - 페이스북, 트위터, 카카오톡 등의 SNS를 통해 생성되는 데이터들이 노드와 링크 형태로 연결되는 데이터<br>- 정형 데이터가 아니기 때문에 비교적 복잡하고 수준 높은 처리 기술을 필요로 하지만 적용된 분석 방법에 따라 다양하고 유의미한 지식 창출이 가능 |

○ 정확성

- 데이터의 신뢰성, 정확성, 타당성을 의미한다.
- 빅데이터셋에 관한 신뢰 수준으로 수집된 방대한 양의 데이터에 오류나 노이즈가 없어 어떤 결정을 내리는 데 있어 타당해야 한다.

○ 가치

- 비즈니스나 연구에서 유용한 가치를 이끌어낼 수 있는 대용량 데이터를 의미한다.
- 데이터 중심의 의사 결정을 유도하기 위한 데이터 전략 수집 및 통찰력을 제공하는데 있어 중요한 역할을 한다.

○ 가변성

- 데이터의 포맷/구조, 의미, 품질 등과 같이 응용 또는 분석 유형에 따라 변하는 데이터의 특징을 의미한다.
- 소셜 미디어를 통해 자신의 의견을 웹 사이트를 통해 자유롭게 게시할 수 있지만 맥락에 따라 자신의 의도와 달리 다른 사람에게 오해를 불러일으킬 수도 있다.

○ 휘발성

- 장기적인 관점에서 유용한 가치를 창출할 수 있는지를 의미한다.
- 데이터의 양이 많고 잘 정리되어 있어도 향후 의미가 없어지거나 오래 저장하는 것이 힘들다면 빅데이터로서의 활용성을 점검해봐야 한다.

## 빅데이터의 주요 기술

빅데이터는 기존의 데이터와 속성이 다르기 때문에 데이터 수집, 저장, 처리, 분석, 시각화를 위한 새로운 기술이 적용되고 있다.

○ 빅데이터 수집 기술

- 자체적으로 보유한 파일 시스템이나 DBMS(Database management system) 등을 이용하여 정형 데이터를 수집하는 내부 데이터 수집과 인터넷을 기반으로 외부의 비정형 데이터를 수집하는 외부 데이터 수집으로 구분할 수 있다.
- 데이터 수집은 주로 프로그래밍 언어나 도구를 이용하여 자동으로 진행된다.

**[표 5-7] 빅데이터 수집 기술**

| 방법 | 설명 |
|---|---|
| Flume | 시스템 또는 웹 서버의 로그, IoT 환경의 센싱 데이터를 수집하는 기술 |
| SQOOP | RDBMS와 빅데이터 플랫폼 사이에서 데이터를 서로 공유 및 수집하는 기술 |
| Crawling | 인터넷에 분산되어 있는 데이터 수집을 위해 웹 관련 라이브러리가 제공되는 개발 언어를 사용하는 기술 |
| Open API | 공공기관 등에서 제공하는 공공 데이터를 수집하는 기술 |

○ 빅데이터 저장 기술

- 데이터에서 의미 있는 정보를 추출하기 위해 효율적으로 대용량, 비정형, 실시간성 속성을 수용할 수 있는 기술이다.
- 대표적으로 하둡 분산형 파일 시스템(Hadoop distributed file system, HDFS)과 비관계형 데이터베이스인 NoSQL(Not only SQL)이 있다.

**[표 5-8] 빅데이터 저장 기술**

| 방법 | 설명 |
|---|---|
| HDFS | 시스템 또는 웹 서버의 로그, IoT 환경의 센싱 데이터를 수집하는 기술 |
| NoSQL | 기존의 RDBMS의 특징 대신 가용성과 확장성을 강화한 비정형 데이터베이스 |

○ 빅데이터 처리 기술

- 방대한 양의 데이터와 데이터 생성 속도 및 종류의 다양성을 통합적으로 고려한 기술이다.
- 대표적으로 일반 범용 서버로 구성된 군집화 시스템을 기반으로 한 분산 컴퓨팅 기술인 맵리듀스 기술이 있다.

**[표 5-9] 빅데이터 처리 기술**

| 방법 | 설명 |
|---|---|
| Pig | 대용량 데이터셋에 대한 데이터 분석을 프로그래밍 할 수 있는 스크립트 언어 |
| Hive | 데이터를 모델링하고 프로세싱 할 때 사용하는 데이터 웨어하우스 소프트웨어 |
| Spark | 기존의 디스크 기반 처리 속도보다 10~100배 더 빠른 메모리 기반의 처리기술 |

○ 빅데이터 분석 기술

- 기계학습 및 데이터 마이닝 분야에서 사용하고 있는 알고리즘을 대규모 데이터 처리에 맞게 개선하여 빅데이터 처리에 적용하고 있는 기술이다.

**[표 5-10] 빅데이터 분석 기술**

| 방법 | 설명 |
|---|---|
| 연관성 분석 | 데이터 간의 관계를 정의해 일련의 연관성이나 상호 관계를 찾아내는 방법 |
| 분류 | 훈련 데이터를 이용하여 학습시킨 후 새로운 데이터를 한 집단으로 분류하는 방법 |
| 군집화 | 데이터 내에서 거리가 가까워 특성이 비슷한 것끼리 그룹으로 분류하는 방법 |
| 시계열 분석 | 시간의 흐름에 따라 기록된 데이터를 분석하고 인과관계를 분석하는 방법 |
| 회귀 분석 | 연속형 변수들에 대해 두 변수 사이의 모형을 구한 후 적합도를 측정하는 방법 |

○ 빅데이터 표현 기술

- 데이터 분석 결과를 효과적으로 전달하기 위해 복잡한 정보를 한 눈에 쉽게 이해할 수 있도록 간단한 도표나 3D 이미지 등으로 표현하는 기술이다.

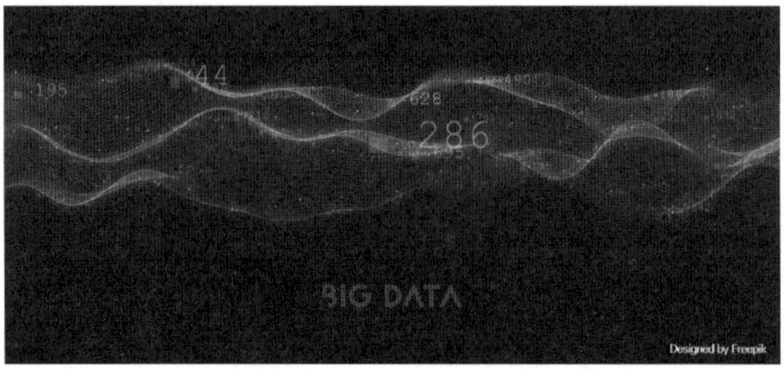


[그림 5-17] 빅데이터 분석 및 시각화

### 5.2.5 인공지능

인공지능이란 인간이 가진 지적 능력을 컴퓨터에서 구현하여 기계가 사람처럼 생각하고 행동할 수 있도록 구현하는 기술로, 인지, 학습, 사고 및 추론과 같은 인간의 선천적인 지능을 컴퓨터가 모방하고 자체 성능을 반복적으로 개선함으로써 효율적으로 작업을 수행할 수 있는 시스템이다. 현재 인공지능은 대단히 빠른 속도로 우리의 일상뿐만 아니라 다양한 산업 분야에 적용되고 있다.

#### 인공지능의 개념

인공지능의 개념은 다음과 같이 크게 4가지 관점으로 정의할 수 있다.

○ Thinking Humanly

- 사람의 뇌가 내부적으로 동작하는 방식과 동일하게 작동하는 인공지능을 의미한다.
- 기계가 인간처럼 생각하기 위해서는 실제 인간의 생각이 어떻게 이루어지는 알아야 하기 때문에 뇌의 동작, 몸의 움직임 제어, 지능의 정보적 표현 및 작동 과정에 대해 종합적으로 연구하는 다학문적 과학인 인지과학(Cognitive science)에서 인공지능에 대한 연구가 진행되고 있다.

○ Acting Humanly

- 사람처럼 행동하고 생각하는 인공지능을 의미한다.

- 1950년 영국의 수학자 앨런 튜링(Alan Turing)은 튜링 테스트를 고안하였으며, 사람과 컴퓨터가 서면으로 질의응답을 수행하였을 때 응답자가 사람인지 컴퓨터 프로그램인지를 정확히 구별하지 못한다면 컴퓨터가 사람처럼 지능을 가지고 행동한 것으로 봐야 한다고 했다.

○ Thinking Rationally

- 논리적 관점에서 생각의 법(Law of thought)을 연구하는 인공지능을 의미한다.
- 대표적인 법칙으로 아리스토텔레스의 삼단논법(Syllogism)이 있다.
- 19세기에 세상의 모든 사물과 사물 간의 관계를 표현할 수 있는 논리체계가 개발되면서 논리적 관점에서 해결할 수 있는 문제들을 해결하였다.
- 하지만, 자전거 타기와 같은 정해지지 않은 지식을 설명하기 어려울 뿐만 아니라 이론적인 문제와 실제 현실의 문제가 다를 때가 많다.

○ Acting Rationally

- 프로세스의 최적화나 효율화의 관점을 기반으로 항상 최적의 결과를 달성하는 인공지능을 의미한다.
- 행동이 생각을 전제로 하는 것이기 때문에 Thinking Rationally를 포함하는 개념이라고 볼 수 있다.
- 현재 가장 확립된 정의로 향후에는 Acting Rationally 기반의 인공지능이 대부분을 차지할 것으로 예측하고 있다.

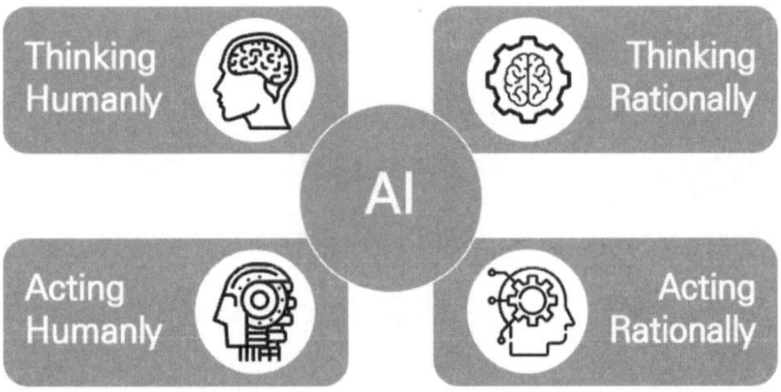


[그림 5-18] 인공지능의 개념

## 인공지능의 역사

인공지능의 역사는 크게 인공지능의 탄생기, 태동기, 1차 암흑기, 발전기, 2차 암흑기, 안정기, 부흥기로 구분할 수 있다.

○ 탄생기(1943년-1956년)

- (1943년) 신경외과의 워런 매 컬러(Warren McCulloch)와 논리학자 월터 피츠(Walter Pitts)가 뇌의 뉴런 개념을 2진법 논리 모델로 설명하면서 인간 두뇌에 관한 최초의 논리적 모델을 발표하였다.
- (1950년) 영국의 수학자 앨런 튜링이 계산 기계와 지능(Computing machinery and intelligence)이라는 논문을 통해 지능형 시스템을 구축하고 지능을 테스트하는 방법을 설명하였다.
- (1956년) 미국 다트머스 대학의 존 매카시(John McCarthy) 교수가 개최한 AI 컨퍼런스에서 AI라는 용어가 처음 사용되었으며, 10명의 과학자가 인공지능의 개념을 정의하였다. 이 AI 컨퍼런스는 이후 수십 년간 인공지능 연구를 촉진하는 계기가 되었다.

○ 태동기(1956년-1974년)

- (1958년) 프랭크 로젠블랫(Frank Rosenblatt)이 인간의 뇌신경을 묘사한 인공신경망의 기본이 되는 퍼셉트론을 제시하였다.
- (1969년) 미국의 과학자인 마빈 민스키(Marvin Lee Minsky)와 시모어 페퍼트(Seymour Papert)가 선형 분리 방식을 퍼셉트론에 적용하지 못한다는 결정적 한계점을 밝혀내면서 인공지능의 빙하기가 도래하였다.

○ 1차 암흑기(1974년-1980년)

- (1974년대) 인공지능 연구로 기대했던 성과를 보여주지 못하면서 대규모 투자는 중단되고 연구 프로젝트들도 모두 취소되었다. 이때부터 전문가의 지식을 논리적인 규칙으로 생성한 후 특정 영역에 대해 사람의 질문에 답할 수 있는 전문가 시스템에 대한 연구가 진행됐지만, 적용 영역이 제한적이고 과정이 복잡할 뿐만 아니라 유지보수가 어렵다는 문제점이 나타났다.

○ 발전기(1980년-1987년)

- (1980년대) 영국의 과학자인 제프리 힌튼(Geoffrey Hinton)이 제안한 다층 퍼셉트론의 역전파 알고리즘으로 오차를 줄일 수 있었고, 신경망을 이용한 패턴인식으로 문자, 인식, 영상 등을 인식할 수 있었다. 하지만, 데이터 집합이 크고 복잡할 경우에는 제대로 학습되지 않아 신경망을 적용할 수 있는 범위가 한정적이었다.

○ 2차 암흑기(1987년-1993년)

- (1987년대) 다층 퍼셉트론의 제한적 성능과 느린 컴퓨터 속도로 신경망 연구가 정체되면서 인공지능 연구에 대한 투자가 대폭 축소되었다.

○ 안정기(1993년-2011년)

- (1997년) 수많은 빅데이터 분석을 통해 AI가 스스로 학습하는 머신러닝 형태로 진화하면서, IBM의 딥 블루(Deep Blue)가 러시아의 체스 세계 챔피언 가리 카스파로프(Garry Kasparov)를 6번의 대국 끝에 이겼다.
- (2011년) IBM의 왓슨(Watson)이 TV 퀴즈 쇼에서 질문을 이해하고 답변하면서 인간 우승자들에게서 승리하였다.

○ 부흥기(2011년-현재)

- (2012년) 구글이 심층 신경망(Deep neural network)를 구현하면서 고양이 영상인식을 성공시켰다.
- (2014년) 페이스북에서 97%의 성능으로 사람의 얼굴을 구분할 수 있는 얼굴인식 알고리즘인 딥페이스(Deep Face)를 개발하였다.
- (2016년) 구글의 알파고(AlphaGo) 프로그램이 프로 바둑 기사인 이세돌을 상대로 승리하였다.
- (2017년) 카네기멜론대학교가 개발한 포커 게임 AI인 리브라투스(Libratus)가 포커 챔피언 4명을 상대로 승리하였다.

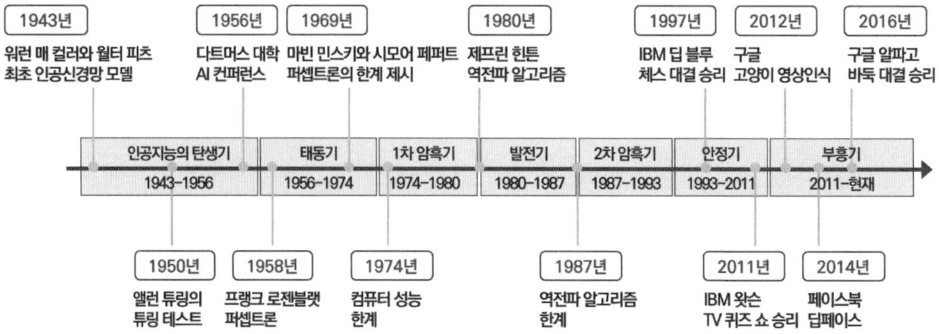


[그림 5-19] 인공지능의 역사

## 인공지능의 유형

인공지능의 유형은 기능 기반 인공지능과 역량 기반 인공지능으로 분류할 수 있다.

○ 기능 기반 인공지능

• 반응하는 기계(Reactive machine)

- 가장 기본적인 인공지능으로 메모리 성능이 없어 기억을 저장하지 않거나 미래의 행동을 결정하기 위해 과거 경험을 사용하지 않는다.
- 체스 특화 인공지능 컴퓨터인 IBM의 딥 블루는 세계 체스 챔피언 가리 카스파로프(Garry Kimovich Kasparov)이 체스판에 놓는 말을 보고 반응하여 대결에서 승리하였다.

(출처: James the photographer, CC BY 2.0, via Wikimedia Commons)

[그림 5-20] 체스 챔피언을 이긴 IBM의 딥 블루

• 제한된 기억(Limited theory)

- 메모리가 추가된 인공지능으로 짧은 기간 동안 데이터를 유지할 수 있다.
- 시간이 지남에 따라 특정 개체를 식별하고 모니터링 할 수 있기 때문에 과거 정보를 활용해 향후 더 나은 결정을 내릴 수 있다.
- 현재 자율주행 자동차 분야에서 주변 자동차의 최근 속도, 이동 거리, 제한 속도 및 도로 탐색 등과 같은 정보를 저장하는데 활용되고 있다.

(출처: Mark Doliner, CC BY 2.0, via Wikemedia Commons)

**[그림 5-21] 구글의 자율주행 자동차**

• 마음 이론(Theory of mind)

- 인간의 생각과 감정을 가지고 있어 여러 사건이나 환경으로부터 영향을 받고 사회적 상호작용을 할 수 있는 방식을 인지할 수 있는 또 다른 수준의 인공지능이다.
- 현재까지는 마음이 있는 컴퓨터는 개발되지 않았으며 많은 연구자들이 이와 관련한 연구를 진행 중에 있다.

[그림 5-22] 상호작용이 가능한 인공지능

- 자기 인식(Self-awareness)
- 자체 감정을 보유하고 있어 자신의 감정을 인식하고 다른 사람의 감정 또한 예측할 수 있는 인공지능으로 인간의 두뇌와 가장 유사한 인공지능이라고 할 수 있다.
- 아직은 가설 단계로 실현하기까지는 꽤 많은 시간이 걸릴 것으로 예상하고 있다.
- 이런 유형의 인공지능이 기술의 비약적인 발전을 가져올 수 있지만 인간을 직간접적으로 멸망시키는 재앙을 초래할 수 있다는 의견도 있다.

[그림 5-23] 자기 인식이 가능한 인공지능

○ 역량 기반 인공지능

• 약 인공지능(Weak artificial intelligence)

- 컴퓨터는 인간에 비해 계산속도, 기억능력, 정확성 등에서 훨씬 뛰어난 성능을 보일 수 있으며 365일 내내 일정한 서비스를 끊임없이 제공할 수 있다.
- 컴퓨터가 스스로 사고해 문제를 해결하는 막연한 인간 지능을 구현할 수는 없지만 이러한 컴퓨터의 장점을 기반으로 특정한 문제를 해결하는 도구로써 활용할 목적에 중점을 두는 인공지능이 약 인공지능이다.
- 인간이 미리 정의한 규칙이나 알고리즘을 통해 주어진 조건 안에서만 작동하며, 현재까지 만들어진 모든 인공지능이 약 인공지능에 속한다고 볼 수 있다.

[그림 5-24] 구글의 알파고와 IBM의 왓슨

• 강 인공지능(Strong artificial intelligence)

- 약 인공지능의 제한된 기능을 뛰어넘어 인간의 지성을 컴퓨터의 정보처리능력으로 구현해 스스로 사고하여 문제를 해결할 수 있는 인공지능이다.
- 이론적으로는 컴퓨터 프로그램이 인간처럼 행동하고 사고하는 인간형 인공지능과 인간과는 다른 형태로 발전하는 컴퓨터 프로그램인 비인간형 인공지능으로 구분하고 있지만 실제로 강 인공지능이라고 불릴만한 수준의 인공지능은 개발되지 않았다.
- 인간의 뇌를 완벽하게 모방한다 해도 인간의 의식이나 정신을 컴퓨터가 구현할 수 있을지에 대해서는 아직 연구가 더 필요한 상황이라 강 인공지능의 출현 가능한 시기는 특정할 수 없다.
- 강 인공지능으로는 예로는 영화 〈HER〉의 사만다와 〈아이언맨〉의 자비스와 등이 있다.

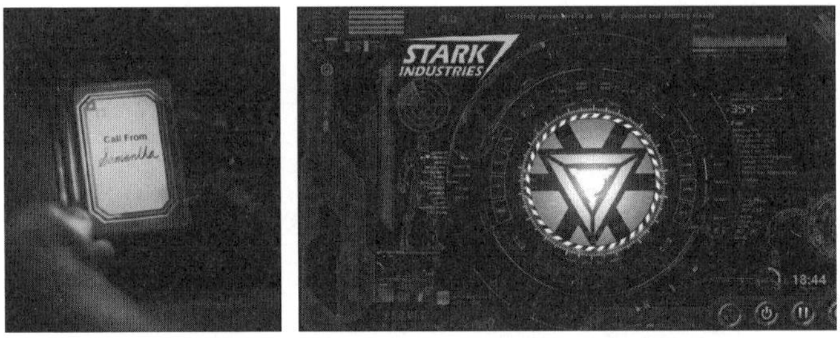


[그림 5-25] 영화 〈HER〉의 사만다와 〈아이언맨〉의 자비스

• 초 인공지능(Super artificial intelligence)

- 강 인공지능이 진화한 형태로 모든 영역에서 인간의 지능을 훨씬 능가하는 인공지능이다.
- 초 인공지능을 지칭하는 능력은 단순한 수리적 계산을 뛰어넘어 다양한 분야별 지식 및 기술에 대한 창조성과 사회적 능력을 모두 포괄한다고 할 수 있다.
- 초 인공지능으로는 영화 ＜어벤저스＞의 비전과 ＜터미네이터＞의 스카이넷 등이 있다.

[그림 5-26] 영화 〈어벤저스〉의 비전과 〈터미네이터〉의 스카이넷

### 인공지능의 주요 기술

인공지능의 주요 기술은 학습 및 추론 기술, 상황이해 기술, 언어이해 기술, 시각이해 기술, 인지컴퓨팅 기술 등으로 분류할 수 있다.

○ 학습 및 추론 기술(Learning and inference)

- 기계학습, 추론, 딥러닝 등 세부지식을 기반으로 데이터에 내재된 패턴, 규칙, 의미를 스스로 학습하게 하고 새롭게 입력되는 데이터에 대한 결과를 예측함으로써 인간의

사고능력을 모방할 수 있게 하는 기술이다.

○ 상황이해 기술(Situational understanding)

- IoT 센서 등을 이용하여 수집된 데이터로 주변의 상황을 종합적으로 인지하고 예측함으로써 그에 맞는 적절한 판단과 효과적인 대응을 가능하게 하는 기술이다.

○ 언어이해 기술(Linguistic understanding)

- 사람의 음성 언어를 사람처럼 이해하고 인간과 지속적으로 상호작용 할 수 있도록 자연어를 지식화하는 기술이다.

○ 시각이해 기술(Visual understanding)

- 카메라 등을 통해 입력된 영상 데이터에서 객체와 배경을 분리하고 필요한 정보를 파악하여 주변 상황을 이해하고 예측할 수 있는 기술이다.

○ 인지컴퓨팅 기술(Cognitive computing)

- 주변 환경의 정보 습득, 학습 적응, 지식 추론, 의사결정으로 이어지는 사람의 인지구조 및 정보처리 프로세스를 모방하여 통합된 지능형 서비스 개발을 지원하는 기술이다.

**[표 5-11] 인공지능 기술 분류**

| 기술 분류 | 요소 기술 |
|---|---|
| 학습 및 추론 기술 | 기계학습, 예지형 분석, 딥러닝, 자율성장, 지식표현, 지식추론, 융합지식 |
| 상황이해 기술 | 감성, 상황, 상호작용, 다중모달, 공간이해, 협력지능, 자가 이해 |
| 언어이해 기술 | 자연어 질의응답, 언어 통번역, 딥러닝, 자율성장, 창작/저작 |
| 시각이해 기술 | 딥러닝, 자율성장, 창작/저작, 컴퓨터 비전,<br>행동인식, 내용 기반 영상 검색, 배경인식 |
| 인지컴퓨팅 기술 | 뇌-컴퓨터 인터페이스, 가상 개인 도우미,<br>전문가 지원 시스템, 다중 에이전트, 융합지능 |
| 기타 인공지능 기술 | 패턴 인식, 휴먼라이프 이해, 인공지능 운용 등 |

(출처: 한옥영, 김재현(2017), 4차 산업혁명 시대의 인공지능 동향 연구)

## 5.3 4차 산업혁명 시대의 고령친화산업

우리 사회의 모든 영역에 영향을 미치고 있는 4차 산업혁명은 고령친화산업의 기술 및 트렌드를 변화시키고 있다. 이 절에서는 4차 산업혁명의 주요 기술을 활용한 고령친화산업의 기술 트렌드를 살펴보고 발전 방향에 대해 생각해보자.

**단원 학습목표**

- 사물인터넷, 로봇 공학, 3D 프린팅, 빅데이터, 인공지능 기술이 적용된 고령친화기술을 파악한다.
- 4차 산업혁명을 기반으로 하는 고령친화산업의 향후 발전방향에 대해 고찰한다.

### 5.3.1 4차 산업혁명 기반 고령친화산업

4차 산업혁명 핵심기술(IoT, 로봇 공학, 3D 프린팅, 빅데이터, 인공지능)을 활용한 기술 간 융합은 고령친화산업의 구조를 변화시켜 ICT에 기반한 다양한 스마트 비즈니스 모델을 창출시킬 것으로 전망되고 있다.

#### IoT

IoT는 각종 센서를 통하여 고령자의 일상 건강과 관련된 생활정보를 수집하고 다양한 움직임을 자동으로 모니터링 할 수 있는 방향으로 개발되고 있다.

○ 홈 오토메이션(Home automation)

- 고령자를 위한 IoT 기반 홈 오토메이션은 각종 기기와 센서 등이 서로 유기적으로 연결되어 고령자의 편안함, 안전성, 독립성을 향상시켜 삶의 질을 향상시킬 수 있는 시스템이다.
- 홈 오토메이션은 스마트 도어 잠금 장치, 모션 센서, 웨어러블 장치, 알람 장치, 스마트 침대 등으로 구성될 수 있다.

[표 5-12] 홈 오토메이션의 구성 및 기능

| 구성 요소 | 기능 |
|---|---|
| 스마트 도어 잠금 장치 | 고령자의 안전 확보, 간병인 및 가족 구성원에게 심리적 안정감 제공 |
| 모션 센서 | 고령자의 비정상적인 움직임 감지 및 낙상 경고 |
| 웨어러블 장치 | 고령자의 생체 신호 및 활동 수준에 관한 지속적 모니터링 기능 |
| 알람 장치 | 고령자의 약 중복 복용(과복용) 방지 및 정확한 시간에 약 복용 가능 |
| 스마트 침대 | 고령자의 수면 패턴에 관한 모니터링 및 피드백 제공 |

○ 스마트 슬리퍼(Smart sleeper)

- 미국의 스타트업 24에이트(24eight)는 통신회사 AT&T와 협력하여 고령자 발의 압력과 보폭을 감지할 수 있는 압력센서가 부착된 스마트 슬리퍼를 개발하였다.
- 바닥의 센서를 통해 수집된 발의 데이터를 기준으로 평소와는 다른 이상 패턴이 감지될 경우 가족이나 의사에게 알려 사고를 미리 방지할 수 있다.

○ 핏빗(Fitbit)

[그림 5-27] 웨어러블 기기 핏빗

- 고령자를 위한 모바일 기반의 웨어러블 장치는 질병, 운동량, 수면 패턴 등에 대한 기본 정보를 바탕으로 실시간 건강 모니터링 및 응급 지원을 가능하게 하는 기술이다.
- 핏빗은 대표적인 웨어러블 기기로 심박수, 혈압, 신체 활동, GPS 기반 위치 파악, 영상 통화, 이벤트 알림, 개인정보보호 기능 등이 모두 안정적으로 지원되는 하드웨어와 관련 정보를 언제 어디서나 확인할 수 있는 어플리케이션을 함께 출시하고 있다.

## 로봇 공학

로봇 공학은 고령자의 건강한 독립생활을 지원할 수 있도록 개인 맞춤형 건강, 생활, 인지, 정서 서비스를 제공할 수 있는 방향으로 발전하고 있다. 고령자에 관한 지속적인 관찰을 기반으로 고령자의 외형을 식별하고, 일상에서의 행동을 판단하며, 소지품을 인식할 수 있는 작업을 수행할 뿐만 아니라 고령자가 어떻게 행동하는지에 따라 로봇 스스로가 적절한 반응을 생성해 낼 수 있는 기술 및 서비스의 완성도를 높이기 위한 노력이 지속되고 있다.

○ 아르티1(RT1)

- 일본 혼다에서 개발한 전동 기능이 추가된 고령자 보행 보조 로봇으로 센서와 브레이크가 달려 있어 오르막길에서는 자동으로 동력을 추가하고 내리막길에서는 감속하거나 정지하는 기능이 있다.
- 가격이 높은 로봇이 개호 현장에서 사용되지 않는다는 점을 감안해 로우 테크놀로지(Low technology)로 개발되어 상업적으로 비교적 성공한 로봇이라고 할 수 있다.

○ 허그(HUG T1)

- 일본 후지기공에서 환자의 존엄을 케어하고 돌봄 인력의 부상을 예방하기 위해 개발한 로봇으로 걷지 못하는 고령자가 화장실에 가거나 휠체어를 타기 위해 이동하거나 고령자의 몸을 들어 올릴 때 사용할 수 있다.
- 돌봄 인력이 요양원 거주자들의 몸을 직접 들어 올릴 필요가 없어 현재 일본 요양병원, 요양 시설 및 개인 가정 등에서 널리 사용되고 있다.

○ 파로(PARO)

- 일본 산업기술종합연구소에서 고령자에게 애니멀 테라피(Animal therapy)를 제공하기 위해 하프바다표범(Canadian harp seal)을 모델로 개발된 로봇이다.
- 총 5개의 센서(촉각, 조명, 오디션, 온도, 자세)로 사람과 환경을 감지한 뒤 머리를 움직이고 눈을 깜빡이거나 하프바다표범 소리를 내면서 감정(놀라움, 행복 등)을 자발적으로 표현할 수 있다.
- 2009년 미국 FDA가 의료기기로 승인하고 유럽에서는 2021년부터 의료기기로서 수출 및 판매가 시작되면서 현재 의료현장 및 고령자 시설에서 많이 사용되고 있다.

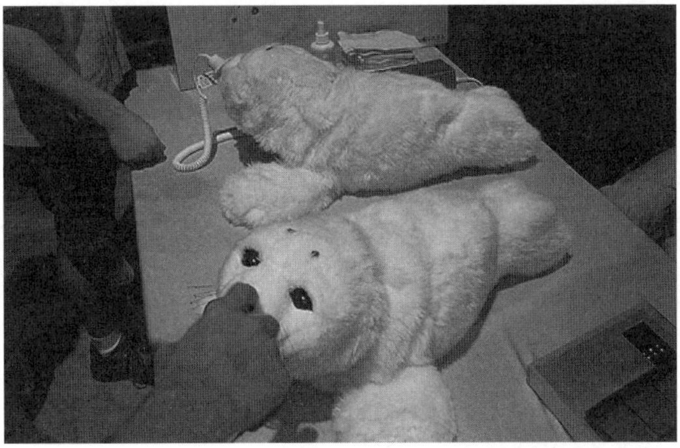

(출처: Aaron Biggs, Flickr user ehjayb, CC BY 2.0, via Wikemedia Commons)

**[그림 5-28] 애니멀 테라피 로봇 파로**

### 3D 프린팅

3D 프린팅은 고령자의 해부학적 형태를 정밀하게 파악하고 골절 및 골격 변형 교정을 위해 수술에 필요한 도구와 임플란트를 제작하는 의료 분야와 저작 활동이 원활하지 못한 고령 환자들을 위한 식품 분야에서 그 기술이 많이 활용되면서 발전하고 있다.

○ 환자 맞춤형 수술기구(Patient specific instrument, PSI)

- 환자 맞춤형 인공관절 수술기구는 특수 자기공명영상(Magnetic resonance imaging, MRI) 검사를 통해 환자의 무릎을 3차원 데이터로 복원한 후 시뮬레이션 과정을 거쳐 맞춤형 인공관절 수술 도구를 설계해 3D 프린터로 출력하는 도구이다.
- 고령 환자가 빠르고 안전하게 수술을 받을 수 있으며 정확한 위치로 인공관절이 삽입되어 마모가 방지되기 때문에 인공관절 사용 기간 연장도 가능하다. 수술 시간 및 비용 면에서 합리적인 장점이 있어 미국과 유럽에서는 상용화된 치료 방식 중 하나이다.

○ 바이오준(Biozoon)

- 독일의 식품회사 바이오준은 식품의 물성을 조절하여 고령자가 쉽게 씹을 수 있으면서 외형의 형태를 부여하여 스무드 푸드(Smooth food)를 제조할 수 있는 3D 프린팅

기술을 개발하였다.

(출처: Robi313, CC BY 4.0, via Wikemedia Commons)

[그림 5-29] 3D 프린터로 제조된 음식

- 실제 피자, 스테이크, 파스타, 초밥 등 다양한 음식의 질감과 모양을 만들어 낼 수 있을 뿐만 아니라 식품 섭취 관련 데이터를 기반으로 개인에게 필요한 영양소를 맞춤형으로 제공할 수 있다.

### 빅데이터

데이터 수집 및 관리를 수행하는 클라우드 서버를 활용하여 고령자로부터 실시간으로 수집되는 건강, 유전자, 생활 습관 등에 관한 정보를 기반으로 연령, 성별, 지역, 질환별 그룹을 생성하여 최적화된 서비스를 제공할 수 있다. 빅데이터를 활용하여 고령자에게 발생할 수 있는 위급상황을 미리 예측하고 사용자가 원하는 서비스를 사전에 제공하여 서비스의 편의성을 향상시킬 수 있는 기술로 발전하고 있다.

○ 닥터앤서(Dr. Answer)

- 닥터앤서는 의료 빅데이터(임상정보, 영상, 유전체 정보, 생활 패턴 등)를 이용하여 12대 질환에 관한 예측, 분석, 진단, 치료, 예후관리 등 진료 전주기 의료서비스를 제공하기 위해 개발된 한국형 AI 기반 정밀의료 솔루션이다.
- 2018년부터 3년간 진행된 닥터 앤서 1.0의 성과를 기반으로 2021년부터 닥터 앤서 2.0 의료데이터를 제공하고 개발 솔루션들의 성능을 검증하게 될 의료기관들과 데이터 기반의 AI 소프트웨어 개발을 수행하는 ICT 기업들이 질환별로 팀을 이루어 연구개발을 진행하고 있다.

○ 보건의료 빅데이터 플랫폼

- 한국보건의료정보원에서 보건의료의 질 향상 및 정책개선을 위해 운영하고 있으며 보건의료 분야 4개 기관(국민건강보험공단, 건강보험심사평가원, 질병관리청, 국립암센터)의 데이터를 개인 단위로 결합, 공공적 목적 연구에 활용이 가능하도록 개방하고 있다.
- 보건의료 빅데이터 플랫폼 및 분산형 연구 네트워크의 구축·운영을 통해 다양한 정책을 수립하고 연구에 활용할 수 있도록 공공기관이 보유한 보건의료 데이터의 연계·결합이 가능하도록 시스템이 구축되었다.
- 공공데이터를 제공·개방하는 기관은 9개소(질병관리청, 국민건강보험공단, 건강보험심사평가원, 국립암센터, 통계청, 국립재활원, 국립장기조직혈액관리원, 국립중앙의료원, 건강보험공단 일산병원)이며, 데이터 종류도 총 57종으로 확대되었다.

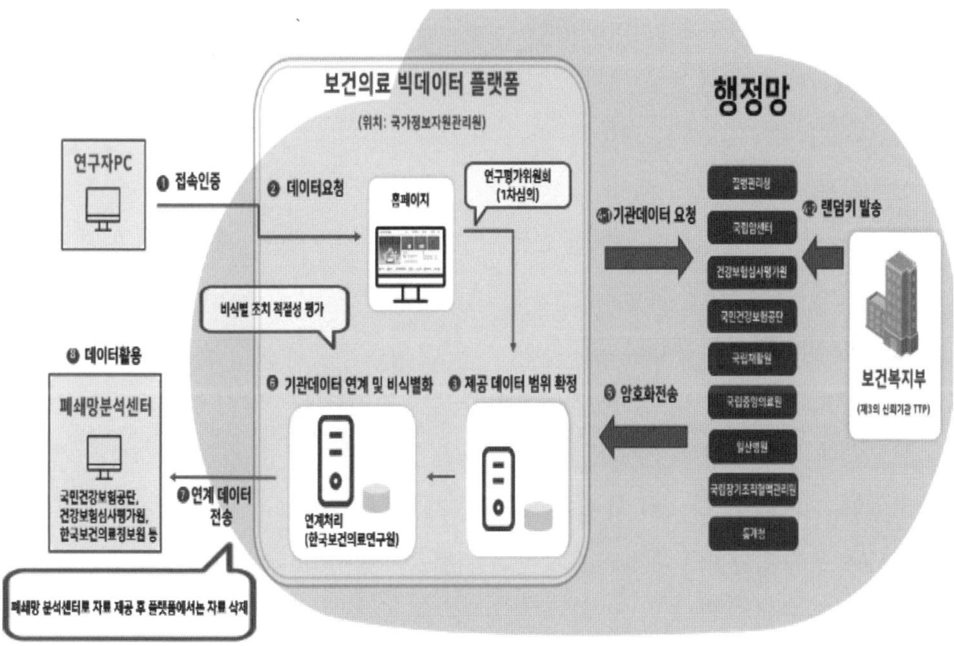


(출처: 보건복지부(2023), 보건의료 빅데이터 플랫폼 확대 운영(2.14))

**[그림 5-30] 보건의료 빅데이터 플랫폼 운영처리 프로세스**

## 인공지능

코로나 19가 장기화되고 기존의 노인 돌봄 서비스 시스템의 한계점이 드러나면서 인공지능 기술을 통한 비대면 노인 돌봄 서비스 기술이 주목을 받기 시작했다. 고령화 시대에 발생할 수 있는 다양한 유형의 독거노인 문제를 해결하기 위한 방법으로 인공지능을 활용한 비대면 고령자 돌봄 서비스 기술이 발전하고 있다.

○ 자율주행 이동형 인지훈련 로봇

- 휴먼케어 로봇서비스 전문 기업인 로보케어가 개발한 보미(BOMI)는 자율주행 이동형 인지훈련 로봇으로, 로봇에 탑재된 다양한 두뇌향상 콘텐츠를 활용한 인지훈련 서비스를 통해 치매 위험이 있는 고령자들의 치매를 예방할 수 있다.
- 응급 콜 서비스, 복약 알림 기능 등 고령자 케어에 특화된 기능이 탑재되어 있으며 모션 인식을 기반으로 8가지의 다양한 감정을 표현할 수 있어 고령자의 정서적 건강 상태를 관리할 수 있다.

○ 스마트 토이로봇

- AI 돌봄 로봇 전문기업이 개발한 효돌은 고령자의 손주를 연상시키는 외관 및 목소리로 익숙함과 친근함을 제공하는 스마트 토이로봇으로, 머리를 쓰다듬거나 손을 조물조물 만지면 애교를 부린다.
- 정기적으로 약 복약 및 식사시간을 알려주며 일정기간 움직임이 감지되지 않을 경우 보호자에게 즉시 연락이 간다.
- 고혈압, 고지혈증, 당뇨병 외 11개의 주요 노인성 질환에 따른 맞춤형 건강 정보를 제공하며 우울증 완화를 위해 행동 활성화 기법을 적용한 사용자 기분 상태를 파악한 후 그에 맞는 답변을 한다.

(출처: 한국지능형사물인터넷협회(2022), 2022년도 AIoT 서비스·제품 및 기업 편람)

[그림 5-31] 스마트 토이로봇의 서비스 구성도

### 5.3.2 4차 산업혁명 기반 고령친화산업의 발전방향

전 세계적으로 액티브 시니어가 고령층으로 새롭게 진입하면서 고령친화산업의 트렌드는 예방 및 건강관리를 중심으로 하는 디지털화가 새로운 성장 원동력으로 주목받고 있다. 특히, 자기부양능력을 갖추고 있어 개인의 건강과 의료에 관심이 많고 소비 성향이 높은 고령 소비자의 증가로 식품, 의약품, 가정용 의료기기, 생활보조용품, 건강지원서비스, 요양서비스 등 제품 및 서비스에 대한 요구가 다양화되고 있다. 이로 인해, 고령자의 신체적·정신적 특성을 고려해 소형화된 맞춤형 측정 및 분석을 제공할 수 있는 스마트 건강관리시스템 체계가 구축될 것으로 예상된다.

#### 고령자 맞춤형 제품 개발 및 서비스 확대

미래의 고령친화산업에서는 4차 산업혁명 기술을 활용하여 고령자를 대상으로 수집·생성된 데이터를 클라우드에 축적하고 다양한 인공지능 기반 분석 기법을 활용하여 고령자에게 맞는 개인 맞춤형 제품 및 서비스를 개발함으로써 양질의 의료서비스를 지속적으로 제공할 수 있는 방향으로 나아가야 한다. 또한, 노화현상에 대한 연구 결과를 활용하여 고령자의 편의를 위한 기술을 개발하고 개발된 제품 및 서비스의 유효성과 안전성을 지속적으로 검증해야 한다.

### 빅데이터 기반 고령자 건강관리 플랫폼 구축

빅데이터를 기반으로 하는 개인 건강관리 시스템 시장이 꾸준히 성장하고 있고 일상생활에서 개인이 건강을 편리하게 기록 및 관리할 수 있는 기술이 주목받으면서 다양한 형태의 건강정보를 효과적으로 통합, 저장, 관리할 수 있는 헬스케어 플랫폼 개발 경쟁이 가속화되고 있다. 이러한 흐름에 따라 보건의료 빅데이터 간 연계 및 결합을 통해 고령자에 대해 병원으로부터 수집된 의료 정보(검진기록, 복약정보), 유전체를 포함한 오믹스 정보, 라이프로그 정보(운동, 식이, 수면 등), 웨어러블 장치로부터 측정된 개인 정보(혈당, 혈압, 심박수, 체지방, 체중 등)와 건강관리 서비스를 종합적으로 제공하는 고령자 건강관리 플랫폼이 구축되어야 한다.

### 고령친화 융합기술 개발 지원

고령친화산업 분야별 핵심 요소기술과 4차 산업혁명 핵심기술과의 연계를 통한 융합기술을 개발할 수 있는 지원체계를 마련해야 한다. 고령친화산업 육성 컨트롤 타워를 구축하고 관계 부처별 담당과 역할을 설정함으로써 고령친화산업 발전계획 수립, 규제개혁 및 관계 법령 정비, 성과 모니터링에 따른 활성화 지원 등이 원활하게 이루어질 수 있어야 한다. 또한, 미래 고령사회 트렌드, 파급효과, 기술접근성을 종합적으로 분석하여 고령친화 제품 중점 기술 개발을 지원해야 한다.

## 참고문헌


김근령 (2017). 4차산업 혁명에 따른 고령친화산업 대응 방안. 한국보건산업진흥원.

보건복지부 (2023). 「보건의료 빅데이터 플랫폼」 확대 운영(2.14) - 사망원인정보, 치매관리정보 등 데이터 제공기관 및 연계데이터 확대-. 2월14일. 보도자료.

식품의약품안전처 (2018). 알기쉬운 의료기기 3D프린팅 기술의 이해 Part Ⅱ. 3D프린팅 일반기초.

연구개발특구진흥재단 (2021). 산업용 로봇 시장.

연구개발특구진흥재단 (2021). 지능형로봇 동향 Issue Report.

이용설, 송승근, 최훈 (2023). 인공지능 기반 노인 돌봄서비스 개발 사례 분석 및 전망. 한국콘텐츠학회논문지. vol. 23, no. 2, pp. 647-656.

천용기, 김범근, 이상훈, 박동준 (2017). 고령자용 식품을 위한 국내외 기술 및 산업현황. 식품산업과 영양. vol. 22, no. 2, pp. 6-14.

한국방송통신전파진흥원 (2019). IoT 등 첨단전파기술을 활용한 고령자 사용제품의 스마트화 전략 연구.

한국보건산업진흥원 (2015). 고령사회에 대응하는 빅데이터 활용 및 산업화.

한국지능형사물인터넷협회 (2022). 2022년도 AIoT 서비스·제품 및 기업 편람.

한옥영, 김재현 (2017). 4차 산업혁명 시대의 인공지능 동향 연구. 한국인터넷정보학회. vol. 18, no. 1, pp. 19-26.

NICE평가정보 (2020). 3D 프린팅 제조공법 혁신을 통해 다방면에 응용될 핵심 산업 분야. 한국IR협의회.

CHAPTER 6

# 고령친화기술

AgeTech



4차 산업혁명 기술의 발전으로 고령친화적인 복지 서비스를 제공할 수 있는 다양한 고령친화 기술들이 연구 및 개발되면서 고령친화산업 시장이 점차 확대되고 있다.
이번 장에서는 초고령사회 대응을 위한 일상생활/안전, 건강/의료, 사회참여/여가, 이동성 분야의 고령친화기술에 대해서 살펴보고자 한다.

## 6.1 고령친화기술의 개요

고령친화기술은 고령자가 건강을 유지하면서 독립적인 삶을 영위하고 사회 활동에 적극 참여하는데 있어 필수적인 과학기술이다. 이 절에서는 고령친화기술에 대한 이해를 바탕으로 이와 관련된 다양한 기술의 개념에 대해서 살펴보자.

**단원 학습목표**

- 고령친화기술의 개념을 정의하고 적용 분야를 이해한다.
- 제론테크놀로지, 복지기술, 앰비언트 어시스턴트 리빙의 개념, 발전, 영역, 분야에 대해서 이해한다.

### 6.1.1 고령친화기술

고령친화기술(AgeTech)은 초고령사회에 선제적으로 대응하고 노인의 복지를 증진시키기 위한 과학기술로, 고령자가 건강을 유지한 상태로 사회활동에 적극적으로 참여할 수 있도록 지원하는 것을 목표로 한다. 고령화에 대응한 복지영역에서의 과학기술은 신체적 장애를 지원하는 보조기술에서 사회적 수요와 현안에 대응하는 사회기술로 그 역할과 의미가 확대되고 있다.

#### 고령친화기술의 분야

고령친화기술은 적용대상에 따라 단순하고 보편적으로 적용 가능한 적정기술(복지용구)부터 고수준의 최첨단기술(AI, 센싱, 로보틱스, VR, 게임 등)까지 다양한 관점에서 서비스를 제공할 수 있는 방향으로 발전하고 있다.

고령친화기술은 크게 다음의 네 가지 분야로 구분할 수 있다.

[표 6-1] 고령친화기술의 분야

| 기술 분야 | 정의 |
|---|---|
| 생활 보조 | 다른 사람의 도움 없이 자립적으로 생활하도록 돕는 기술 |
| 돌봄 | 돌봄인력의 신체적 부담을 경감시키고 인력 수급 문제에 대응하기 위한 기술 |
| 맞춤형 진단·예방·치료 | 다양한 노인성 질환(노쇠, 근감소증, 치매 등)에 대한 개인 맞춤형 의료 기술 |
| 디지털 활용 능력 향상 | 고령자의 디지털 활용 능력을 향상시켜 줄 수 있는 기술 및 서비스 |

### 고령친화기술의 중요성

2025년에 초고령사회가 되는 우리나라에서 고령자는 더 이상 수동적 돌봄의 대상이 아닌 시장을 주도적으로 형성할 능동적인 핵심 소비 계층이다. 높은 구매력을 가진 젊은 고령층이 고령자 인구의 60%를 차지할 것으로 예상되고 있어 산업적 측면에서 고령친화기술의 발전이 중요하다고 볼 수 있다.

OECD에서는 2040년 요양서비스 인력이 가장 부족한 국가로 우리나라를 꼽을 만큼 돌봄 인력의 부족과 고령화 현상은 반드시 해결해야 할 문제이다. 간병 로봇을 이용해 돌봄 인력에게 가해지는 신체적 부담을 경감시키고 이송보조 로봇을 통해 부족한 인력을 보충함으로써 질 높은 요양서비스를 제공할 수 있기 때문에 고령친화기술에 대한 연구 및 개발의 필요성이 요구되고 있는 상황이다.

[그림 6-1] 간병 로봇

## 6.1.2 제론테크놀로지

제론테크놀로지(Gerontechnology)는 노인(Old man)을 뜻하는 그리스어 '제론(Geron)'을 어원으로 하여 노화에 대한 다양한 관점을 연구하는 노인학(Gerontology), 공학, 수학, 물리학, 생물학 등의 과학 분야와 기술(Technology)이 결합된 합성어이다.

제론테크놀로지는 노화에 따른 신체적, 지각적, 인지적 저하를 경험하는 고령층의 욕구를 파악하고 기술적 솔루션을 제시함으로써 주거, 건강, 이동, 의사소통, 일과 여가 등 일상생활의 여러 영역에서 안전하면서도 편리하게 독립적인 삶을 지속적으로 영위할 있도록 돕는 것을 목표로 한다.

### 제론테크놀로지의 개념

제론테크놀로지에 대한 개념은 1989년 네덜란드의 아인트호벤 공과대학(Eindhoven University of Technology)에서 고령자가 직면한 과제를 해결하기 위해 공학, 디자인, 건축, 보건의료, 사회과학 분야를 토대로 다학제 융합적 접근을 논의하면서 등장하였다. 1990년대 후반 이후까지 미국을 중심으로 노화와 기술 발전, 고령층의 컴퓨터 사용, 고령자를 배려한 제품 디자인 등 노인학과 공학기술을 접목하려는 시도가 점차 확산되었다.

(출처: Antepali, CC BY-SA 4.0, via Wikimedia Commons)

[그림 6-2] 아인트호벤 공과대학

### 제론테크놀로지의 발전

1991년 네덜란드 아인트호벤에서는 최초의 학술대회가 개최되었으며 일상에서 고령자의 활동을 개선하기 위한 과학기술의 역할이 논의되었다. 그 이후, 아인트호벤 공과대학이 중심이 되어 1997년 국제제론테크놀로지학회(The International Society for Gerontology, ISG)가 구성되었으며, 유럽, 북미, 남미, 아시아의 8개 지부 회원국들을 중심으로 공동학술연구, 산업컨설팅, 정책 제언 등을 수행하고 있다. 2022년에는 '삶과 기술: 인공지능 시대 100세 인생'이라는 주제로 제13회 국제제론테크놀로지학회 학술대회가 대구에서 개최되었다.

(출처: isg2022.org)

[그림 6-3] 제13회 국제제론테크놀로지학회

### 제론테크놀로지의 영역

제론테크놀로지는 고령자의 주거, 건강, 이동, 의사소통, 일과 여가 등 일상생활의 여러 영역에서 안전하면서도 편리하게 독립적인 삶을 지속적으로 영위할 있도록 돕는 것을 목표로 한다. 제론테크놀로지의 영역은 건강과 자존감, 주거와 일상생활, 이동성과 교통, 의사소통과 거버넌스, 일과 여가로 구분할 수 있다.

[표 6-2] 제론테크놀로지의 영역

| 영역 | 제론테크놀로지의 목표 |
|---|---|
| 건강과 자존감 | 신체적, 인지적, 감정적 기능의 지원, 독립성 유지 |
| 주거와 일상생활 | 독립적이고, 안전하게, 편리한 일상기능 수행 |
| 이동성과 교통 | 움직이거나, 장소이동, 차량이나 대중교통을 경유하여 이동하는 방법 제공 |
| 의사소통과 거버넌스 | 타인과의 연결, 원격건강모니터링 |
| 일과 여가 | 고용유지, 교육과 창의적인 레크레이션 활동에 참여 |

(출처: 박선미 외(2019), 초고령사회 대응을 위한 ICT 활용 사례 연구)

### 제론테크놀로지의 제품 및 서비스

제론테크놀로지의 영역과 목적(예방/참여, 강화/만족, 보상/지원, 돌봄지원/조직화)을 기반으로 하는 제품 및 서비스는 다음과 같다.

[표 6-3] 제론테크놀로지의 제품 및 서비스

| | 건강과 자존감 | 주거와 일상생활 | 이동성과 교통 | 의사소통과 거버넌스 | 일과 여가 |
|---|---|---|---|---|---|
| 예방/참여 | 셀프케어 소프트웨어 | 양방향 제어, 원격서비스, e-쇼핑, 적응 제어 | 하이브리드 자전거, 대중교통 정보 네비게이션 | 모바일폰, 이메일, 멀티미디어, 이러닝 마우스, 터치스크린 | 디지털카메라, 텔레그램, DVD, 소셜컴퓨팅, 현금디스펜서, 텔레뱅킹 |
| 강화/만족 | 건강 식단, 고관절보호대, 건강모니터링, e-헬스 정보 | 스마트환기, 안전조명 | 자율주행차 | 소음감소, 자동화된 메신저 | 작업시뮬레이터, 소셜미디어 |
| 보상/지원 | 수동경보, 복약알림, 원격재활 | 청소로봇 | 전동스쿠터, 스마트 워커 | 조절성 수정체이식, 인공와우, 망막이식, 언어지연 | 정원사로봇, 애완로봇 |
| 돌봄지원/조직화 | 직업훈련시스템 | 전자키 | 네비게이션 도구 | 비디오 링크 | 원격의료 로봇 |

(출처: Kwon (2016), Gerontology: Research, practice, and principles in the field of technology and aging)

### 6.1.3 복지기술

복지기술(Welfare technology)은 장애인과 노인의 안전, 일상활동, 사회참여, 독립적 생활을 유지 및 향상시키는데 사용되는 모든 기술로 노르딕 국가(노르웨이, 덴마크, 스웨덴, 핀란드, 아이슬란드)에서 사용되기 시작하였다.

**복지기술의 개념**

복지기술에 대한 개념은 2007년 덴마크 보조공학센터(Danish Centre for Assistive Technology)에서 고령자를 대상으로 하는 복지서비스를 유지시키거나 발전시키는 기술적 솔루션을 처음으로 정의하면서 등장하였다. 복지기술은 단순한 기술에서 인구학적 발전, 복지시스템의 재구조화, 정보기술 기반 시설이 포함된 체계적인 시스템을 기반으로 서비스를 제공 및 관리하는 개념으로 그 범위가 확장되었다. 2010년 노르딕 복지 및 사회이슈 센터(Nordic Center for Welfare and Social Issues)에서는 복지사회가 모든 분야(보건, 사회복지, 교육, 훈련, 고용 등)에 제공하는 서비스 향상 및 효율적 사용을 위한 기술로 복지기술을 정의하였다.

**복지기술의 발전**

노르딕 국가에서는 높은 공급 가격과 제한된 수요로 인해 복지기술의 발전 및 활용이 제한되지 않도록 국가적 차원의 전략적 기반을 바탕으로 복지기술을 발전시켜왔다.

○ 스웨덴

- 스웨덴은 저출산·고령화 시대를 대비해 고령자 보조기술(Assistive technology)을 중심으로 돌봄 서비스를 개선하고 서비스 품질을 향상시키는데 중점을 두고 복지기술을 발전시켰다.
- 스웨덴 보조공학 연구소(Swedish Institute of Assistive Technology)에서는 고령자를 위한 기술 프로그램과 장애가 있는 노인이 일반 주택에서 생활할 수 있게 하는 프로젝트를 지원하였다.
- 현재 스웨덴의 많은 대학에서는 지방정부와의 협력 및 유럽 프로젝트를 기반으로 복

지기술에 대한 연구를 진행하고 있다.

○ 덴마크

- 덴마크는 '전자정부 전략 2011-2015(eGovernment Strategy 2011-2015)'을 통해 디지털 공공 필수서비스를 위한 기반을 갖추었으며, '디지털 복지를 위한 전략 2013-2020(Strategy for Digital Welfare 2013-2020)'을 수립하여 원격의료 보급, 의료분야 협력, 간호 및 돌봄 영역의 복지기술, 디지털 학습 및 교육 등을 추진하였다.
- '공공 복지기술기금(Public Welfare Technology Fund)'은 공공 영역에서의 복지기술 및 서비스 향상을 위한 프로젝트, '경영혁신기금(The Business Innovation fund)'은 공중 보건 및 복지 솔루션 시장 개발, '예방기금(The Prevention Fund)'은 직장인의 신체적·정신적 스트레스, 재활, 건강증진을 위한 프로젝트를 지원하고 있다.
- 덴마크 기술연구소(Danish Technological Institute), 노인 및 장애인을 위한 가상기술 연구센터(Virtual Center for Technology for the Elderly and Handicapped), 덴마크 보조기술센터(Danish Centre for Assistive Technology) 등에서 복지기술에 관한 연구 및 개발을 진행하고 있다.

○ 핀란드

- 핀란드는 고품질의 보건복지서비스를 제공하기 위해 공적 자금 지원 전문가 조직인 TEKES(The Finnish Funding Agency for Technology and Innovation)를 통해 공공 연구 프로젝트에 자금을 지원하고 있다.
- 보건복지서비스 분야의 지식과 정보를 공유할 수 있는 인터넷 플랫폼인 혁신마을(Innovation Village) 프로젝트를 통해 보건복지서비스 제공 사례 관련 데이터베이스를 구축하고 있다.
- 고령자와 간병인을 위한 기술 프로젝트를 통해 고령자의 삶의 질 향상을 위한 기술 개발 관련 연구를 지원하고 있다.

### 복지기술의 분류

복지기술은 목적과 기능에 따른 분류와 복지요구 및 기능적 요소와 ICT 기술에 따른 분류로 구분할 수 있다.

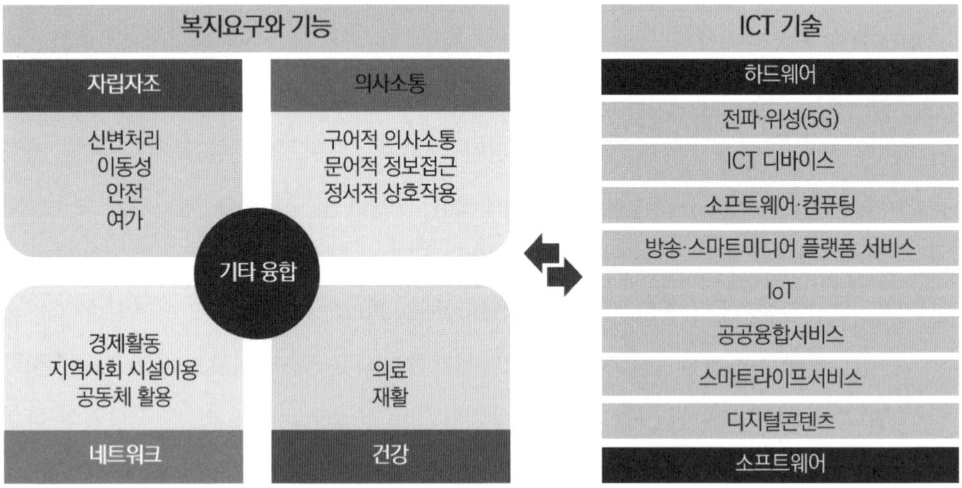


(출처: 박소영 외(2017), 노인과 장애인을 위한 국내 복지기술 동향 분석)

**[그림 6-4] 복지요구 및 기능적 요소와 ICT 기술에 따른 분류**

**[표 6-4] 목적과 기능에 따른 분류**

| 기술/목적 | 예시/기능 |
|---|---|
| 의사소통 지원 | 실시간 시청각 접촉 기술, 고령자 신체 활동 모니터링, 도난방지, 번역서비스, 사회 단체, 환자 정보(웹 기반, 대화식) |
| 보상기술, 보조기술 | 안전 시스템(낙상감지), 경보 시스템(사운드, 조명, 진동), 이동 기술(보행보조기, 계단용 휠체어), 시·청각 보조기술, 인체공학적 도구(손잡이, 스위치, 표지 등), 지능적인 보철물, GPS(방향 및 길 안내), 사물 추적 시스템, 운동지도, 인지적 훈련 지원 |
| 일상생활 보조 | 가사(요리, 진공 청소, 정리), 보조 약물, 개인 위생, 음식 자동판매기, 운동, 쇼핑 및 주문 |
| 질병 모니터링 | 질병 발생에 대한 모니터링, 가정 내 치료 및 돌봄, 생체신호 모니터링 |
| 원격치료 | 검진 및 투약에 관한 후속조치, 로봇 기술, 심리 치료 |
| 재활기술 | 운동지도(지침 및 성과), 동작과 이동 |
| 엔터테인먼트 | 여가와 즐거움 |
| 사회적·정서적 지원 및 자극 | 동물 로봇, 자극, 오락 |

(출처: Hofmann (2013), Ethical challenges with welfare technology: a review of the literature)

### 6.1.4 앰비언트 어시스티드 리빙

앰비언트 어시스티드 리빙(Ambient Assisted Living, AAL)은 혁신기술을 기반으로 고령자가 자신의 가정에서 독립적이고 활동적인 생활을 유지할 수 있도록 지원하는 EU의 프로그램이다.

#### AAL의 개념

AAL의 개념은 2007년 고령화가 급속도로 진행되고 있는 EU 국가들을 중심으로 23개 국가와 각 국가별 중소기업 및 연구기관이 참여한 산학협력 연구지원 프로그램이 시작되면서 등장하였다.

건강한 노년을 위한 정보통신기술(ICT for Aging Well)을 목표로 고령자의 헬스케어 관련 연구 지원을 위해 예방(Prevention), 보상과 지원(Compensation&Support), 독립적·능동적 노화(Independent&Active Ageing)로 서비스 분야를 구분하였다.

[표 6-5] AAL의 서비스 분야

| 분야 | 내용 |
|---|---|
| 예방 | - 질병의 발병, 원인, 합병증, 재발을 감소하거나 제거하기 위한 조치를 의미<br>- 인지장애에 관련된 질병 및 만성질환의 예방, 가정 내 위험 방지, 낙상 예방 등 |
| 보상과 지원 | - 일상생활 활동에 도움이 필요한 신체적, 인지적 장애를 지닌 노인에 대한 서비스<br>- 가정 내 돌봄, 텔레케어, 퍼스널 케어, 일상생활 활동의 지원, 간호서비스 등 |
| 독립적·능동적 노화 | - 고령자가 더 오래 직업을 유지하고 사회활동에 참여하면서 살아갈 수 있도록 하는 것<br>- 안전과 보안, 사회적 관계 유지, 친화적 환경, 삶과 의사결정의 제어 제공 등 |

(출처: 박선미 외(2019), 초고령사회 대응을 위한 ICT 활용 사례 연구)

#### AAL의 발전

2007년부터 2013년까지 AAL Joint Programme를 진행하였으며, 2014년부터는 기존 프로그램을 업그레이드 하고 명칭을 Active&Assisted Living으로 변경한 AAL2를 시작하면서 지원범위를 점차 넓혀왔다.

[표 6-6] AAL 프로젝트 주제

| 구분 | | 주제 |
|---|---|---|
| AAL Joint Programme (AAL1) | Call 1 | 고령자의 만성질환 예방과 관리를 위한 ICT 기반 솔루션 |
| | Call 2 | 고령자의 사회적 상호작용 증진을 위한 ICT 기반 솔루션 |
| | Call 3 | 고령자의 독립성과 참여 증진을 위한 ICT 기반 솔루션 |
| | Call 4 | 고령자의 이동성 증진을 위한 ICT 기반 솔루션 |
| | Call 5 | 가정에서 고령자의 일상활동 관리를 위한 ICT 기반 솔루션 |
| | Call 6 | 고령자의 생산 활동 참여(업무지원) 증진을 위한 ICT 기반 솔루션 |
| AAL Program (AAL2) | Call 2014 | 미래를 위한 돌봄(care) |
| | Call 2015 | 고령자가 집에서 더 오래 살 수 있도록 지원하는 ICT 기반 솔루션 |
| | Call 2016 | 치매환자와 지역사회에 대한 복지 솔루션을 지원하는 ICT의 기여 |
| | Call 2017 | AAL 패키지/통합솔루션 |
| | Call 2018 | 건강한 노화를 위한 스마트 솔루션 |
| | Call 2019 | 건강한 노화를 위한 지속가능한 스마트 솔루션 |
| | Call 2020 | 건강한 노화를 위한 디지털 솔루션 지원 |
| | Call 2021 | 건강한 노년을 위한 포괄적인 건강 및 관리 솔루션 개선 |

(출처: 박선미 외(2019), 초고령사회 대응을 위한 ICT 활용 사례 연구)

### AAL의 진화

고령자 문제를 대응하기 위한 각각의 프로젝트들을 진행하면서 AAL 기술은 일상생활을 개별 활동을 지원하는 독립적인 장치에서 생활공간과 사용자를 포괄하여 주변 환경에 대한 보조·지원시스템으로 진화하고 있다.

[표 6-7] AAL의 진화

| 기술명 | 내용 |
|---|---|
| 1세대 AAL | 웨어러블 장치, 응급상황 반응, 사용자에 의한 알람 작동 |
| 2세대 AAL | 가정 센서, 응급상황 및 위험탐지 자동반응, 사생활 침해 염려 |
| 3세대 AAL | 가정 센서와 웨어러블 장치 통합, 예방·모니터링·보조, 사생활 침해 감소 |

(출처: Blackman et al. (2016), Ambient assisted living technologies for aging well: a scoping review)

### AAL의 영역

Nordic Innovation과 Nordic Welfare Centre는 AAL의 영역을 안전기술, 보조기술, 재활과 질병관리, 자동화와 로봇, 디지털 솔루션과 플랫폼의 5개 분야로 구분하였다.

[표 6-8] AAL의 영역

| 영역 | AAL의 목표 |
|---|---|
| 안전기술 | - 핵심원칙은 서비스가 필요할 때 적시에 제공하는 것<br>- 모니터링 서비스, 위치추적, 지능형 센서 솔루션을 포함 |
| 보조기술 | - 가정 안팎에서 고령자의 자유로운 이동성을 보장하는 보조 기술, 인테리어 솔루션 |
| 재활과 질병관리 | - 가정 내 재활을 지원하는 온라인 기술 및 가상현실 기술<br>- 만성질환 자가관리 솔루션 포함 |
| 자동화와 로봇 | - 일상생활의 반복적 업무수행 지원<br>- 청소로봇, 커뮤니케이션 로봇, 로봇식 급식 장치, 기타 자동화 기술을 포함 |
| 디지털 솔루션과 플랫폼 | - 디지털 접근관리시스템<br>- 돌봄서비스 제공에 대한 조정과 문서화 솔루션<br>- 노인 및 친익척과 돌봄 제공자 간 커뮤니케이션 관리 플랫폼 |

(출처: Finnsson. (2019), Nordic Ambient Assisted Living: Welfare technologies for active and independent living at home)

## 6.2 일상생활/안전

고령자가 건강을 유지하면서 일상생활을 행복하고 안전하게 보내기 위해서는 고령친화기술의 역할이 필수적이다. 이번 절에서는 고령자의 일상생활/안전과 관련된 고령친화기술에 대해서 살펴보자.

**단원 학습목표**

- 고령자의 영양, 일상생활 모니터링, 위치추적과 관련된 고령친화기술을 이해한다.
- 고령자를 위한 개인 맞춤형 영양 솔루션, 일상생활 모니터링, 위치추적 관련 고령친화기술의 특징을 파악한다.

### 6.2.1 개인 맞춤형 영양 솔루션

세계보건기구(WHO)에 따르면 전 세계 고령인구의 20%가 충분한 영양섭취를 하지 못하면서 근육량 감소 및 인지기능 저하가 유발될 수 있다고 하였다. 이와 같은 고령층의 영양 결핍 및 불균형은 근육기능 이상, 보행속도 저하, 탈진, 체력 감소 등과 같은 현상으로 이어져 고령자의 삶의 질을 감소시킬 뿐만 아니라 의료비 확대로 인한 사회적 비용을 증가시킨다.

#### OPTIFEL 프로젝트

OPTIFEL(Optimised Food Products for Elderly Populations) 프로젝트는 고령자들의 영양 상태 개선 및 즐거운 식생활을 위해 채소와 과일을 기반으로 한 다양한 음식 조리법 및 식품 개발을 목표로 한다. EU의 'FP7 programme for research and development'로부터 지원을 받아 2013년부터 2017년까지 수행되었다. 유럽의 고령자와 돌봄 지원인력들을 대상으로 수요 조사를 실시한 후 혁신적인 제품을 개발하고 최종 결과물을 고령자가 거주하는 집과 요양시설에 제공한다.

#### LIFANA 프로젝트

EU의 AAL2 프로그램을 통해 진행 중인 프로젝트로 영양불균형 문제로 만성질환의 위기에 처할 수 있는 고령자가 건강한 영양 상태를 유지할 수 있도록 개인기호에 적합한 식단 및 조리법을 제공하는 것을 목표로 한다.

노화 단계에 있는 전체 고령자들을 대상으로 개인의 선호도 및 생활환경을 고려하여 전문 영양사의 조언을 기반으로 일주일 식단을 권장해준다. 조리법에 대한 데이터베이스, 식료품 배달 서비스 및 스마트 쇼핑 목록, 식사 권장사항 등을 통합 제공하기 때문에 고령자와 돌봄 지원인력이 식사와 관련된 부담을 줄일 수 있다. LIFANA 프로젝트는 추후 원격 의료서비스에 적용될 예정이다.

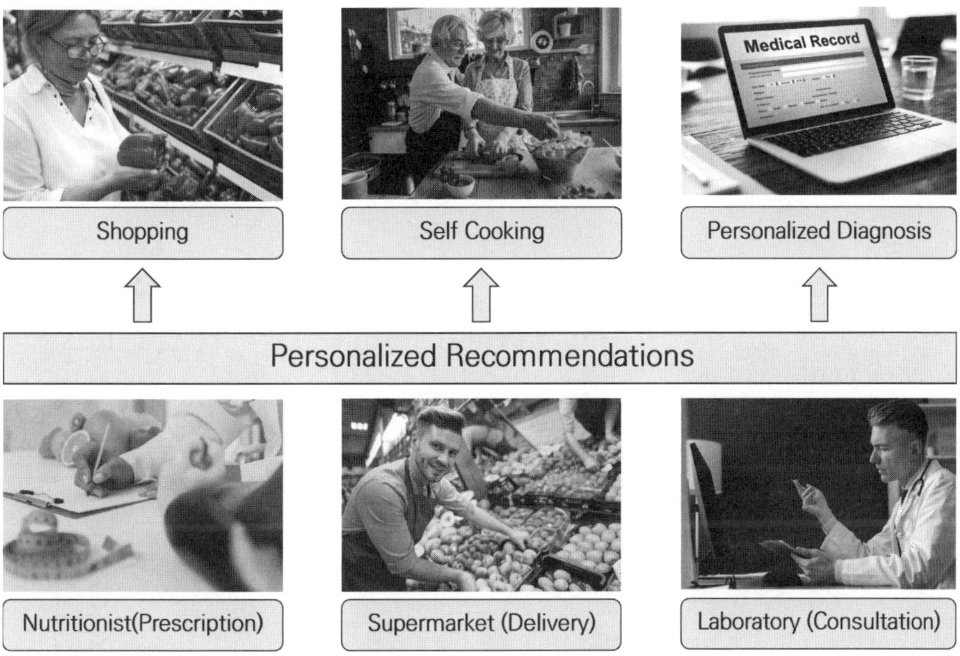


[그림 6-5] 고령자 개인 맞춤형 통합 솔루션

## 6.2.2 일상생활 모니터링

고령자는 일상생활 중 발생 가능한 안전사고에 취약하고 가벼운 사고에도 심각한 상해를 입을 수 있어 안전취약계층으로 볼 수 있다. 특히, 인지기능 및 균형감각의 저하로 일상생활에서도 문턱이나 계단 등에서 미끄러지거나 넘어지는 사례가 많고 뼈가 부러지는 골절사고로 이어져 심한 경우 사망에 이를 수도 있다.

### 리본 스마트케어

독거노인과 장애인의 건강 및 안전을 관리해주는 서비스로 사용자(고령자, 중증장애인)의 활동 상태를 감지하고 위치별 활동 카운트를 게이트웨이로 전송하는 센서로부터 데이터를 수집하고 응급상황 발생 시 응급호출기를 통해 119로 자동 신고를 할 수 있으며, 활동량감지기와의 연동을 통해 사용자의 출입 상태에 따른 외출 및 재택 상태를 감지할 수 있는 통합 시스템이다.

현재 국내 업체 중 가장 많은 가구(전국 약 150,000가구)에 공급 및 운영되고 있어 안정적인 성능이 보장되며 스마트홈, 헬스케어, 보안, 안전 등 다양한 서비스로의 확장성을 갖는 서비스 플랫폼이라고 할 수 있다.

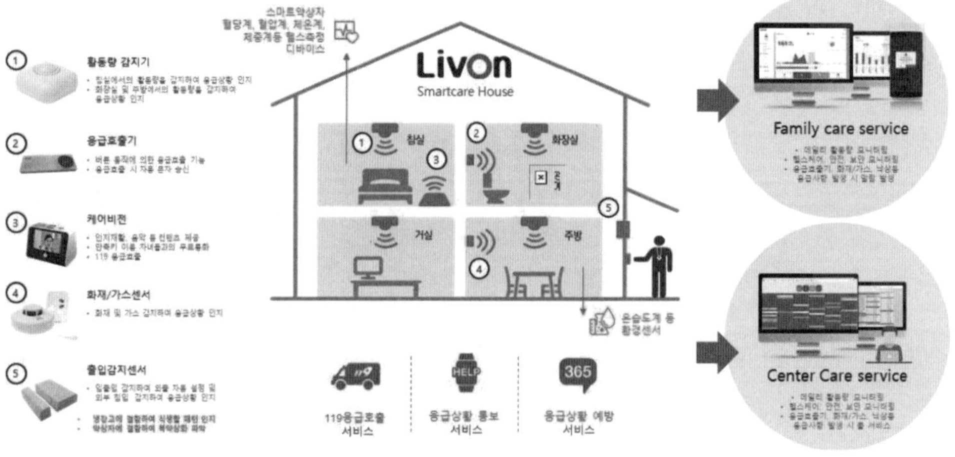


(출처: 한국지능형사물인터넷협회(2022), 2022년도 AIoT 서비스·제품 및 기업 편람)

**[그림 6–6] 리본 스마트케어의 서비스 구성도**

### Alerto Care

센서에 일정시간 움직임이 등록되지 않을 경우 미리 지정한 장소에 알림을 보내 독거노인이나 장애인의 가정에서 발생한 응급상황에 대비할 수 있는 활동 감지 센서 기반의 경보시스템이다.

(출처: deltatelecom.co.uk)

[그림 6-7] 활동 감지 센서 기반의 경보시스템

### RoomMate

룸메이트는 적외선 3D 기술을 이용하여 고령자의 움직임, 낙상, 비정상적인 활동 패턴을 감지할 경우 SNS, 이메일을 통해 가족, 간병인, 안전요원 등에게 자동 알림이 전송되는 적외선 센서 기반의 경보시스템이다. 현재 노르웨이, 스웨덴, 덴마크, 아이슬란드 전역의 약 220개 지방자치단체에서 5,500개 이상의 RoomMate를 운영하고 있다.

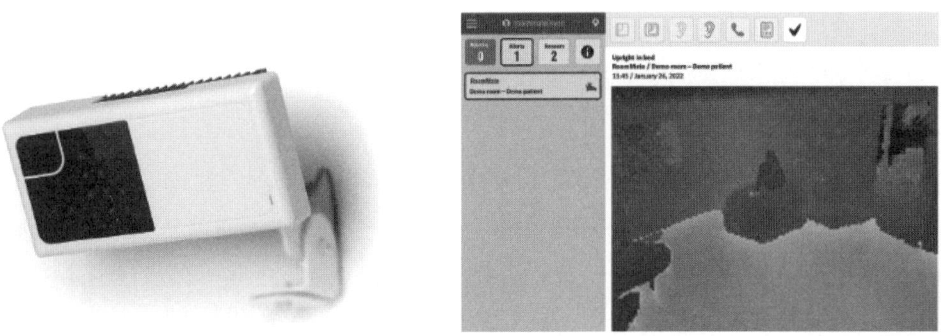

(출처: metalert.com)

[그림 6-8] 적외선 센서 기반의 경보시스템

### 지능형 CCTV

치매 노인이 집을 나간 후 실종되었을 경우 신속하고 정확한 추적 및 처리가 매우 중요하다. 특정인을 추적하기 위해서는 녹화된 CCTV 영상을 장시간 검토해야 하는 경우가 많기 때문에 많은 인력과 시간이 소요된다. 이러한 문제를 해결하기 위해 최소한의 자원으로 CCTV 영상 시놉시스를 생성 관리하고 운영하는 지능형 CCTV가 개발되고 있다. 영상 시놉시스는 모든 객체와 이벤트를 그대로 보존하면서 원본 영상의 압축 요약 영상을 생성하는 영상 처리기술이다. 특정 조건을 영상을 검색하는 것이 가능하기 때문에 CCTV 영상을 검토하는 시간을 획기적으로 줄일 수 있다.

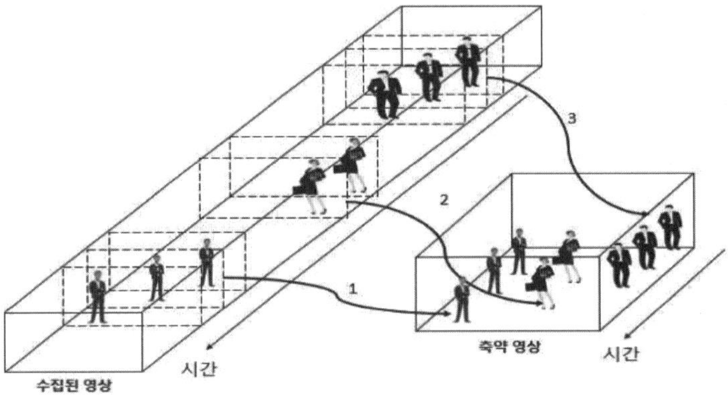


(출처: 한국정보통신기술협회(2022), 신속한 CCTV 영상 추적으로 사회문제 해결에 앞장선다)

**[그림 6-9] 영상 시놉시스 개요**

### CarePredict

케어프리딕트는 고령자의 일상생활 패턴을 찾고 건강악화를 예측할 수 있는 이상치를 탐지하는 행동 감지 웨어러블 기기 및 서비스이다. 손목에 차는 웨어러블 기기를 활용해 고령자의 수면, 식사, 배변, 걷기, 앉기 등 일상생활 데이터를 수집하고 분석하여 개인의 고유한 생활패턴을 파악한 뒤 평소 생활패턴과 다른 이상 데이터가 나타날 경우 가족이나 돌봄 인력에게 메시지를 보낸다. 병원 진단일보다 고령자의 요로감염증은 3.7일, 우울증은 2주 빨리 예측하는 성과를 거두기도 했다.

(출처: 강송희(2017), 마이크로마케팅의 진화와 개인정보보호, 그리고 기업의 사회적 책임)

[그림 6-10] 행동 감지 웨어러블 기기 및 서비스

### 6.2.3 위치추적

치매 노인은 기억력 및 인지기능의 감소, 혼돈, 불안 등으로 인해 목적지나 계획 없이 집을 나와 정처 없이 헤매거나 집을 나가려는 배회 증상을 보인다. 배회는 치매 노인을 돌보는데 있어 가장 어려움을 주는 증상으로 최근 치매 노인이 증가로 실종 신고가 많아지고 있어 실종 예방 및 신속한 발견을 위한 기술 개발의 필요성이 강조되고 있다.

#### Safemate

세이프메이트는 고령자에게 위급상황이 발생했을 때 위치정보를 추적하기 위한 GPS 기반의 개인경보시스템이다. 사용자가 버튼을 누르면 사전에 미리 지정한 연락처(최대 4개)로 호출 알람이 전송되며 호출에 응답할 경우 사용자와 대화가 가능하다. 사용자의 위치와 호출에 응답한 사람의 정보는 모든 수신자에게 전송된다.

#### SmartSole

스마트솔은 인지기능 장애로 길을 잃은 돌봄 대상자의 위치를 추적할 수 있는 GPS 추적 장치가 부착된 신발 깔창이다. 신발을 신으면 장치가 활성화되어 5분마다 위치정보가 모니터링 시스템에 전송되며, 돌봄 대상자가 사전에 정의된 활동 영역을 벗어날 경우 메시지를 전달받은 간병인이 온라인 포털이나 스마트폰 앱을 통해 위치정보를 확인할 수 있다.

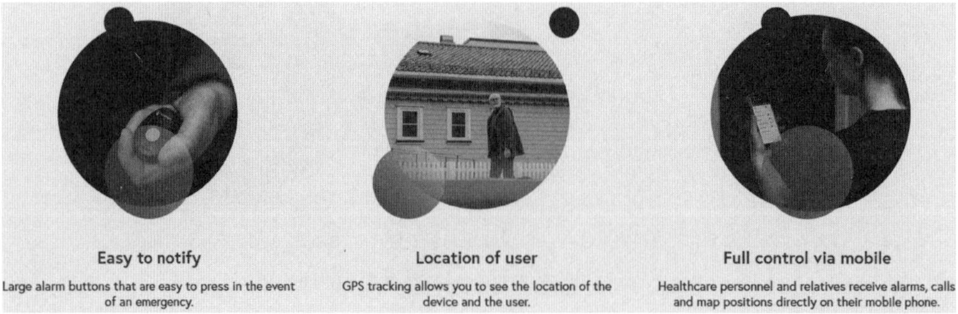


(출처: sensio.io)

[그림 6-11] GPS 기반의 개인경보시스템

## 6.3 건강/의료

고령친화기술은 예방적 건강관리를 위한 고령자 맞춤형 의료서비스를 제공하는데 있어 중요한 역할을 수행하고 있다. 이번 절에서는 고령자의 건강/의료와 관련된 고령친화기술에 대해서 살펴보자.

**단원 학습목표**

- 고령자를 위한 건강/의료 분야에서의 고령친화기술의 역할을 정의한다.
- 고령자를 위한 신체지원, 정서지원, 의료지원, 생활지원 관련 고령친화기술의 특징을 파악한다.

### 6.3.1 신체지원

고령자의 경우 노화로 인한 퇴행성 변화로 근육량이 감소하면서 신체 기능 및 운동 능력이 저하된다. 운동 능력과 균형감이 낮아지면 낙상과 같은 안전사고의 위험성이 커지고 만성질환에 걸릴 가능성도 매우 높아지기 때문에 노년기에는 젊었을 때보다 건강에 더 많은 관심을 가져야 한다. 신체지원 기술은 신체가 불편한 고령자나 장애인의 이동, 식사, 배변 지원과 행위들을 보조하는데 도움을 줄 수 있다.

#### Zora

조라는 재활 및 치료분야에서 활용할 수 있는 간호보조 로봇(높이 57cm, 무게 5.7kg)으로 거주형 고령자 간호시설에서 고령자와 함께 생활하면서 재활운동을 돕고 의사소통을 하는데 사용된다. 24시간 간병이 필요한 치매와 기타 질환을 겪고 있는 고령 환자들에게 아기처럼 행동하고 머리를 숙이고 키스하는 등의 정서적 상호작용을 수행할 수 있을 뿐만 아니라 간호사라 태블릿에 단어를 입력하여 환자들과 대화나 게임을 진행할 수 있다.

(출처: Huisman et al. (2019), Two-year use of care robot zora in dutch nursing homes: an evaluation study)

[그림 6-12] 간호보조 로봇

### CareMeal

케어밀은 독립적으로 식사를 하기 어려운 고령자나 장애인을 위한 식사보조 로봇으로 가족 및 돌봄 인력의 작업 부담을 크게 줄일 수 있다. 음식을 집어주는 그랩 암과 사용자 입술에 음식을 전달하는 스푼 암을 통해 신속한 식사가 가능하다. 안드로이드 앱을 이용하여 개인별 선호도에 따른 식사 속도 및 식사량 조절, 식사 모드(자동, 반자동, 수동) 설정, 길이나 각도를 반영한 스푼 교체를 변경할 수 있다.

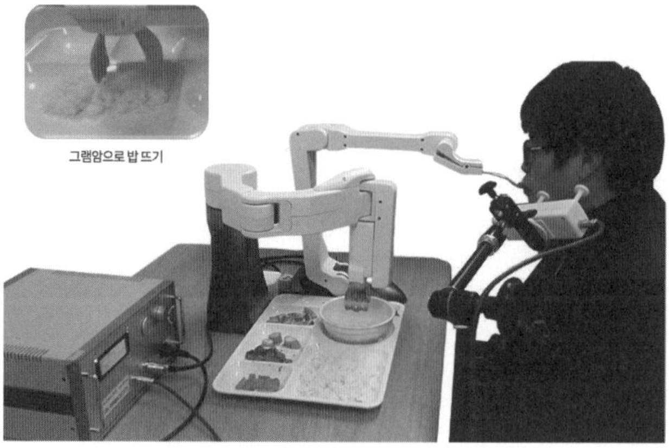


(출처: ntrobot.net)

[그림 6-13] 식사보조 로봇

Robear

로베어는 음성명령에 따라 거동이 어려워 침대 생활이 잦은 환자를 휠체어나 욕조로 들어 올릴 수 있는 이송보조 로봇으로 친근한 곰돌이 얼굴을 가지고 있다. 로봇 몸통 부분의 공기압과 센서가 부착된 팔에서 힘을 조절하기 때문에 충격으로부터 사람을 보호할 수 있으며, 한 번 수행한 동작을 시스템에 저장할 수 있어 추후 더 빠르고 부드러운 이송보조가 가능하다. 침대에서 휠체어로 이송할 때 돌봄 인력에게 발생하는 부담과 심각한 요통을 덜어주는데 중요한 역할을 한다.

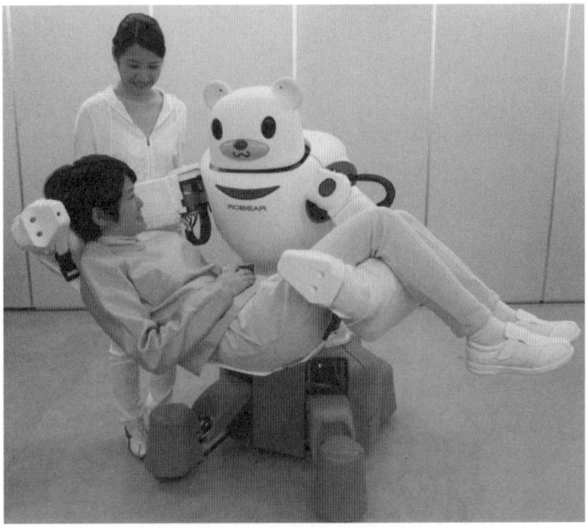


(출처: ntrobot.net)

[그림 6-14] 이송보조 로봇

## 6.3.2 정서지원

반려동물은 고령자의 신체적·정신적 건강을 향상시키는데 매우 긍정적인 영향을 미치는 것으로 알려져 있다. 몸이 불편한 고령자들은 반려동물을 키울 수 없다는 어려움이 있기 때문에 고령자가 고독하거나 우울하지 않도록 정서지원을 위해 귀여운 애완동물 생김새의 로봇펫 형태로 연구 및 개발되고 있다.

### Tombot

톰봇은 고령자의 심리적 안정감 및 감정적 교류를 위해 개발된 강아지 로봇으로 미국 내 고령층과 치매 환자를 위해 제공하고 있는 반려동물 로봇 중 가장 많은 인기를 얻고 있다. 골든리트러버의 다양한 소리를 내장하고 있으며 움직임도 동일하게 만들어졌다. 고령자가 스마트폰으로 이름을 만들어 입력하면 그 이름을 듣고 소리를 내며 반응한다.

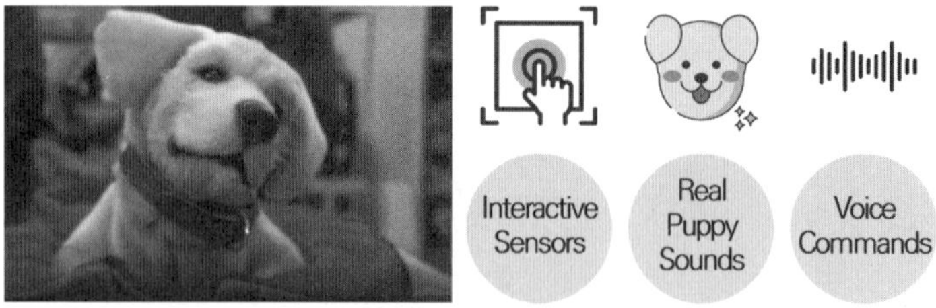


**[그림 6-15] 강아지 로봇**

### MiRo

미로는 강아지와 토끼를 닮아 고령자가 친밀감을 느낄 수 있게 하는 생체모방(동물 행동을 모방) 로봇으로 3D 카메라, 빛 감지 카메라, 초음파 위치 센서, 스테레오 마이크, 촉각 센서, 적외선 센서로 주변 환경을 감지한다. 6개의 감각은 3개의 모바일 프로세서로 구성된 3B(3Brain-based) 시스템을 통해 순차적으로 처리된다. 추후 반려동물의 역할을 뛰어넘어 스마트홈과 사람을 연결하는 역할을 수행할 것으로 기대되고 있다.

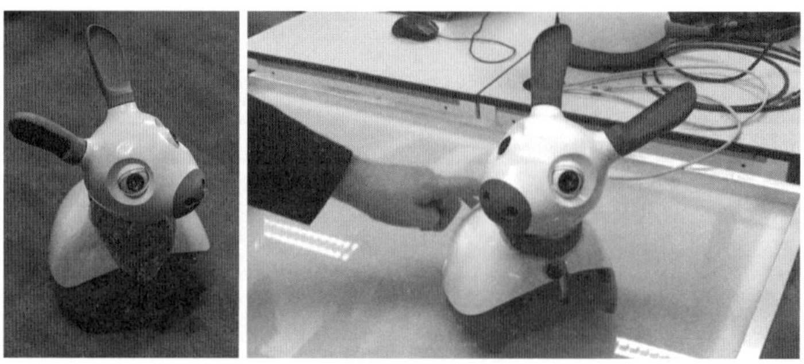

(출처: The IET, PDM-owner, via Wikimedia Commons)

**[그림 6-16] 생체모방 로봇**

### 6.3.3 의료지원

혼자 살고 있는 고령자들을 대상으로 건강상태를 모니터링하고 질병을 예방, 진단, 치료, 관리할 수 있는 기술을 제공하는 것은 매우 중요하다. 고령 환자의 약물 복용이나 인지자극 치료 여부 확인 등을 모니터링하고 관련 데이터를 의료진과 보호자에게 전달함으로써 효율적인 의료지원이 가능한 솔루션을 제공할 수 있다.

Mabu

마부는 고령 환자의 행동을 탐구하고 인공지능과의 정기적 교감이 치료에 미치는 영향을 알아보기 위해 개발된 가정용 건강관리 로봇으로 만성질환을 가진 환자가 집에서 자신의 질병을 치료하거나 관리할 수 있다. 환자와의 대화를 통해 약물 복용시점을 상기시키는 동시에 의료 전문가에게 의료 데이터를 전달해 적절한 시기에 조치를 취할 수 있도록 안내한다. 약을 복용한 후 환자의 기분이 좋지 않을 때는 원인을 파악하여 대처방안을 제공하기도 한다.

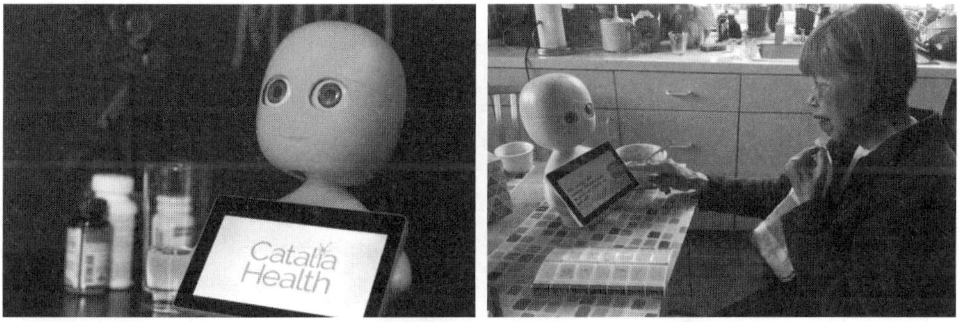


(출처: cataliahealth.com)

**[그림 6-17] 가정용 건강관리 로봇**

AiCure

에이아이큐어는 AI 플랫폼을 이용하여 환자가 약을 제대로 복용하고 있는지를 확인하고 복용 순응도를 관리하는 환자 복약 모니터링 시스템이다. 스마트폰 앱을 통해 처방받은 약의 복용시간을 알려주고 카메라를 이용해 환자가 약을 복용하는 모습을 얼굴인식과 모션센서로 확인한 뒤 관련 데이터를 의료기관에 전송함으로써 실시간 확인 및 관리가 가능하다. 자기 관리가 어려운 고령자들이 약을 제대로 복용할 수 있도록 모니터링 함으로써 순응도를 올려 치료효과를 높일 수 있다는 효과가 있다.

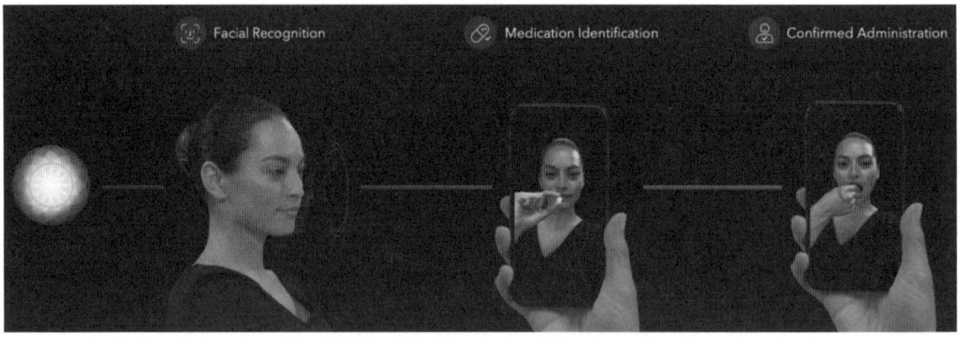


(출처: Salcedo et al. (2021), Cost-effective of artificial intelligence monitoring for active tuberculosis treatment: a modeling study)

**[그림 6-18] 환자 복약 모니터링 시스템**

## Pio

피오는 고령자의 인지 향상 능력 개선을 지원하는 AI 기반 치매예방 로봇으로 정서자극, 인지치료, 미술치료, 운동치료, 음악치료, 언어치료를 통해 경도인지장애 환자에게 다양한 영역의 통합적 인지자극을 제공한다. 카메라, LED, 여러 개의 모터를 통해 다양한 동작이 가능하며 전문가가 직접 기획한 콘텐츠로 프로그램이 개발되어 있다. 현재 전국 치매안심센터, 노인종합복지관 등 다양한 시설에서 750명 이상의 고령자들이 사용하고 있다.

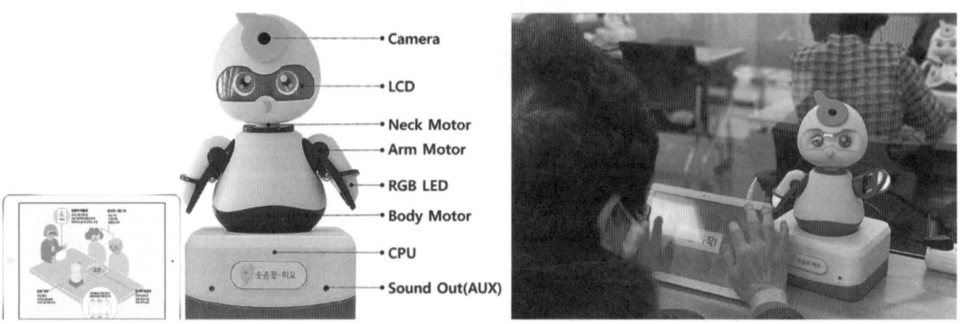


(출처: Lim(2023), Effects of a cognitive-based intervention program using social robot PIO cognitive function, depression, loneliness, and quality of lift of older aults living alone)

**[그림 6-19] 치매예방 로봇**

### 6.3.4 생활지원

거동이 힘들어 움직임이 불편한 고령 환자들의 수발을 드는 최첨단 고령친화기술들이 진화하고 있다. 환자 개인의 특성 정보를 인공지능을 이용하여 분석하고 일상생활에서 맞춤형 돌봄 서비스를 제공하기 위해서는 더 정교한 기술력이 요구되기 때문에 관련 업체들도 고부가가치 제품을 생산을 위한 노력을 기울이고 있다.

#### 욕창예방 로봇

체압 측정 및 분산이 가능한 공기패드 매트리스 형태의 침대형 로봇으로 상하좌우로 각도를 조절하여 욕창을 예방할 수 있다. 또한, 수면과 진료를 위한 침대 높이 조절, 휴식을 위한 리클라이너 모드, 휠체어 이승을 위한 자세 지원 등이 가능하다. 인공지능 기반 자세 인식 기술을 통해 능동적인 자세변화 및 욕창예방 동작을 지원한다.

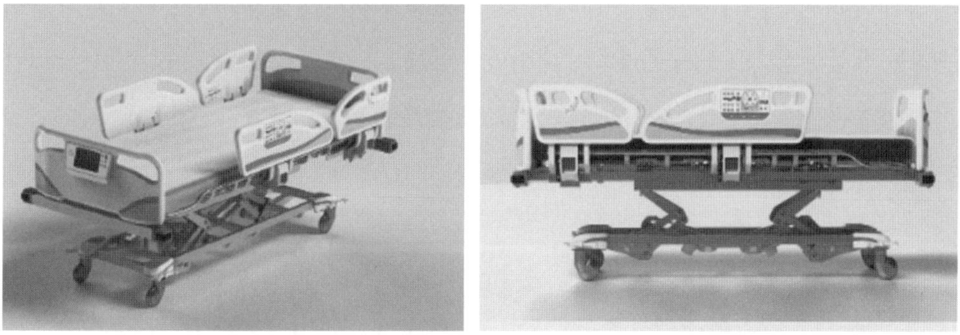

(출처: k-robot.co.kr)

[그림 6-20] 욕창예방을 위한 침대형 로봇

#### 큐라코

몸을 자유롭게 움직이기 힘든 고령자나 환자를 위해 개발된 배설보조 로봇으로 빅데이터 기반으로 다양한 유형의 배설정보를 수집, 분석, 가공함으로써 자동으로 대소변을 감지하고 처리가 전자동으로 이루어질 수 있게 한다. 성별에 따른 전용모듈과 세정기능을 보유하고 있어 대소변 관리, 세척, 비데, 건조가 모두 가능해 돌봄 인력의 부담을 해소하는데 도움을 줄 수 있다.

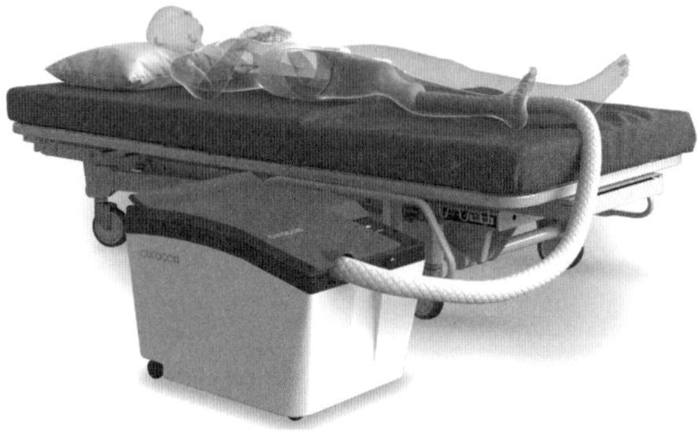

(출처: curaco.co.kr)

**[그림 6-21] 배설보조 로봇**

### Dfree

디프리는 웨어러블 배뇨 시기 알람기기로 배에 붙이면 초음파 센서로 몸의 움직임을 분석해 배변 타이밍을 예측한다. 센서에는 4개의 초음파 센서가 내장되어 있어 소변이 쌓여 팽창한 방광의 상태를 상시 계측하여 대소변의 양을 10단계로 실시간 모니터링한다. 스마트폰 애플리케이션과 연결하여 배설과 관련된 케어 내용을 기록할 수 있다.

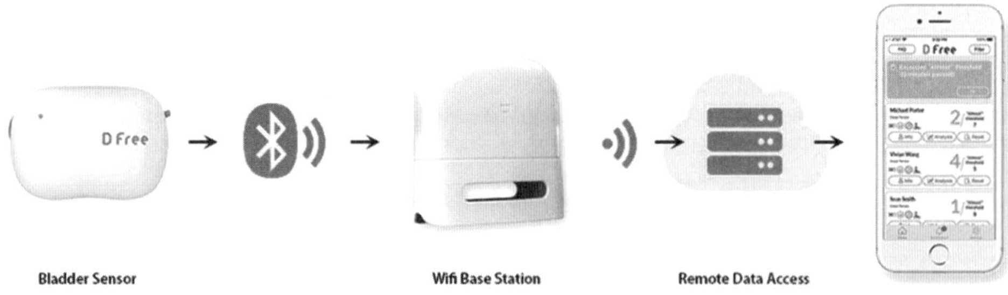


(출처: Hofstetter et al.(2023), Ultrasound-assisted continence care support in an inpatient care setting: protocol for a pilot implementation study)

**[그림 6-22] 배뇨 시기 알람기기**

## 6.4 사회참여/여가

고령친화기술은 고령자가 적극적으로 지역 사회에 참여하고 만족스러운 여가생활을 즐길 수 있게 함으로써 고령자의 심리적 건강 및 삶의 만족도 향상에 크게 기여하고 있다. 이번 절에서는 고령자의 사회참여/여가와 관련된 고령친화기술에 대해서 살펴보자.

**단원 학습목표**

- 고령자를 위한 사회참여/여가 분야에서의 고령친화기술의 역할을 정의한다.
- 고령자를 위한 가상현실 기반 서비스와 ICT 기반 서비스 관련 고령친화기술의 특징을 파악한다.

### 6.4.1 가상현실 기반 서비스

주변 사람들과의 상호 작용이 부족하고 이동하는데 어려움이 있는 고령자의 경우 고립감을 느끼면서 우울증에 걸릴 위험이 매우 높다. 하드웨어와 컴퓨터 소프트웨어를 통해 실제와 비슷한 경험을 할 수 있는 가상현실 기술의 발전은 고령자들이 삶의 의미 있는 부분을 다시 생생하게 체험하거나 적극적인 인지훈련의 참여를 가능하게 한다.

#### Rendever

가상현실(Virtual reality, VR)을 기반으로 외부세계를 탐색하고 소통할 수 있는 서비스로 고령자의 사회적 고립 문제를 해소하는데 많은 도움을 줄 수 있다. 추억의 장소(어린 시절에 자신의 살던 집, 결혼식 장소 등)로 이동하는 경험을 제공하고, 가족들이 360도 카메라를 사용하여 촬영한 영상으로 지구 반대편에서 진행된 친지 결혼식에도 참여할 수 있다. 고령자들이 여행경험을 서로 공유하면서 소통할 수 있는 기회를 제공하기 때문에 사회적 고립감이나 우울감을 완화하는데 많은 도움을 준다.

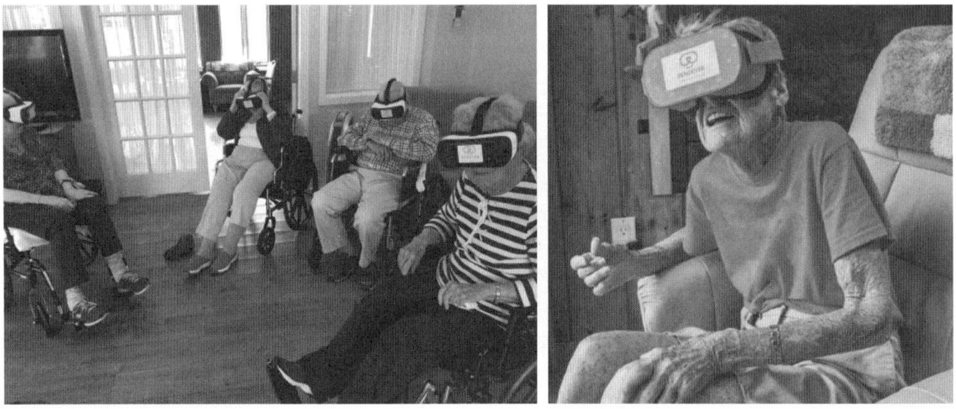

(출처: 김정근(2020), 실버산업 해외사례와 활성화 전략))

[그림 6-23] Rendever

## Tactile 프로젝트

EU의 AAL2 프로그램을 통해 진행된 연구개발 프로젝트로 고령자들의 치매를 예방하고 사회적 고립을 방지하기 위한 촉각 기반의 가상현실 소프트웨어를 개발하는 것을 목표로 한다. 고령자는 가족이나 친구들과 가상현실 환경에서 원격으로 다양한 게임을 즐기면서 인지훈련이 가능하다. Tactile 프로젝트는 실제 게임과 가상 게임을 서로 결합하여 촉각적으로 상호작용을 할 수 있도록 지원한다.

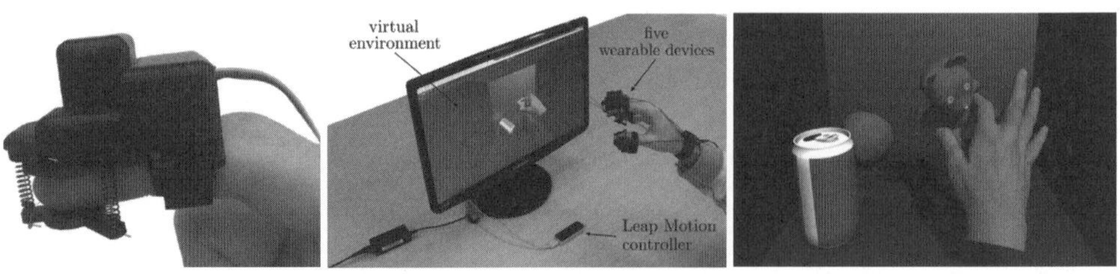


(출처: Scheggi et al.(2015), Touch the virtual reality: using the Leap Motion controller for hand tracking and wearable tactile devices for immersive haptic rendering)

[그림 6-24] 촉각 기반의 가상현실 장치

## 리얼VR피싱

우리나라에서 수려한 경관을 자랑하는 전국 팔도 호수를 배경으로 고령자들이 페이스북의 독립형 VR 헤드셋을 이용하여 친구들과 함께 편안하게 낚시를 즐길 수 있는 VR 낚시게임이다. 리얼VR피싱에서 물고기를 가장 많이 잡은 이용자는 영국에 거주하며 치매를 앓고 있는 고령자로 VR 기기를 이용한 다른 사람들과의 교류 및 낚시로 배우자를 잃은 상처와 슬픔을 극복하고 삶의 의미를 되찾은 사례가 있다.

(출처: devsunitedgames.com)

[그림 6-25] VR 낚시게임

## 6.4.2 ICT 기반 서비스

고령자가 건강하고 독립적인 활동을 지속하기 위해서는 ICT 기반 서비스를 활용하여 다양한 형태의 사회참여를 가능하게 하고 꾸준한 개인 맞춤형 운동으로 건강을 지속적으로 관리하는 것이 매우 중요하다.

### CO-Living

EU의 AAL 프로그램을 통해 진행된 연구개발 프로젝트로 고령자의 독립적이고 적극적인 생활을 자극하고 연장하기 위해 개발한 ICT 기반 가상 생활 공동체이다. 고령자들이 친구나 가족뿐만 아니라 전 세계의 많은 사람들과 적극적으로 교류할 수 있도록 사용이 쉬운 ICT 플랫폼을 제공함으로써 요양시설의 사회적 상호 작용을 장려할 수 있다.

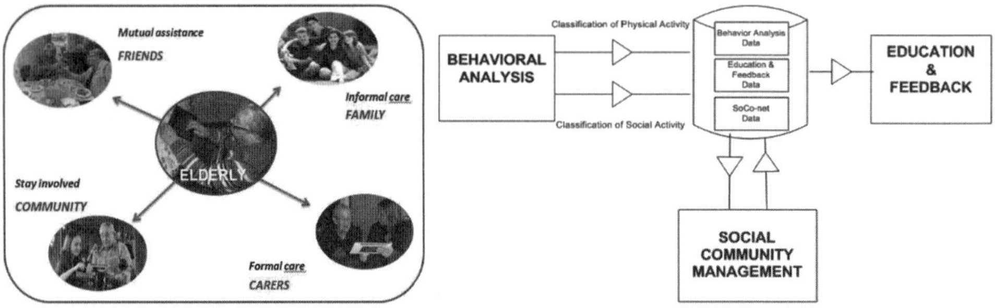


(출처: Leal et al.(2011), Virtual collaborative social living community for elderly)

[그림 6-26] ICT 기반 가상 생활 공동체

### 메모핏(memofit)

시니어 전용 스마트 홈트레이닝 서비스를 제공하는 애플리케이션으로 고령자의 건강 상태와 운동능력을 체계적으로 파악한 뒤 구축된 알고리즘을 통해 맞춤형 운동 프로그램을 생성해준다. 메모핏 운동 프로그램은 전문의의 자문 아래 설계되며 애플리케이션과 TV를 연동할 경우 집 안에서 피트니스 룸을 이용하는 효과를 기대할 수 있다. 고령자의 지속적인 건강관리를 통해 노화를 유발하는 위험 요소를 예방하는데 도움을 줄 수 있을 것으로 기대되고 있다.

(출처: memofit.kr)

[그림 6-27] 스마트 홈트레이닝 애플리케이션

### Tonal 스마트 홈트레이너

직사각형 패널형 디자인에 24인치 LED 터치스크린이 내장되어 있는 스마트 피트니스 시스템으로 총 200가지 운동이 가능하다. 8명의 트레이너가 비디오를 통해 코칭을 해주기 때문에 목표치에 맞게 단계별 지도를 받을 수 있다. 사용자가 원하는 운동 코스를 선택하면 트레이너가 운동 방법 및 자세를 자세하게 설명해주고 추천해 주는 운동 횟수, 세트, 동작 범위, 운동 속도 등을 확인한 후 목표에 맞게 운동을 시작한다. 두 개의 봉이 본체 양쪽 안에 부착되어 있고 봉과 손잡이 스틱이 와이어로 강하게 연결되어 있기 때문에 안전하게 운동을 할 수 있다. 또한, 전신 거울처럼 벽에 설치할 수 있어 큰 공간을 차지하지 않는다는 장점이 있다.

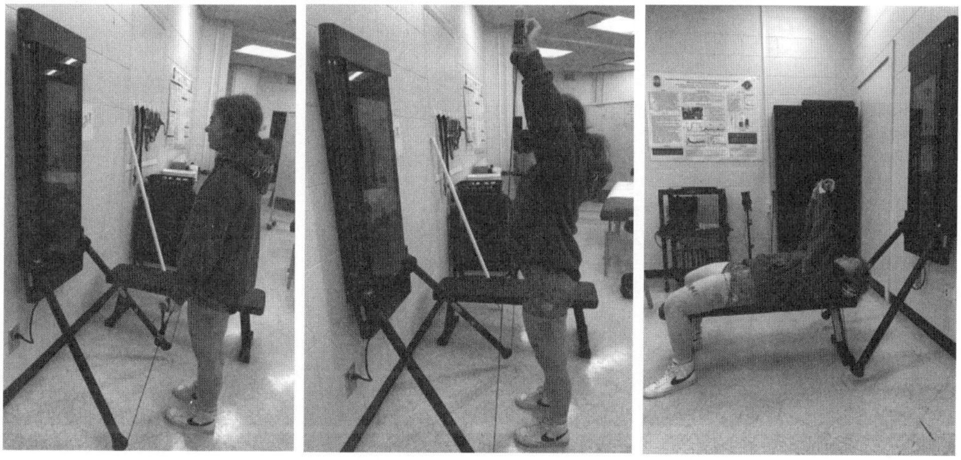

(출처: Brettler et al. Electromyographical comparison between a digital weight and traditional free weights)

[그림 6-28] Tonal 스마트 홈트레이너

## 6.5 이동성

고령자에게 보행을 통한 이동성은 삶의 질을 결정하는 매우 중요한 변수로 고령친화기술은 걷기 및 운동 능력 향상에 많은 도움을 줄 수 있다. 이번 절에서는 고령자의 이동성과 관련된 고령친화기술에 대해서 살펴보자.

**단원 학습목표**

- 고령자를 위한 이동성 분야에서의 고령친화기술의 역할을 정의한다.
- 고령자를 위한 웨어러블 기기, 웨어러블 로봇, 이동보조 기술 관련 고령친화기술의 특징을 알아본다.

### 6.5.1 웨어러블 기기

초고령화 사회 진입으로 고령자들의 이동성과 신체 마비 환자들의 재활을 지원하는 고령친화기술에 대한 수요가 증가하고 있다. 이에 고령자와 장애인에게 새로운 삶의 활력과 희망을 줄 수 있는 보행 및 이동을 지원하는 다양한 유형의 웨어러블 기기에 관한 연구 개발이 이루어지고 있다.

PathFinder

패스파인더는 신발에 부착하는 웨어러블 기기로 균형 장애로 인해 불안정하게 걷거나 극히 짧은 보폭이 나타나는 보행동결로 정상적인 보행이 어려운 고령자와 파킨슨병 환자들의 이동성을 증대시킬 수 있다. 신발에서 사용자의 보폭에 맞게 레이저 광선을 투사해 주기 때문에 시각적 신호를 따라 한 걸음씩 초점을 맞춰 발을 내딛게 되면 보행동결 현상을 줄일 수 있다. 2019년에는 유럽집행위원회(EC)에서 공모한 고령층의 이동성 증진을 위한 "사회 혁신 주도 호라이즌상"에서 대상을 수상하기도 하였다.

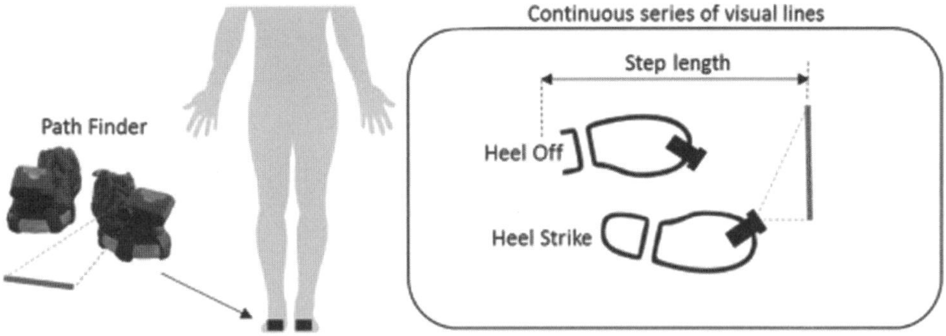


(출처: Crane et al. Walk with Path: Combining technology with design)

[그림 6-29] 신발에 부착하는 웨어러블 기기

### 스마트 인솔

고령자의 일상생활에서 신체 활동 모니터링을 할 수 있는 스마트 인솔이다. 압력센서를 통해 엄지발가락(Hallux), 중족골(Metatarsal), 아치(Arch), 뒤꿈치(Heel)에 대한 체중 분를 측정하고 3축 가속도계, 3축 자이로스코프, 3축 자력계를 이용하여 보행이나 운동 시 활동을 인식할 수 있다. 실시간 보행 데이터를 고령자가 직접 확인할 수 있을 뿐만 아니라 의료진이 목표한 부하량을 유지하도록 피드백을 주는 방식으로 효과적인 재활치료가 가능하다. 또한, 특정 질환을 가진 환자에게만 나타나는 보행 패턴과 비교하여 조기에 질환을 판별하고 빠르게 치료 및 관리를 할 수 있다.

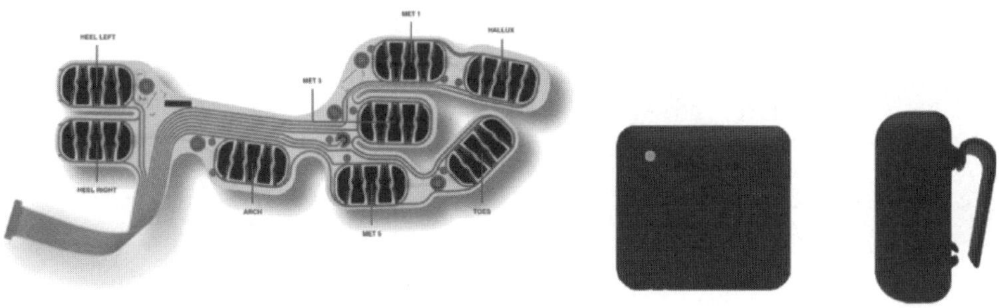

(출처: D'Arco et al. (2023), DeepHAR: a deep feed-forward neural network algorithm for smart insole-based human activity recognition)

[그림 6-30] 인공지능 기반 스마트 인솔

## 6.5.2 웨어러블 로봇

웨어러블 로봇은 입는 로봇 또는 착용형 로봇이라고 불리며, 고령자의 운동 능력 및 근력을 보조 또는 증강시키기 위해 인체에 착용, 결합되어 동작하는 모든 로봇을 총칭한다. 사람의 팔, 허리, 다리 등의 신체 일부 또는 전신에 착용되어 착용자의 근력과 지구력을 보조할 수 있다.

### WIM

윔은 고령자의 의도에 따라 안전하게 보행을 도와주는 착용형 보행보조 웨어러블 로봇으로 기존 착용형 로봇에 비해 가벼운 무게(1.4kg), 컴팩트한 사이즈, 간편한 휴대성, 높은 편의성(30초 내에 탈착 가능)이 장점이다. 고령자의 자세, 움직임, 근력 및 균형 정보에 대한 데이터 분석을 기반으로 보조 근력 모드를 선택할 수 있어 개인 맞춤형 AI 트레이너로서 보행보조와 운동이 모두 가능하다. 노화로 인해 근력이 저하된 고령자가 재활치료를 위한 트래킹, 가벼운 조깅, 등산 등을 수행할 때 많은 도움이 될 수 있다. 미국 라스베이거스에서 열리는 IT·가전 전시회인 CES에서 2024 CES 혁신상(Innovation Awards) 2개 부문에서 수상했다.

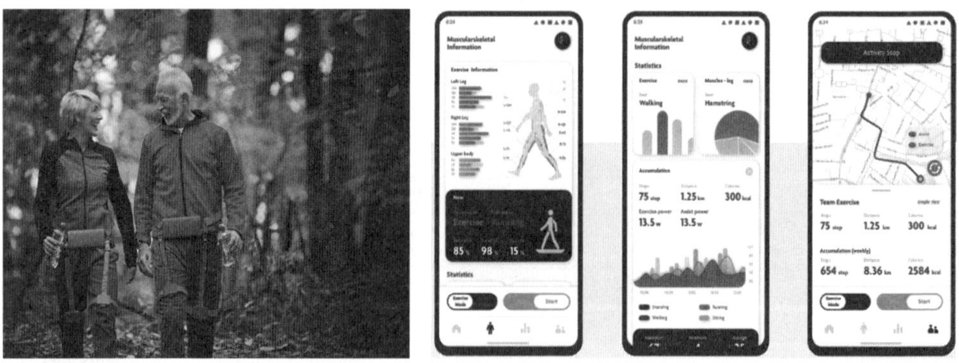

(출처: wirobotics.com)

**[그림 6-31] WIM을 이용한 보행자세 및 균형 모니터링**

## HAL

할은 고령자의 신체에서 감지되는 미약한 생체전위신호를 센서로 검출해 동작을 지원하는 인체 착용형 외골격 로봇이다. 보행을 시작할 때 뇌의 신호가 신경을 통해 다리 근육에 붙은 센서로 전달되어 기계가 동작한다. 이렇게 수행한 동작을 다시 뇌로 피드백하는 반복적인 훈련이 가능하여 보행 장애가 있는 고령자, 장애인, 환자의 재활치료에 많이 사용되고 있다. 전 세계적으로 이동지원, 재활치료, 작업지원 등 다양한 분야에서 활용되고 있다.

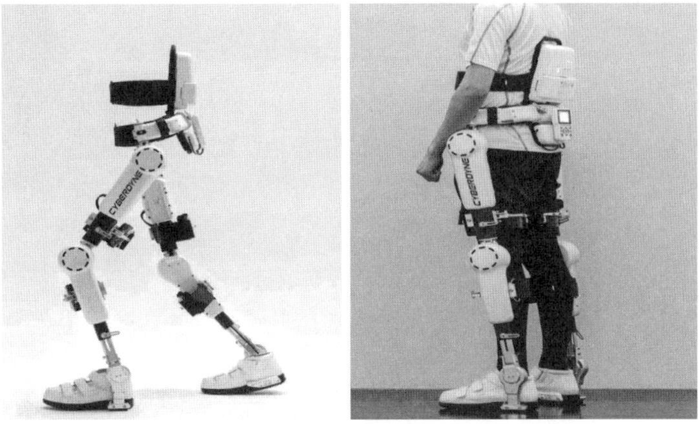

(출처: Yilmaz et al. (2018), Functional neurorehabilitation using the Hybrid Assistive Limb (HAL): a first experience in the United States)

**[그림 6-32] 인체 착용형 외골격 로봇**

## SUBAR

슈바는 보행 장애가 있는 고령자나 환자에게 맞춤형 보행 재활을 제공할 수 있는 웨어러블 로봇으로 정보행, 역보행, 제자리 보행 기능을 제공할 수 있다. 양쪽 다리에 무겁지 않은 로봇 외골격을 착용하고 걷는 연습을 할 수 있으며 개인별 근력, 무릎 높이, 운동 강도를 설정함으로써 효율적으로 정상적인 보행패턴을 익힐 수 있다.

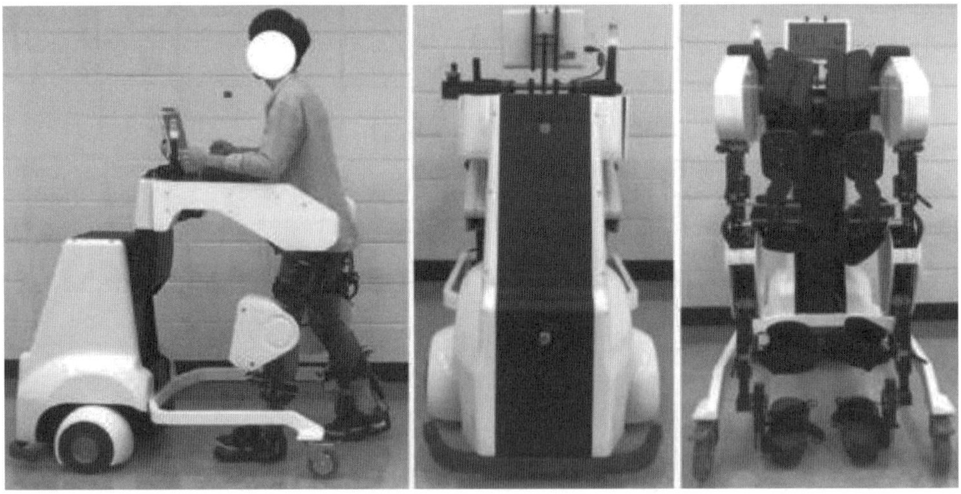

(출처: Kang et al.(2021), Effects of robot (SUBAR)-assisted gait training in patients with chronic stroke)

[그림 6-33] 맞춤형 보행 재활을 위한 웨어러블 로봇

### 6.5.3 이동보조 기술

이동보조 기술은 신체에 장애나 제약이 있는 고령자의 이동성과 독립성을 향상시키기 위해 설계된 도구, 장치 및 시스템을 의미한다. 이동에 관한 여러 한계점을 극복하고 독립적으로 자신감 있게 일상생활 활동을 촉진함으로써 고령자 스스로 사회에 적극적으로 참여하는 것을 목표로 한다.

#### Resyone Plus

리쇼네 플러스는 이동보조 기술이 적용된 트랜스포머형 침대이다. 전동케어 침대와 휠체어를 융합되어 있어 침대 절반을 분리한 후 리모컨을 작동하면 분리된 반쪽이 휠체어로 변신할 수 있다. 몸을 제대로 가누지 못하는 중증 고령 환자 이동 시 돌봄 인력에게 가해지는 육체적 부담 및 위험을 최소화하면서 시간도 절반으로 감소시킨다.

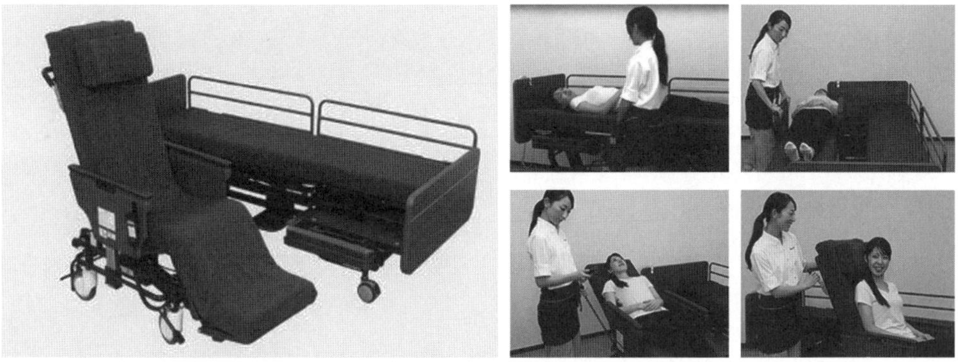

(출처: Kato et al. (2022), Reduction of multiple-caregiver assistance through the long-term use of a transfer support robot in a nursing facility)

[그림 6-34] 트랜스포머형 침대

### WHILL

휠은 GPS와 통신 기능이 장착된 자율주행 전동 휠체어이다. 좁은 공간에서 360도 회전이 가능한 바퀴와 스마트폰 앱으로 조절이 가능한 블루투스 컨트롤 시스템이 장착되어 있다. 사전에 등록된 디지털 맵 데이터를 기반으로 전방의 스테레오 카메라와 후방의 레이더로 자기위치를 실시간으로 추정하는 자율주행이 가능하며, 충돌방지(Anti-collision) 기능을 통해 목적지까지 안전하게 이동할 수 있다. 영국 항공사인 브리티시항공은(British Airways)은 휠을 시험 운영하여 뉴욕 JFK 공항에서 몸이 불편한 고객들이 터미널을 돌아다닐 수 있는 서비스를 제공하기도 하였다.

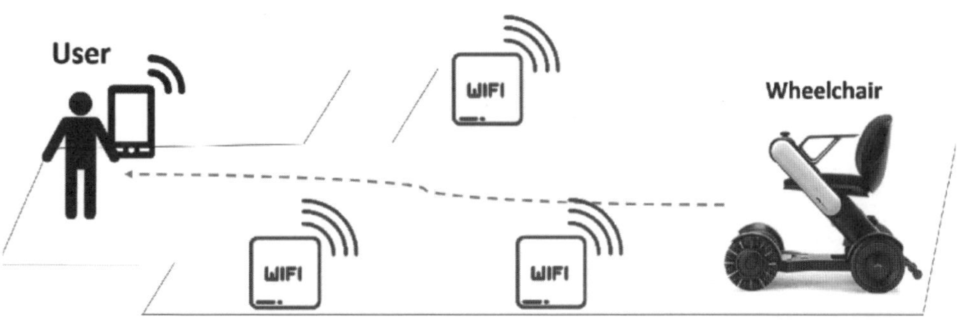


(출처: Luces et al. (2020), Indoor wayfinding for an electric wheelchair based on Wi-Fi fingerprinting localization)

[그림 6-35] 자율주행 전동 휠체어

## 참고문헌


강송희 (2017). 마이크로마케팅의 진화와 개인정보보호, 그리고 기업의 사회적 책임. 소프트웨어 정책연구소.

김정근 (2021). 코로나19 팬데믹 시대 미국의 AI/로봇을 활용한 노인 돌봄 사례와 이슈. 국제사회보장리뷰, vol. 16, pp. 16-26.

박선미, 김수범 (2019). 초고령화사회 대응을 위한 ICT 활용 사례 연구. 서울디지털재단.

박소영, 박화옥, 배성근, 이재욱, 이영석, 강창욱, 최승숙 (2017). 노인과 장애인을 위한 국내 복지 기술 동향 분석. 한국융합학회논문지. vol. 8, no. 10, pp. 295-304.

이준석, 박철훈 (2020). 웨어러블 로봇의 기술동향과 산업전망. 한국디지털융합진흥원.

최영준, 황정현, 배시화, 서유진 (2016). AAL의 개념 및 사례분석을 통한 고령친화적 공간계획방향 도출 연구. 기초조형학연구. vol. 17, no. 4, pp. 451-462.

한국정보통신기술협회 (2022). 신속한 CCTV 영상 추적으로 사회문제 해결에 앞장선다 - TTA, CCTV 영상 증거 신촉 추적 기술, 메타데이터 표준화로 상호운영성 확보 추진. 5월31일. 보도자료.

Bao, K. J., and Schreer, G. (2016). Pets and happiness: Examining the association between pet ownership and wellbeing. Anthrozoös, vol. 29, no. 2, pp. 283-296.

Blackman, S., Matlo, C., Bobrovitskiy, C., Waldoch, A., Fang, M. L., Jackson, P., and Sixsmith, A. (2016). Ambient assistied living technologeis for aging well: a scoping review. Jounral of Intelligengt Systems, vol. 25, no. 1, pp. 55-69.

Brettler, S., Rotarius, T. R., Guilkey, J. P. and Lauver, J. D. Electromyographical comparison between a digital weight and traditional free weights.

Clark Cline, K. M. (2010). Psychologicl effects of dog ownership: Role strain, role enhancement, and depression. The Journal of Social Psychology. vol. 150, no. 2, pp. 117-131.

Crane, P., and Pape, L. Walk with Path: Combining technology with design. Innovation & Impact, 104.

D'Arco, L., Wang, H., and Zheng, H. DeepHAR: a deep feed-forward neural network algorithm for smart insole-based human activity recognition. Neural Comput & Applic, vol. 35, pp. 13547-13563.

Finnsson, P. T. (2019). Nordic Ambient Assisted Living: Welfare technologies for active and independent living at home.

Harrington, T. L., & Harrington, M. K. (2000). Gerontechnology: Why and how.

Hofmann, B. (2013). Ethical challenges with welfare technology: a review of the literature. Science and engineering ethics, vol. 19, no. 2, pp. 389-406.

Hofstetter, S., Ritter-Herschbach, M., Behr, D., and Jahn, P. (2023). Ultrasound-assisted continence care support in an inpatient care setting: protocol for a pilot implementation study. JMIR Research Protocols, vol. 12, e47025.

Huisman, C., and Kort, H. Two-year use of care robot in dutch nursing homes: an evaluation study. Healthcare. vol. 7, no. 1, 31.

Kato, K., Yoshimi, T., Aimoto, K., Sato, K., Itoh, N., Kondo, I. (2022). Reduction of multiple-caregiver assistance through the long-term use of a transfer support robot in a nursing facility. Assistive Technology. vol. 35, no. 3, pp. 271-278.

Kwon, S. (2017). Gerontology: Research, practice, and principles in the field of technology and aging. Springer Publishing Company.

Leal, A. S. and Christodoulou, E. (2011). Virtual collaborative social living commu-nity for elderly.

Lim, J. (2023). Effects of a cognitive-based intervention program using social robot PIO on cognitive function, depression, loneliness, and quality of life of older adults living alone. Frontiers in Public Health, vol. 11.

Luces, J. V. S., Promsutipong, K., and Hirata, Y. (2020) Indoor wayfinding for an electric wheelchair based on Wi-Fi fingerprinting localization. 2020 IEEE/SICE International Symposium on System Integration (SII), Honolulu, HI, USA, pp. 513-518.

Salcedo, J., Rosales, M., Kim, J. S., Nuno, D., Suen, S., and Chang, A. H. (2021). Cost-effectiveness of artificial intelligence monitoring for active tuberculosis treatment: a modeling study. PLOS ONE. vol. 16, no. 7, e0254950.

Scheggi, S., Meli, L., Pacchierotti, C., and Prattichizzo, D. (2015). Touch the virtual reality: using the Leap Motion controller for hand tracking and wearable tactile devices for immersive haptic rendering. ACM SIGGRAPH 2015 Posters. pp. 1-1.

CHAPTER 7

# 헬스케어 신기술

New Healthcare Technology



의료와 ICT 기술이 융합된 헬스케어 신기술은 고령자의 건강모니터링, 질병 예방, 치료 등을 포함한 개인 맞춤형 의료서비스 제공을 궁극적 목표로 하는 기술이다.

이번 장에서는 향후 헬스케어 산업을 이끌어갈 디지털 치료기기, 인공지능 기반 진단 보조기기, 원격 헬스케어 서비스, 웨어러블 헬스케어 기기에 대해서 살펴보고자 한다.

# 7.1 디지털 치료기기

건강한 삶에 대한 니즈와 디지털 기술의 발전은 고령친화산업 분야에서 디지털 치료기기를 어떻게 활용할 것인지에 대한 관심으로 이어지고 있다. 이번 절에서는 디지털 치료기기의 개념을 이해하고 다양한 분야에서 어떻게 활용되고 있는지 살펴보자.

**단원 학습목표**

- 디지털 치료기기의 개념을 이해한다.
- 디지털 치료기기가 활용되고 있는 다양한 분야별 사례를 통해 국내·외 기술 동향을 파악한다.

## 7.1.1 디지털 치료기기의 개념

고령화로 인한 만성질환, 뇌졸중, 치매 발생률이 급격히 증가하고 건강한 노후에 대한 니즈가 높아지면서 데이터와 기술을 기반으로 효율적 치료가 가능한 디지털 치료기기 시장의 성장이 가속화되고 있다. 디지털 기술의 발전에 따른 보건의료 분야에서의 디지털화는 기존의 단순한 건강 상태만을 측정하는 것이 아니라 개인 맞춤형 질환 예방 및 치료를 가능하게 한다.

### 디지털 치료기기의 정의

디지털 치료기기(Digital therapeutics, DTx)는 의학적 장애 또는 질병의 예방·관리·치료를 위해 환자에게 근거 기반의 치료적 개입(Evidence-based therapeutic interventions)을 제공하는 고품질의 소프트웨어 의료기기(Software as a medical device)이다. 소프트웨어 의료기기는 특정 장비 또는 장치에 내장돼 해당 의료기기를 작동시킬 목적으로 사용되는 내장형, 특정 하드웨어에 종속되지 않고 컴퓨터, 태블릿 PC, 모바일폰 등 범용 장비에 설치해 사용하는 독립형으로 구분할 수 있다.

디지털 헬스, 디지털 의료, 디지털 치료기기의 세부적인 정의는 다르며 디지털 헬스와 디지털 의료의 하위 범주에 디지털 치료기기가 포함된다. 각 용어의 정의를 살펴보면, 디지털 헬스는 라이프 스타일·웰빙·건강 관련 목적을 위해 소비자가 참여하는 기술, 플랫폼, 시스템과 건강 데이터의 포착·저장·전송, 생명과학 및 임상 운영의 지원을 포괄하는 개념이다. 디지털 의료는 헬스케어 서비스에서 측정 또는 중재를 제공하는 근거 기반 소프트웨어 및 하드웨어 제품을 의미한다.

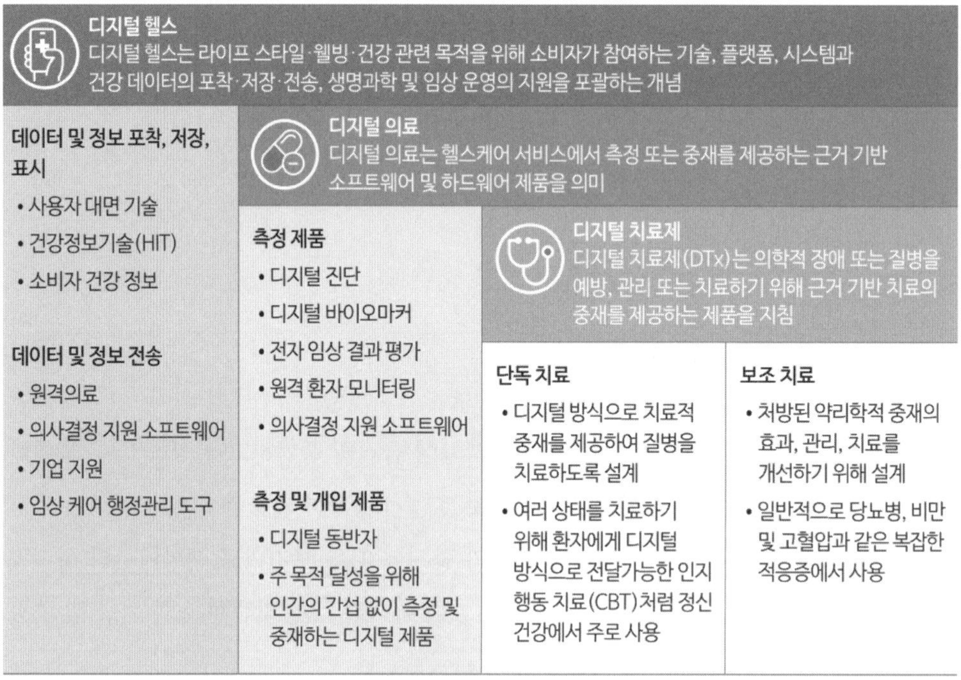


(출처: 박진영 외(2023), 주요국 DTx 관련 정책 및 산업 동향)

**[그림 7-1] 디지털 헬스, 디지털 의료, 디지털 치료기기 비교**

### 디지털 치료기기의 구분

디지털 치료기기는 그 구성에 따라 단독 소프트웨어 또는 하드웨어 탑재 소프트웨어, 효과에 따라 대체 디지털 치료기기와 보완 디지털 치료기기로 구분할 수 있다.

**[표 7-1] 디지털 치료기기의 구분**

| 분류 | | 정의 |
|---|---|---|
| 구성 | 단독 소프트웨어 | 모바일 애플리케이션 등 그 자체로 의료기기 역할을 하는 소프트웨어 |
| | 하드웨어 탑재 소프트웨어 | 의료기기를 운용하고 이를 통해 얻어진 정보를 처리하는 소프트웨어 |
| 효과 | 대체 디지털 치료기기 | 질병에 단독 사용하여 독립적으로 치료 효과를 내거나, 기존 치료와 병행하여 치료 효과를 더욱 높이기 위해 사용 |
| | 보완 디지털 치료기기 | 독립적인 치료 효과가 없어 단독 사용이 불가능하고 기존 의약품의 치료 효과를 높이는 목적으로만 사용 |

(출처: 식품의약품안전처(2020), 디지털치료기기 허가·심사 가이드라인(민원인 안내서))

### 디지털 치료기기 심사기준 및 절차

디지털 치료기기는 임상 증거만을 요구하는 디지털 의료(Digital medicine)와는 달리 무작위대조군 임상시험(Randomized clinical trial)을 통해 과학적 근거 기반의 치료 효과를 입증해야 할 뿐만 아니라 안전·위험·효능에 관한 규제기관의 승인을 반드시 받아야 한다. 식품의약품안전처와 국제 디지털 치료기기 연합(Digital Therapeutics Alliance, DTA)에서 정의한 디지털 치료기기 심사기준 및 절차는 다음과 같다.

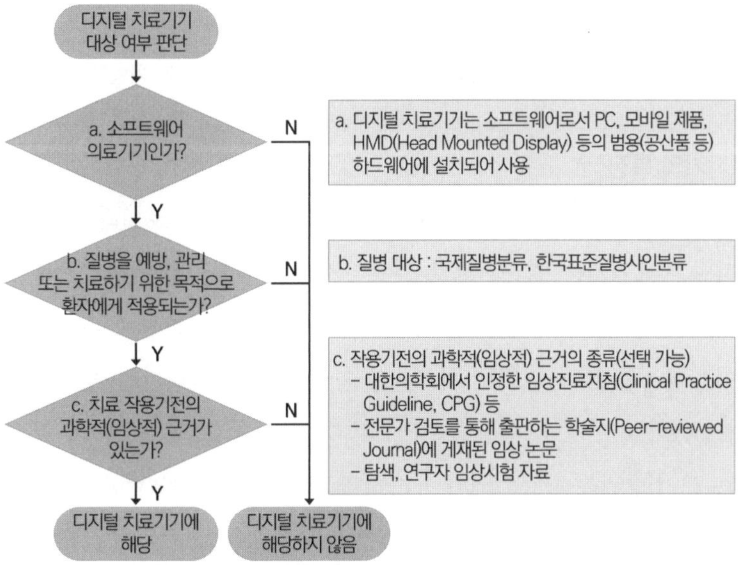


(출처: 식품의약품안전처(2020), 디지털치료기기 허가·심사 가이드라인)

**[그림 7-2] 식품의약품안전처의 디지털 치료기기 대상여부 판단기준 및 절차**

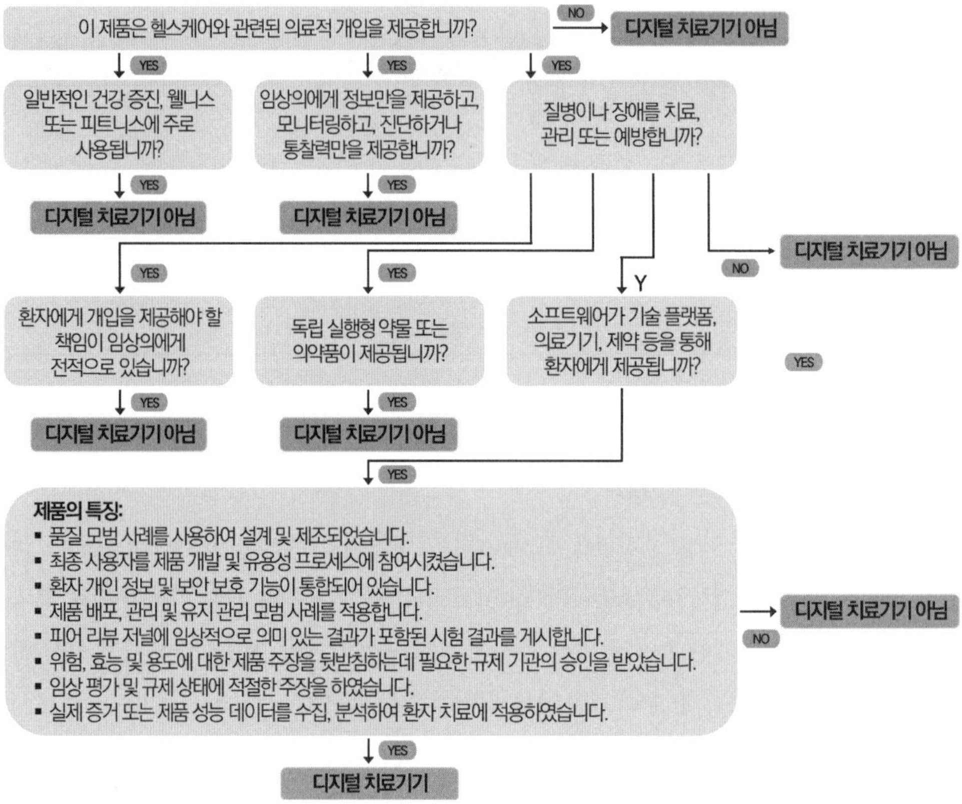


(출처: dtxalliance.org)

[그림 7-3] 국제 디지털 치료기기 연합의 디지털치료기기 판별도

## 디지털 치료기기의 특징

디지털 치료기기는 치료제의 기능을 지향하고 있어 디지털 치료제라고 불리기도 한다. 하지만, 디지털 치료기기는 기술적으로 의료기기에 해당한다고 볼 수 있으므로 우리나라 식품의약품안전처에서는 혼동을 최소화할 목적으로 2020년 8월에 '디지털치료기기 허가·심사 가이드라인'을 통해 디지털 치료제가 아닌 디지털 치료기기라는 용어를 공식적으로 사용하고 있다.

디지털 치료기기가 기존 치료기기와 유사하다고 볼 수 있지만 디지털 치료기기가 다양한 디지털 기술이 접목된 소프트웨어라는 점에서 낮은 독성 및 부작용, 개발비용 감소, 환자에 대한 실시간 복약 관리 및 관찰, 환자 데이터 기반 프로그램 수정 등의 부분에서 차이가 나타난다.

[표 7-2] 기존 치료기기와 디지털 치료기기의 비교

| 구분 | | 기존 치료기기 | 디지털 치료기기 |
|---|---|---|---|
| 공통점 | | 치료 효과에 대해 임상시험을 통해 검증 필요, 의사의 처방 필요 | |
| 차이점 | 부작용 | 독성 및 부작용 발생 가능 | 독성 및 부작용 발생 확률 낮음 |
| | 비용 | 원가, 개발 기간 비용이 높음 | 개발비용 복제 비용이 낮음 |
| | 복약 | 관리가 어려움 | 실시간 관리가 가능함 |
| | 환자 상태 모니터링 | 진료 시간 외 환자 상태 관찰이 불가능함 | 디지털 기기를 활용해 실시간 관찰이 가능함 |
| | 데이터 | 환자 데이터 수집·관리·분석이 어려움 | 데이터 수집·분석이 용이하며, 이를 통해 실시간 처방 방식 조절이 가능함 |

(출처: 손재희 외 (2023), 디지털 치료제 현황과 전망)

### 디지털 치료기기의 장점 및 단점

디지털 치료기기는 일반적인 치료용 의료기기와는 다르게 비침습적 디지털에 의한 작용이라는 특성을 지니고 있다. 특히 확장성이 거의 무한대에 가깝기 때문에 기존의 화학물질에 의한 작용이나 기기의 물리적 작용만으로는 달성하기 어려웠던 디지털 특유의 새로운 작용에 의한 치료 효과를 보일 수 있다. 하지만, 디지털 치료기기에 관해서는 의학적으로, 산업적으로 증명된 바가 많지 않아 신중하게 접근해야 할 필요가 있다. 디지털 치료기기를 치료에 사용했을 때 예상하지 못한 부작용이 드러날 수도 있기 때문에 확장성이 크다는 것은 양날의 검이 될 수도 있다.

[표 7-3] 디지털 치료기기의 장점 및 단점

| 구분 | 내용 |
|---|---|
| 장점 | - 기존 의료기기에 비해 기획·개발부터 제공까지의 기간이 짧아 투자비용이 낮음<br>- 종래의 의료기기의 대체나 보완을 단기간에 보다 저렴한 비용으로 제공할 수 있음<br>- 의료비의 상승을 억제함 |
| 단점 | - 환자의 디바이스 보유나 IT 활용 능력에 대한 의존성이 있고, 복약·치료 상황을 누가 어떻게 관리해야 하는지에 대한 문제가 발생함<br>- 의사가 처방하지 않으면 환자는 이용할 수 없으며, 환자의 치료방법에 대한 의사의 우려가 존재함 |

(출처: 박진영 외 (2023), 주요국 DTx 관련 정책 및 산업 동향)

### 디지털 치료기기의 유형

현재까지 디지털 치료기기의 유형을 분류하는 방법은 다양하게 제시되고 있다. 대표적인 분류 방법으로는 활용 목적(건강상태 관리, 의학적 장애 질병의 관리 및 예방, 복약 최적화, 의료적 장애질병의 치료), 기존 치료와의 관계(대체형 혹은 보완형), 치료 전달 방식(독립형, 증강형, 보완형)이 있으며, 이러한 방법을 종합하여 5가지 유형으로 구분할 수 있다.

[표 7-4] 디지털 치료기기의 유형

| 유형 | 내용 |
|---|---|
| 질병의 관리 및 예방 보완형 | - 기존의 치료에 더불어 필요한 관리 및 예방 서비스를 제공<br>- 당뇨 관리를 위한 소프트웨어 및 모바일 기기 |
| 질병의 관리 및 예방 대체형 | - 기존 치료 없이 디지털 치료기기만으로 질병을 관리 및 예방<br>- 편두통 발생에 영향을 주는 요인 분석, 증상 추적을 위한 모바일 앱 |
| 복약 관리용 증강형 | - 기존 치료제와 함께 사용해 치료 효과를 증강(복약이 필수인 분야에 특화)<br>- 센서가 부착된 알약 또는 천식 흡입제 |
| 질병 치료 보완형 | - 치료 중 발생 가능한 통증을 모바일 앱을 통해 저감시켜주는 기기 |
| 질병 치료 대체형 | - 기존 치료법을 대체할 수 있는 디지털 치료기기<br>- 불면증 치료용 모바일 앱, 게임을 이용한 디지털 치료기기 등 |

(출처: 손재희 외 (2023), 디지털 치료제 현황과 전망)

## 7.1.2 국내·외 기술 동향

국내 디지털 치료기기 시장은 아직은 초기 단계로 2019년 최초로 디지털 치료기기 임상시험이 승인된 이후 15개 제품에 대한 임상시험이 현재 진행되고 있다. 디지털 치료기기는 치료 목적을 달성한다는 점에서 기존 의료기기와 마찬가지로 임상 검증을 통해 치료 효과에 대한 확실한 근거를 제시해야 하고 엄격한 규제가 적용된다.

국내 디지털 치료기기 시장의 성장에 대한 기대감은 높지만 성장 가능성을 명확하게 제시하기 어렵다고 볼 수 있다. 국외 디지털 치료기기는 2017년 이전까지는 디지털 치료기기와 연관된 미국 특허 출원이 미미했으나 2018년 이후부터는 대부분의 기업들이 출원을 빠르게 추진하였다. 현재까지 정신질환, 만성질환 등 행동이나 습관 변화와 관련된 분야에서 주로 활용되고 있으나 점차 적용 대상이 확대될 것으로 예상된다.

디지털 치료기기가 활용되고 있는 다양한 분야별 사례를 통해 국내·외 기술 동향에 대해 살펴보도록 하자.

### 알코올 및 약물장애

알코올 및 약물장애 분야의 디지털 치료기기는 주로 앱을 이용한 디지털 인지 행동 치료나 전통적인 의약품의 보조제를 제공하고 있다.

○ reSET

- 리셋은 국내에서 가장 많이 알려진 디지털 치료기기로 앱을 통해 알코올, 코카인, 마리화나 등 각종 약물중독 환자를 치료한다.
- 환자가 스마트폰 앱으로 자신이 약물을 사용하는 상황이나 요인을 파악하고 약물 남용을 억제하게 도와주며, 인지행동 치료에 기반한 온라인 상담 서비스를 통해 충동발생 시 대처법이나 인지행동 변화를 훈련할 수 있다.
- 무작위 임상시험 결과 외래상담 치료와 병행하는 경우 약물 절제 성공 비율이 22.7% 향상되었다는 결과가 나와 효과가 있음이 증명되었다.

(출처: Luderer et al.(2022), Patient engagement with a game-based digital therapeutic for the treatment of opioid use disorder: protocol for a randomized controlled open-label, decentralized trial)

**[그림 7-4] 약물중독 환자를 위한 디지털 치료기기**

### 불안 및 우울증

불안 및 우울증은 고령자에게 발생하는 대표적인 질병 중 하나로 많은 스타트업이 활동하고 있어 투자 규모도 크다. 디지털 치료기기를 사용하는 경우 증상이 완화되어 치료비용을 감소시키는데 효과적인 역할을 할 수 있다. 불안 및 우울증 분야의 디지털 치료기기는 주로 앱을 이용한 디지털 인지 행동 치료, 가상현실 제공, 바이오피드백 프로그램을 제공하고 있다.

○ Happify

- 해피파이는 긍정 심리학, 마음챙김, 인지 행동 치료 원칙을 기반으로 제작되어 다양한 활동과 게임을 통해 부정적인 생각, 스트레스, 우울증을 극복할 수 있도록 도와준다.
- 가입 시 현재 감정 상태를 평가하기 위한 일련의 질문을 받게 되며 답변에 따라 사용자가 행복감을 높이고 스트레스를 줄이면서 회복할 수 있도록 설계된 개인 맞춤형 트랙을 추천한다.

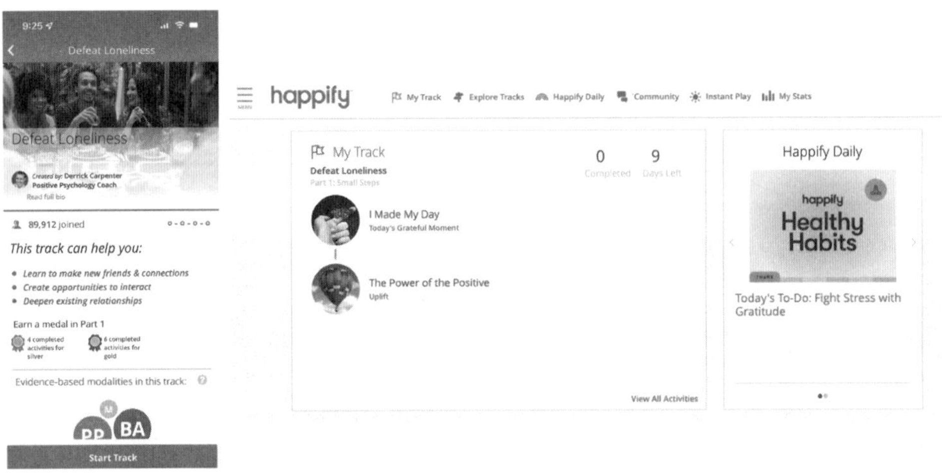


(출처: Boucher et al.(2022), The effects of a digital well-being intervention on older adults: retrospective analysis of real-world user data)

**[그림 7–5] 불안과 우울을 줄일 수 있는 앱 기반 디지털 치료기기**

### 편두통

편두통 환자의 경우 기억력이나 언어능력 감퇴 등 인지기능저하를 호소하는 경우가 많다. 기존에는 처방전 없이도 구매할 수 있는 다양한 진통제를 사용하여 편두통을 해결하였지만, 디지털 치료기기를 이용한 대안적 방법이 도움이 된다는 것이 입증되고 있다. 편두통 분야의 디지털 치료기기는 디지털 인지 행동 치료 기반 앱이나 특정 전기 회로를 사용하여 표적화하고 자극해 증상을 완화하는 방법을 사용한다.

○ Nerivio

- 네리비오는 일시적 혹은 만성적인 편두통 치료를 위해 의사의 처방에 따라 사용하는 웨어러블 기기 기반 디지털 치료기기로, 12세 이상이 사용할 수 있다.
- 편두통이 시작되면 팔 윗부분에 패치를 부착하고 스마트폰으로 조정하여 조건부 통증 조절로 알려진 내인성 진통 메커니즘을 촉발시켜 편두통 및 관련 증상을 완화시킨다.

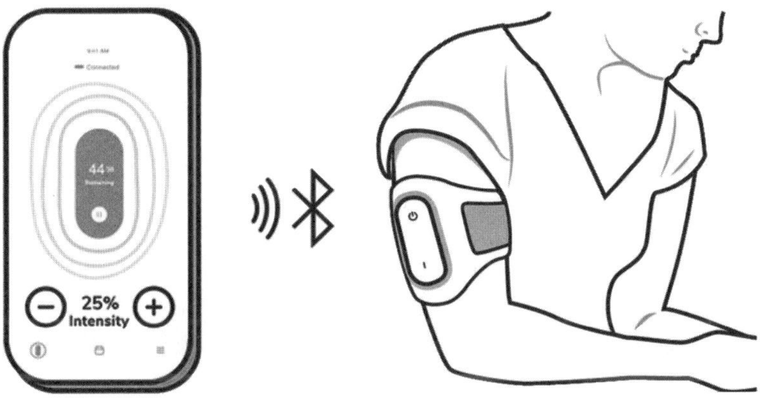


(출처: Nierenburg et al. (2020), Remote electrical neuromodulation for the acute treatment of migraine in patients with chronic migraine: an open-label pilot study)

**[그림 7-6] 편두통 치료를 위한 디지털 치료기기**

### 퇴행성 신경장애

고령화가 심화되면서 알츠하이머, 파킨슨병과 같은 퇴행성 신경질환을 앓고 있는 환자의 수도 급격히 증가하고 있다. 이에 퇴행성 신경장애를 치료하기 위한 디지털 치료기기의 연구 및 개발이 지속되고 있다. 퇴행성 신경분야의 디지털 치료기기는 소프트웨어와 하드웨어 기술 모두를 사용하는 인지 시뮬레이션 치료법을 제공한다.

○ Cognito Therapeutics

- Cognito의 웨어러블 신경조절 장치는 40Hz 감마 자극 요법을 통해 알츠하이머 환자의 백질을 위축시키고 축삭을 보호하는 효과를 제공한다.
- 6개월 간의 임상시험 결과에서 알츠하이머 환자 그룹의 인지기능 저하가 상당히 느려졌고 뇌 위축 또한 크게 감소하였다.

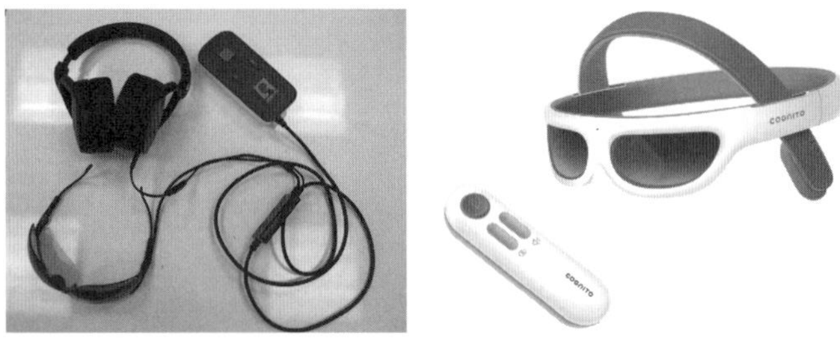

(출처: alzforum.org)

**[그림 7-7] 알츠하이머 환자를 위한 디지털 치료기기**

## 수면장애

수면장애로 고통받고 있는 사람들의 수가 증가하고 있다. 수면의 질은 정신적 질환 유발과 매우 밀접하게 연관되어 있기 때문에 치료가 매우 중요하다. 디지털 치료기기는 불면증을 앓고 있는 사람이 수면제에 덜 의존하면서 효과적으로 고통을 덜 수 있도록 도와줄 수 있다. 수면장애 분야의 디지털 치료기기는 모바일 앱을 이용한 디지털 인지행동 치료를 제공한다.

○ Sleepio

- 슬리피오는 부정적 생각, 침실 상태, 라이프스타일 등 수면에 영향을 주는 요소와 수면 스케줄 등을 관리하는 앱이다.
- 인공지능 알고리즘을 이용한 6단계 치료 프로그램을 통해 불면증에 대한 맞춤형 디지털 인지 행동치료를 제공한다.
- 총 7,839명의 환자를 대상으로 12건의 무작위비교 임상시험이 진행되었으며, 실험 결과 불면증 완화, 수면 질 개선, 우울이나 불안 등 정신 건강 향상에 효과가 있음이 검증되었다.

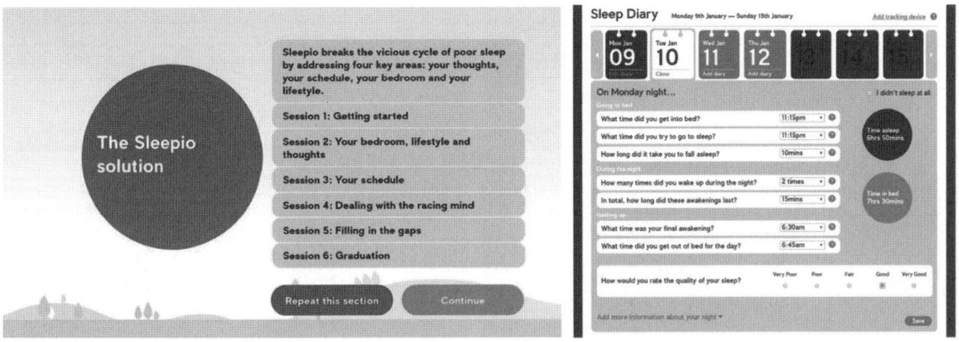


(출처: Cowie et al. (2018), Multimedia field test: digitalizing better sleep using the sleepio program)

**[그림 7-8] 수면장애 환자를 위한 디지털 치료기기**

### 안과 질환

뇌손상으로 인해 다양한 안과 질환이 발생할 수 있다. 안과 질환 분야에서 디지털 치료기기는 시각적 정확도를 높이는데 도움이 되는 모바일 앱, 가상현실 헤드셋을 통한 비디오 게임 프로그램을 제공한다.

○ Vivid Vision

- 비비드 비전은 약시, 사시, 수렴부전 등 시력장애 환자 대상 보조치료에 주로 사용되는 패치 대신 가상현실을 이용한 게임형태의 디지털 치료제이다.
- 집에서 사용할 수 있는 훈련을 제공하기 때문에 환자들의 치료 접근성을 높여준 것으로 평가받고 있다.

○ Oodsight

- 오드사이트는 노화와 관련된 시각장애를 원격으로 모니터링할 수 있도록 개발한 모바일 기반 의료 게임이다.
- 얼굴 ID, 눈 인식, 망막 스캔 등의 기능을 통해 노화와 관련된 망막질환을 앓고 있는 환자들의 건강을 관리할 수 있으며, 환자, 보고자, 의료진 간의 소통이 효율적으로 이루어지도록 돕는다.

(출처: 손재희, 양승현, 정인영(2023), 디지털 치료제 현황과 전망)

[그림 7-9] 안과 질환 환자를 위한 디지털 치료기기

# 7.2 인공지능 기반 진단 보조기기

인공지능 기술을 이용한 방대한 양의 의료정보 학습 및 분석을 통해 의료진은 효율적으로 질환을 진단하고 예측할 수 있다. 이번 절에서는 인공지능 기반 진단 보조기기의 개념을 이해하고 다양한 분야에서 어떻게 활용되고 있는지 살펴보자.

**단원 학습목표**

- 인공지능 기반 진단 보조기기의 개념을 이해한다.
- 다양한 사례를 통해 인공지능 기반 진단 보조기기의 국내·외 기술 동향을 파악한다.

## 7.2.1 인공지능 기반 진단 보조기기의 개념

전 세계적으로 ICT 융합기술 및 의료 빅데이터를 활용한 인공지능 기반 진단 보조기기가 개발되고 실제 임상 현장에서 활용하는 사례가 점차 증가하고 있다. 이와 같은 보건의료 패러다임의 변화와 4차 산업혁명 기술의 등장으로 환자 맞춤형 진단 및 치료가 가능해지면서 의료 서비스의 질은 크게 향상되고 있다. 인공지능을 이용한 영상 및 데이터 인식 기능이 의료기기에 접목되면 판독 정확성은 높아지고 질병 예측과 예방이 가능해지기 때문에 기존 의료기기에 비해 더 높은 성능, 효율, 질적 수준을 제공할 수 있다.

### 의료 인공지능

의료 인공지능(AI in Medicine)은 기계학습 방식으로 의료용 데이터를 학습하고 특정 패턴을 인식하여 질병을 진단·예측하거나 환자에게 적합한 맞춤 치료 방법을 제공할 수 있도록 개발된 기술이다. 의료기기에 인공지능 기술이 활용되는 경우 기존 의료기기에 비해 성능, 효율, 질적 수준이 크게 향상되면서 의사의 진단을 정확하게 보조할 수 있어 고령 환자의 질환에 대한 사전 예측을 통한 효율적 예방이 가능하다. 즉, 인공지능 시스템은 기존 데이터를 분석하고 그 결과를 기반으로 의사의 진단을 지원하기 때문에 훨씬 빠른 진단, 치료, 예방으로 의료 전체의 품질을 향상시킬 수 있다.

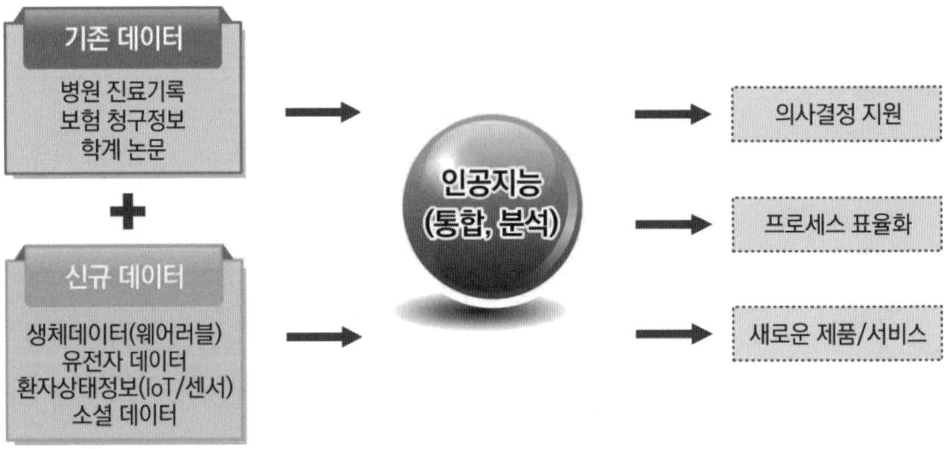


(출처: 식품의약품안전처(2020), 2020년 신개발 의료기기 전망 분석 보고서)

[그림 7-10] 인공지능 기반 의료기기 기술개발의 장점

### 의료 빅데이터

최근 헬스케어 산업의 패러다임이 스스로 건강을 관리하는 예방·소비자 중심으로 변화하면서 인공지능 기술을 활용한 헬스케어 산업 내 빅데이터 분석이 중요해지고 있다. 헬스케어 데이터는 데이터 관리 주체에 따라 개인유전정보, 개인건강정보, 전자의무기록, 국민건강정보로 분류할 수 있다.

[표 7-5] 헬스케어 데이터 종류 및 동향

| 구분 | 관리자 | 설명 | 동향 |
|---|---|---|---|
| 개인유전정보 | 유전체 분석 서비스 업체 | - 1인당 약 30억 개의 유전자 염기서열 정보 존재<br>- 개체 간 약 0.1%의 차이 존재 | - 유전체 분석비용은 2000년대 초 9,000만 달러였으나, 2017년 100달러로 하락<br>- 2016년 기준 79,110건의 유전체 정보 분석 프로젝트 완료 |
| 개인건강정보 | 개인 | - 스마트폰 앱 또는 IoT 디바이스로 수집되는 라이프 로그 | - 다양한 디바이스와 서비스 증가 |
| 전자의무기록 | 의료기관 | - 환자의 모든 진료정보를 전산화하여 입력, 저장, 관리하는 형태 | - 전 세계적으로 디지털화 가속 |

| 국민건강정보 | 공공기관 | - 가격 및 보험료, 진료내역, 건강검진 결과, 의료급여 등 | - 한국의 경우 단일 건강보험체계를 갖고 있다는 특수성으로 인해 국민의 건강관련 빅데이터가 공공기관에 집중 |
|---|---|---|---|

(출처: 삼정KPMG (2018), 스마트 헬스케어의 시대, 데이터 전쟁을 대비하라)

### 인공지능 및 빅데이터 기반 진단 보조기기

인공지능 및 빅데이터 기반 진단 보조기기는 의료용 빅데이터를 학습하여 질환의 특징을 스스로 도출 및 분석할 수 있다. 의사가 인공지능 및 빅데이터 기술이 적용된 진단 보조기기에 환자의 의료정보를 입력하면 알고리즘을 통해 도출된 질환의 특징을 이용하여 진단 결과를 출력한다. 방대한 양의 정보를 실시간으로 제공하여 정확한 의사결정을 내리는데 도움을 줄 수 있기 때문에 의사나 환자의 만족도를 높이는데 기여할 수 있다.

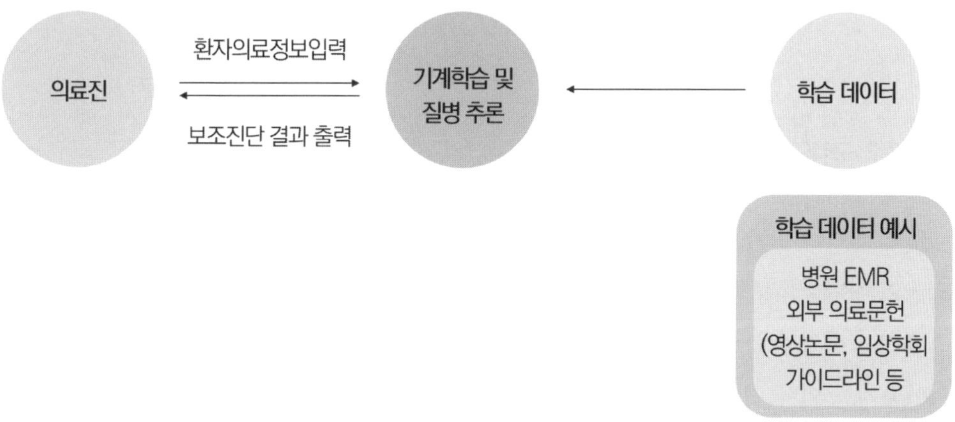


(출처: 식품의약품안전처(2019), 빅데이터 및 인공지능 기술이 적용된 의료기기 허가·심사 가이드라인(민원인 안내서))

**[그림 7-11] 인공지능 및 빅데이터 기반 진단 보조기기의 특성**

### 의료분야의 인공지능 및 빅데이터 기술 활용

인공지능 및 빅데이터 기술을 활용할 의료분야는 의료영상 장비에서 생성된 영상을 이용하여 진단보조, 치료방법 선택, 예후를 예측할 수 있는 의료 및 병리영상 인공지능 의료기기, 신체에 부착하거나 착용하는 센서를 통해 획득된 사용자의 정보로 실시간 대응 및 24시간 모니터링이 가능한 인공지능 의료기기, 병원 내의 전자의무기록(Electric medical record) 및 의료 데이터를 활용한 인공지능 의료기기로 구분할 수 있다. 인공지능 및 빅데이터 기술을 접목한 의료기술은 진료, 의약개발, 의료서비스, 의료정보 등에서 다양하게 활용될 것으로 예측된다.

[표 7-6] 인공지능 및 빅데이터 기술을 접목한 의료기술

| 분야 | 내용 |
|---|---|
| 진료 | 의료 데이터 등의 복합 정보로부터 환자를 진단하고 이를 기초로 수술, 치료 등을 수행하는 기술 |
| 의약개발 | 빅데이터 분석으로 부작용이나 약리기전을 예측·분석하고 최적화된 임상시험을 도출하는 기술 |
| 의료서비스 | 개인별 유전자 정보와 결합한 정밀 의료 및 ICT와 결합한 스마트 의료 기술 |
| 의료정보 | 보건의료에 관련된 각종 데이터를 수집하고 이를 기반으로 새로운 정보를 생성하여 제공하는 기술 |

(출처: 식품의약품안전처(2020), 2020년 신개발 의료기기 전망 분석 보고서)

### 7.2.2 국내·외 기술 동향

의료 데이터의 축적 속도가 기하급수적으로 증가하고 있는 헬스케어 분야는 인공지능 기술이 적극적으로 활용될 수 있는 환경이라고 할 수 있다. 인공지능을 활용한 기술은 헬스케어의 다양한 분야에 적용되고 있으며, 환자 맞춤형으로 진화하고 있다.

인공지능 기반 진단 보조기기가 활용되고 있는 다양한 분야별 사례를 통해 국내·외 기술 동향에 대해 살펴보도록 하자.

#### 의료영상 활용 인공지능 기반 진단 보조기기

의료영상을 활용한 인공지능 기반 진단 보조기기 분야에서는 방사선 영상 및 MRI, CT 등 의료영상을 활용하여 암진단, 골연령, 폐결절 등 의사의 진단 보조를 목적으로 기술들이 연구 및 개발되고 있다. 의료영상을 일관성 있게 판독할 전문 인력이 부족한 상황에서 딥러닝 기술의 급속한 발전은 의료영상 분석의 정확도 향상에 크게 기여하고 있다.

○ VUNO MedDeepBrain

- 뷰노메드 딥브레인으로 뇌 MRI 영상을 분석해 뇌 영역을 100여개 이상으로 분할하고 각 영역의 위축정도를 정량화한 정보를 1분 내로 제공한다.
- 주요 뇌 영역(대뇌피질, 대뇌백질고강도신호 등)의 정량적인 정보를 의료진에게 제공하여 경도인지장애, 알츠하이머성 치매, 혈관성 치매 등 주요 퇴행성 뇌질환의 진단을 보조할 수 있다.
- 2022년 뷰노메드 딥브레인을 활용한 MRI 촬영·판독 행위가 일반 MRI보다 높은 요양급여 대상으로 인정되면서 3D 뇌 MRI 촬영 및 판독행위료를 청구할 수 있게 되었다.

○ VUNO MedLungQuant

- 뷰노메드 렁퀀트로 폐 CT 영상을 자동으로 분석하고 특징적인 영역을 세부적으로 분할하여 시각화 및 정량화 정보를 제공한다.
- 폐질환의 스크리닝과 호흡기 질환의 중증도 및 결과에 대한 정밀한 평가가 가능하다.
- 대부분의 폐질환 패턴에 대한 정량화가 가능하기 때문에 코로나19뿐만 아니라 새로운 호흡기 감염병이 발생하였을 경우에도 유용한 스크리닝 도구로 활용될 수 있다.

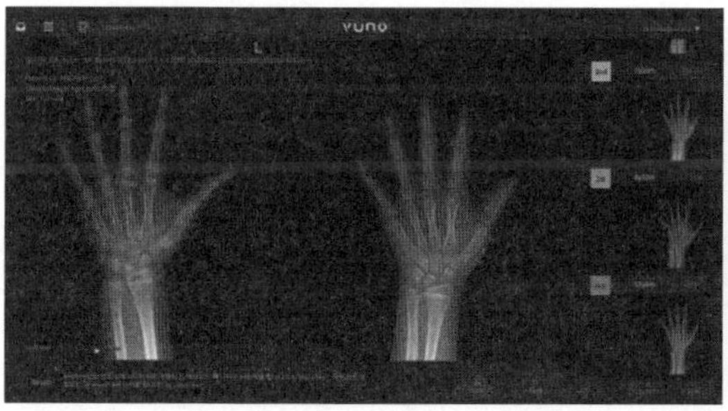

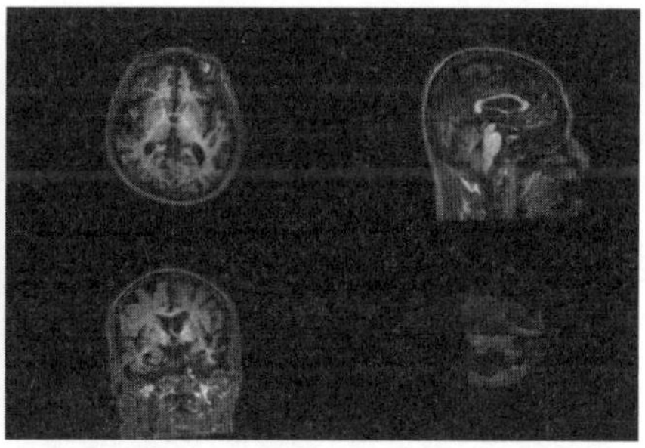

(출처: Choi et al. (2022), Design of a diagnostic system for patient recovery based on deep learning image processing: for the prevention of bedsores and leg rehabilitation)

**[그림 7-12] VUNO의 인공지능 기반 진단 프로그램**

○ Lunit INSIGHT CXR

- 루닛 인사이트 CXR을 이용한 흉부 엑스레이 영상분석을 통해 폐결절, 폐경화, 기흉을 포함한 주요 비정상 소견을 검출함으로써 의사들의 신속하고 정확한 판독 및 진단

을 보조한다.

- 응급을 요하는 영상정보를 빠르게 분류할 수 있어 의료기관의 중환자실이나 응급실과 같은 환경에서 활용도가 높다.

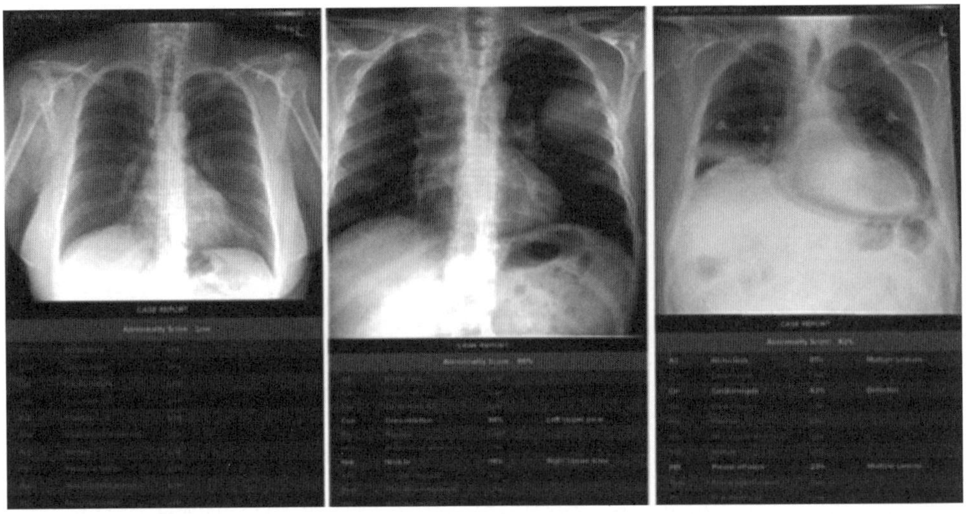

(출처: Puttagunta et al. (2021), Deep learning-based software tools for tuberculosis detection in chest x-ray images)

[그림 7-13] Lunit INSIGHT CXR 프로그램

○ JBS-01K

- BS-01K는 뇌경색 환자들의 기존 2차원적 MRI 이미지를 3차원화하기 때문에 놓치기 쉬운 부분을 판독하고 허혈성 뇌졸중 유형을 분석하는데 도움을 주는 뇌졸중 진단 보조장치이다.
- 뇌경색, 뇌출혈, 뇌졸중 등의 유형을 분류하고 정량적 판단기준을 제시하여 의료진들이 환자를 진단하고 적절한 치료 전략을 수립하는 것을 효율적으로 보조한다.

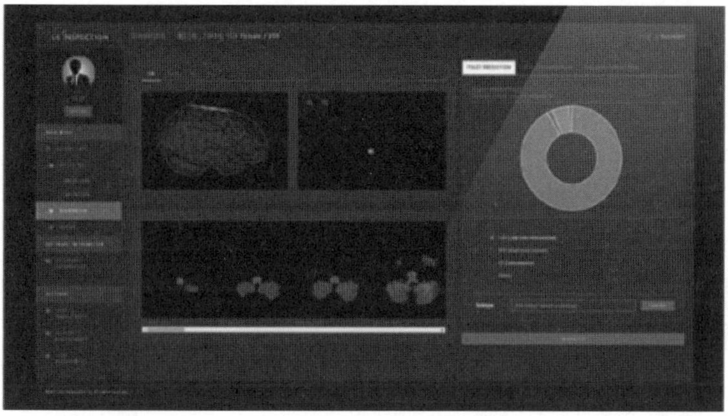

(출처: 김승현 외(2018), 바이오경제시대 과학기술정책의제 연구사업(8차년도))

[그림 7-14] JBS-01K

### 생체데이터 활용 인공지능 기반 진단 보조기기

국내에서는 의료영상 분석 분야의 제품개발은 많은 반면 생체데이터를 활용한 인공지능 기반 진단 보조기기 분야의 제품개발은 상대적으로 적은 상황이다. 하지만, 심장, 뇌, 폐 등의 주요 장기에 대한 생체신호를 통해 심부전, 치매, 사망 등에 대한 조기 진단 및 질환 예방이 가능하기 때문에 향후 많이 기업들이 관심을 가질 것으로 예측하고 있다.

디지털 기술의 발달로 측정할 수 있는 생체신호는 기존의 체온, 맥박, 혈압, 혈당에서 신체활동, 뇌파, 심전도, 산소포화도 등으로 증가하였다. 이러한 의료정보를 기반으로 암 진단, 심장질환, 사망위험 예측 및 진단 보조 기술 개발이 활발하게 진행되고 있다.

○ VUNO MedDeepCARS

- 뷰노메드 딥카스를 통해 일반병동 입원 환자의 전자의무기록(EMR) 등에서 수집한 혈압(이완기, 수축기), 맥박, 호흡, 체온의 4가지 활력 징후(Vital sign)를 기반으로 심정지 발생 위험도를 조기에 예측할 수 있다.
- 다양한 의료기관들과 진행한 임상연구를 통해 임상적 유효성을 입증하였다.

○ Selvy Checkup

- 셀비 체크업을 통한 건강 검진 기록으로 생활습관병, 6대 암, 10개 주요 질환의 4년 내

발병 위험을 예측하고 분석함으로써 효율적인 질환 예방이 가능하다.

- 건강검진 코호트 빅데이터 학습에 고차원 기계학습의 질환예측 모형을 사용한 다면적 데이터 학습으로 개인별 건강 변화 예측 및 질환 위험에 대한 입체적 분석이 가능하다.

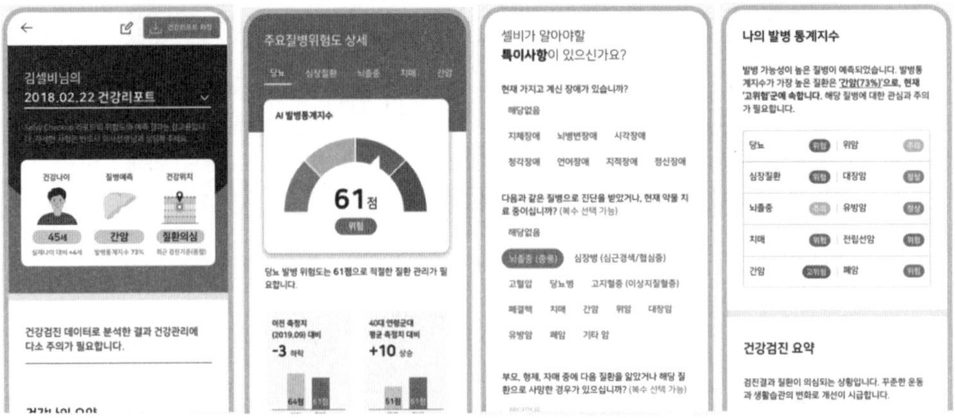


(출처: selvycheckup.com)

[그림 7-15] Selvy Checkup

○ iSyncBrain

- 아이싱크브레인은 뇌파 빅데이터를 활용한 기억장애형 경도인지장애 선별 보조시스템이다.
- 치매 전단계인 경도인지장애 가능성을 인공지능 알고리즘을 통해 확률로 제시하고 예방적 치료를 통해 치매의 진행속도를 지연시킬 수 있다.
- 뇌파를 이용한 통증, 우울증, 주의력결핍과잉행동장애, 스트레스, 수면장애 등으로 활용 영역을 넓히고 있다.

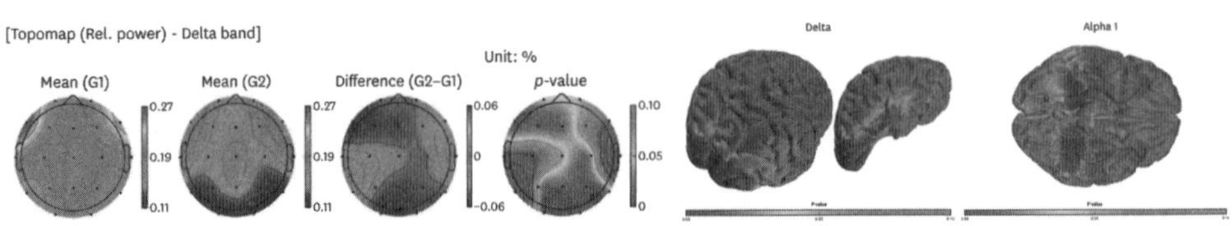


(출처: Shim et al.(2022), Electroencephalography for early detection of Alzheimer's Disease in subjective cognitive decline)

[그림 7-16] 뇌파 데이터를 활용한 경도인지장애 선별 프로그램

# 7.3 원격 헬스케어 서비스

원격 헬스케어 서비스는 고령자가 의료기관을 방문하지 않고도 질병의 예방 · 관리 · 치료가 가능하기 때문에 시공간의 제약 없이 연속성 있는 개인 맞춤형 건강관리를 할 수 있다. 이번 절에서는 원격 헬스케어 서비스의 개념을 이해하고 이와 관련된 국내 · 외 기업의 기술 현황을 살펴보자.

**단원 학습목표**

- 원격 헬스케어 서비스의 개념을 이해한다.
- 원격 헬스케어 서비스와 관련된 국내·외 기술 및 주요 기업 현황을 파악한다.

## 7.3.1 원격의료의 개념

코로나19로 인한 의료 분야 헬스케어 산업의 급격한 변화가 헬스케어의 공간을 디지털로 옮기는 계기가 되면서 고도화된 IT기술의 적용이 더 용이해졌다. 디지털 헬스케어 산업에서 가장 주목받고 있는 원격의료는 환자가 의료기관을 방문하지 않아도 음성이나 영상으로 편리하게 진료를 받을 수 있는 비대면 의료 서비스이다. 원격의료를 통해 의료기관의 고정 지출 비용과 환자들의 방문 시간은 감소시키고 헬스케어 서비스에 대한 접근성은 높일 수 있어 국내·외 많은 기업들이 주목하고 있다.

### 원격의료의 정의

디지털 헬스케어의 한 분야인 원격의료는 환자가 병원이나 의원을 직접 방문하지 않더라도 정보통신기술을 이용하여 진료·처방·모니터링을 가능하게 하는 비대면 헬스케어 서비스이다. 원격의료의 유형은 다음과 같이 구분할 수 있다.

[표 7-7] 원격의료의 유형

| 구분 | | 내용 |
|---|---|---|
| 원격의료 | 원격응급의료 | 의사와 지리적으로 고립되어 있거나 열악한 환경에 처해 있어 현지 의사에게 대면 치료를 받을 수 없는 환자를 원격으로 지원 |
| | 원격모니터링 | 주로 만성질환자를 대상으로 질병의 치료 및 관리를 목적으로 하는 서비스 |
| | 원격진료 | 의사가 정보통신기술을 통해 전송된 환자의 생체신호(음성, 혈당, 혈압, 맥박 등)의 측정치를 분석하고, 그 결과를 바탕으로 원격지의 환자를 상담하거나 진단 및 처방하는 의료행위 |
| | 원격방문간호 | 노인 및 거동불편자의 세대에 직접 장문해 전문적 의료서비스 지원 |
| 원격건강관리 | | 건강관리서비스 기관에서 원격으로 서비스 이용자의 건강측정정보(맥박, 혈압, 혈당 등)를 전송받고 건강관리서비스(상담, 교육 및 운동지도 등)를 제공 |

(출처: 이은영, 오선주, 강서은, 최형원(2022), 디지털 헬스케어의 개화)

원격의료에 관한 용어로는 Telemedicine, Telehealth, Telehealthcare, U-health, Video consultation 등이 있으며, 국내에서도 원격의료, 원격진료, 원격 모니터링, 모바일 헬스케어, 비대면 진료, 스마트 헬스케어 등 다양한 용어들이 혼재되어 사용되고 있다. 원격의료에 대한 정의는 다음과 같이 국가나 기관에 따라 다르게 사용되고 있다.

[표 7-8] 원격의료에 대한 다양한 정의

| 구분 | | | 정의 |
|---|---|---|---|
| 국가별 | 미국 | | 원격지 의료인이 현지 환자를 대상으로 상호 정보통신시스템을 통해 의학적 정보를 전달 및 의료서비스의 제공 |
| | 일본 | | 영상이 포함되어 전송되는 환자정보에 기초를 두어 원격지에서 진단·지시 등의 의료행위 및 의료에 관련한 행위를 하는 것 |
| | 호주 | | 의료전문가 및 상담의사가 영상통신을 이용하여 원격진료를 제공하는 것 |
| | 중국 | | 의료기관이 다른 의료기관을 초청하여 통신, 컴퓨터 및 네트워크 기술을 이용하여 의료기관의 진료환자를 위한 기술지원을 제공하는 의료 활동 |
| | 한국 | 법적 정의 | 컴퓨터·화상통신 등 정보통신기술을 활용하여 원격지의 의료인에 대하여 의료지식 또는 기술을 지원하는 것 |
| | | 정책적 정의 | 의사 등 의료인이 IT를 이용하여 멀리 떨어져 있는 환자의 질병 관리, 진단, 처방 등 의료서비스를 제공하는 것 |

| 기관별 | 세계보건기구 (WHO) | 원거리에서 전송되는 데이터, 문서 등 정보에 기반을 둔 개입, 진단 및 처방을 결정하고 권고하는 의료 행위 |
|---|---|---|
| | 세계의사회 (WMA) | 원거리로부터 원격통신체계를 통하여 전달된 임상자료·기록 기타 정보를 토대로 질병에 대한 개입, 진단 및 치료를 결정하고 권고하는 의료 행위 |

(출처: 이은영, 오선주, 강서은, 최형원(2022), 디지털 헬스케어의 개화)

국내 의료법에서는 원격의료가 의료인과 의료인 사이에서 일어나는 의료행위로 제한되어 있으며, 원격지의 의사는 지원만 가능할 뿐 진료행위는 하지 못하는 매우 제한적인 범위의 의료행위라고 할 수 있다.

### 원격의료의 유형

원격의료는 서비스 방식에 따라 동기화(Synchronous)와 비동기화(Asynchronous)로 구분할 수 있다. 동기화는 실시간 양방향으로 이루어지는 원격의료로 의사와 환자 간 화상을 통한 실시간 원격 진료나 의사와 의사 간 실시 원격협진 등이 이에 해당된다. 비동기화는 저장된 의료정보 전송을 통한 원격 진료로 의사와 의사 간 원격협진을 위해 진료기록을 전송하거나 피부질환 진단을 위해 환자가 질환 부위 사진을 의사에게 전송하는 것을 의미한다.

[그림 7-17] 서비스 방식에 따른 원격의료 구분

### 원격의료의 장점 및 단점

현재 원격의료를 허용하고 있는 국가들을 보면 지역 면적에 비해 인구밀도가 낮은 지역으로 환자의 의사에 대한 접근성이나 의사의 환자에 대한 접근성이 낮은 경우 대면진료의 보조 수단으로 활용되고 있다. 원격의료로 얻을 수 있는 장점과 단점은 다음과 같다.

○ 장점

• 의료 접근성 향상

- 원격의료는 환자에게 접근성을 향상시킬 뿐만 아니라 시간과 장소의 개념을 넘어 의료인의 보건의료서비스가 확장될 수 있다.
- 수백만 명의 새로운 환자에게 서비스 제공을 할 수 있는 수용력을 가지고 있다.

• 비용 효과성

- 만성질환의 효율적 관리, 의료기관 입원 일수 감소, 의료기관 방문 시간 감소, 의료인 공동 이용을 통해 보건의료서비스 비용을 감소시킬 수 있다.

• 의료의 질 향상

- 원격의료를 통해 제공되는 보건의료서비스의 질에 대한 연구들을 통해 원격의료가 전통적인 대면진료의 수준만큼 질이 좋다는 결과가 나왔다.
- 특히, 정신과 진료에서 뛰어난 성과를 보였으며 환자 만족도 또한 높게 나타났다.

• 환자 수요 충족

- 환자의 입장을 고려했을 때 의료기관을 이용하기 위해 소비되는 시간과 스트레스를 감소시킨다.
- 의료인에 대한 접근성이 높아 긴 장거리 이동이 없어도 전문적인 의학적 서비스를 받을 수 있다.

○ 단점

• 의학적 안전성

- 의사-환자 간 원격의료에서는 의료인이 아닌 환자가 직접 건강 및 의료정보를 측정하게 되는데, 환자가 행하는 것이 의료행위가 아니기 때문에 의학적 안정성을 담보하지 못해 의사가 진단 및 처방을 내리기 어렵다.

- 대면진료의 경우 시진, 청진, 문진, 촉진, 타진과 같은 5가지 진단방법과 기타 각종 과학적 방법을 사용한 결과를 통해 진단을 내리지만 원격의료의 경우 시진과 영상을 통한 불안전한 수준의 청진으로만 환자의 상태를 확인할 수 있어 정확성이 떨어질 수밖에 없다.
- 정보통신기술에 의존한 진단과 처방 시 의사소통이 잘못 이루어질 경우 과잉투약이나 약의 오남용이 발생하기 때문에 환자의 안전성을 담보하지 못한다.

• 기술적 안전성

- 원격의료 시스템 상에서 환자들이 의사에게 개인 건강정보를 보내기 위한 과정에서 전송, 저장, 보관 등 모든 부분에서 보안의 취약성을 가지게 되면서 개인정보가 삭제, 분실, 복제, 변질, 제3자에게 유출될 가능성이 높아진다.
- 환자의 생체적 상태와 측정하는 사람에 따라 결과가 다를 수 있으며, 의료장비가 아닌 모바일 기기를 활용하는 경우 측정한 데이터의 정확성에 문제가 발생할 수 있다. 또한, 환자가 정보를 전송해도 데이터가 누락되는 현상이 빈번하며, 기기 오작동이나 통신 불량이 발생하는 경우에도 의사가 직접 해결해 줄 수 없다.
- 개인 아이디와 비밀번호만 알면 누구든지 환자 대신 원격의료를 이용할 수 있고 의사가 아닌 제3자가 의료인 행세를 할 수도 있어 환자의 건강을 직접적으로 침해하게 되는 부작용이 발생한다.

• 이용성 문제

- 원격의료에 필수적인 정보기술 활용 숙련도가 달라 고령자나 장애인이 이용하지 못할 수 있으며, 인터넷 네트워크 사정이 대도시보다 좋지 않은 산간벽지 주민들의 경우 아예 접속을 못해 원격의료를 이용하지 못할 수 있다.
- 만성질환을 가진 고령자나 장애인의 경우 원격의료를 위해 기기를 사용해야 한다는 것 자체에 거부감을 가지고 있고 기기 사용에 대한 숙달 시간이 길게 걸리는 경우가 많다.
- 의료인의 경우 내원환자를 보는 중에 원격의료 환자의 일정 조정이 쉽지 않고 오진이나 의료사고 발생에 따른 법적 책임소재 및 의료분쟁 발생 가능성을 감내하려고 하지 않는다.

### 의료 분야별 원격의료의 특징 및 활용 가능성

원격의료 활용이 가장 활발한 의료 분야는 이미지와 비디오를 중심으로 하는 영상의학과이며, 각 분야별 특징에 따라 다양한 형태로 활용이 가능하다는 것을 알 수 있다.

[표 7-9] 의료 분야별 원격의료의 특징 및 활용 가능성

| 분야 | 특징 | 활용 가능성 |
|---|---|---|
| 영상의학과 | 이미지와 비디오 중심 의료데이터로, 이미 디지털화 된 자료와 PACS 시스템을 바탕으로 원격진료 가능 | 매우 높음 |
| 피부과 | 이미지를 바탕으로 한 원격진료 가능 | 매우 높음 |
| 심장내과 | 원격심전도(Tele-EMG), 원격청진기 등을 통해 원격진료 가능하며, 급성심근경색에 빠르게 대처할 수 있는 효과가 있음 | 높음 |
| 안과 | 각막현미경, 검안경(Ophthalmoscopy, Fundoscopy)를 통해 얻어야 하는 진료용 이미지를 휴대폰에 특수장치를 부착하여 원격으로 진료할 수 있음 | 높음 |
| 정신과 | 화상 진료와 상담치료를 통한 원격의료 가능 | 높음 |
| 병리학 | 특수 현미경을 통해 원격으로 샘플 슬라이드 조작 가능 | 보통 |
| 중환자실 | Tele-ICU를 통해 중증환자전문의(Intensive care specialist)가 부족한 병원에서 중증환자전문팀과 원격협진 가능 | 보통 |
| 응급의학 | 응급상황 초기 진찰과 처치 가능 | 보통 |
| 소아과 | 원격모니터링과 원격진료 가능하며, 아이가 심적으로 편하게 느끼는 집에서 진료 가능하다는 장점이 있음 | 보통 |
| 외과 | 원격수술과 수술 후 원격관리 가능 | 낮음 |
| 신경과 | 일부 증상 원격모니터링 가능 | 낮음 |

(출처: 김지연(2020), 비대면 시대, 비대면 의료 국내외 현황과 발전방향)

## 7.3.2 국내·외 주요 기업 동향

기존에는 원격 헬스케어 서비스가 멀리 떨어진 원격지로 국한되어 있었기 때문에 병원 접근성이 높은 대도시에서는 이에 관한 인식이나 수요가 낮았다. 하지만, 코로나19 팬데믹 이후 원격 헬스케어 서비스 이용이 증가함에 따라 수요가 보편화되고 관련 법제도 조

정이 이루어졌다. 이와 같은 원격 헬스케어 성장에 힘입어 글로벌 디지털 헬스케어 시장의 성장 또한 가속화되고 있다.

원격 헬스케어 서비스와 관련해서 국내·외 주요 기업들의 동향에 대해 살펴보자.

### 국내 기업

국내 시장은 의료법의 제한 때문에 원격진료에 필요한 의료기기나 장비 등의 사업화가 제대로 이루어지지 않고 있지만, 제반 기술에 대한 다양한 사업기회를 모색하고 있다.

○ SKT

- 2020년 3월 사내 헬스케어 사업부를 분사해 SCL헬스케어와 합작으로 '인바이츠헬스케어'를 설립하였다.
- SKT 통신망을 기반으로 당뇨·고혈압 등 만성질환 관리 플랫폼을 구축하고, 의료기관 전용 클라우드 솔루션 개발 등의 사업을 진행하고 있다.

○ 굿닥

- 국내 비대면진료 플랫폼 중 가장 높은 트래픽(누적 다운로드 800만 회, 2021년 말 기준)을 보유하고 있다.
- 코로나19 기간 중, 의료기관 방문없이 모바일 상에서 즉각적인 자택진료 및 처방약 배송까지 책임지는 비대면 진료 토탈케어 서비스를 출시하였다.

○ 삼성전자

- 스마트폰과 웨어러블 디바이스를 주축으로 디지털 헬스케어 사업을 확장하면서 2017년 4월부터 해외시장에서 '삼성헬스' 앱을 활용한 원격의료 서비스를 시행하였다.
- 스마트폰과 워치를 이용한 활동 측정 외에도 의사 찾기, 상담, 원격의료 등을 이용할 수 있지만 국내에서는 원격의료가 허용되지 않아 서비스 제공이 불가하다.

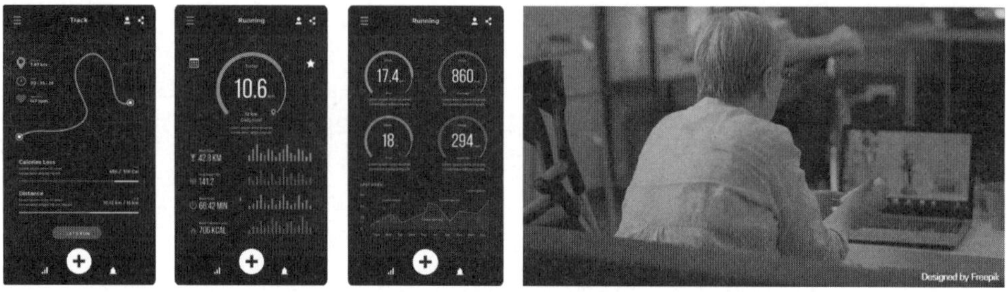


[그림 7-18] 웨어러블 디바이스를 이용한 원격의료 서비스

○ 라인

- 라인 헬스케어는 일본인 약 8,700만명이 가입한 점유율 1위 서비스인 모바일 메신저 라인(LINE) 플랫폼을 통해 병원 검색 및 예약, 진료, 결제를 한 번에 이용할 수 있는 온라인 진료 서비스 '라인 닥터'를 시작하였다.
- 정기적으로 약을 받기 위해 통원하거나 통원에 대한 부담이 큰 환자의 경우 원격진료 시 활용하고 있다.
- 일본 수도권 내 일부 병원을 대상으로 처음 시행한 후 범위를 점차 확장하고 있다.

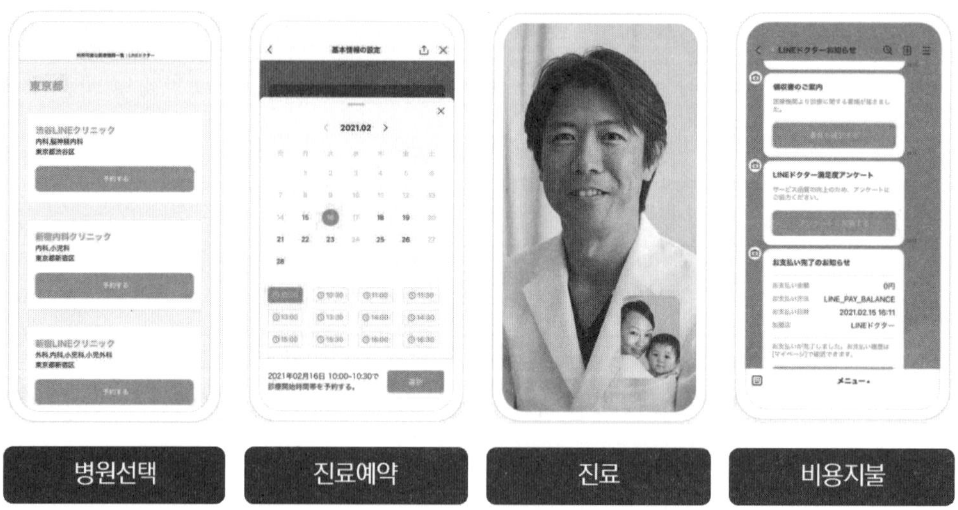


(출처: 류지연(2021), 코로나19 이후 성장한 주요국 원격의료 플랫폼)

[그림 7-19] 라인 닥터

### 국외 기업

현재 원격 헬스케어 서비스 시장에서는 빅테크 기업들의 투자가 지속되고 있으며 스타트업 기업들의 빠르게 성장하고 있다.

○ Amazon

- 아마존은 2018년 온라인 약국 필팩(PillPack)을 인수하여 의약품 배달 시장에 진출하였으며, 2019년에는 아마존 미국 시애틀 본사 직원을 대상으로 원격의료 서비스 '아마존 케어'를 시작했으며 현재 미국 전역으로 확대하고 있다.
- 웹사이트나 모바일 앱을 이용하여 의약품 복용이력, 건강상태, 알레르기 유무 등의 정보를 등록하면 의사가 처방전을 전송하고 약을 집으로 배송해준다.
- 환자가 정기적으로 복용해야 하는 약을 구독형으로 배송하는 것을 특징으로 하며, 매일 정해진 양의 의약품이 1회분씩 소분해서 배송되기 때문에 환자는 꾸준히 섭취하기만 하면 된다.

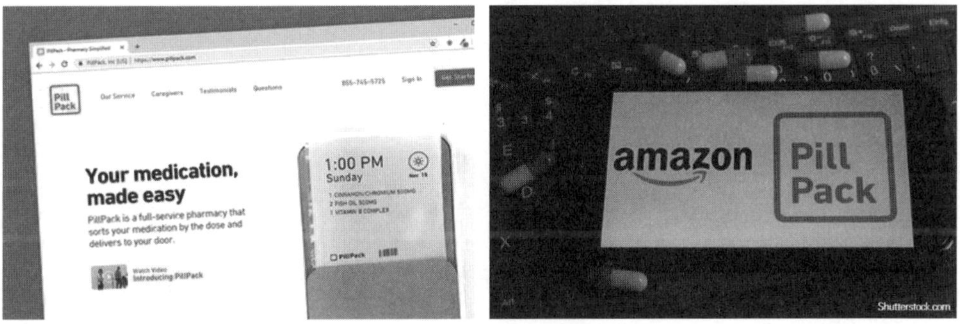


[그림 7-20] 아마존 케어

○ Teladoc Health

- 미국 최대 규모의 원격의료 기업으로 모바일, PC 등을 통해 환자-의사 간 원격 진료를 지원하고 있다.
- 일반 진료, 피부과, 정신과, 소아과, 부인과 등 대부분의 질환을 커버하고 있으며, 웹사이트, 모바일 앱, 콜센터를 통해 진료를 신청할 수 있다.
- 진료 신청 후 개인이 보유한 보험 커버리지, 성별, 사용 언어 등을 고려해 가장 적합한

의료진을 배정되며, 진료 후 환자의 정보가 업로드된다.

[그림 7-21] Teledoc Health

○ 알리헬스

(출처: 백승수, 박소현(2020), 중국 코로나19(COVID-19) '인터넷+의료' 활용사례 및 향후 전망)

**[그림 7-22] 알리헬스 앱 온라인 의료상담서비스 화면**

- 알리헬스 자체 플랫폼과 알라바바가 운영하는 T-mall을 통해 의약품, 건강보조식품, 미용기기 등을 판매하고 있다.
- 2019년 원격진료 수직계열화(진료예약→원격진료→전자처방→온라인약국)을 구축했으나, 아직까지 대부분의 수익은 의약품 판매에서 일어나고 있다.
- 코로나19이후 여러 기업들이 코로나19 방역을 기회로 삼아 인터넷 의료서비스를 적극적으로 제공하고 있으며, 오프라인 의료기관 진료예약/일부 경증·만성 질환에 관한 온라인 문진(채팅, 전화, 화상)/의약품 전자상거래 서비스를 제공하고 있다.

## 7.4 헬스케어 웨어러블 기기

다양한 형태로 개발되고 있는 헬스케어 웨어러블 기기는 건강정보의 지속적인 모니터링을 통한 관리로 고령자에게 발생 가능한 질환을 예방하는데 있어 매우 중요한 역할을 한다. 이번 절에서는 헬스케어 웨어러블 기기의 개념을 이해하고 이와 관련된 국내 · 외 기업의 기술 현황을 살펴보자.

**단원 학습목표**

- 헬스케어 웨어러블 기기의 개념을 이해한다.
- 헬스케어 웨어러블 기기와 관련된 국내·외 기술 현황을 파악한다.

### 7.4.1 헬스케어 웨어러블 기기의 개념

디지털 기술의 발전과 함께 웨어러블 디바이스가 소형화되고 사용성이 향상되면서 건강에 관심이 있고 스마트한 라이프스타일을 추구하는 고령 소비자들의 웨어러블 기기 사용이 증가하고 있다. 이러한 소비자의 트렌드 변화에 따라 개인 맞춤형 의료 및 건강서비스를 제공할 수 있는 헬스케어 웨어러블 기기 관련 기술들은 지속적으로 발전하고 있다.

웨어러블 기기

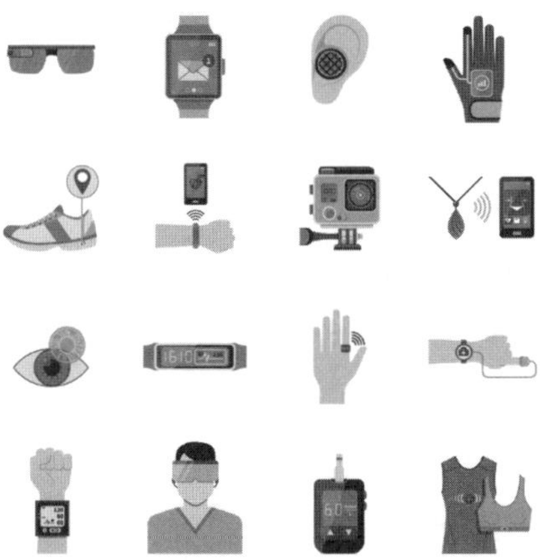

[그림 7-23] 헬스케어 분야의 웨어러블 기기

다양한 형태로 신체에 착용할 수 있는 웨어러블 기기는 활용하고자 하는 목적에 따라 신체 일부분에 직접 부착하거나 인체 내로 삽입할 수 있다. 사용자나 주변 환경으로부터 수집된 데이터는 무선통신기능을 활용해 공유 및 교환할 수 있다. 다양한 형태의 웨어러블 기기들은 효율적인 의료 및 건강서비스 제공에 사용되고 있다.

### 웨어러블 기기의 유형

헬스케어 분야에서 활용되는 웨어러블 기기는 형태에 따라 시계, 반지, 목걸이, 귀걸이 등 액세서리 형태를 가지는 액세서리형, 의복의 형태로 사용되는 의류형, 피부에 직접 부착하여 사용되는 신체부착형, 피부 내 센서를 내장하여 사용하는 생체이식형 등으로 구분할 수 있다.

[표 7-10] 헬스케어 분야에 활용되는 웨어러블 기기 유형

| 유형 | 설명 |
|---|---|
| 액세서리형 | - 시계, 반지, 목걸이, 귀걸이, 벨트, 머리띠 등 착용하는 형태<br>- 지갑, 우산, 가방, 넥타이 등 개인이 소지할 수 있는 형태<br>- 주로 피트니스 및 웰빙과 관련된 기능을 제공<br>- 인체공학적인 디자인으로 패션과 착용감이 우수한 디자인으로 발전 |
| 의류형 | - 셔츠, 언더웨어, 양말, 모자, 신발 등에 생체정보를 측정할 수 있는 센서를 내장하고 데이터를 외부 기기와 교환할 수 있도록 구성된 스마트 의류<br>- 유연한 직물 회로보드를 기반으로 직물에 일체화된 시스템으로 발전 |
| 신체부착형 | - 패치, 렌즈, 문신 등의 형태로 피부에 직접 부착하여 사용자의 생체정보를 정밀하게 측정하고 모니터링하는 기능을 제공<br>- 유연한 고분자 회로보드 등을 기반으로 피부와 일체화된 시스템으로 발전 |
| 생체이식형 | - 생체에 전자장치를 이식 또는 피부 내에 센서를 내장하여 생체정보를 측정하거나 직접 복용하여 정보를 획득하고 외부 기기에 데이터를 전송할 수 있도록 구성<br>- 생체친화적 회로보드 등을 기반으로 생체와 일체화된 형태로 발전 |

(출처: 중소기업기술정보진흥원(2022), 웨어러블 헬스케어 기기(중소기업기술로드맵 의료기기, 2022~2024))

### 헬스케어 웨어러블 기기

헬스케어 웨어러블 기기는 질병 및 건강을 관리하는 헬스케어에 필요한 다양한 건강정보를 웨어러블 형태로 측정하고 정보를 제공하는 기기이다. 신체 일부에 착용하여 사용자의 생체 및 움직임 신호를 측정함으로 건강상태나 활동정보를 모니터링 할 수 있다. 헬스케어 웨어러블 기기는 개인의 생체데이터를 수집하는데 매우 용이하며 수집된 정보는 개인에게 맞는 효과적인 예방 및 치료가 가능한 정밀의료 구현에 효과적으로 활용될 수 있다. 헬스케어 웨어러블 기기는 사용 목적에 따라 웰니스 웨어러블 기기와 의료용(Medical) 웨어러블 기기로 구분할 수 있다.

[표 7-11] 헬스케어 웨어러블 기기의 사용 목적에 따른 구분

| 사용 목적 | 세부내용 |
|---|---|
| 웰니스용 | - (자가건강측정용) 심박수, 혈압, 체온 등 활력 징후를 개인이 주도권을 가지고 관리<br>- (체력관리용) 운동, 활동량, 체성분 분석 등의 개인 건강정보를 손쉽게 저장하고 이를 기반으로 효과적으로 비만을 관리하여 체력을 증진할 수 있도록 제공<br>- (재활관리용) 질병/상해로 인한 장애인, 퇴원환자 예비 장애인의 재활을 지원하는 웨어러블 기기 |
| 질환 관리용 | - (만성질환관리용) 혈압, 혈당, 운동, 식이 등 개인의 건강정보의 지속적인 모니터링을 통해 고혈압, 당뇨병 등 만성질환을 효과적으로 관리<br>- (응급상황 감시용) 고열, 쇼크, 발작, 낙상 등의 고위험군에게 응급상황 발생 여부를 감시하는 웨어러블 기기<br>- (예후관리용) 수술 등 질병 치료 후 개인의 건강정보의 지속적인 모니터링을 통한 건강관리를 제공하여 질병의 재발, 합병증 등을 예방 |

(출처: 중소기업기술정보진흥원(2022), 웨어러블 헬스케어 기기(중소기업기술로드맵 의료기기, 2022~2024))

### 헬스케어 웨어러블 기기의 필요성

헬스케어 웨어러블 기기의 필요성은 다음의 세 가지로 설명할 수 있다.

○ 건강정보에 대한 접근성 및 건강에 대한 인식 수준 향상

- 디지털 기술의 발달로 건강정보에 대한 접근성이 용이해지고 건강에 대한 인식 수준이 향상되면서 고령자 맞춤형 건강관리가 각광받고 있다.
- 스마트 폰과 다양한 헬스케어 앱의 등장으로 건강정보를 개인이 쉽게 측정하고 관리할 수 있는 헬스케어 웨어러블 기기에 대한 요구가 급증하였다.
- 소형화 및 저전력화된 각종 웨어러블 기기의 개발로 환자들이 의료진과 정보를 공유하고 의료 행위 과정에도 개입하려는 요구가 증가하고 있다.
- 다양한 의료 및 건강관리 서비스를 개인이 선택할 수 있게 되면서 개인용 헬스케어 웨어러블 제품이 다수 도입되었다.

○ 보건의료 패러다임의 변화

- 기존의 경험의학, 근거기반 의학에서 데이터를 기반으로 하는 정밀의학, 개인 맞춤의료로 변화하였다.

- 최근 빅데이터, 인공지능, 유전자 분석 등의 혁신적인 기술을 통해 정밀의학, 개인 맞춤의료, 예방의학으로 발전하면서 라이프로그 등 데이터의 중요성이 증대하였다.
- 질병 진단에서 치료의 전 과정에 대한 다각도의 데이터 분석을 위해서는 개인의 건강 정보를 쉽게 획득할 수 있는 웨어러블 기기가 필요하다.
- 한 사람에게서 일생 동안 발생하는 건강정보는 약 1,100TB 정도로 그 중 약 60%가 라이프로그에 해당하기 때문에 대부분 웨어러블 기기로 해당 정보를 획득할 수 있다.

○ 질병 예방 및 관리를 위한 건강정보 필요

- 운동과 식이 등으로 적극적인 생활 습관 개선이 가능한 당뇨 예방 프로그램을 통해 당뇨 환자가 연간 17% 감소하고 5년 후 1,480억 원의 의료비 절감효과가 있을 것으로 전망되고 있다.
- 웨어러블 기기 시장이 헬스케어를 중심으로 빠르게 성장할 것으로 예상된다.

### 7.4.2 국내·외 기술 동향

인공지능, 빅데이터, IoT 등 기술이 헬스케어 산업에 적용되면서 데이터의 중요성이 증대되고 있다. 헬스케어 웨어러블 디바이스를 이용한 건강 데이터 수집, 질병 예측 및 조기 진단이 가능한 분석 도구 개발, 디지털 형태의 공공보건의료 구축을 기반으로 정부 공공기관, 의료기관, 기업 등에서는 혁신적인 의료서비스를 제공할 수 있는 기술들을 연구 및 개발하고 있다.

#### 액세서리형 헬스케어 웨어러블 기기

손목밴드 형태로 가장 많이 출시되고 있으며 벨트, 반지, 귀걸이, 신발과 같은 액세서리형 기술도 등장하고 있다.

○ Apple Watch

- 애플 워치에는 심박을 측정할 수 있는 전기 심박 센서가 장착되어 30초 측정으로 부정

맥을 진단할 수 있으며, 심박 센서 데이터를 확보한 뒤 인공지능 알고리즘을 기반으로 불규칙한 박동 여부를 판별(심방세동)할 수 있다.

- 의료기관을 방문하거나 불필요한 검사 없이 일상에서 좌심실 수축기능을 모니터링하고 잠재적인 위험을 평가할 수 있어 의료진들의 관심을 끌고 있다.

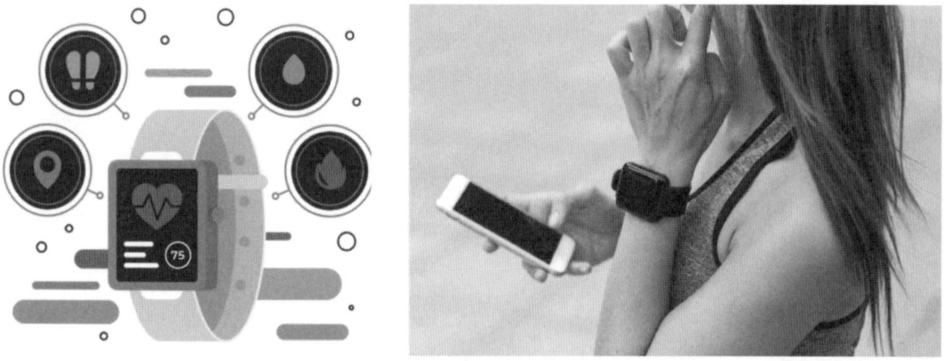


[그림 7-24] 애플워치를 이용한 ECG 측정

○ Welt

- 웰트는 허리둘레, 몸의 움직임, 걸음걸이 패턴에 대한 데이터를 벨트 버클에 장착된 센서로 수집할 수 있는 스마트 벨트이다.
- 스마트폰에 설치된 앱을 통해 건강과 관련된 생활패턴을 한 눈에 확인할 수 있다.
- 복부비만, 치매 환자의 보행 패턴, 낙상 위험 등을 감지할 수 있을 뿐만 아니라 파킨슨병과 같은 질환의 진행도 및 약효 판단의 바이오마커로 활용할 수 있다.

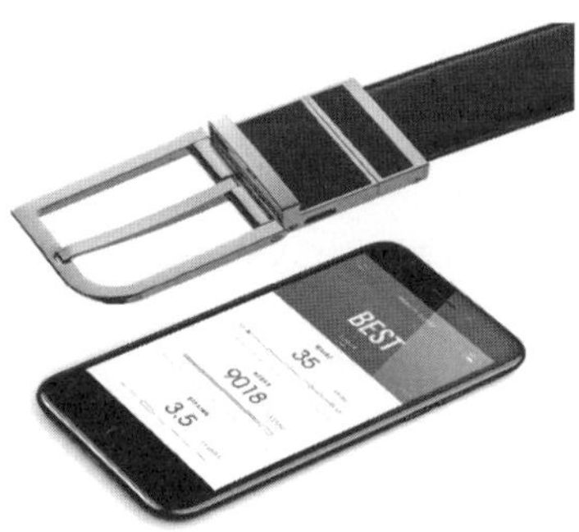


(출처: Lee et al. (2019), Change in waist circumference with continuous use of a smart belt: an observational study)

[그림 7-25] 스마트 벨트

○ CART-I Plus

- 카트아이 플러스는 손가락에 착용한 뒤 광용적맥파를 이용해 혈압을 측정하고 별도 조작 없이 24시간 연속 모니터링이 가능한 반지형 혈압측정 기기로, 다양한 혈압 데이터(야간혈압, 아침고혈압, 혈압 변동성 등)를 통해 약물 용량을 조절할 수 있다.
- 수면, 스트레스 관리, 운동, 음주, 혈압약 복용에 따른 반응 등 생활습관 개선 변화를 추적하기에 효과적이다.

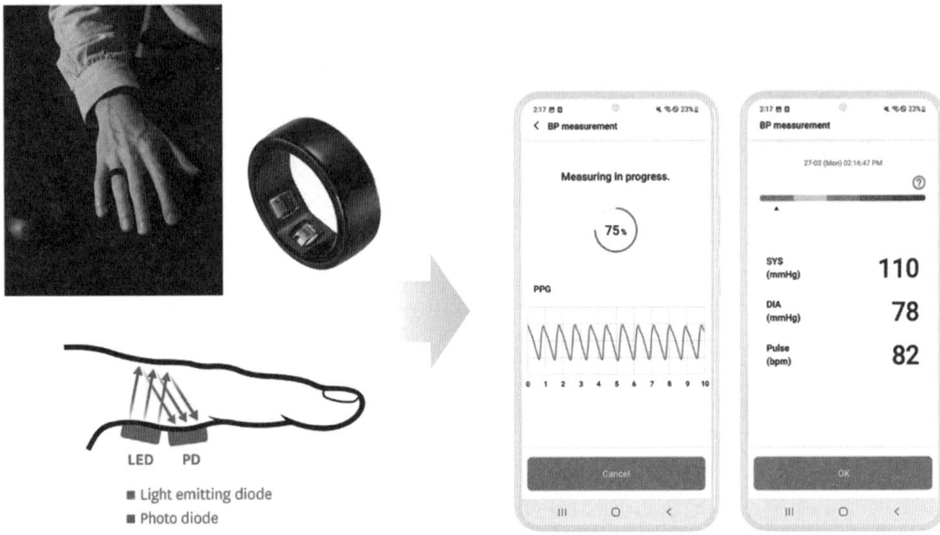


(출처: Kim et al. (2023), First-in-human study for evaluating the accuracy of smart ring based cuffless blood pressure measurement)

**[그림 7-26] 반지형 혈압측정 기기**

○ AMO+

- 아모플러스는 저주파 전자기 신호를 사용한 미주신경 자극을 통해 수면 품질을 향상시킬 수 있는 웨어러블 수면 개선용 목걸이다.
- 낮 활동 중이나 잠자기 전에 사용하면 뇌파와 자율신경계 활동에 관여해 심박수와 호흡을 안정화시키고 스트레스 수준을 낮출 수 있어 수면 품질을 향상시킬 수 있다.

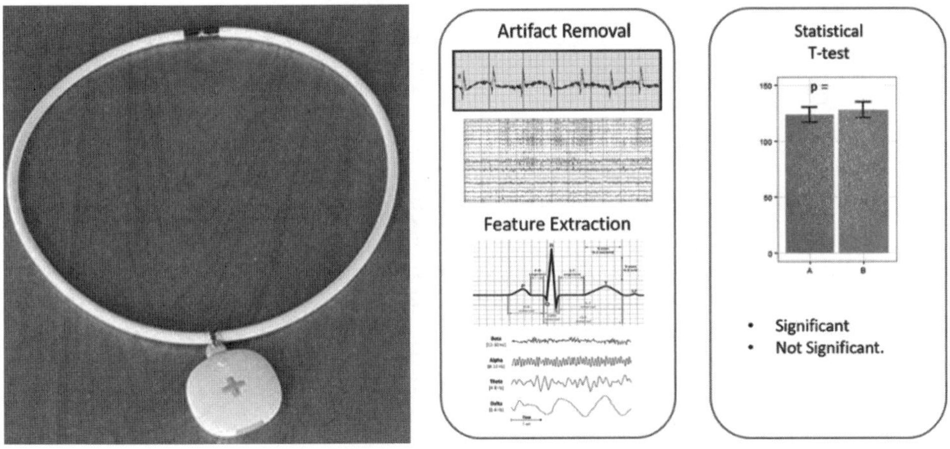


(출처: Rathakrishnan et al.(2020), The effects of vagus nerve stimulation on insomnia persons for stress reduction and sleep induction)

[그림 7-27] AMO+

### 의류형 헬스케어 웨어러블 기기

운동량, 심박수 등을 측정하기 위해 스포츠나 피트니스에 적용하거나 숙면에 도움을 주는 의류 형태로 개발되고 있다.

○ Athos shirt

- 아토스 셔츠는 근전도 기록 센서가 삽입되어 신체 기능(근육 운동, 심장박동 수, 칼로리 소모, 운동 시간, 휴식 시간 등)을 모니터링하고 효율적이고 안전한 운동 관련 정보를 제공할 수 있는 셔츠이다.
- 착용자의 근육 피로도에 따른 휴식 시간 정보를 제공해 운동선수의 경우 부상확률을 낮추는 역할을 한다.

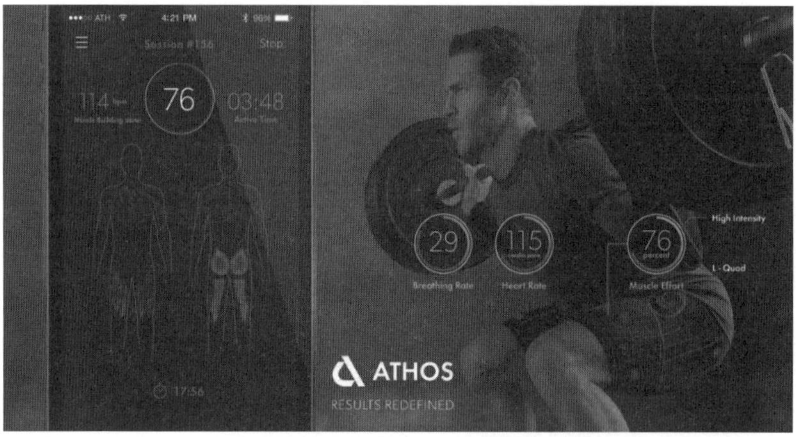


(출처: Pal(2017), The disruptive potential of graphene in the smart apparel industry)

[그림 7-28] Athos shirt

○ Smart Sock

- 압력 감지 섬유센서가 착용자의 걸음걸이를 감지하여 잘못된 보행 습관을 교정할 수 있는 스마트 양말이다.
- 스마트폰 앱의 메트로놈 기능을 사용하여 걷거나 달리는 동안 원하는 분당 걸음 수를 정확하게 유지할 수 있다.

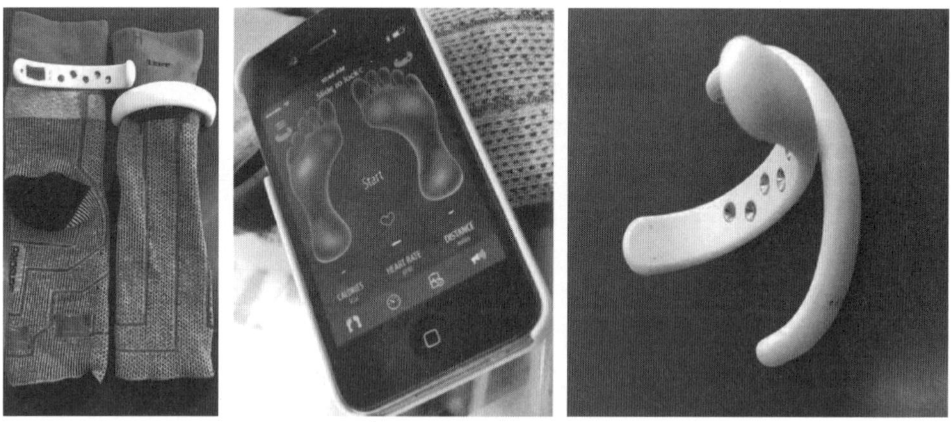


(출처: Yeung et al. (2018), Evaluating the Sensoria smart socks gait monitoring system for rehabilitation outcomes)

[그림 7-29] Smart sock

### 신체부착형 헬스케어 웨어러블 기기

4차 산업혁명 핵심기술이 헬스케어 분야에 적용되고 다양한 형태의 개인 건강정보 분석 솔루션들이 개발되면서 진료 및 건강관리 서비스 향상에 기여하고 있다.

○ S-Patch Cardio

- 에스패치 카디오는 심전도 데이터를 기록하고 분석하여 의료진의 부정맥 진단을 도울 수 있는 패치 형태의 웨어러블 심전도 모니터링 기기이다.
- 직경 5cm 크기의 원형 패치 2개를 가슴에 붙이고 실시간으로 측정된 데이터는 환자 스마트폰을 통해 병원과 연결된 클라우드로 전송되기 때문에 의료진이 환자를 직접 대면하지 않고도 몸 상태를 체크할 수 있다.
- 국외에서는 S-Patch Cardio를 활용한 원격 처방이 가능하지만 국내에서는 모니터링만 할 수 있다.

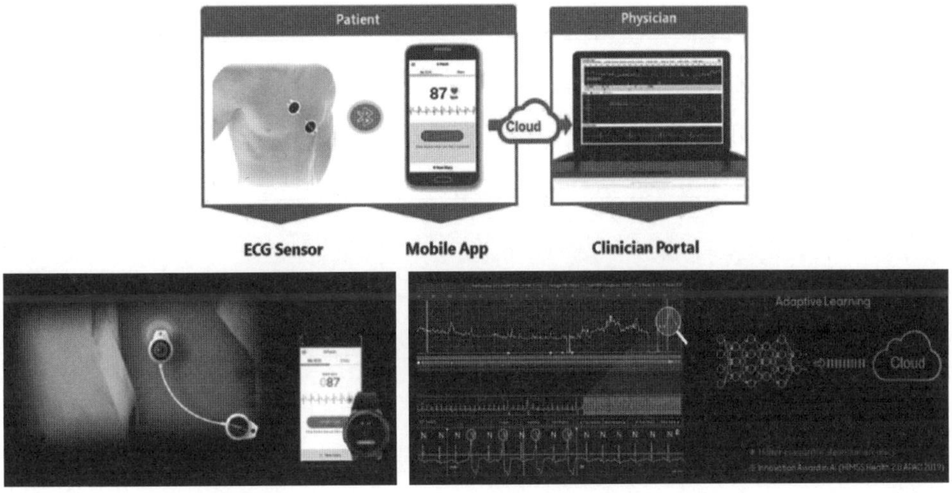


(출처: Upadhyayula et al. (2019), Wellysis S-PAtch Cardio versus Conventional Holter Ambulatory Electrocardiographic Monitoring (The PACER Trial): Preliminary Results)

[그림 7-30] S-Patch Cardio

○ Cefaly

- 세팔리는 편두통을 치료하는데 효과를 볼 수 있는 머리띠 형태의 웨어러블 기기이다.

- 머리띠를 이마에 붙이면 정밀한 마이크로 펄스에 의한 자극이 신경을 자극하면서 편두통을 치료하거나 예방하는데 도움을 줄 수 있다.

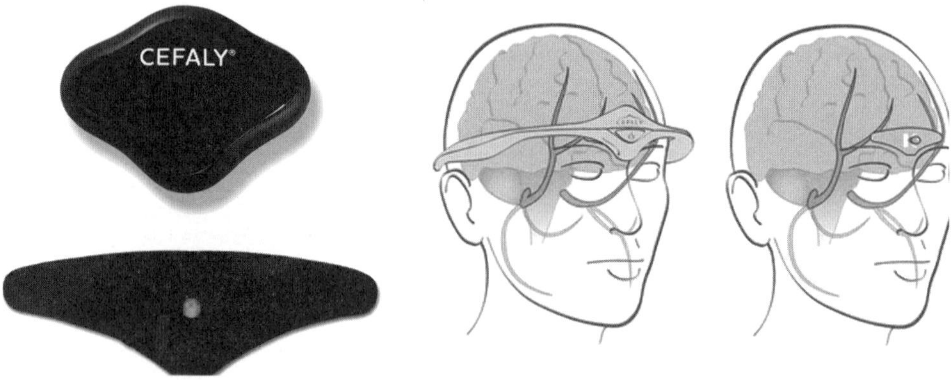


(출처: Riederer et al. (2015), Transcutaneous Supraorbital nerve stimulation (t-SNS) with the Cefaly® device for migraine prevention: a review of the available data)

[그림 7-31] Cefaly

### 생체이식형 헬스케어 웨어러블 기기

생체이식형 헬스케어 웨어러블 기기의 경우 전자기기 기술을 접목하여 사용 목적이나 신체 적용 여부에 따라 딱딱함이나 부드러움을 선택할 수 있도록 함으로써 사용 편의성, 휴대성, 생체적합성을 극대화할 수 있는 방향으로 연구가 진행되고 있다. 또한, 혈관을 따라 이동하면서 질병과 관련된 정보를 수집하고 이를 바탕으로 바로 처치하는 기능을 가진 나노 로봇에 대한 기술도 개발 중이다. 복용형 헬스케어 웨어러블 기기로는 복약 여부를 직접 확인할 수 있는 디지털 약이 있으며, 센서가 삽입된 약을 복용하면 발생하는 신호를 피부에 부착된 패치를 통해 감지하는 형태로 개발되고 있다.

## 참고문헌


김주원, 장기정, 황은혜 (2020). 디지털 치료제. 한국과학기술기획평가원.

김승현, 정기철, 김가은 (2018). 바이오경제시대 과학기술정책의제 연구사업(8차년도) - 제3권: 인공지능기술의 의료활용 현황과 시사점 -. 과학기술정책연구원.

김지연 (2020). 비대면 시대, 비대면 의료 국내외 현황과 발전현황. 한국과학기술기획평가원.

류지연 (2021). 코로나19 이후 성장한 주요국 원격의료 플랫폼. 정보통신산업진흥원.

박진영, 한미선 (2023). 주요국 DTx 관련 정책 및 산업 동향. 한국보건산업진흥원.

백승수, 박소현 (2020). 중국 코로나19(COVID-19) '인터넷+의료' 활용사례 및 향후 전망. 한국보건산업진흥원.

삼정KPMG 경제연구원 (2018). 스마트 헬스케어의 시대, 데이터 전쟁을 대비하라.

손재희, 양승현, 정인영 (2023). 디지털 치료제 현황과 전망. 보험연구원.

식품의약품안전처 (2019). 빅데이터 및 인공지능(AI) 기술이 적용된 의료기기의 허가·심사 가이드라인(민원인 안내서).

식품의약품안전처 (2020). 디지털치료기기 허가·심사 가이드라인.

식품의약품안전처 (2020). 2020년 신개발 의료기기 전망 분석 보고서.

의료정책연구소 (2022). 원격의료 정책 현황과 대응방안 연구.

이은영, 오선주, 강서은, 최형원 (2022). 디지털 헬스케어의 개화. 삼일PwC경영연구원.

중소기업기술정보진흥원 (2022). 헬스케어 웨어러블 기기(중소기업기술로드맵 의료기기, 2022~2024).

Boucher, E., Honomichl, R., Ward, H., Powell, T., Stoeckl, S. E., and Parks, A. (2022). The effects of a digital well-being intervention on older adults: retrospective analysis of real-world user data. JMIR Aging. vol. 5, no. 3, e39851.

Choi, D., and Jang, J. Design of a diagnostic system for patient recovery based on deep learning image processing: for the prevention of bedsores and leg rehabilitation. Diagnostics, vol. 12, no. 2, 273.

Cowie, J., Bower, J. L., Gonzalez, R., and Alfano, C. (2018). Multimedia filed test: digitalizing better sleep using the sleepio program. Cognitive and Behavioral Practice, vol. 25, no. 3, pp. 442-448.

Digital Therapeutics Alliance(DTA) (2018), Digital Therapeutics: Combining Technology and Evidence based Medicine to Transform Personalized Patient Care.

Kim, J., Chang, S. A., and Park, S. W. (2023). First-in-human study for evaluating the accuracy of smart ring based cuffless blood pressure measurement. Journal of Korean Medical Science, vol. 39, e18.

Lee, M., and Shin, J. (2019). Change in waist circumference with continuous use of a smart belt: an observational study. JMIR mHealth and uHealth. vol. 7, no. 5, e10737.

Luderer, H., Chiodo, L., Wilson, A., Brezing, C., Martinez, S., Xiong, X., Gerwien, R., Imbert, B., Deeg, M., Maricich, Y., and Campbell, A. (2022). Patient engagement with a game-based digital therapeutic for the treatment of opioid use disorder: protocol for a randomized controlled open-label, decentralized trial. JMIR Research Protocols, vol. 11, no. 1, e32759.

Nierenburg, H., Vieira, J. R., Lev, N., Lin, T., Harris, D., Vizel, M., Ironi, A., Lewis, B., and Wright, P. (2020). Remote electrical neuromodulation for the acute treatment of migraine in patients with chronic migraine: an open-label pilot study. Pain and Therapy, vol. 9, pp. 531-543.

Pal, J. (2017). The disruptive potential of graphene in the smart apparel industry.

Puttagunta, M. K., and Subban, R. (2021) Deep learning-based software tools for tuberculosis detection in chest x-ray images. In: Bhateja, V., Satapathy, S. C., Travieso-González, C. M., Aradhya, V. N. M. (eds) Data Engineering and Intelligent Computing. Advances in Intelligent Systems and Computing, vol. 1407, Singapore.

Rathakrishnan, K., Kim, M. K., & Park, S. J. (2020). The Effects of Vagus Nerve Stimulation on Insomnia Persons for Stress Reduction and Sleep Induction. In Advances in Usability, User Experience, Wearable and Assistive Technology: Proceedings of the AHFE 2020 Virtual Conferences on Usability and User Experience, Human Factors and Assistive Technology, Human Factors and Wearable Technologies, and Virtual Environments and Game Design, July 16-20, 2020, USA (pp. 579-585). Springer International Publishing.

Riederer, F., Penning, S., and Schoenen, J. (2015). Transcutaneous Supraorbital nerve stimulation (t-SNS) with the Cefaly® device for migraine prevention: a review of the available data. Pain and therapy, vol. 4, pp. 135-147.

Shim Y., Yang, D. W., Ho, S., Hong, Y. J., Jeong, J. H., Park, K. H., Kim, S., Wang, M. J., Choi, S. H., and Kang, S. W. (2022). Electroencephalography for early detection of Alzheimer's Disease in subjective cognitive decline. Dementia and Nueurocognitive Disorders, vol. 21, no. 4, pp. 126-137.

Upadhyayula, S., and Kasliwal, R. R. (2019). Wellysis S-PAtch Cardio versus Conventional Holter Ambulatory Electrocardiographic Monitoring (The PACER Trial): Preliminary Results. Journal of Clinical and Preventive Cardiology, vol. 8, no. 4, pp. 173-182.

U.S. Department of Commerce in conjunction with The Department of Health and Human Services (1997). Telemedicine Report on Congress.

WHO (2010). Telemedicine: Opportunities and developments in Member States, report on the second global survey on eHealth 2009, pp. 8-9.

Yeung, J., Catolico, D., Fullmer, N., Daniel, R., Lovell, R., Tang, R., Pearson, E. M., and Rosenberg, S. S. (2019). Evaluating the sensoria smart socks gait monitoring system for rehabilitation outcomes. PM&R, vol. 11, no. 5, pp. 512-521.

고령친화복지공학

**지은이** 김정자, 권대규, 정지용
**펴낸이** 양오봉
**펴낸곳** 전북대학교출판문화원

**초판 1쇄 인쇄** 2024.3.5
**초판 1쇄 발행** 2024.3.10

**전북대학교출판문화원** 전북특별자치도 전주시 완산구 어진길 32 (풍남동2가)
**전화** (063) 219-5319~5322
**FAX** (063) 219-5323
**출판등록** 2012년 8월 20일 제465-2012-000021호



값 26,000원

ISBN 979-11-6372-223-6 93330